维护农村妇女土地权益报告

Report on Protection of Rural Women's Land Rights

全国妇联权益部 主编

社会科学文献出版社
SOCIAL SCIENCES ACADEMIC PRESS (CHINA)

农村妇女土地权益调查报告
Report on Protection of Rural Women's Land Rights

目 录

前 言…………………………………………………………………… 1

指导篇

进一步做好维护农村妇女土地权益工作
………………………………………………………… 陈至立 / 3

落实男女平等基本国策　维护农村妇女土地权益
………………………………………………………… 彭珮云 / 12

深入贯彻土地承包法律政策　切实维护农村妇女土地承包权益
………………………………………………………… 陈晓华 / 18

加强领导　强化措施　维护农村妇女合法权益
………………………………………………………… 曲淑辉 / 24

调查篇

失地妇女土地权益问题及对策建议
……………………………………………… 全国妇联权益部 / 31

失地农民土地权益及生活状况调查数据分析报告
……………………………………………… 全国妇联权益部 / 50

失地妇女土地权益及生活状况调查数据分析报告
……………………………………………… 全国妇联权益部 / 119

我国农村妇女土地权益保护问题研究
………… 全国妇联权益部　中国社会科学院农村发展研究所 / 177

关于农村妇女失地与土地收益问题突出的情况报告
　　……………………………………………全国妇联妇女研究所／208

维护农村妇女土地权益工作的调研报告
　　………………………………………………全国妇联权益部／215

北京市村规民约与妇女权益保障调查报告
　　………………………………………………………北京市妇联／226

天津市失地妇女权益保障问题研究报告
　　………………………………天津市妇联　南开大学课题组／236

江苏省农村妇女土地权益问题调研报告
　　………………………………………………………江苏省妇联／255

福建省农村妇女土地权益保障的问题与对策
　　………………………………………………………福建省妇联／259

湖北省农村妇女土地权益保障状况调研报告
　　……………………………………湖北省政研室　湖北省妇联／289

湖南省农村妇女土地权益状况调研报告
　　………………………………………………………湖南省妇联／304

广西壮族自治区"出嫁女"问题调查报告
　　………………………………………………广西壮族自治区妇联／323

陕西省关于农村妇女土地承包及其相关经济权益调查报告
　　……………陕西省委政研室　省农业厅　省妇联联合调查组／337

上海市部分农村妇女土地权益保障状况
　　………………………………………………………上海市妇联／344

经验篇

黑龙江省妇联的经验和做法……………………………………351
浙江省妇联的经验和做法…………………………………………356
安徽省妇联的经验和做法…………………………………………360
福建省妇联的经验和做法…………………………………………365

湖北省妇联的经验和做法……………………………………………… 370

广东省妇联的经验和做法……………………………………………… 375

四川省妇联的经验和做法……………………………………………… 379

甘肃省妇联的经验和做法……………………………………………… 382

宁夏回族自治区妇联的经验和做法…………………………………… 386

新疆维吾尔自治区妇联的经验和做法………………………………… 391

后　　记………………………………………………………………… 395

前 言

前　言

　　土地权益是当前农村妇女最关心、最直接、最现实的利益问题，是事关妇女发展和男女平等基本国策落实的大事，影响着社会的和谐稳定。党和国家高度重视维护农村妇女的土地权益，出台了一系列法律和政策，各级党委、政府结合本地实际，制定了一批地方性法规、政策和指导性文件，从源头上加大对农村妇女土地权益的保障力度。各级妇联密切关注农村妇女土地权益问题，深入开展专题调研，为党委、政府提供决策依据，积极推动有关法规、政策出台，与有关部门协调联动，通过探索实践促进解决重点问题。

　　为此，我们将近年来全国妇联权益部在 5 个省开展的"失地农民土地权益及生活状况调查"报告，以及 2012 年 8 月收集的各级妇联关于农村妇女土地权益问题的优秀调研报告 19 篇编辑成书，供大家学习参考。

全国妇联权益部

2012 年 12 月

指导篇

进一步做好维护农村妇女土地权益工作

陈至立

土地权益是当前农村妇女最关心、最直接、最现实的利益问题，关系着农村妇女的生存发展，影响着社会的和谐稳定。农业部和民政部一直十分重视维护农村妇女的土地权益工作，坚持纳入本部门的全盘工作中不断加以推进。比如，各级农业部门注重加强土地承包管理，积极开展土地承包经营权登记试点，探索规范土地承包经营权流转行为，加强调解、仲裁化解矛盾纠纷，依法落实和确认农村妇女的土地承包等各项权利，取得了明显的成效。民政部门采取有效措施，不断扩大农村妇女参与村民自治实践，村委会成员中女性比例得到大幅提升。同时，加强对村民自治的监督和指导，保障农村妇女的基层民主参与和土地权益，极大地调动了农村妇女参与新农村建设的积极性和创造性。

一 近年来维护农村妇女土地权益工作取得了积极进展

农村妇女的土地权益问题是农村土地问题的重要组成部分。党和国家历来十分重视农村妇女土地权益的保障工作。近年来，在国家法律、法规、政策的指引下，各级党委、政府高度重视，相关部门认真履职，维护农村妇女土地权益工作取得了积极的进展和明显的成效，积累了宝贵的经验，呈现如下特点。

一是注重法律和政策保障。国家通过出台《农村土地承包法》《农村土地承包经营纠纷调解仲裁法》《妇女权益保障法》《村民委员会组织法》

《关于切实维护农村妇女土地承包权益的通知》（厅字〔2001〕9号）等一系列法律和政策，明确土地承包男女平等的基本原则，强调在土地承包经营、集体经济组织收益分配、土地征收或者征用补偿费使用以及宅基地使用等方面，农村妇女均享有与男子平等的权利，并对出嫁、离婚、丧偶等妇女群体的土地权益做出具体规定，还强调村规民约不得违反法律和相关政策，侵害包括农村妇女在内农民的合法权利，乡镇人民政府对此负有纠错责任。在全国人大常委会近年组织开展的《农村土地承包法》《妇女权益保障法》的执法检查中，也都将农村妇女土地权益问题作为重点之一，全面了解情况并从人大角度努力推动问题的解决。这些都为维护妇女土地权益提供了坚实的法律基础，营造了良好的政策环境。

二是党政重视统筹解决。维护农村妇女土地权益是一项复杂而艰巨的任务。这项工作之所以在一些地方取得实效，主要得益于党委、政府有深刻的认识、鲜明的主张和坚决的态度，并且将思想上的重视切实转化为强有力的措施，使工作取得实质性的突破和积极的成效，让农村妇女真正受益。一些地方注重在农村经济体制改革和社会保障体系建设的大局中统筹解决妇女土地权益问题，有的抓住推行土地承包经营权及相关财产权股份化改造的契机，赋予出嫁女平等的股权；有的将包括失地妇女在内的所有被征地农民，都纳入社会保障范畴。在问题比较突出的地方，还由领导亲自包案，成立工作组，通过逐村摸排建册、逐人登记建档，全面掌握出嫁女土地权益现状，进行细化分类，采取切实措施予以解决，有效化解了矛盾，维护了社会稳定。

三是立足实际细化落实。各省普遍结合地方实际制定法规、政策和规范性文件，将国家法律的原则精神细化为便于操作的具体措施，大力保障农村妇女的土地承包权和其他收益权。截至目前，我国31个省、区、市全部出台了《妇女权益保障法》实施办法，有18个省出台了《农村土地承包法》实施办法，15个省出台了征地补偿费分配管理办法。有的探索界定农村妇女的集体经济组织成员资格；有的明确规定包括妇女、儿童在内的所有家庭成员都作为权益共有人记入土地承包合同和经营权证，且不得因出嫁、离婚等原因而去除；有的还在流转合同中明确妇女的收益，为保障农村妇女土地权益进一步提供了依据和标准，从源头上预防侵权行为的发生。

四是修订完善村规民约。一些省份由党政主导，民政、妇联等部门参与，通过试点先行，开展了以维护农村妇女权益为重点的村规民约修订完善工作，通过深入的普法宣传，组织、动员和引导村民特别是妇女亲身参与村规民约修订，重点写入男女平等、婚嫁落户、土地承包和宅基地分配等涉及妇女权益的条款，删除带有性别歧视的内容，从根本上扭转男女不平等的传统观念，使国家大法中的原则要求在村规民约中得到具体体现和贯彻落实。

五是健全纠纷调处机制。很多地方不断完善"调解优先、调判结合"的纠纷解决机制，通过土地仲裁、庭前调解等途径，协商解决妇女土地权益问题，取得了较好效果；一些地方司法机关依法受理妇女土地权益纠纷案件，有的法院专门开辟"绿色通道"实行快速立案、快速审理、快速执行，筑牢维护妇女土地权益的最后一道防线。

二 进一步认识维护农村妇女土地权益的重要性和紧迫性

农村妇女的土地权益主要包括：平等获得土地承包经营权、宅基地使用权、征偿补偿款分配权和集体经济收益权等。应该说，《农村土地承包法》《妇女权益保障法》等法律赋予了妇女与男子平等的土地权益，而且各地采取了许多有效的措施予以落实。但是，一些地方的部分农村妇女土地权益仍然没有得到有效的保障，成为农村妇女反映最突出的利益问题。

全国妇联和国家统计局开展的第三期"中国妇女社会地位调查"显示，2010年没有土地的农村妇女占21%，比2000年增加了11.8个百分点，高于男性9.1个百分点，其中因婚姻变动而失去土地的占27.7%。2010年妇联系统受理此类信访事项近1.2万件次，同比增加了25.8%，2011年虽然妇联系统在这方面的信访量整体有所下降，但进京访、集体访增多，仅全国妇联就受理妇女土地权益信访投诉1267件次，比上年上升了62%。

胡锦涛同志在2012年7月23日省部级主要领导干部专题研讨班上所作的重要讲话中，强调在社会建设方面要坚持多谋民生之利、多解民生之忧，解决好人民最关心、最直接、最现实的利益问题，使改革发展成果更多、更公平地惠及所有人民。我们要从这样的高度进一步提高认识，深刻认识推动解决农村妇女土地权益问题的重要性和紧迫性。

第一，农村妇女的土地权益是关系农村妇女生存的民生问题。农村妇女的土地权益既有老问题，又面临新情况。20世纪80年代到第二轮土地承包期,农村妇女的诉求多为争取享有土地承包权,当时有的地方以"测婚测嫁"为由,对未婚女性不分或少分土地,出嫁妇女和离婚、丧偶妇女的户口被迁出或空挂,承包地也被强行收回。这些问题在《关于切实维护农村妇女土地承包权益的通知》颁布后得到了有效改善,大部分问题得到了解决。近些年来,随着城镇化、工业化进程加快,农村土地加速流转,规模经营不断发展,集体经济不断壮大,一方面惠及了群众,另一方面新的利益矛盾又带来了新的问题,农村妇女强烈要求平等享有土地增值带来的各项经济收益。从2010年全国人大常委会执法检查以及各地反映的情况来看,有的地方土地被征收征用后,少给或者不给妇女土地补偿费和安置补偿费;有的地方用村规民约或者村民会议、村民代表会议决议等形式,限制甚至剥夺妇女的集体经济收益分配权。另外,在一些大型水电站库区淹没区,存在不分或少分出嫁女库区移民或水利建设后期扶持款的问题,还有少数妇女因长期在外打工,未享受土地承包、土地流转及其他经济利益分配,意味着农村妇女及其家庭的生存受到威胁。妥善解决这一问题,不仅可以极大地改善农村妇女的民生,而且对解决人民群众的"三最"问题也具有重要的意义。

第二,农村妇女的土地权益是影响农村和谐稳定的政治问题。农村妇女土地权益受到侵害的原因比较复杂,历史根源是重男轻女、男尊女卑的封建传统观念;现实原因是土地增值收益的分配不合理,现行的法律和政策比较原则、可操作性不强,部分村规民约不够完善,农民的文化素质和法律意识仍有待提高;等等。随着工业化、城镇化进程加快,这一问题必将日益突出。如果能够从源头上及时地解决问题,对于减少社会矛盾、促进社会稳定,提升基层政权的影响力和基层党组织的凝聚力,夯实党的执政基础和群众基础,保持农村的长治久安都具有深远的意义。

第三,农村妇女的土地权益是事关妇女发展和男女平等基本国策落实的大事。土地权益不仅直接影响农村妇女的生存,也与农村妇女的发展权利密切相关。土地权益受到侵害的农村妇女,没有平等地位,在家庭和村组中往往受到歧视,在参与村内事务管理、行使民主选举权等方面也受到影响。从长远来看,固化的男孩偏好的生育观念,会加剧出生人口性别比的失调。从各地的成功经验看,解决农村妇女土地权益问题比较好的地区,农村妇女由于获得了平等的权益,心情舒畅了,投身社会主义新农村建设、参与基层民主政治建设的热情也高涨起来,村里的大事小情都积极参与,作用发挥也更充分，不少农村妇女还积极要求入党，村民自治也在法治的轨道内推进。因此，解决好农村妇女的土地权益问题，对于提升农村妇女的经济地位、政治地位和社会地位，促进农村经济社会和男女两性的协调发展，具有积极的意义。

总之，农村妇女的土地权益既是关系妇女生存的民生问题，也是影响农村和谐稳定的政治问题，是影响妇女发展和男女平等基本国策落实的大事。我们必须切实增强责任感与紧迫感，努力做好维护农村妇女土地权益的工作。

三 以完善村规民约为重点，进一步做好维护农村妇女土地权益工作

各地各部门要进一步推动《村民委员会组织法》《农村土地承包法》《妇女权益保障法》等法律的贯彻执行，不断完善相关法律和政策，积极开展村规民约的修订完善工作，切实维护农村妇女的土地权益。

第一，要进一步严格执法。随着我国立法进程的加快，农村妇女土地权益保护已有法可依，现在的问题是要做到有法必依、执法必严和违法必究。

根据《村民委员会组织法》，乡镇人民政府对村民委员会的工作应给予指导、支持和帮助；村民自治章程、村规民约要报乡镇人民政府备案；村民自治章程、村规民约以及村民会议或者村民代表会议的决定不得与宪法、法律、法规和国家的政策相抵触，不得有侵犯村民的人身权利、民主权利和合法财产权利的内容，违反上述规定的，乡镇人民政府要责令改正。然而在有的地方，却存在村规民约违反法律政策规定、损害农村妇女土地权益，乡镇人民政府对村民委员会的监督指导不力等现象与问题。县乡基层政府及有关部门要进一步贯彻落实《村民委员会组织法》，抓住村两委换届的重要契机，积极引导村民会议和村民代表会议，根据国家法律和政策来制定、完善村规民约，严格执行村民自治章程和村规民约的备案制度，切实履行对村规民约的审查监督职能。发现村规民约有与法律政策相抵触的，要坚决责令改正，确保村规民约符合法律和政策规定，使妇女权益得到保障。

根据《农村土地承包法》，"承包期内，妇女结婚，在新居住地未取得

承包地的,发包方不得收回其原承包地;妇女离婚或者丧偶,仍在原居住地生活,或者不在原居住地生活但在新居住地未取得承包地的,发包方不得收回其原承包地"。对此,《关于切实维护农村妇女土地承包权益的通知》也有明确规定。但在现实中,却经常出现妇女出嫁后娘家村收回土地的现象,即便娘家村不收回,村里也常常规定出嫁女不能享受相关的土地使用和集体经济收益权。离婚后,多数男方强行将女方户口迁出并占有女方土地,在遇到征地拆迁补偿和安置时,离婚、丧偶妇女合法的土地权益常常遭到侵犯。各级政府及其有关部门一定要进一步严格执法;农经、土地管理等相关部门工作人员,特别是乡村干部,要增强维护农村妇女土地权益的自觉性,提高依法行政能力,确保出嫁、离婚和丧偶妇女都能拥有一份土地以及土地带来的相关收益,将现有的各项法律、政策落实到位。各级人大要进一步加强执法检查和专项调研,及时发现问题并督促问题的解决。

《妇女权益保障法》《农村土地承包经营纠纷调解仲裁法》都明确规定侵害农村妇女各项土地权益的,由乡镇人民政府依法调解,受害人也可以依法向农村土地承包仲裁机构申请仲裁,或者向人民法院起诉,人民法院应当依法受理。但有的地方存在基层政府不作为、人民法院不受理的问题,土地承包仲裁机构也尚不健全。为此,要进一步加大法律的贯彻实施力度,加强农村土地承包经营纠纷调解仲裁工作体系的建设,出台具体的指导意见,提供必要的工作保障,充分发挥调解、仲裁的独特优势和在解决妇女土地纠纷中的作用。通过案件会办、土地仲裁、庭前调解、物质补偿等途径,有效解决妇女土地权益问题。要研究制定统一的受案标准、受案范围、处理依据、执行办法等,依法受理农村妇女的诉讼请求,依法公平公正审理并执行到位,为土地权益受侵害的妇女提供及时有效的司法保护。

第二,要进一步完善相关法律、政策。现行法律、政策关于维护农村妇女土地权益的规定已比较健全,但仍有一些空白需要弥补,有些内容也要根据新情况不断加以完善,进一步增强可操作性。根据《农村土地承包法》,只有农村集体经济组织成员才有权承包土地,否则就不能承包该集体经济组织的土地并享有土地带来的相关收益。现实中以种种限制否认妇女的集体经济组织成员资格为由的侵权现象屡有发生。农业部正在研究集体经济组织成员资格的界定问题,建议参考借鉴《湖北省农村土地承包经营条例》等地方法规的内容,争取尽快做出专门规定。在农业部当时正在起草的《农村土地承包经营权证登记管理办法》中,将夫妻双方均作为户主代表进行登记,在其他家庭共有人中,确保出嫁、离婚、丧偶等妇女及其子女作为共有人进行登记,这就能从源头上确保妇女的土地承包权。

国务院法制办目前已经启动《土地管理法》的修订工作,并将制定《农民集体所有土地征收补偿安置条例》,要以这些法规政策的修改制定为契机,纳入社会性别视角,强调男女平等的补偿安置原则,将基于土地承包权产生的征地补偿费和为失地农民提供社会保障的安置费严格区分;村集体在制订征地补偿方案时,应明确妇女的参与比例或明确规定征询妇联等群众团体的意见,接受群众监督;政府在征地前需通过财政设立弱势救助专项基金,如果村集体多数人侵犯少数人利益时,可由基金对少数弱势群体予以补偿,以体现政府的公平公正。

第三,要进一步完善村规民约。村民自治是社会主义民主政治的一项重要制度,广大村民制定的村规民约,在国家法律规定的基础上,具体地规范、约束和引导村民的行为,积极地调整和维护农村的生产生活秩序,形成符合时代要求、体现社会进步的农村文化。我们高兴地看到,黑龙江、江苏、河南等地,从构建先进的性别平等文化入手,在改变歧视妇女的传统文化观念的基础上,对村规民约进行完善,其突出的特点之一就是不仅写入维护妇女土地权益的内容,还充实了男女平等、分担家务、赡养老人、反对家庭暴力等内容,不仅从源头上推动了农村妇女土地权益问题的解决,而且倡导了社会主义核心价值理念,极大地激发了农村妇女参与新农村建设的积极性,农村妇女的参政水平也得到很大提高。一些地方村民代表中妇女代表的比例增加到30%以上,农村妇女在村级事务中有了更多的知情权、话语权和决策权。这些经验应予以大力推广。

要充分发扬民主,听取村民意见,努力激发村民参与修订、完善村规民约的积极性和主动性,使广大村民充分认识到这是让老百姓普遍受益的事情;要讲究方式方法,深入细致地做好工作,将合理的利益诉求和村民的责任义务纳入村规民约,体现合法性、群众性、有效性和可操作性;要统筹兼顾,将完善村规民约与落实男女平等基本国策、维护妇女合法权益紧密结合,与规范村民自治、推进基层民主制度建设紧密结合,与化解社会矛盾、加强和创新社会管理紧密结合,与做好党的群众工作、夯实党的执政基础紧密结合,使完善村规民约的过程成为村民自我教育、自我提高的过程,成为倡导男女平等理念、移风易俗的过程,使这项广为受益的基础性工作收到更多的社会综合效果。

第四，妇联组织要积极作为。"代表和维护妇女权益，促进男女平等"是妇联组织的基本职能，建设党联系妇女群众的坚强阵地，营造妇女群众信赖与热爱的温暖之家，都要求我们在维护农村妇女土地权益方面积极作为。各级妇联要牢固树立职能意识，切实将维护农村妇女土地权益纳入当前维权维稳工作的重点、纳入源头参与的重点、纳入基层妇女群众工作的重点。

一要继续深入基层，加强调查研究，面对面地了解农村妇女的需求，心贴心地体察失地妇女的疾苦，主动参与农业部门土地承包确权登记试点工作，以认真细致的工作态度摸清底数，区分农村妇女土地权益纠纷的不同情况，为源头维权提供依据。二要抓住机遇、主动作为、积极建言，加大源头参与力度，认真参与《土地管理法》《农民集体所有土地征收补偿安置条例》以及集体经济组织成员资格界定等法规政策的修改、制定工作，通过人大、政协和维权协调机构等各种渠道，通过提案、议案、信息等各种方式，及时、真实反映失地妇女的困难。三要科学地建言献策，据理力争，积极协调，大力推动出台新的政策文件，努力争取在解决农村妇女土地权益问题上有新突破。四要因地制宜，紧密结合当地实际，创造性地推广好的经验做法。要充分发挥基层妇联的作用，通过信访代理、妇女议事、法律援助、普法宣传等方式，疏导情绪、化解矛盾，推动解决一批侵犯农村妇女土地权益的典型案件。五要加大《村民委员会组织法》的宣传和贯彻落实，积极配合民政部门大力开展村规民约的完善工作，切实维护农村妇女的土地权益，促进社会的祥和稳定。

希望各地党委、政府进一步提高思想认识，将维护农村妇女土地权益工作列入议事日程，从贯彻落实男女平等基本国策、促进农村社会和谐稳定的高度重视推进这项工作；切实加强领导，做到主要领导亲自过问，分管领导具体抓，精心组织，做好统筹协调和督促检查，切实推进这项事关广大农村妇女权益的工作。当前要认真做好土地承包经营权证登记、村规民约修订和完善等工作，深入研究试点工作中遇到的问题，加强组织领导，落实工作经费，采取有力措施，把工作抓紧抓好，切实保障农村妇女的土地承包权。

农村妇女土地权益问题是一个复杂的利益协调问题，单靠一个部门的力量很难解决。《中国妇女发展纲要（2011—2020年）》将保障农村妇女土地权益作为主要目标之一和重要的策略措施，明确主要责任部门是农业部，责任部门另外还有民政部和全国妇联。希望相关部门各负其责，综合施策，整合资源力量，共同研究推动问题的解决，并在进一步调研基础上共同出台政策文件，以在新形势下切实维护农村妇女的土地权益。

落实男女平等基本国策
维护农村妇女土地权益

彭珮云

从20世纪90年代从事妇女工作以来，我一直十分关注农村妇女土地权益问题。经过多年来坚持不懈的努力，现在已经摸清了情况，提高了认识，积累了经验，为解决好这个老大难问题创造了条件。

一 必须高度重视维护农村妇女的土地权益

土地是农民赖以生存和发展的最基本的生产资料和生活保障。土地权益是农村妇女最关心、最直接、最现实的利益。农村妇女土地权益受侵害是一个自实施农村家庭联产承包责任制以来长期存在的问题。随着城镇化、工业化的推进，以及农村土地流转、规模经营的发展，又不断出现新情况、新问题，使其成为一个突出的社会问题。2010年全国妇联和国家统计局联合组织的第三期"中国妇女社会地位调查"显示，2010年没有土地的农村妇女占21%，比2000年增加了11.8个百分点，高于男性9.1个百分点。其中，因婚姻变动而失去土地的占27.7%，男性仅为3.7%。在由于征用、流转等原因而失去土地的农村妇女中，不能获得补偿款等收益的占12.1%。

农村妇女土地权益受侵害具有多样性、复杂性。在经济欠发达地区，主要表现在土地承包和宅基地分配问题上；在经济发达地区，主要表现在土地征收征用补偿费及集体经济组织收益分配问题上。

部分农村妇女的土地权益受侵害产生了严重的社会后果。一是剥夺了一部分妇女应该平等享有的合法权益,直接影响了她们的生存和发展。二是固化了男尊女卑的传统观念,影响了妇女的家庭地位和社会地位;助长了农村偏好生育男孩的观念,加剧了出生人口性别比失调;使妇女在遭遇配偶暴力或配偶出轨时往往因为害怕失去生活保障而不敢离婚。三是一些农村妇女为争取自身权益,与村民发生纠纷和冲突,引发群众上访甚至群体性事件,通常矛盾激烈,解决难度很大,严重影响社会的和谐稳定。

产生这个问题的原因十分复杂。最直接的原因是村集体、村民和家庭的经济利益冲突,在土地资源稀缺、土地迅速增值的情况下,矛盾日益凸显。不少村规民约和村民会议、村民代表会议的决议往往违法做出侵害妇女土地权益的决定,而基层政府对村民自治缺乏引导、管理和监督。相关的法律、政策在基层落实不到位,对权益受侵害的妇女缺乏有效的救济手段,包括行政救济、司法救济和物质救济。这个问题之所以长期难以解决,一个重要原因是我国现行的相关法律法规的规定较为原则,缺乏可操作性。一些法律、政策表面上看起来是中立的,但是由于没有充分考虑到现实生活中的性别差异和"男娶女嫁""从夫居"的婚嫁习俗,在实施中往往不利于女性。作为"户主"的男人成为行使土地承包权益的代表,家庭中的个人权利不明晰,妇女事实上处于依附地位,因婚姻发生流动妇女的土地权益很难得到保障。加之目前我国法律法规对农村集体经济组织成员资格尚无统一的认定标准,对外嫁、离婚、丧偶妇女的集体经济组织成员资格缺乏明确的规定,也阻碍了农村妇女土地权益的实现。而产生这个问题的深层根源在于重男轻女、男尊女卑的封建传统观念还有着不可低估的影响,导致解决这个问题的道路漫长而艰难。

多年来,各地方、各部门和各级妇联为解决这个问题做了许多努力,一些地方取得了可喜的成绩。这些地方的成功经验证明,要解决好这个老大难问题,首先,各级党委、政府及相关部门要提高认识,从事关切实保障广大农村妇女的根本利益、调动她们建设社会主义新农村的积极性、事关贯彻落实男女平等基本国策、男女两性平等协调发展,事关创新社会管理、维护社会稳定、构建和谐社会的高度,自觉增强解决这个问题的责任感和紧迫感,把这项工作摆上重要日程,综合运用法律、政策、行政、群众工作等多种手段,采取得力措施加以解决。

应该看到,当前解决农村妇女土地权益问题已经有了许多有利的条件。《宪法》《妇女权益保障法》《农村土地承包法》《村民委员会组织法》对相关问题已有明确的规定，为保障妇女土地权益奠定了坚实的法律基础。国家注重以民生为本的社会建设，关注社会公平正义，推动司法制度改革，建立健全人民内部矛盾化解机制，保障弱势群体权益，为解决农村妇女土地权益问题提供了良好的政策环境。农村基层民主建设不断推进，群众的法律素质、权利意识不断提高，男女平等观念越来越深入人心，也为解决这个问题提供了社会基础。更为重要的是，许多地方已经在实践中创造了不少好的经验。只要各地党委、政府有深刻的认识、鲜明的主张、坚决的态度和得力的措施，积极推动各有关部门和团体齐心协力、各司其职、综合治理，这个老大难问题是完全可以得到解决的。那种认为这个问题无关紧要、无可奈何，采取无所作为或躲、拖、堵的做法是错误的。应该看到，这个问题如果久拖不决，将会越来越被动，处理难度更大。

二 建议完善相关的法律，制定细化的政策，为维护农村妇女土地权益提供清晰的法律政策依据和制度保障

确权是解决农村妇女土地权益问题的重要前提。2008年《中共中央关于推进农村改革发展若干重大问题的决定》指出，要"搞好农村土地确权、登记、颁证试点工作"。2003年农业部开展农村土地承包经营权证的登记试点工作，进一步完善对农民承包土地的确权管理。建议在确权工作中认真贯彻男女平等基本国策，在农业部起草的《农村土地承包经营权证登记管理办法》中，将夫妻双方均作为户主代表进行登记，确保家庭女性成员作为共有人进行登记，并完善家庭内部分割承包经营权的规定。建议对集体经济组织成员资格的认定标准尽快做出统一规定，并分别不同情况，明确外嫁女、离婚妇女、丧偶妇女、入赘女婿等成员资格的认定标准。

国务院法制办正在启动《土地管理法》的修改工作，制定《农民集体所有土地征收补偿安置条例》，深入研究更有利于社会稳定和社会公平的征地补偿分配政策。建议立法机构将男女平等原则和维护妇女权益的内容纳入其中，防止今后在执行中借口法律依据不明确造成侵权问题。

要确保土地权益受到侵害的农村妇女获得有效的行政救济和司法救济。认真宣传和贯彻2010年1月1日施行的《农村土地承包经营纠纷调解仲裁法》，出台针对农村妇女土地权益纠纷的仲裁指导意见，抓紧建立健全土地纠纷调解和仲裁机构，通过仲裁途径妥善化解农村妇女土地权益纠纷。

希望各级人民法院主动服务大局，积极回应人民群众的期待，公正高效地审理农村妇女土地权益案件，加大对农村妇女合法权益的司法保护力度。

有些地方在发包土地、分配土地征用补偿费时没有预留机动份额，而是全部发放到村民手中，导致发生纠纷后很难对权益受侵害的妇女进行补偿。有的地方政府本着以人为本、改善民生的原则，从本地实际情况出发，采取发放补助费、分配股份、优先安排就业等办法解决失地妇女的生活困难，收到了好的效果。建议政府和农村集体经济组织进一步研究如何对权益受侵害妇女进行物质补偿。

三 进一步完善村规民约，把男女平等基本国策落实到基层

村规民约是村民就本村事务制定的自我管理的共同行为规范，对促进农村发展、维护农村稳定发挥了重要的作用。但是由于多数农民的法律意识还不强，尚未完全摆脱传统思想的束缚，妇女参与程度不高，呼声微弱，致使不少村规民约和村民自治决议出现与法律政策相违背、侵犯妇女权益的现象。

为加强对村民自治的指导和监督，地方政府、相关部门和妇联系统做了不少工作。2008年以来，国家人口和计划生育委员会委托中央党校妇女研究中心做了大量调查研究，发现在治理出生人口性别比失衡的多项举措中，推动村规民约的修订，清除原有条款中违背男女平等原则的内容，改变性别不平等的资源分配制度，是一个不可回避的关键环节。他们首先在河南省登封市、漯河市农村开展试点，推动修订村规民约，取得了很好的成效，积累了丰富的经验。我们十分高兴地看到，近年来黑龙江省在省委、省政府的领导下，省妇联与省民政厅联合在全省开展了以维护妇女权益为重点的村规民约修订工作，强调要重点修订完善有关男女平等和宅基地分配、土地承包权、村集体经济收益分配等涉及妇女权益的条款，对与男女平等原则不符的规定、带有性别歧视性的条款予以清除，对缺失的内容进行补充，走出了一条解决妇女权益问题的治本之路。江苏省建立了维护农村妇女土地权益的多部门联动机制，省人大、政府、法院出台了相关的法规和政策。2012年7月，在连云港市和灌南县试点取得成功经验的基础上，江苏省妇联、省民政厅联合下发了《关于进一步规范制定村规民约，认真

落实男女平等基本国策的意见》,强调村规民约中必须包含保护妇女参政权、土地权、人身权以及婚姻、家庭、生育、居住、医疗、养老等方面权益的内容;与省高级人民法院、农业委员会联合召开了全省维护农村妇女土地权益工作经验交流会。我看了有关的文件与会上的发言,深受鼓舞。

我想再次呼吁各有关方面高度重视、积极稳妥地推动修订村规民约促进性别平等的工作。希望民政部、农业部、国家计生委、人民法院等部门和全国妇联携手,在各级党委、政府的领导下共同推进这项工作,还要吸收党校、干校和教育、研究机构热心的专家学者参加。

各地的经验证明,要做好这项工作,第一,必须致力于干部、群众观念的转变。修订村规民约促进性别平等是一项改变旧观念、旧习俗的工作,加之它牵涉到广大农民的切身利益,工作难度很大,搞不好还会激化社会矛盾。这项工作仅仅靠行政手段不可能做好,必须采取丰富多彩、群众喜闻乐见的形式,紧密结合农村实际,广泛深入地进行宣传教育工作,提高农村干部和群众的法律意识和男女平等意识,引导他们自觉地移风易俗,促进性别平等。第二,必须坚持走群众路线,充分发扬民主,体现农民主体地位。要认真走好民主程序,经过干部和村民反复讨论乃至激烈争论,把大家的合理意见吸纳进来,争取达到思想认识上的一致。村民真正提高了思想认识,并感到这个村规民约是自己参与制定的,才会为今后的贯彻落实打下良好的基础。第三,必须大力发动女性村民积极参与修订村规民约的工作,改变农村"两委"和村民代表中妇女比例低、妇女权益代言人缺失的状况,激发她们参与基层民主管理的热情,提升她们参与的能力,使她们能充分行使知情权、表达权、决策权和监督权。要认真执行新修订的《村民委员会组织法》的规定,保证村委会成员中妇女应有适当的名额,妇女村民代表要占村民代表会议组成人员的 1/3 以上。当前,妇女已经占了农村劳动力的 60%~70%,成为农业生产的主力军,然而她们又是传统观念和制度的受害者,经过有效的动员和培训,她们完全能够成为建设社会主义新农村、推动社会变革的主体力量。中央党校妇女研究中心在总结中曾经写过这样一段话:"登封试点村的经验告诉我们,村规民约中的性别不平等规则是可以改变的,农民并不像人们想象的那么顽固。只要采用农民能接受的宣传倡导手法,将道理说透,令人信服,就有可能引导农民主动变革陈规旧俗,将性别平等内容纳入村规民约并顺利实施。"我们应该相信群众,依靠群众,把工作做深做细做到家,引导农民提高思想觉悟，自己起来进行移风易俗的变革，把男女平等基本国策真正贯彻落实到基层。另外，深入贯彻落实土地承包法律和相关政策，切实维护农村妇女的土地承包权益。

深入贯彻土地承包法律政策
切实维护农村妇女土地承包权益

陈晓华[*]

总结维护农村妇女土地承包权益的经验，分析维护农村妇女土地承包权益中存在的问题，研究进一步加强农村妇女权益保护的政策措施，对于充分调动广大农村妇女参与发展现代农业和建设社会主义新农村的积极性，构建农村和谐社会，具有十分重要的意义。

一 认真履行职责，切实做好维护农村妇女土地承包权益工作

中央对维护农村妇女的土地承包权益高度重视，在颁布实施的《农村土地承包法》、《农村土地承包经营纠纷调解仲裁法》以及出台的相关政策中，都强调对农村妇女土地承包权益的保护。按照中央要求，农业部和各级农业部门坚持把贯彻土地承包法律政策与落实《中国妇女发展纲要（2011—2020年）》紧密结合起来，健全规章制度，加强管理服务，在维护农村妇女土地权益方面采取了许多措施。

一是积极研究出台配套法规，为维护农村妇女土地承包权益提供法律保障。近年来，配合《农村土地承包法》和《农村土地承包经营纠纷调解仲裁法》的颁布实施，农业部相继制定了《农村土地承包经营权证管理办法》《农村土地承包经营权流转管理办法》《农村土地承包经营纠纷仲裁规

---

[*] 陈晓华，农业部副部长。

则》和《农村土地承包仲裁委员会示范章程》等部门规章,其中特别强调了对农村妇女土地承包权益的保护。各地也积极采取措施和出台相关的法规政策,明确维护农村妇女土地承包权益的具体规定。目前,全国已有18个省(自治区、直辖市)制定了《农村土地承包法》实施办法,辽宁、广东、江苏、上海等省市还专门下发文件,把国家法律政策关于维护农村妇女土地承包权益的规定进一步具体化。如2011年辽宁省农委、妇联等8个部门联合下发文件,对因农村婚嫁妇女户口迁移等造成的"两头无地"问题,提出了明确的政策措施,促进了大量农村妇女土地信访案件的解决。

二是认真做好土地承包管理和流转工作,依法落实农村妇女土地承包权益。近年来,各级农业部门加强农村土地承包管理,抓紧完善二轮延包后续工作,妥善解决遗留问题,依法落实农民承包土地的各项权利。到2011年底,全国签订家庭承包合同2.22亿份,发放土地承包经营权证书2.08亿份,为保护广大农村妇女的土地承包权益奠定了坚实基础。2009年以来,按照中央部署,农业部会同有关部门组织开展了农村土地承包经营权登记试点工作,探索解决农村土地承包管理中普遍存在的承包地证实不符、面积不准、四至不清、空间位置不明和登记簿不健全等突出问题。在登记试点工作中,北京、上海、陕西、四川等地专门下发文件强调对农村妇女土地承包权益的保护。如浙江定海在登记操作规程中明确规定了承包期内农村妇女结婚、离婚或者丧偶、离婚后再婚等情况下土地承包权益保护的具体办法。

近年来,随着工业化、城镇化和农业现代化的同步推进,以及农村劳动力的大量转移,农村土地流转速度明显加快,各级农业部门加强土地流转管理和服务,建立健全土地承包经营权流转市场,为引导农村承包土地健康有序流转创造了有利条件。目前,全国已有800多个县(区、市)1.3万个乡镇建立了土地流转市场,全国耕地流转面积达到2.3亿亩,占家庭承包耕地总面积的17.8%。在流转中,不少地方对因出嫁、离婚等原因而异地享有土地承包经营权的农村妇女,通过引导她们有序流转承包土地,保障了她们的土地承包权益,解决了直接耕作不便等问题。如辽宁、湖南等省基层经管部门通过加强农村土地流转服务,将婚嫁妇女在娘家的土地以互换、转包、租赁等方式进行流转,有力地促进了广大农村妇女土地承包权益的实现。

三是依法调处土地承包经营纠纷,为农村妇女维护土地权益提供坚强后盾。《农村土地承包经营纠纷调解仲裁法》颁布实施以来，各地认真贯彻法律要求，加快构建农村土地承包经营纠纷调解仲裁体系。截至2011年底，全国共设立农村土地承包仲裁委员会1848个，聘任仲裁员16497名。为强化对农村妇女土地权益的保护，各地把吸收妇女组织代表进入仲裁委员会作为基本要求，建立和完善仲裁制度，加强仲裁员培训，为维护农村妇女土地承包权益，及时有效化解农村土地承包经营纠纷，提供了有效途径。2010年以来，各地农业部门和仲裁委员会共受理农村土地承包纠纷50万件，其中涉及妇女承包权益的达1.95万件。黑龙江省2004年以来累计受理农村妇女土地承包权益纠纷2548件，已调处结案2497件，占总数的98%，有效保护了农村妇女合法的土地权益。

四是加强制度建设，确保农村妇女集体经济收益权。集体经济收益权是农村妇女十分关心的一项权益。2007年农业部下发了《关于稳步推进农村集体经济组织产权制度改革试点的指导意见》，要求在条件成熟的地方，积极稳妥地推进以股份合作制为主要形式，以清产核资、资产量化、股权设置、股权界定等为主要内容的农村集体经济组织产权改革，其中特别明确了农村妇女的集体经济收益分配权益。北京、浙江等省市在推进股份合作制改革中，规定农村妇女在股权设置、婚生子女享受集体经济权益等方面，与男性集体经济组织成员具有同等权利。湖北省在开展城中村、城郊村、园中村"三村"股权改革中，为保障农村妇女的合法权益，要求各试点单位在制订配股及分红方案时充分考虑出嫁女、离异女的平等权益。征地补偿费分配不公是近年来引发农民特别是农村妇女上访的主要原因。2005年农业部制定了《关于加强农村集体经济组织征地补偿费监督管理指导工作的意见》，建立了征地补偿费专户存储、专账核算、专项审计和财务公开"四项制度"，要求各省制定土地补偿费在农村集体经济组织内部的分配办法，切实维护包括农村妇女在内的被征地农民的合法权益。目前有15个省（自治区、直辖市）政府制定了征地补偿费在农村集体内部的分配使用办法。为确保农村妇女的分配权益，山西、吉林、河南等省明确规定，在征地补偿费分配过程中坚持征地补偿男女平等的原则，在确定补偿对象、范围和标准时，任何组织和个人不得以妇女出嫁、离婚、丧偶等为由，剥夺、侵害妇女的征地补偿权益。在各级党委政府、各有关部门的大力支持和共同努力下，农村妇女土地承包权益保护工作取得了积极进展。据统计，从2005年到2011年，地方各级农业部门每年受理的涉及农村妇女土地承包经营权益纠纷案件由 2 万件下降到 0.98 万件，下降了 51%，侵害农村妇女土地承包权益的状况有了明显改善。

二　认真查摆问题，切实纠正侵害农村妇女土地权益的行为

当前我国农村经济快速发展，农村社会和谐稳定。但受多种因素的影响，侵害农村妇女土地承包权益的现象在一些地方还不同程度地存在，尤其在城乡接合部、征占地较为频繁的地区问题比较突出。从当前看，侵害农村妇女土地承包权益的问题主要表现在：因不同村（组）二轮延包"时间差"，导致农村婚嫁妇女"两头无地"；承包期内以妇女出嫁或者离婚为借口，违法收回承包地；以村规民约为由，限制或剥夺"出嫁女"、离异或丧偶妇女参与征地补偿费分配的权利；少数地方在农村集体经济产权股份制改革中，因相关制度考虑不周，导致农村妇女土地承包权益受到不同程度的侵害。当然，也存在个别农村妇女为获得最大利益落户而引发集体经济组织成员间利益纠纷和信访的情况。

从各地反映的情况看，发生侵害农村妇女土地承包权益问题的关键不是土地承包法律政策规定不明确，主要在于贯彻实施不到位。造成这一问题的原因主要是：①从客观条件看，土地的不可移动性和婚嫁人员的流动性是长期存在的一对矛盾，"地无法随人走"加大了农村妇女土地权益保障的难度，也决定了解决农村妇女土地权益保护问题的艰巨性和复杂性。②从思想观念看，在长期形成的农村传统习惯、乡风民俗中，"出嫁从夫"的封建思想根深蒂固，影响着村民、村干部甚至是农村妇女；一些村组干部和群众法制观念淡薄，在制定涉及农村妇女土地权益的村规民约时，存在违反法律规定的问题，一些基层干部又不敢依法办事，漠视侵犯农村妇女土地权益的事情发生。再加上一些妇女自身法律意识不强，不懂得用法律保护自己的土地权益，从而使问题长期得不到解决。③从法律政策层面看，有执行问题，一些地方仍按照人口增减违法调整承包地，导致许多农村妇女"两头无地"；也有制度不完善问题，集体经济组织的立法明显滞后，致使农村集体经济组织的成员资格确定缺乏明确的法律依据；而户籍制度与农村土地承包、集体成员资格及其收益分配挂钩，也导致农村妇女土地承包权益问题复杂化。对这些问题，我们要高度重视，认真分析，加快解决。

三 加大工作力度，推进农村妇女土地承包权益维护工作再上新台阶

维护农村妇女土地承包权益是农村土地承包管理工作的重要组成部分。农业部将切实加强农村妇女土地承包维权工作，不断改进农村土地承包管理和服务。

一是依法落实农村妇女承包土地的各项权利。在二轮延包后续完善工作中，妥善解决遗留问题，坚决制止和纠正承包期内违法收回或者调整妇女承包地、强迫或者限制妇女流转承包地等行为，全面落实和维护妇女承包土地的各项权利。指导各地按照《农村土地承包经营权登记试点工作规程（试行）》，稳步推进土地承包经营权登记试点工作，鼓励试点单位探索解决妇女在结婚、离异等情形下土地承包权益保护问题。在探索健全土地承包经营权登记制度中强化对农村妇女土地承包权益的物权保护。按照归属清晰、形式多样、管理严格、流转顺畅的要求，建立健全土地承包经营权流转市场，通过加强土地流转管理和服务，确保广大农村妇女的土地承包权益顺利实现。

二是加快健全农村妇女土地承包纠纷的解决机制。认真贯彻实施《农村土地承包经营纠纷调解仲裁法》，加快建立健全乡村调解、县市仲裁、司法保障的农村土地承包经营纠纷调处体系，突出做好涉及农村妇女土地承包经营纠纷的调解仲裁工作。争取将农村土地承包经营纠纷调解仲裁体系发展纳入国家专项规划，指导各地建成机构健全、制度完善、硬件具备的农村土地承包经营纠纷仲裁工作体系。同时，加强涉及农村妇女土地承包信访案件的督察督办，加强与纪检、监察（纠风办）、国土、信访、妇联、民政等部门的沟通协调，重点查办一批典型案件，坚决制止和纠正侵害农村妇女土地承包权益的突出问题。

三是切实维护农村妇女在集体经济组织中的各项权益。认真落实《农业部关于进一步加强农村集体资金资产资源管理的指导意见》，切实保障农村妇女与男子享有平等的知情权、决策权、管理权、监督权。指导各地稳步开展产权制度改革，积极开展农村产权交易市场建设情况调研，鼓励有条件的地方，将招标投标和公开竞价机制引入农村集体产权交易，以农村土地承包经营权流转服务中心或者集体"三资"服务中心为依托，构建农

村集体产权交易的平台，切实保障农村妇女在集体产权制度改革中的成员权、收益权。

四是健全和完善相关法律法规和政策。按照中央的决策部署，会同有关部门研究提出修订完善农村土地承包、集体土地征收补偿安置等法律法规建议，进一步强化保护农村妇女土地承包权益的规定。积极推动各地加快出台《农村土地承包法》实施办法、征地补偿费在农村集体经济组织内部的分配使用办法，切实保障农村妇女的合法权益。会同国务院法制办等部门，认真做好集体经济组织的立法调研工作，加快集体经济组织立法进程，研究制定集体经济组织成员资格认定办法。同时，建议相关部门加大工作力度，加强对村规民约的合法性审查，确保不侵犯农村妇女合法的土地权益。

加强领导　强化措施　维护农村妇女合法权益

曲淑辉[*]

民政部门作为指导城乡基层群众自治制度建设的职能部门，多年来，在推进农村村民自治的过程中，认真贯彻男女平等的基本国策，加强领导，强化措施，为推动农村妇女土地权益和其他权利的落实，在以下四个方面进行了一些努力和探索。

——以制度建设为基础，在强化维护农村妇女权益的制度保障上迈出了新的步伐。加强法律制度建设是维护农村妇女权益的基础性工作，我们坚持把制度建设摆在更加突出的位置，努力做到依法建制、有制可依、按制办事。2008年，民政部和全国妇联先后联合下发《关于充分发挥妇联组织在基层群众自治制度建设中积极作用的若干意见》（妇字〔2008〕14号）、《关于进一步加强新形势下妇女参加村民委员会工作的意见》（民发〔2008〕206号）等文件，对在新形势下扩大基层妇女民主参与、提高农村妇女当选村委会成员、村民代表的比例等方面，作出了明确而详细的规定。在《村民委员会组织法》修订过程中，我们着力推动从法律制度体系上保障农村妇女的民主权利和合法权益。为了防止少数村干部侵害农村妇女的土地权益，《村民委员会组织法》规定，土地承包经营方案、宅基地的使用方案、征地补偿费的使用分配方案等涉及村民利益的事项，须经村民会议讨论决定方可办理。对村民委员会或者村民委员会成员作出的侵害农村妇女土地权益或其他权利的决定，该法规定受侵害的农村妇女可以申请人民

---

[*] 曲淑辉，中共中央纪律检查委员会驻民政部纪检组长。

法院予以撤销，责任人依法承担法律责任。为了进一步落实妇女在村务决策、村务管理中的民主权利，《村民委员会组织法》规定，村民委员会成员中妇女至少应当有一个名额，妇女村民代表应当占村民代表会议组成人员的 1/3 以上。为了贯彻落实《村民委员会组织法》，民政部会同有关部门积极完善相关配套政策措施，并指导各地抓紧制定或修订本地区的《村民委员会组织法》实施办法、村委会选举办法等配套法规。同时，要求乡镇政府认真做好村民自治章程、村规民约的备案审查工作，确保村民自治章程、村规民约不得有损害农村妇女合法权益的内容。目前，全国已有 12 个省份修订了本省的村委会选举办法，8 个省份制订了《村民委员会组织法》实施办法，全国 98% 的村制订了村规民约和村民自治章程。经过努力，一个以《村民委员会组织法》为核心、以政策措施和地方法规为支撑、以村规民约和村民自治章程为基础的法律制度体系基本形成，为维护农村妇女权益提供了坚实的制度保障。

——以"难点村"治理为突破口，在解决侵害农村妇女权益突出问题上取得了新的成绩。经中央领导同志批准，全国村务公开协调小组从 2009 年至 2011 年在全国范围内开展了为期三年的村务公开和民主管理"难点村"治理工作，民政部是牵头部门。在"难点村"治理过程中，把在土地承包权落实、土地经营权流转、土地征占补偿中损害农村妇女权益，在村委会选举、村务公开民主管理过程中侵害农村妇女权利，在国家强农惠农富农政策落实中歧视农村妇女等情形作为"难点村"认定的重要指标，督促各地区认真排查，建立"难点村"台账。要求各地因村施政，对症下药，多措并举，抓班子、立规范，促进"难点村"的转化，切实纠正损害农村妇女权益的现象。同时，还加强宣传发动，积极引导农村妇女广泛参与"难点村"治理，进一步保障和落实农村妇女的知情权、决策权、参与权、监督权，激发她们当家做主的积极性和主动性。经过三年多的努力，全国排查出来的 13007 个"难点村"基本得到有效治理，解决了一大批侵害农村妇女合法权益的突出问题，健全了维护农村妇女权益的长效机制，收到了良好的社会效果。2012 年 7 月，全国村务公开协调小组在山西省运城市召开了全国深化村务公开民主管理工作会议，对党的十六大以来的村务公开民主管理工作，以及"难点村"治理工作进行了总结，并对当前及今后一个时期的村务公开民主管理工作进行了部署。这次会议将对落实农村妇女在村务管理中的各项权利产生积极影响。

——以加强宣传培训为抓手，在创造维护农村妇女权益的有利条件上取得了新的成效。加强法律、法规和政策的宣传培训，促使乡村干部、村民代表和广大村民树立法制观念、政策观念、男女平等观念，尊重法律、尊重政策、尊重妇女的合法权益，是我们推动的重点工作之一。民政部专门组织编写了《农村妇女参与村委会选举实用手册》，并通过制作宣传画、推广女"村官"先进经验、举办女"村官"培训班等形式，提高农村妇女参与农村基层社会管理的能力。2008年11月，在纪念《村民委员会组织法》实施十周年座谈会上，民政部专门邀请女"村官"代表作典型发言，通过新闻媒体宣传她们的先进事迹，为扩大妇女参与村民自治实践创造良好的舆论氛围。近年来，民政部会同司法部先后分四批命名表彰了1373个民主法治示范村，把农村妇女权利的落实作为重要考评标准，并加大对先进典型的宣传力度，充分发挥示范带动作用。全国村务公开协调小组积极开展了全国村务公开民主管理示范单位创建活动，引导各地采取有效措施，促进农村妇女平等参与村级事务。

　　——以强化工作指导为手段，在推动农村妇女民主权利落实上取得了新的进展。长期以来，民政部门积极推动农村妇女参与村民自治，落实农村妇女的民主权利。早在1999年民政部就制定下发了《关于努力保证农村妇女在村委会成员中有适当名额的意见》（民发〔1999〕14号），明确要求各地采取有效措施确保妇女在村委会成员中的名额。从2003年起，民政部又在天津市塘沽区等地实施了"提高农村妇女当选村委会成员比例政策创新示范项目"，探索提高农村妇女当选村委会成员比例的有效途径。2009年3月，全国妇联和民政部联合召开推动农村妇女参与村民自治实践经验交流会，推广河北等地采取"定位选举"提高妇女在村委会选举中当选比例的办法。2011年4月，中组部、民政部、全国妇联在浙江省杭州市召开部分省区村"两委"换届选举工作座谈会，对做好新形势下农村妇女参与村民自治工作专门作出部署。此外，民政部在进行民政工作统计、开发村民自治信息系统时都对农村妇女参与状况单独列项、专门统计，为各级民政部门及时掌握农村妇女参与村民自治的状况提供了方便，也为及时调整政策措施和工作方法提供了依据。民政部每次召开全国村委会换届选举工作情况分析会，都对农村妇女参与村委会选举的情况进行专题讨论，分析扩大妇女参与面临的新情况和新形势，研究形成推动这项工作的政策措施。据最近一届村委会选举情况统计，全国女性村委会成员占21.4%，与上届相比提高了近 4 个百分点，其中上海、山东等地女性村委会成员都保持在 30% 左右；女性村委会主任的比例为 9.9%，与上届相比上升了 7 个百分点，其中吉林、西藏等地的女村委会主任比例超过了 20%。

当前，我国农村总体上已步入以工促农、以城带乡的发展阶段，进入着力破除城乡二元结构、形成城乡经济社会发展一体化新格局的重要时期，是深化改革的攻坚时期，也是社会矛盾的凸显期，维护农村妇女土地权益工作面临许多新形势、新情况：随着城镇化、工业化、市场化、信息化的快速发展，土地资源的升值空间越来越大，围绕土地所引发的利益纠纷越来越多，需要进一步建立健全农村妇女的利益表达机制、矛盾调处机制和权益保障机制；随着农村社会结构的变化，农村大量青壮年劳动力人口流出，"留守老人""留守妇女""留守儿童"现象普遍存在，农村妇女受婚丧嫁娶、传统观念等的影响处于弱势或更加边缘化的位置，如何提高农村妇女的参与意识，引导她们通过扩大政治参与来维护自身的合法权益，已成为村民自治中面临的新课题；随着农村经济体制改革的推进，土地承包经营权流转进一步放开，但相关配套措施和性别意识相对滞后，一些损害农村妇女土地权益的矛盾和问题会更加突出。

各级民政部门要科学把握维护农村妇女土地权益工作面临的新形势、新任务、新要求，充分认识做好这项工作的重要意义，重点做好以下几项工作：一是会同全国妇联、农业部做好维护农村妇女土地权益相关经验的总结推广工作，建立健全长效机制，切实保障农村妇女在土地承包权落实、土地经营权流转、宅基地使用、土地征占补偿，以及集体资产、资金、资源处置等方面的合法权益。二是继续做好村民自治章程和村规民约的废、改、立工作，凡是与国家的法律法规精神一致的，要继续坚持，并不断丰富完善；不一致的，应当尽快修改或废止。对损害农村妇女合法权益的，特别是以村民自治之名实行的所谓"土政策"，要督促有关部门和基层组织坚决予以纠正。三是增强性别意识，继续抓好村民自治实践工作，引导农村妇女参加民主选举活动，努力提高农村妇女当选村委会成员和村民代表的比例；引导农村妇女广泛参与民主决策、民主管理、民主监督等活动，用自身的努力切实保障其在村务管理中的合法权益。

调查篇

失地妇女土地权益问题及对策建议

全国妇联权益部

农村城镇化和农村经济体制改革极大地解放了生产力，促进了城乡经济的共同发展。在经济发展、城镇化进程加快的同时，部分农民在土地承包、征用和流转中失去了土地，由此出现了农民的土地权益受到侵害和丧失的现象。切实解决失地农民的土地权益问题，不但是关系农民生存发展的经济问题，而且是关系农村社会和谐稳定的政治问题。

农村妇女是农民中的弱势群体，她们缺少资源、缺少社会保障、缺少社会支持；同时，当前农村妇女又是我国农业的主要劳动力，占农业劳动力的七成以上。土地承担着农村妇女的基本生存和社会保障的双重职能。土地权益及其衍生权益是农村妇女的基本生存权益。

然而，改革开放以来，农村妇女土地权益问题一直是妇女权益保障领域中的重点和难点问题。自1983年第一轮土地承包分配起，轻视、歧视妇女，侵犯出嫁女、离婚妇女及其子女土地承包权的问题，在全国许多地区均有不同程度的反映。近年来，随着城镇化进程的加快，侵犯农村妇女土地权益问题进一步凸显，尤其是在征地补偿和安置措施中，妇女土地权益受损严重，矛盾突出。党的十七届三中全会提出"新土地政策"后，如何在土地流转中保障农村妇女的土地权益又成为新的问题。各级党组织和政府高度重视失地农民问题，出台政策，采取措施，严格监控，着力解决失地农民的生活保障、社会保障和培训就业等实际困难，切实维护、保障失地农民的生存权、发展权，收到了明显成效。

但是，在一些地区，失地妇女土地权益问题仍然存在。全国妇联系统

2000~2007年的信访数据表明，农村妇女土地权益投诉案件逐年上升，到2007年共10927件，8年间增长了82.8%。而且近年来，群体性上访的事件频繁出现。由于土地权益是农村妇女的基本生存权益，上访妇女态度坚决，有些表示会"上访到老，上访到死"。

失地妇女的权益问题引起了党中央、国务院的特别关注。2007年，胡锦涛总书记在参加全国政协工青妇联组讨论时特别指出，妇联要密切关注流动妇女、留守妇女儿童、农村失地妇女的权益保护，为她们提供有效的维权服务。全国妇联书记处十分重视失地妇女生产生活与权益保障问题，指出农村妇女土地权益问题是农村妇女最关心、最切实的生存发展问题，全国妇联要持续不断地呼吁，努力保障农村失地妇女的权益。

为了掌握失地妇女的权益状况及其维权需求，全国妇联权益部于2008年3月至2009年2月开展了"失地妇女权益状况调查"，重点关注因土地征收而失地的妇女，了解失地妇女权益的状况，特别是权益受侵害的状况，分析权益受侵害的原因，发掘地方好的经验做法，并提出保障失地妇女权益的对策建议。

本次调查的对象是已经因征地而失去土地的妇女，即个人承包地、宅基地被部分或全部征用，或者其现居村的土地被全部或部分征用的妇女。调查在湖南、陕西、广东、江苏、浙江五省选择了10个县10个村的3000个农户家庭，总计回收问卷2943份，有效问卷2727份，涉及家庭成员9985人；同时还通过与失地妇女进行深度访谈，与国家有关部委、省市县有关部门进行座谈，搜集、查阅文献，取得了大量资料，在此基础上形成调查报告。

一 失地妇女的权益保障状况

这次调查的失地妇女权益，是指她们的土地权益及其衍生权益，具体有"五权"，即土地承包经营权，征地补偿款的分配、使用权，集体经济组织收益分配权，宅基地使用权，以及由上述权益所带来的利益获取权，如参加农村养老、医疗保险、就业培训和安置等权利。调查结果显示，被调查对象的上述五种权益基本上得到了保障，但也存在着权益受到侵害的情况。

（一）失地妇女的"五权"基本上得到了保障

本项调查显示，被调查地区基本上贯彻了有关法律法规和相关政策，失地妇女权益保障的总体状况较好，主要体现在四个方面。

一是76.1%的被征地妇女拿到了征地补偿款。

二是四成的被征地妇女得到了安置。安置方式主要有"转为城镇居民"（16%）、"购买社会保险"（14%）、"提供住房"（10.8%）、"投资入股"（7.9%）等。

三是58.3%的被征地妇女对安置补偿措施基本满意。其中"满意"的占21%，"基本满意"的占37.3%。

四是69.3%的被征地妇女认为自己的生活比征地前好了。其中32.1%的人认为"变好了"，37.2%的人认为"稍微好点儿"。

（二）失地妇女的"五权"受到侵害的主要表现

本次调查显示，失地妇女土地权益存在的问题，表现在前述"五权"受到了侵害。

1. 土地承包经营和宅基地数量，女性低于男性

有13.8%的被访女性"从未拥有承包地"。目前仍然拥有承包地的村民中，女性平均为0.73亩，低于男性（0.87亩），其中，有些被调查村庄男性平均的承包地面积差不多是女性的两倍；男性平均拥有宅基地面积（0.075亩）高于女性平均拥有宅基地面积（0.063亩）。

2. 3.5%的女性拿不到集体经济收益分红

在有集体分红的村庄，3.5%的被访女性没有拿到集体分红。而调查表明，征地后失地妇女对集体经济组织、集体经济收益的依赖性增大。

3. 女性因为婚嫁流动更容易失去土地

在承包地全部被征用的村民中，女性的比例（58.9%）高于男性的比例（50.9%）。"从夫居"的传统婚姻习俗凸显了土地承包关系稳定和妇女婚嫁流动之间的矛盾。因婚嫁流动，女性更容易失去土地。其中包括以下情况：①婚后来到现居村，原居村将承包地收回，现居村不给土地；②配偶为非农户口或军人，户口无法迁出，村里不再分给承包地；③丧偶后村里不再分给承包地；④从外村外地来到现居村，签有只落户不分地的协议等。

4. 23.9%的失地妇女未能得到货币补偿

被访女性中有23.9%没有拿到征地补偿款，比例远高于男性（16.6%）。被访女性拿不到征地补偿款的原因是：①出嫁前有承包地，出嫁后承包地被征用了，娘家村委不给补偿；②村里给了补偿款，但家里不给个人；③户口在现居村，因无承包地，所以没得到补偿款；④个人承包地未征用，征用的是村里的地；⑤没有举行婚礼仪式，村里人不认可婚姻关系。另外，失地农民得到征地补偿款的金额，女性低于男性。男性平均拿到的征地补偿款为 2.198 万元，而女性为 2.071 万元。

5. 63.1% 的失地妇女没有得到安置

在被访的失地农民中，没有得到安置的失地妇女占到 63.1%，而没有得到安置的失地男性比例为 55.0%。失地妇女转为城镇居民的占 16.0%；到村办企业上班的占 1.5%；获得社会保险安置的占 14.0%；获得住房安置的占 10.8%；获得投资入股安置的占 7.9%。

6. 失地妇女参加社会养老、医疗保险的情况不尽如人意

有 68.2% 的失地妇女没有参加过养老保险，参加的仅为 31.8%；虽然有 93.0% 的被访失地妇女参加了农村合作医疗，但报销标准低，难以满足她们的医药需求。她们之中以参加商业医疗保险来弥补农村合作医疗的不足的，只占被访者的 1.2%；参加劳保医疗的占 5.9%，比例较低。

7. 失地妇女中出嫁、丧偶、离异者的土地权益易受侵害，离异妇女最为突出

土地权益是农村妇女生存发展的基本权益，土地承包经营权是土地权益的起点。失去土地承包权，就失去了全部后续的土地权益。在这次调查中发现，离异妇女、丧偶妇女、嫁城姑娘、外嫁女、上门女婿等，在农村已经进行的两轮土地承包过程中，最容易失去土地承包权，其土地权益最先受到侵害，成为征地后续权益的丧失者。由于离异妇女的居住地和户口发生了两次变动，她们不仅极易失去土地承包经营权和征地补偿等衍生权益，而且她们离异后所带子女，包括未成年子女的土地权益也难以得到保护。她们通常的做法是将子女留给娘家，自己外出打工。一旦承包地、宅基地都被征用，这些离异妇女将会流离失所。

（三）失地妇女的两大需求：给年轻人找工作，让老年人进保障

生产方式决定生活方式。失地或部分失地，都会引起失地家庭及其成员的生活状况变化。本次调查显示，有 53.1% 的被访农户"全部失地"，其中被调查家庭中没有承包地的，陕西为 91.1%、广东为 84.8%、江苏为 40.4%、浙江为 33.2%、湖南为 6.2%。

失地后家庭生活状况发生了变化。一是收入来源变化。征地前有 67.6% 的被访家庭靠"务农收入",征地后这一比例下降到36.1%;征地前被调查家庭收入来源中的"集体分红"和"从事个体经营"的比例分别为8.8%和8.6%,而征地后这一比例分别上升为27.2%和11.7%,表明失地农户对集体经济组织的依赖性增大;另外,失地农户还靠自谋出路取得收入,包括打零工(51.4%)、固定工收入(30%)、房屋出租(19.8%)。二是家庭生活负担加重。85.2%的被访者用征地补偿款来支付"日常家用",47.8%的被访者用来"供子女读书",31.1%的被访者用来"看病",因此后顾之忧较多,对参加社会养老保险、新型农村合作医疗和政府组织的转移就业培训表现出强烈的渴求。三是失地妇女生活面临的最大困难是收入降低,有10.3%的被访者认为自己的生活比征地前"差了"。本人就业不足,子女教育费用高,子女毕业后就业困难。鉴于上述生活现状,对于上有老、下有小的中老年失地妇女和青年失地妇女而言,她们有两个共同的需求:"给年轻人找工作,让老年人进保障。"她们希望政府和妇联多组织、提供就业培训,增加就业机会,提高她们的家庭收入;另外,希望参加社会保障,政府增加保障项目,提高保障标准。

二 失地妇女权益受到侵害及难以得到救济的原因分析

保护失地妇女权益的国家相关法律法规,包括《妇女权益保障法》《婚姻法》《农村土地承包法》《土地管理法》等,明确规定了男女平等、同事同权,并从维护公民财产权角度,规定了公民土地权益的内容、标准和程序,以及参与集体经济收益分配的相关权益。

虽然保护失地妇女权益的相关法律法规以不同的法律条款确认了男女平等基本国策及其在土地权益中的具体实现,但失地妇女权益仍然受到侵害,原因是综合性的,既有法规政策制定及其衔接层面的原因,也有法规政策执行层面的问题,还有传统观念和习惯的影响,因而是经济转轨、社会转型时期涉及面较广的基层社会问题。

(一)失地妇女权益保护相关的法律、法规,确认了男女平等基本国策及其在土地权益中的具体实现

与失地妇女土地权益相关的法律法规内容大致可以分为三部分,如表1所示,A部分的《宪法》《妇女权益保障法》《婚姻法》等法律法规强调了妇女享有与男子一样的土地权益;B部分的《农村土地承包法》《土地管理

法》《农业法》《民法通则》《物权法》等法律法规则从财产权的具体角度，规定了公民土地权益的内容、标准、取得程序等；C 部分的《村民委员会组织法》和《人口与计划生育法》等法律法规，则规定了集体经济组织内部分配决策机制和奖励加分标准等。其中，B 部分是土地权益的实体内容，引入征地变量后，为了确保被征地农民生活水平不因征地而降低，长远生计有保障，主要是看征地补偿及其安置措施。土地被征用后，在货币补偿、安置措施、社会保障等方面，男女应享有平等的资源和机会。

可见，有关失地妇女权益的法律法规都贯彻了男女平等的基本国策。《农村土地承包法》还有明确的对于妇女的保护性条款："承包期内，妇女结婚，在新居住地未取得承包地的，发包方不得收回其原承包地；妇女离婚或者丧偶，仍在原居住地生活或者不在原居住地生活但在新居住地未取得承包地的，发包方不得收回其原承包地。"

表 1 相关法律法规分类

	相关法律（及相关政策/实施办法等，表格内略）	相关内容	性质	操作指标
A	宪法	两性平等——无歧视原则	政治承诺/法定权利	男女平等
	妇女权益保障法	农村妇女土地权益的强调	政治承诺/法定权利	妇女的土地及其衍生权益不因婚姻关系而受影响
	婚姻法	婚姻自由男女平等	政治承诺/法定权利	
B	农村土地承包法 土地管理法 农业法 民法通则 物权法	土地及其衍生权益，被征地农民有获得安置补偿的权利	法定权利 政策/计划	土地承包经营权 货币补偿 安置措施 社会保障
C	村民委员会组织法	集体经济组织内部分配决策机制	法定权利 政策/计划	集体内部分配决策
	人口与计划生育法	两性平等，鼓励计划生育	法定权利 政策/计划	集体经济组织内部分配奖励加分制度

（二）失地妇女权益受到侵害及难以得到救济的原因分析

1. 法律、政策制定及其衔接层面的原因

（1）现行土地法律、法规、政策中关于土地承包经营权长期稳定的规定，同妇女因婚嫁而流动、社会角色变化之间发生矛盾，导致妇女土地权益受到侵害。1998年颁布的《土地管理法》规定土地承包经营期为30年；2003年颁布的《农村土地承包法》规定以户为单位承包是农村土地承包形式。"30年"和"户承包"的刚性规定，意在稳定土地承包关系，调动农民种田的积极性，却忽视了家庭中个人的权益及成员的流动、增减变化，势必使承包期内嫁入女（或女婿）、离婚、丧偶妇女、农嫁非妇女以及新增儿童，都会在这种"稳定""不变"的规定下，失去土地承包经营权以及征地后的相关经济权益。即使是一些地方出台了"生不增、死不减"等政策规定，仍不能改变这种状况。本次调查的10个村庄均不同程度地存在这样的情况，即第二轮土地承包后结婚的妇女及此后出生的儿童，很难从现居地（嫁入村）享受平等的土地权益，而其在娘家的土地权益通常仅具有法律意义，实际上出嫁妇女必须放弃原有的土地权益，以满足其娘家新增人口带来的土地需求。

（2）相关立法中对"农村集体经济组织成员"缺乏科学界定，导致失地妇女不能分享集体经济收益。从集体经济收益中得到分红，是失地妇女的一项重要权益。但是，"嫁城女""出嫁不出村"等失地妇女往往被排除在集体经济组织成员之外。由于相关法规对"集体经济组织成员"资格认定缺乏立法解释和统一标准，使得妇女土地权益受到损害后，寻求司法救济的渠道和过程存在困难。

（3）法规和政策滞后，使解决历史遗留问题无法可依。20世纪90年代以前征地，主要采取先征地后安置的办法，被征地农民被安置到集体企业就业；1999~2004年，对被征地农民实行货币补偿安置方式鼓励其自谋生计。随着这些被安置农民的下岗，或者征地款用完，被征地农民（包括不少妇女）的生活重陷困境。解决这批人的问题缺乏法律、政策依据，成为影响社会安定的因素。

2. 法律、政策执行层面的原因

（1）有的地方制定政策缺乏性别意识，未能贯彻男女平等国策，致使"库区女移民"和"女户"等脆弱群体的土地权益受到侵害。这次调查的某个村，2006年当地政策规定给60年代库区移民每人每年发600元生活补助，库区男性移民及其后代都能享受，而库区女性移民只能本人享受该补贴，其配偶和直系亲属都不能享受。按此补助规定，同为第一代库区移民，彭大爷祖孙三代8人，每年全家都能领到3000元（其中，女儿、女婿和孙女不能享受补助);而周阿姨祖孙三代13人却只领到周阿姨本人的600元补助。在实地调查中,还存在着"男户"和"女户"的土地权益不平等现象。"女户"是因女方的配偶是非农,或因其他原因其户口未迁出原居地,并落户分有承包地的女性村民家庭。当村里土地被征用后,"女户"只有女性户主和一个子女能够得到征地补偿并享受相应的村民待遇,包括集体经济分红和住房分配等。可见,"女户"所享受的政策待遇与同村的"男户"有明显差别。这种土地权益及分配的不平等,造成"男户""女户"两个群体之间的矛盾,并频发"女户"的群访事件。

(2)一些村规民约违背法律、法规、政策规定,导致失地妇女权益受到侵害。村委会是农村基层自治组织,也是有关法律、政策的执行层和落脚点。当法规、政策的规定没有细化到村委会可以原封不动地操作执行时,当法规政策的原则规定与村里实际不符或存在差距时,村委会都可以通过《村民委员会组织法》的自治规定,以制订村规民约的形式,把政策规定本地化。当村规民约与国家法律、法规及政策相符时,就会显现法规、政策的良好效果和贯彻落实效率。当村规民约不符合甚至违背国家法律、法规和政策时,就会造成通常所说的"小法"与"大法"的矛盾,出现法规、政策执行偏差。失地妇女土地权益在村级执行层受到侵害,就属于这种情况。另外,一些村规民约侵害失地妇女土地权益还与村规民约的决策机制有关。根据《村民委员会组织法》规定,村民会议2/3以上成员或者2/3以上代表表决,即可通过"村规民约"。由于村民代表会议的妇女代表少或缺席,往往使民主决策的结果不利于妇女的群体利益。

(3)现行失地安置保障的计算办法难免造成对妇女权益的侵害。《土地管理法》规定,征地需要安置的农业人口数,按照被征收的耕地数量除以征地前被征收单位平均每人占有耕地的数量计算。这种计算方法使得仅涉及少数几户"线状征地"的村,只有极少安置指标;也使得那些土地没有被完全征收的村,所得的安置指标少于村民人数。因此,安置谁成了难题。

是采用"人地对应"的办法,安置目前被征地村民,还是要综合考虑过去已被征地的村民?由于过去征地补偿较低,而且往往没有安置措施,历史遗留的被征地农民,失地后无收入来源,更需要纳入安置保障范畴。采用"人地对应"的安置办法往往难以执行。

在这种"僧多粥少"的情况下,失地妇女的安置权极易受到侵害。

(4)对现行法律法规和政策执行监督不力,行政救济渠道不畅。《农村土地承包法》《土地管理法》《村民委员会组织法》等法律法规与相关政策在执行过程中缺乏有力、有效的监督，出了问题不能及时发现并予以纠正；由于信息不对称、渠道不通畅，失地妇女的生活状况及其诉求难以上达；即使反映到有关部门，要么因处理难度大相互推诿，要么批复转圈，落不到实处，存在着行政不作为和行政救济渠道不畅并存的情况，影响了失地妇女问题的妥善解决。

（5）失地妇女诉讼和法院执行难度很大。随着失地妇女法律意识增强，她们维护自己应得的土地权益的行为更加主动积极，或频繁上访，或拿起法律武器向法院起诉。但许多地方法院不受理此类诉讼案件，致使失地妇女求诉无门。即使此类案件中有的失地妇女胜诉了，但由于农村集体经济组织已经无地可分、无钱可补，法院判决执行困难，导致失地妇女赢了官司却拿不到钱的结果。

3. 农村传统观念习俗是影响失地妇女土地权益的深层文化根源

一是"从夫居"的传统习俗的影响。"农嫁女"结婚不"出家"和夫婿到女方落户都被视为反传统的行为，致使他们的集体经济组织成员资格遭到否定，经济利益受到侵害，加剧了这部分人与其他村民的矛盾。越是地少人多，或者是集体经济收益好的村庄，这种矛盾越是突出。同时"从夫居"习俗使妇女一生中至少要变动一次长期居住地，这意味着她们为婚姻要承担失去承包地的风险。

二是"男尊女卑"的陈旧观念的影响。一些地方对已出嫁、户口仍留娘家的失地妇女，不分或少分土地补偿费；对离婚、丧偶的妇女强行收回承包地；对"女户"更是百般歧视，处处为难。即使在同一个家庭中，集体分红也是男多女少。在经济利益面前，男女不平等分配的现象总是凸显出来。

三　解决失地妇女土地权益问题的经验做法

在本次调研中，一些地方针对现实中存在的问题，结合当地的实际情况，努力创新，创造性地解决问题，产生了一些好的经验做法，简要介绍如下。

（一）陕西省细化法律、法规，建立健全司法救助体系的经验

在上位法缺乏详细规定的情况下，需要基层组织创造性地解决现实中的实际问题。

为了正确、及时解决集体经济收益分配纠纷，陕西省司法机关在省妇联的推动下，较早开始了有益的尝试和探索。2003年，西安市中级人民法院在调查研究的基础上，形成了《关于审理农村集体经济收益分配纠纷案件的意见》，界定了"嫁农""嫁城"妇女及其子女的收益分配权问题，"协议书"与"分配方案"之间的冲突问题，以及村民参与分配的时间问题等与农村妇女土地权益相关的关键问题。2006年，陕西省高级人民法院向全省法院印发了《陕西省高级人民法院关于审理农村集体经济组织收益分配纠纷案件讨论会纪要》，明确界定了关于"案件受理"、"集体经济组织成员资格的取得"、"对分配方案、收益分配协议及保证书的效力认定"、"分配时间的界定"、"几种主体的收益分配"（保障农村妇女土地权益的特别条款）、"安置补助费、土地补偿费的分配"、"诉讼时效"等21条规定，在全省法院明确了办案思路，统一了执法尺度，及时化解了矛盾，取得了明显的社会效果。此外，在《陕西省实施〈中华人民共和国农村土地承包法〉办法》中，第七条、第十条和第十四条对维护农村妇女土地权益的关键环节作出了明确界定。他们办理了大量案件，并结合典型案例，向全社会广泛宣传男女平等、维护妇女合法权益。

一方面，司法机关的积极介入，体现了"底线维权"的效应，使权益受损的妇女有了通畅的司法救济渠道，纠正了错误做法，体现了社会公正；另一方面，由于法律在社会中的示范意义，司法机关的行动也使得一些执法主体、侵权人意识到维护农村妇女土地权益的重要性。在访谈中，司法机关也多次谈到"底线维权"的局限性，即对一些历史遗留问题，司法判决很难执行。维护妇女合法权益是一个综合性的问题，不能单靠司法。

（二）广东省建立健全以政府为中心的失地农民权益保障机制的经验

建立以政府为中心的维护农村妇女土地权益保护机制是解决执行问题的关键。在问题解决较好的地区，如广东省妇联就明确提出"让政府出面，妇联在后台"的工作思路。事实上，各级妇联组织和基层工作者都不同程度地意识到，政府的态度是关键。农村妇女土地权益问题，赋权和维权的

关键都在政府职能部门。各级妇联组织起到影响政府态度的作用，而基层妇联组织影响政府态度，通常是体现在协助政府做好维稳工作。

广东的经验是建立在省委、省政府明确态度上的，并且有相应的措施使基层工作者能够在自己的职权范围内找到合法性；同时，也有相应的措施，鼓励、催促基层工作者积极采取行动。此外，由于对政策的广泛宣传，使农民知道自己的合法权益，在行政系统外保持某种舆论的压力也是有效执行的条件之一。

针对所谓的"三分之二村民代表讨论通过"的分配方案，广东的经验是，明确规定性别问题不须经村民代表讨论。在与村委会干部、村民小组组长的访谈中，我们发现，当政府对于这一条态度明确而坚决的时候，无论村民代表还是普通村民都不会对此提出质疑。

从广东的经验可以看到，在政策文本的规定中首先要规定执行的机制和步骤，明确部门的责任，建立相应的检查监督机制。例如，让很多地方头痛的"村规民约"公然违反男女平等基本国策，应向谁投诉？谁有权力来纠正？该机构是否有能力来纠正？这是问题的关键。当然，广东借助于土地股份制改革的契机，赋予股份制改革领导小组（通常设立在农委办）检查和纠正的权限，而妇联组织则通过争取参与到股份制改革领导小组的机会对此发言。而事实上，当上级部门要求对"出嫁女"的土地权益进行保护的时候，政府部门也会主动征求妇联的意见。

以广东为例，以省为单位，其制度设计是统一、多角度、指向一致的。从维护"出嫁女"土地权益出发，具有相应的配套措施、责任机构、考核指标和考核监督机制。

广东省在土地股份制改革过程中，保障"出嫁女"权益问题的若干做法如下。

1. 省委、省政府召开专项会议，要求重点解决

2005年12月在中山市召开广东省解决农村"出嫁女"权益问题座谈会。

2. 政策措施配套，保障男女同股同权

如东莞市依据男女平等基本国策和《妇女权益保障法》，落实中央、省委、省政府解决"三农"问题的方针政策和《中共广东省委办公厅、广东省人民政府办公厅转发〈省委农办、省妇联、省信访局关于切实维护农村妇女土地承包和集体收益分配权益的意见〉的通知》精神，依法制定了

《关于推行农村股份合作制改革的意见》、《农村股份合作经济组织股东资格界定若干规定》、《农村股份合作制改革实施方案》和《农村股份合作制改革清产核资工作方案》等文件，把坚持男女平等原则、保障"出嫁女"权益等内容纳入股份合作制改革文件，规范农村股份合作制改革工作。严格审核各种自治章程、村规民约、农村集体经济组织分配规定等，凡与法律、政策相抵触的，违反男女平等原则、侵害"出嫁女"合法权益的，不予核准，保障包括"出嫁女"及其子女在内农民的合法权益，确保"出嫁女"与其他村民同股同权。

3. 出台文件，清理村规民约

2006年《中共广东省委办公厅、广东省人民政府办公厅转发〈省委农办、省妇联、省信访局关于切实维护农村妇女土地承包和集体收益分配权益的意见〉的通知》规定，对村规民约、股份合作制组织章程、村集体收益分配制度等进行检查、清理，凡与法规、政策相抵触，违反男女平等国策，侵害"出嫁女"合法权益的，要坚决予以纠正或废止，保证土地承包和集体收益分配的公平公正。

4. 提出量化考核指标

2007年3月在东莞市召开广东省农村"出嫁女"权益保障工作会议，省委副书记欧广源提出，"农村出嫁女问题不能久拖不决，今年年底要基本解决农村出嫁女问题，起码要解决90%。为此，各级党委、政府要切实加强对解决农村出嫁女问题的检查督促工作，一级一级抓下去。这次会议之后，由省委农办牵头，省妇联、省信访局等有关部门组成检查组，于6月份和年底对珠江三角洲地区贯彻落实这次会议的情况进行检查，年底进行总结评奖，做得好的市给予表扬，做得不好的市委、市政府要写出检查报告，说明情况"。

5. 考核情况

2008年，东莞市96.8%的"出嫁女"、92.9%的"出嫁女"子女获得配股。需要说明的是，这里能够依法获得配股的"出嫁女"是指"人户均在原村及其符合计划生育政策所生子女"，通常而言，在广东全省实行的是"两地一义务原则"，即户口所在地和居住地为原村，并履行村民义务。

（三）将解决失地妇女土地问题融入当前政府工作大局的有益尝试

在制度设计过程中需要考虑多种因素的共同作用。在基层工作者访谈时发现，仅仅从性别角度出发的，过于简单的特别保护条款在基层工作中很难推行，并有可能引起更大的反弹。从制度设计的角度看，一项政治承诺（例如，妇女必须有一块地）要想得到执行，必须配合相应的政策、资源和执行负责机构/人。因此，如果能够在当前政府工作大局中融入维权的内容是相对有效的解决办法。例如，在广东省推动股改的过程中融入妇女土地权益问题；江苏省在推动社会保障城乡一体化的过程中解决失地妇女问题等。

如何将维护妇女权益问题融入当前工作大局，南京市做了很好的探索。具体做法是，建立农民社会保障制度，特别是将城郊的农民纳入城乡一体化的社会保障制度。不管有没有土地以及有没有被征地，都纳入农民社会保障制度。同时出台了《南京市被征地农民老年生活困难补助办法》。实施范围包括1983～2004年（被征地农民基本生活保障制度实施前）江南八区的被征地农民。补助对象为：①男年满60周岁、女年满55周岁及其以上的；②一次性领取养老保险金、自谋职业费、劳动力安置补助费，以及被征地安置就业后未与安置单位中断过劳动关系、至法定退休年龄时因缴费不满规定年限而一次性领取养老保险金的；③未按月领取机关事业单位养老金、企业职工养老保险金、供养直系亲属定期救济款的。在资金筹集方面，由市、区两级人民政府分担，其中市承担60%、补助对象现户籍所在区承担40%。此外，还详细规定了补助标准。通过细致的政策规定，南京市城八区一揽子解决了"即征即保"前被征地农民的社会保障问题。

如何在政府工作大局中融入妇女土地权益问题，这对基层妇联组织对政府的倡导能力、对相关土地政策的知识了解程度、对创造性地解决问题的能力，提出了更高的要求。

（四）充分发挥乡镇街道基层政权的积极性，有利于尽快、就地解决问题的经验

从层级的角度看，乡镇街道一级政府的态度和做法是最关键的。由于征地补偿安置办法的复杂和多元，在更高一级政府部门很难做出过于具体的规定。作为最贴近村民的一级政府，乡镇街道政府既熟悉村庄的具体情况，又具有基层工作经验。因此，他们的态度直接决定了当地农村妇女土地权益的保障状况。

乡镇一级政府掌握着地方资源的分配权力，对于新事物、新观念的推

动,基层工作者总结为以"态度明确,以点带面,逐层挤压"的做法推动地区改变。一名镇干部这样总结道,在推行政策之初,他会先找到一些工作基础好的村干部谈话,并许诺或暗示在一些村庄建设的事务上给予支持,由村干部回去做村民工作;当在一个乡镇范围内,若干村庄都发生改变之后,就对那些没有改变的村庄形成了舆论挤压,因此其他的村庄就不得不改变了。

在村集体经济组织相对不发达的村庄,村两委对村民小组的控制力较弱。由于直选的压力,他们不愿意"得罪"村里的多数人,在执行层面,他们实际上在观望乡镇政府的态度,并希望有外部力量(乡镇政府或法院判决)出面来对抗多数人的力量。他们的心理是"乡镇干部得罪人了还能调走,可是我就算不当村干部了,我全家还要在这个村子住"。在集体经济组织相对发达的村庄,村两委事实上对村民小组具有较强的控制能力。村两委有能力推动地方观念的改变。一位镇干部说:"如果村干部说村民不同意,这完全是借口。如果他们能够当上村干部,他们一定能够影响村民小组长,这说明他事先没有做工作。"

在本次调查中,均显示出乡镇街道基层政府在维护农村妇女土地权益中的关键作用。因此,如何发挥乡镇街道基层干部的工作积极性是一个关键问题。从经验的层面看,由于此项工作难度大、头绪多,乡镇街道基层干部需要上级政府给予明确的授权,并进行有效考核和监督,即明确基层组织在解决此项工作中的责任和权限,上级机关就此进行年度考核。

(五)推动信息公开,对村规民约进行实质性审查,明确授权和审查程序

有效的监督,包括上级的检查和群众的监督,是切实解决问题的关键所在。农民个人与基层政府等执法主体之间存在着明显的信息不对称。失地妇女首先需要了解自己有哪些权益,如何取得,通过何种渠道维护等等。而政策的有效实施必须包括受益人的反馈,以形成一个闭合的线路。这对信息公开、监督、审查等方面提出了更高的要求。

在群众监督方面,南京市建立了被征地农民的信息化管理系统,南京市城八区被征地农民的基本信息、获得的安置补偿全部在电子系统中可以查到。南京国土局安置报批取得批文以后,通过内部网络还能看到安置到了哪个步骤、谁是经办人。信息公开透明,既有利于提高政府行政的效率,及时化解误会和纠纷，更有利于征地及其补偿的监督。

在上级检查方面，再以广东为例。2006年《广东省省委办公厅、广东省人民政府办公厅转发〈省委农办、省妇联、省信访局关于切实维护农村妇女土地承包和集体收益分配权益的意见〉的通知》规定，对村规民约、股份合作制组织章程、村集体收益分配制度等进行检查、清理，凡与法规、政策相抵触、违反男女平等国策、侵害出嫁女合法权益的，要坚决予以纠正或废止，保证土地承包和集体收益分配的公平公正。对于村规民约和村委会决议、村民代表大会决议进行民主议定程序和内容合法性的审查。首先，看其是否符合民主议定程序，是否严格遵守《村民委员会组织法》的规定，比如说达到2/3以上成员或者代表的赞同。其次，是内容合法性审查，内容上不得违反法律或者是行政法规的禁止性规定，不能损害公民基本的人身权利。

上述两项措施都有效地解决了当地失地妇女权益方面的问题，及时化解了矛盾和纠纷，受到群众的欢迎和好评。

四 保障失地妇女土地权益的对策建议

前瞻性对策建议

（一）在法律法规政策制定层面，当务之急是加快健全完善相关法律法规和政策，做到有法可依、执法有据

1. 根据农户家庭成员具有流动性、变动性特点，修订有关法律

我国农村普遍存在的婚嫁流动和就业流动的客观事实，同以户为土地承包经营单位而且30年不变的制度设计发生矛盾，成为农户家庭成员特别是妇女的土地权益受到侵害的重要根源。要从源头解决这个问题，必须对现行法律进行修改。建议全国人大在审议修订《土地管理法》时，对土地承包经营权沿两个方向进行修改。一是确立农户家庭内部各个成员是土地承包经营主体的法律地位，并允许农户对其所承包土地的数量在家庭成员中进行平分，落实到人，允许继承，把农户家庭成员的土地承包经营权由虚变实。二是加强《土地管理法》与《农村土地承包法》《妇女权益保障法》《物权法》等相关法律的衔接协同，避免法与法之间的不一致，共同构建维护农村妇女土地权益的法律体系。

2. 完善土地流转的实施细则和政策，保护妇女土地权益

党的十七届三中全会提出要鼓励和支持农村土地承包经营权流转，促进农业规模经营，加快农业现代化、产业化进程。这是我国农村土地制度的又一次重大变革。为在土地流转中切实保护妇女的土地权益，提出以下四条建议。

（1）有关部门制定土地流转实施细则和政策，应明确提出保护出嫁女、离异、丧偶等脆弱群体的土地权益。在承包地转包、出租、互换、转让、股份合作的流转过程中，做到"两个确保"，即确保农户家庭所有成员的土地权益不受损害，确保土地流转后家庭成员的生活状况不低于土地流转前的水平。

（2）在土地流转之前要做好双重确权工作。既要对承包户的土地承包经营权进行确认公证，也要对流转户家庭成员个人在承包经营中所占土地份额及享有的财产权进行确认公证，避免因家庭成员的社会流动而损害其土地权益及相关权益，依法保护农户及其家庭成员对承包地的经营权、流转权和收益权。

（3）建立科学的土地流转价格机制。要在区别土地级差、收益及其远期预测等要素的基础上，制定土地流转基准价，并建立科学的土地流转价格评估体系，避免流转中因地价低估而侵害农户及其成员的经济利益。

（4）规范土地流转程序。在实施中，严格按土地确权、流转申请登记、备案、签订合同等规范的程序办事，健全操作规程，谨防因非程序和程序疏漏而导致农民土地权益受损。

3. 尽快对"农村集体经济组织成员"做出司法解释

农村妇女的婚嫁流动性，使她们的"农村集体经济组织成员"身份在现行政策执行中难以得到确认。建议全国人大、最高人民法院会同农业部、司法部尽快对"农村集体经济组织成员"做出司法解释，明确"成员"的资格、权利、义务，及其身份变动的法律依据和补救措施，以保障农村出嫁女等特殊流动群体的经济利益。

4. 各地在落实农民土地权益的法律法规和制定相关政策时，要把男女平等基本国策作为重要的指导思想贯彻始终

建议国务院办公厅发文，要求各级政府清理已经出台的有关土地权益的政策文件。对那些背离男女平等基本国策、损害妇女土地权益、影响农村妇女儿童保护工作、不利于农村社会和谐稳定的条文予以废止，并且抓紧出台新的政策措施，及时给予补正。

（二）加强宣传教育，提高干部、群众的思想认识

失地妇女土地权益保护工作在基层执行中出现一些问题，很大程度上同干部、群众的思想观念有关。各级妇联要联合有关部门，通过多种形式、多条渠道，加大对男女平等基本国策的宣传，加大对《妇女权益保障法》等法律的宣传，加大对农村妇女在新农村建设中主力军作用的宣传，扩大社会影响，引起社会关注。在各地开展土地承包、失地补偿和土地流转等具体工作时，妇联要抓住机遇，抽调力量，深入田间地头、进村入户组织宣讲，开展"维权周（日）"活动，宣讲法规政策，教育引导基层干部认识"男尊女卑""重男轻女"陈腐观念的危害性，认识保障农村妇女土地权益同贯彻男女平等国策的一致性，提高他们的思想认识；同时向失地妇女普及维权知识，开设维权通道，增强失地妇女的维权意识和能力。通过宣传教育，把落实和维护农村妇女土地权益的思想阻力降到最低，推动土地承包、失地补偿和土地流转工作顺利开展。

（三）推广好经验、好做法，推动失地妇女维权工作创新

多年来，各地在维护失地妇女土地权益实践中，创造了许多管用的好经验、好做法，为做好这项工作提供了学习借鉴的模本。各级妇联要发挥职能优势，因地制宜，分析当地维权形势，探寻维权途径，采取有力措施，解放思想、锐意开拓，既不照抄照搬，也不畏首畏尾，创造性地开展维权工作。把外地经验消化吸收，在点上试用，取得成效后在面上推广，逐步形成本地失地妇女维权的新经验和新模式，推动本地区维护失地妇女权益的工作走上新台阶，做出新成绩。

制约性对策建议

在法律法规和政策执行层面，要加快建立以政府为主体、多方协力配合的失地妇女权益保障机制。

（四）发挥政府的主导作用

政府是有关土地法规政策的制定者和执行者，同时也是农民土地权益的维护者。建议各地要成立政府牵头、妇联及相关部门参加的失地农民问题协调小组，明确各成员单位的职责，设定量化指标，如期考核验收。各

成员单位密切配合，研究政策落实难题，商量解决办法，处理失地妇女来信来访，倾听她们的诉求、呼声，使失地农民问题协调小组成为党和政府为失地农民特别是失地妇女办实事的得力助手。

（五）发挥人大的执法监督作用

发挥各级人大的执法监督作用，并集结纪检监察监督、社会团体监督、媒体及网络监督的力量，共同构成强势监督系统，加大对侵害农村妇女土地权益行为的检查力度，发现问题并予以曝光，调查落实后由有关部门依法处置。

（六）发挥乡镇政府的作用

乡镇政府贴近基层，了解乡村实情，熟悉村干部，因而对在村一级落实妇女土地权益的法律法规和政策具有特殊的影响力。省、市、县政府在处理农村土地权益问题时，要有当地乡镇干部参加，多听乡镇的声音，充分发挥乡镇政府的基层执行力优势，妥善解决村级发生的侵害农民尤其是妇女土地权益的事件，维护农民利益和农村基层社会稳定。

（七）清理村规民约，健全村级决策机制

农村妇女土地权益受到侵害，与村规民约有一定关系。建议民政部在全国村委会换届选举前，以县为单位，对村规民约进行清理检查。对有悖国家法律、法规和政策的村规民约，要经村民大会或村民代表大会重新审议予以撤销。今后对村规民约设定政府主管部门备案程序，由县级民政部门审核把关后公布执行。另外，还建议在修订《村民委员会组织法》时增加一条，"村民大会和村民代表会议，妇女参加人数占参会总人数的比例必须高于40％"。这既有利于推动农村妇女的社会参与，也有利于村级决策的科学化、民主化。

保障性对策建议

（八）加快城乡社会保障制度建设，把失地妇女纳入社会安全网

当前，党和国家高度重视民生，加快城乡社会保障制度建设，这为解决积压遗留的失地妇女土地权益问题带来了机遇，也是解决失地农民尤其是失地妇女长远生计，保证当前基本生活的重要举措。社会保障制度是保障农民基本生活权益，减少社会震动，维护社会稳定的"安全网"。把失地妇女纳入城乡社会保障体系，当前要抓好三件事：一是保障对象实行全覆盖。只要是失地妇女，不管现在干什么，是失业还是务工，都一视同仁、无一遗漏地做到应保尽保。二是参保重点是养老保险、失业保险和医疗保险，并规范缴费资金来源。社会保险缴费实现国家、集体和个人三结合：政府从土地出让收入和增值收入或从地方财政专项中列支；集体从土地补偿费和集体经济积累中开支；个人缴费按不同档次从征地安置补偿费中开支。三是对于家庭生活确实困难，人均收入低于当地最低生活标准的，由政府托底，按当地最低生活保障标准进行补助，保障其基本生活；对患大病和有特殊困难者，由国家和社会进行社会救助解决。

（九）加强对失地妇女的技能培训，鼓励多渠道就业安置

失地妇女原有的务农技能已不适于全新的就业环境要求，加强对她们的就业技能培训，提高她们的就业适应力、竞争力，是各地政府和妇联的共同职责。建议各地要将失地妇女的转岗就业培训纳入当地的城乡劳动力培训计划；失地妇女集中的地区，要从当地财政列支专项培训基金，或者与国家实施"阳光工程"计划的专项培训资金合并使用；妇联要配合政府有关部门，采取发放"培训券"的方式，鼓励失地妇女参加免费技能培训。在培训中不仅要培训她们的技能、技术，而且还要关注她们的思想素养，转变她们的择业观念，克服依赖思想，树立自强自立、靠技能本领竞争上岗的观念。在开展就业培训和教育的同时，要引导失地妇女到需求大、门槛低的服务行业就业，并鼓励她们从事个体经营、开店办厂，政府在工商办照、小额信贷等方面提供优惠和方便。各地政府要结合发展小城镇、调整产业结构和扩大内需的机遇，为失地妇女提供更多的就地就业机会，广开就业门路，使失地妇女在新的岗位上有干头、有奔头。

失地农民土地权益及生活状况调查数据分析报告

全国妇联权益部

研究解决农民失地保障问题，是我国城市化、现代化进程中的战略问题。失地现象是伴随城市化和现代化而出现的，并且将长期存在。国际经验表明，当城市人口占总人口比例在30%以下时，即城市化初期，城市人口减少，征占土地缓慢；当城市人口比例上升到30%~70%时，进入城市化加速阶段，尤其城市化率在50%上下时发展最快。2008年我国城市化率达到45.6%，1997~2007年的10年间，我国城市化率提高了14个百分点，平均每年提高1.4个百分点，城市人口增加两亿人，平均每年增加两千万人。这表明我国已进入城市化加快发展时期。新中国成立后，特别是改革开放后，工业化、城市化建设和交通建设共征用农民2亿多亩耕地，按现价估值高达20万亿元，而农民从新征土地上得到的补偿总额不到5000亿元，形成了4000多万"三失"（即失地、失业、失保障）农民。农民与土地分离，失去赖以生存的生产资料，这是最大的民生问题。研究解决农民失地保障问题就是解决民生问题。在失地过程中，妇女的权益更多地受到侵害。因此，保护失地妇女权益已成为各级妇联在新形势下实施妇女权益保障的重要任务。为此，全国妇联权益部于2008~2009年开展了"失地农民土地权益及生活状况问卷调查"。通过调查了解、掌握农村失地妇女的生活现状和需求，以及她们对妇联和政府的要求和期望，为维护农村失地妇女的合法权益提供有针对性的对策建议。

本调查由华坤女性生活调查中心实施。

一 调查数据搜集方法

（一）问卷结构

问卷分为家庭问卷和个人问卷两部分。主要是考虑到两个因素：第一，土地承包经营权是以家庭为单位的。而在现有的家庭中，男女之间权利与责任是不对等的，家庭中分配的不均是导致妇女土地权益受到侵害的一个重要原因。第二，增加家庭问卷可以调查到在外打工等不在家的家庭成员的情况。

家庭问卷主要调查内容包括：家庭成员的基本情况，家庭的土地拥有状况，家庭的土地被征用及所得补偿款的情况和家庭收入情况等。

个人问卷主要调查内容包括：个人基本情况，土地拥有情况，土地被征用及征地后补偿安置状况，享受村民待遇的情况，以及生活的变化和所面临的困难等。

表1 调查内容

	主要测量指标	备注
家庭问卷	1. 家庭人口及主要家庭关系 2. 家庭成员基本信息（性别、户籍、婚姻状况） 3. 是否因婚姻关系产生户籍改变 4. 承包地 5. 承包地是否在本村 6. 主要收入来源 7. 征地补偿款 8. 家庭承包地和宅基地面积 9. 被征用的家庭承包地和宅基地面积 10. 家庭得到的征地补偿 11. 土地被征用前，主要家庭收入来源 12. 目前，主要家庭收入来源 13. 去年，家庭年总收入、生活开支、农业生产开支、积蓄	

续表

	主要测量指标	备注
个人问卷	**A. 被调查者个人基本情况** 1. 年龄 2. 性别 3. 文化程度 4. 婚姻状况 5. 配偶的户籍（地点与性质） 6. 是否因婚姻关系产生户籍改变 7. 结婚时间 8. 子女情况 9. 兄弟姐妹情况 10. 被访户籍（地点与性质） 11. 是否参与村集体经济组织分红 12. 是否在村办企业就业 **B. 被调查者土地及相关权益状况** 1. 是否取得承包地及失地原因 2. 宅基地拥有情况 3. 目前个人收入来源 4. 去年个人年总收入 5. 是否外出打工 6. 是否参加过职业培训 7. 职业培训的内容 8. 对职业培训的评价 9. 是否拥有养老保险 10. 医疗保险 11. 个人土地被征用的情况 12. 土地所在村土地被征用情况 13. 取得征地补偿款的情况及其原因 14. 对征地补偿款的了解 15. 征地补偿款的使用 16. 安置措施 17. 对转为"城镇居民"的意愿及原因 18. 对征地补偿安置情况的满意度 19. 征地前后生活水平的比较 20. 城镇化给生活带来的变化（开放题） 21. 生活中的困难（开放题）	

续表

	主要测量指标	备注
个人问卷	C. 土地入股的相关问题 1. 土地是否入股 2. 股权受益情况 3. 分红方式 4. 对股权收益情况的满意度 5. 对土地入股前途的判断	适用于实行股田制改革的村

（二）问卷设计前期准备工作及试调查

由于在征地及其补偿安置过程中，妇女土地相关权益问题非常复杂多样，为了保证问卷指标结构的适用性、有效性和准确性，在问卷设计前期，项目组做了大量准备工作。例如，聘请土地问题及其妇女权益问题专家组成专家组，召开专家座谈会，对个别专家进行访谈，在全国妇联信访处接待上访者，对失地妇女做现场观察和个案访谈，在北京市海淀区温泉镇对男、女村民分别进行座谈等。

为了检验问卷的适用性、有效性和准确性，项目组采取电话调查的方式，在样本省进行了试调查，并到西安市未央区南康村进行了试调查。根据试调查中发现的问题修改问卷。

（三）问卷调查的抽样原则

问卷调查采取四层抽样：省级抽样、县－乡－村抽样、村内抽样和户内抽样。

1. 省级抽样原则

根据5种失地类型选择5个省，即：

失地类型＋经验：以浙江为例——城镇化过程失地＋社会保障经验（侧重集体经济）；

失地类型＋经验：以江苏为例——城镇化过程失地＋社会保障经验（侧重个体经济）；

失地类型：以湖南为例——水库移民失地（支援国家建设的特殊情况）；

经验：以广东为例——有别于全国的股田制失地安置措施，地方妇联抓住机遇从源头维权，实现制度上的创新；

经验：以陕西为例——有司法支持介入的失地补偿和安置。

2. 县－乡－村抽样原则

省内抽取一个相对富裕的县（高于省内平均水平）和一个相对贫困的县（低于省内平均水平），代表省内不同的经济发展水平。

省内抽取的两个村至少有一个村是2006年5月以后批准征地的。

政策与安置措施：省内失地补偿安置政策具有多样性，看哪类政策模式最能代表该省的特点（如陕西省司法救济的政策模式）。另外，有些省是根据失地类型而成为样本省份的，因此政策措施也理应成为抽样的核心因素。

征地原因与失地类型：省内征地原因与失地类型具有多样性，看哪一类最能代表该省的特点。另外，有些省是根据经验而成为样本省份的，因此失地类型理应成为抽样的核心因素。

政策效果：各样本县、村或许还存在政策效果的不同（干部执行力、环境条件等），需要知道哪些原因会导致好的结果。

妇女政治参与程度高低：因为本次调查考量的是失地妇女的权益状况，所以，可以合理猜测妇女政治参与程度（如女村官所在的村，妇女自治组织影响力强等）是一个重要影响因素。

地方妇联的工作能力：这是决定调查执行质量的关键因素。

3. 村内抽样原则

如果村里户数适当（<100户），则进行普查；如果村里户数比较多，则根据花名册随机抽取家庭。

4. 户内抽样原则

家庭问卷是由调查时在家、对全家人的情况比较了解的人填写；个人问卷是选择生月离调查日期最近的人在户内抽取一人进行填答。

二 问卷调查的抽样情况和样本回收情况

（一）抽样情况

实施中，实地情况未能严格按照研究设计进行抽样，例如湖南省的城北村和浙江省兰溪市黄店镇朱家村和太平桥村受城镇化建设影响较小，农民受征地的影响较小，对数据分析有一定的影响。

（二）样本回收情况

陕西、湖南、广东、浙江、江苏 5 个省总计回收问卷 2943 份，其中有效问卷 2727 份，有效率是 92.7%。每个样本村回收问卷的情况见表 2。

表 2 各样本村回收问卷情况

样本村	回收问卷（份）	废卷（份）	有效问卷（份）	有效回收率（%）
陕西省延安市宝塔区尹家沟村	297	12	285	96.0
陕西省西安市未央区三桥村	295	16	279	94.6
湖南省长沙市宁乡县金洲乡全民村	272	89	183	67.3
湖南省湘乡市望春门办事处城北村	298	11	287	96.3
广东省中山市三乡镇雍陌村	336	26	310	92.3
广东省东莞市虎门镇南栅村	305	33	272	89.2
浙江省杭州市西湖区蒋村街道（含三深社区、蒋村社区、双龙社区、合建社区 4 个社区）	198	1	197	99.5
浙江省金华市兰溪市黄店镇朱家村/太平桥村	300	0	300	100.00
江苏省南京市溧水县白马镇曹家桥村	330	18	312	94.6
江苏省南京市江宁区汤山街道麒麟门社区	312	10	302	96.8
总　计	2943	216	2727	92.7

三　主要发现

（一）家庭问卷中被调查者基本情况

家庭问卷中调查了每个家庭成员的基本情况，扩大了样本的信息量。

家庭成员的性别比例接近 1∶1，年龄集中在 21~60 岁，婚姻状况中六成是初婚，主要收入来源是"打零工"、"集体分红"和"务农收入"，但每个省的具体情况不一样。

1. 调查涉及的家庭成员

此次调查共涉及家庭成员9985名，各省的分布情况见表3。

表3 各省调查到的家庭成员数

省	频数（人）	百分比（%）	有效百分比（%）
陕西	2097	21.0	21.0
湖南	1667	16.7	16.7
广东	2457	24.6	24.6
浙江	1913	19.2	19.2
江苏	1851	18.5	18.5
总计	9985	100	100

2. 家庭成员性别比例

调查结果显示，在被调查的家庭成员中，男性的比例为50.8%，女性的比例为49.2%（见表4）。

表4 家庭成员的性别比例

性别	频数（人）	百分比（%）	有效百分比（%）
男	4938	49.5	50.8
女	4774	47.8	49.2
合计	9712	97.3	100
缺失值	273	2.7	
总计	9985	100	

各省被调查到的家庭成员其性别比例也接近1:1（见表5）。

表5 各省调查的家庭成员的比例

省份	计数	男	女	总计
陕西	频数（人）	1056	1018	2074
	百分比（%）	50.9	49.1	100

续表

省份	计数	男	女	总计
湖南	频数（人）	823	777	1600
	百分比（%）	51.4	48.6	100
广东	频数（人）	1188	1208	2396
	百分比（%）	49.6	50.4	100
浙江	频数（人）	947	885	1832
	百分比（%）	51.7	48.3	100
江苏	频数（人）	924	886	1810
	百分比（%）	51.0	49.0	100

3. 年龄集中在 21~60 岁

家庭成员的年龄集中在 21~60 岁以及 16 岁以下的儿童（见表6）。

表6　家庭成员的年龄分布

年　龄	频数（人）	百分比（%）	有效百分比（%）
小于 16 岁	1495	15.0	15.3
16~20 岁	789	7.9	8.1
21~30 岁	1719	17.2	17.6
31~40 岁	1723	17.3	17.6
41~50 岁	1570	15.7	16.0
51~60 岁	1365	13.7	13.9
61~70 岁	644	6.4	6.6
71~80 岁	365	3.7	3.7
81~90 岁	102	1.0	1.0
90 岁以上	13	0.1	0.1
合　计	9785	98	100
缺失值	200	2.0	
总　计	9985	100	

各省家庭成员年龄段的分布相差不多（见表7）。

表7 各省家庭成员的年龄分布

省份	计数	小于16岁	16~20岁	21~30岁	31~40岁	41~50岁	51~60岁	61~70岁	71~80岁	81~90岁	90岁以上	总计
陕西	频数（人）	291	190	461	311	307	271	117	44	20	2	2014
	百分比（%）	14.4	9.4	22.9	15.4	15.2	13.5	5.8	2.2	1.0	0.1	100
湖南	频数（人）	262	144	261	335	254	192	110	46	12	3	1619
	百分比（%）	16.2	8.9	16.1	20.7	15.7	11.9	6.8	2.8	0.7	0.2	100
广东	频数（人）	451	184	458	415	312	343	156	88	31	5	2443
	百分比（%）	18.5	7.5	18.7	17	12.8	14	6.4	3.6	1.3	0.2	100
浙江	频数（人）	276	143	296	291	383	263	107	101	23	3	1886
	百分比（%）	14.6	7.6	15.7	15.4	20.3	13.9	5.7	5.4	1.2	0.2	100
江苏	频数（人）	215	128	243	371	314	296	154	86	16	0	1823
	百分比（%）	11.8	7.0	13.3	20.4	17.2	16.2	8.4	4.7	0.9	0	100

4. 婚姻状况

家庭成员中"初婚"占63.7%，"未婚"占31.0%（见表8）。

表8 家庭成员的婚姻状况

婚姻状况	频数（人）	百分比（%）	有效百分比（%）
未婚	3041	30.5	31.0
初婚	6254	62.6	63.7
再婚	103	1.0	1.0
离异	66	0.7	0.7
丧偶	351	3.5	3.6
合计	9815	98.3	100
缺失值	170	1.7	
总计	9985	100	

总体来看各省家庭成员的婚姻状况结构相似，只有广东省"再婚"的比例明显低于其他样本省份（见表9）。

表9　各省家庭成员婚姻状况的比例

省份	计数	未婚	初婚	再婚	离异	丧偶	总计
陕西	频数（人）	668	1295	26	16	62	2067
	百分比（%）	32.3	62.7	1.3	0.8	3.0	100
湖南	频数（人）	501	1012	25	6	43	1587
	百分比（%）	31.6	63.8	1.6	0.4	2.7	100
广东	频数（人）	873	1465	8	11	78	2435
	百分比（%）	35.9	60.2	0.3	0.5	3.2	100
浙江	频数（人）	538	1230	23	17	81	1889
	百分比（%）	28.5	65.1	1.2	0.9	4.3	100
江苏	频数（人）	461	1252	21	16	87	1837
	百分比（%）	25.1	68.2	1.1	0.9	4.7	100

5. 家庭成员个人收入来源

家庭成员个人收入来源主要是"打零工"、"集体分红"和"务农收入"，超过1/4的家庭成员没有收入来源。

家庭成员个人收入来源排在前三位的是："打零工"（24.5%）、"集体分红"（22.6%）和"务农收入"（16.7%）。有25.8%的家庭成员没有收入来源（见表10）。

表10　家庭成员个人收入来源

收入来源	应答次数	应答次数百分比（%）	应答人数百分比（%）
打零工	2366	18.7	24.5
集体分红	2179	17.2	22.6
务农收入	1606	12.7	16.7
固定工资收入	1463	11.6	15.2
房屋出租	1170	9.2	12.1
个体户	485	3.8	5.0
养老保险	480	3.8	5.0
集体补助	208	1.6	2.2
城镇"低保"	52	0.4	0.5

续表

收入来源	应答次数	应答次数百分比（%）	应答人数百分比（%）
其他	164	1.3	1.7
没有收入	2485	19.6	25.8
总　计	12658	100.0	131.3

各省家庭成员的收入来源差别比较大。其中广东省"打零工"比例最低，仅为6.9%，"集体分红"的比例最高，为53.8%；湖南省和江苏省"务农收入"的比例相对较高，分别为35.7%和32.3%；陕西省"集体分红"的比例相对较高，为41.4%（见表11）。

表11　各省家庭成员的收入来源

单位：%

省份	打零工	个体户	固定工资收入	务农收入	集体分红	房屋出租	城镇"低保"	集体补助	养老保险	其他	没有收入
陕西	21.7	5.2	9.6	1.7	41.4	18.4	0.2	2.4	0.8	0.9	27.4
湖南	36.9	6.7	5.4	35.7	0.1	0.0	0.4	0.8	0.1	1.8	28.3
广东	6.9	3.2	34.9	2.6	53.8	15.2	0.5	3.1	17.2	1.1	18.9
浙江	30.6	4.5	10.8	20.0	2.1	9.1	0.3	0.7	1.3	3.4	33.5
江苏	33.7	6.3	8.2	32.3	0	14.3	1.7	3.4	1.6	1.5	22.2

注：表中数据为应答人数百分比。

（二）被调查家庭拥有土地和收入来源情况

此次调查的家庭中，有一半家庭现在已经没有承包地了，家庭的经济收入来源已经不是传统的务农收入，而是依靠集体及其征地安置，如"集体分红"、"集体补助"和"养老保险"；或者自谋出路，如"个体户"、"打零工"和"房屋出租"。

1. 五成的被调查家庭全部失地

在被调查家庭中，53.1%的家庭全部失地。其中陕西被调查家庭中全部失地的比例为91.1%，广东为84.8%，江苏为40.4%，浙江为33.2%，湖南为6.2%。

2. 被调查家庭征地前后收入来源的变化

征地后,"务农收入"的比例大幅下降,"集体分红"、"打零工"和"个体户"等收入来源的比例大幅上升。

家庭收入来源的变化,意味着传统收入方式被打破,农民依靠集体(如"集体分红""征地安置"等)或者依靠个人技能(如"个体户""打零工"等)来生活。土地征收后家庭的收入来源很大程度上取决于家庭成员享受村民待遇的情况。

(1) 征地前后被调查家庭收入来源变化较大的是"务农收入"、"集体分红"和"个体户"

征地前67.6%的被调查家庭收入来源是"务农收入",而征地后这一比例下降到36.1%;征地前被调查家庭收入来源是"集体分红"和"个体户"的比例分别为8.8%和8.6%,而征地后这一比例分别升至27.2%和11.7%。征地后比例有所上升的还有"养老保险"、"固定工资收入"和"房屋出租"等(见表12)。

被征地后农民的经济收入是依靠集体及其征地安置,如"集体分红"、"集体补助"和"养老保险";或者自谋出路,如"个体户"、"打零工"和"房屋出租"。

表12 所有被调查家庭征地前后家庭收入的变化

单位:%

收入来源	征地前	征地后
务农收入	67.6	36.1
打零工	42.5	51.4
固定工资收入	22.2	30.0
房屋出租	11.4	19.8
集体分红	8.8	27.2
个体户	8.6	11.7
养老保险	2.7	9.2
其他	2.1	3.3
集体补助	1.4	5.0
城镇"低保"	1.0	1.9
没有收入	3.3	3.2

注:表中数据为应答人数百分比。

(2) 陕西被调查家庭征地前后收入来源变化比较大的是"务农收入"、"集体分红"和"房屋出租"

陕西被调查家庭在征地之前家庭收入来源排在前三位的为："务农收入"（62.1%）、"打零工"（26.5%）、"集体分红"（13.4%）；征地之后家庭的收入来源排在前三位的为："集体分红"（59.5%）、"打零工"（47.4%）和"房屋出租"（34.6%），"务农收入"的比例仅占3.0%。征地之后比例上升的还有"固定工资收入"、"个体户"和"集体补助"等（见表13）。

陕西被调查家庭征地之后，收入来源依靠房屋出租的比例较大。

表13 陕西省征地前后收入变化

单位：%

收入来源	征地前	征地后
务农收入	62.1	3.0
打零工	26.5	47.4
集体分红	13.4	59.5
固定工资收入	13.2	20.6
房屋出租	8.7	34.6
个体户	5.6	12.8
其他	1.8	2.7
集体补助	0.7	5.5
养老保险	0.5	2.1
城镇"低保"	0.2	0.5
没有收入	5.2	2.8

注：表中数据为应答人数百分比。

(3) 湖南被调查家庭征地前后收入来源比例变化不大

湖南被调查家庭征地前后收入来源比例变化幅度不大。征地之前家庭收入来源排在前三位的为："务农收入"（85.3%）、"打零工"（71.4%）、"固定工资收入"（13.4%）；征地后家庭收入来源排在前三位的为："务农收入"（74.4%）、"打零工"（68.4%）、"个体户"（15.2%）。"集体分红""集体补助""养老保险"等比例变化不大（见表14）。

湖南是劳动力输出大省，打零工一直是主要收入来源，在征地前后比例都为70%左右。

表14 湖南省征地前后收入变化

单位:%

收入来源	征地前	征地后
务农收入	85.3	74.4
打零工	71.4	68.4
固定工资收入	13.4	12.6
个体户	11.9	15.2
其他	3.6	4.7
集体补助	1.8	1.5
城镇"低保"	0.5	0.9
养老保险	0.5	0.4
集体分红	0.3	0.2
房屋出租	0.3	0.2
没有收入	2.3	5.8

注：表中数据为应答人数百分比。

（4）广东被调查家庭征地前后收入来源比例变化较大的为"务农收入"、"固定工资收入"和"集体分红"

广东省被调查家庭在征地之前收入来源排在前三位的为："务农收入"（56.7%）、"固定工资收入"（39.6%）、"集体分红"（21.6%）；征地之后收入来源排在前三位的为："固定工资收入"（71.7%）、"集体分红"（64.9%）和"养老保险"（34.4%）。"房屋出租"在征地前后比例变化幅度也比较大（见表15）。

征地之后广东被调查家庭享受到的集体福利较多，如"集体分红"、"养老保险"和"集体补助"。

表15 广东省征地前后收入变化

单位:%

收入来源	征地前	征地后
务农收入	56.7	8.5
固定工资收入	39.6	71.7

续表

收入来源	征地前	征地后
集体分红	21.6	64.9
打零工	16.8	18.3
养老保险	8.8	34.4
房屋出租	6.4	30.1
个体户	6.0	9.2
集体补助	1.2	6.0
其他	0.9	1.4
城镇"低保"	0.5	0.9
没有收入	3.9	2.6

注：表中数据为应答人数百分比。

(5)浙江被调查家庭征地前后收入来源比例变化较大的是"房屋出租"和"固定工资收入"

浙江被调查家庭收入来源中，"房屋出租"和"固定工资收入"的比例在征地后下降幅度很大，"房屋出租"从49.4%下降到11.1%，主要由于被调查的杭州市蒋家街道大多数村民正处于拆迁过渡阶段，目前大多在租房，还没有回迁，所以原本的房屋出租收入大幅下降。"固定工资收入"从35.1%下降到25.5%（见表16）。

由于抽样原因，浙江省兰溪市抽取的是一个受征地影响小的村，所以"务农收入"仍是农民收入的主要来源。

表 16 浙江省征地前后收入变化

单位：%

收入来源	征地前	征地后
打零工	66.4	68.1
务农收入	51.7	51.5
房屋出租	49.4	11.1
固定工资收入	35.1	25.5
个体户	12.8	10.1

续表

收入来源	征地前	征地后
没有收入	3.8	3.2
集体分红	3.4	5.5
养老保险	1.5	3.2
城镇"低保"	0.8	3.2
集体补助	0.4	4.4
其他	0.4	2.8

注：表中数据为应答人数百分比。

（6）江苏被调查家庭征地前后收入来源比例变化比较大的是"务农收入"、"打零工"和"房屋出租"

江苏省被调查家庭收入来源中，"务农收入"的比例从征地前的77.4%下降到了50.8%，"打零工"从51.8%上升到59.8%，"房屋出租"从8.6%上升到了18.5%。另外，"集体补助"和"养老保险"的比例上升幅度也比较大（见表17）。

表17 江苏省征地前后收入变化

单位:%

收入来源	征地前	征地后
务农收入	77.4	50.8
打零工	51.8	59.8
固定工资收入	13.3	16.2
个体户	9.7	11.6
房屋出租	8.6	18.5
其他	5.9	5.2
城镇"低保"	2.8	3.9
集体补助	2.2	6.9
养老保险	0.9	3.4
没有收入	1.4	2.0

注：表中数据为应答人数百分比。

(三) 个人问卷被调查者基本情况

个人问卷要求16岁以上的常住人口填写。此次被调查者的年龄集中在31~60岁，性别比例接近1∶1，文化程度是"初中毕业"的比例比较高，婚姻状况大都是"初婚"，主要的收入来源有"打零工"、"务农收入"和"集体分红"等。

被调查者的人口结构和实际农村劳动人口结构有些偏差，如年龄偏大，分省数据的性别比例不平衡等。年龄有偏差与调查主要在白天开展，年轻人工作或者外出打工，只剩年纪较大的人在家有关；性别有偏差有诸多因素，如女性习惯站在丈夫背后，不愿意表达自己的想法；访员也习惯让户主（即男性）填答问卷，没有严格按要求执行户内抽样等。

1. 年龄集中在31~60岁

被调查者中41~50岁的比例最高，占26.1%；其次是31~40岁的，占23.4%；51~60岁的占22.4%（见表18）。

表18 所有被调查者的年龄分布

年龄	频数（人）	百分比（%）	有效百分比（%）
16~20岁	40	1.5	1.5
21~30岁	276	10.1	10.2
31~40岁	635	23.3	23.4
41~50岁	709	26	26.1
51~60岁	609	22.3	22.4
61~70岁	280	10.3	10.3
71~80岁	137	5.0	5.0
81~90岁	33	1.2	1.2
合 计	2719	99.7	100
缺失值	8	0.3	
总 计	2727	100	

各省被调查者的年龄分布相差不多（见表19）。

表19 各省被调查者年龄的分布

省份	计数	年龄组					总计
		16~20岁	21~30岁	31~40岁	41~50岁	51岁及其以上	
陕西	频数（人）	7	87	111	136	223	564
	百分比（%）	1.2	15.4	19.7	24.1	39.5	100
湖南	频数（人）	10	46	134	116	159	465
	百分比（%）	2.2	9.9	28.8	24.9	34.2	100
广东	频数（人）	12	69	133	134	231	579
	百分比（%）	2.1	11.9	23	23.1	39.9	100
浙江	频数（人）	5	41	100	170	181	497
	百分比（%）	1.0	8.2	20.1	34.2	36.3	100
江苏	频数（人）	6	33	157	153	265	614
	百分比（%）	1.0	5.4	25.6	24.9	43.2	100

与各省农村劳动力的年龄分布相比，被调查者的年龄偏大，51岁及其以上的比例较高。这与调查期间年轻人外出工作或者在外打工，在家的多为年纪较大者有关（见表20）。

表20 各省劳动力人口年龄构成

单位:%

省份	20岁及以下	21~30岁	31~40岁	41~50岁	51岁以上
陕西	15.7	16.3	22.4	22.2	23.5
湖南	11.9	13.3	22.9	21.4	30.5
广东	15.4	22.6	23.7	19.3	19.0
浙江	10.7	15.6	24.6	22.7	26.3
江苏	12.2	14.4	23.2	22.2	28.0

2. 性别比例接近1:1

在被调查者中，女性占50.6%，男性占49.4%（见表21）。

表 21　所有被调查者的性别比例

性别	频数（人）	百分比（%）	有效百分比（%）
男	1345	49.3	49.4
女	1379	50.6	50.6
合　计	2724	99.9	100
缺失值	3	0.1	
总　计	2727	100	

分省来看，除了湖南省和广东省被调查的性别比例接近1:1外，其他几个省的男女比例都相差比较多，如陕西的男女比例接近1:2（见表22）。

表 22　各省被调查者性别的分布

省份	计数	男	女	总计
陕西	频数（人）	212	351	563
	百分比（%）	37.7	62.3	100
湖南	频数（人）	225	246	471
	百分比（%）	47.8	52.2	100
广东	频数（人）	260	319	579
	百分比（%）	44.9	55.1	100
浙江	频数（人）	298	199	497
	百分比（%）	60.0	40.0	100
江苏	频数（人）	350	264	614
	百分比（%）	57.0	43.0	100

陕西、浙江和江苏被调查者的性别比例和各省农村劳动力的性别比例有偏差（见表23）。

表 23　各省劳动力人口性别构成

单位:%

省份	男	女
陕西	50.24	49.76

续表

省份	男	女
湖南	51.30	48.70
广东	51.32	48.68
浙江	51.22	48.78
江苏	48.70	51.30

3. 文化程度是"初中毕业"的比例最高

被调查者中文化程度是"初中毕业"的比例为35.7%，比例最高；高中及其以上的比例为16.0%，"没上过学"的比例为10.6%，可见被调查者的文化程度比较低（见表24）。

表24 所有被调查者的文化程度

学历	频数（人）	百分比（%）	有效百分比（%）
没上过学	287	10.5	10.6
小学没毕业	300	11.0	11.0
小学毕业	437	16.0	16.1
初中没毕业	288	10.6	10.6
初中毕业	969	35.5	35.7
高中/中专/技校没毕业	144	5.3	5.3
高中/中专/技校毕业	202	7.4	7.4
大专	80	2.9	2.9
本科及以上	11	0.4	0.4
合计	2718	99.7	100
缺失值	9	0.3	
总计	2727	100	

各省被调查者文化程度的分布大体相同（见表25）。

表25　各省被调查者文化程度的分布

省份	计数	没上过学	小学没毕业	小学毕业	初中没毕业	初中毕业	高中/中专/技校没毕业	高中/中专/技校毕业	大专	本科及以上	总计
陕西	频数（人）	69	32	49	42	261	27	67	12	3	562
	百分比（%）	12.3	5.7	8.7	7.5	46.4	4.8	11.9	2.1	0.5	100
湖南	频数（人）	14	37	87	64	190	18	49	7	1	467
	百分比（%）	3.0	7.9	18.6	13.7	40.7	3.9	10.5	1.5	0.2	100
广东	频数（人）	22	84	127	52	181	36	40	33	4	579
	百分比（%）	3.8	14.5	21.9	9.0	31.3	6.2	6.9	5.7	0.7	100
浙江	频数（人）	73	80	96	68	106	21	26	23	2	495
	百分比（%）	14.7	16.2	19.4	13.7	21.4	4.2	5.3	4.6	0.4	100
江苏	频数（人）	109	67	78	61	231	42	20	5	1	614
	百分比（%）	17.8	10.9	12.7	9.9	37.6	6.8	3.3	0.8	0.2	100

调查所涉及的5个省的劳动力人口教育程度见表26。

表26　各省劳动力人口教育程度构成

单位：%

省份	文盲	小学	初中	高中	大专及以上
陕西	6.31	25.15	53.83	13.07	1.64
湖南	4.70	34.50	48.60	11.20	1.00
广东	2.18	26.86	55.44	13.85	1.66
浙江	7.21	39.08	43.94	8.90	0.87
江苏	5.20	29.40	50.20	—	—

4. 近九成的被调查者是"初婚"

86.3%的被调查者是"初婚"；"再婚"、"离异"和"丧偶"的比例总共为9.3%，比例较低（见表27）。

在总体中这部分人的比例本来就很低，且我们在每个村不是普查，在抽样中这部分人有可能没有被调查到，导致被调查者中"再婚"、"离异"和"丧偶"的比例较低。

表27 被调查者的婚姻状况

婚姻	频数（人）	百分比（%）	有效百分比（%）
未婚	119	4.4	4.4
初婚	2341	85.8	86.3
再婚	51	1.9	1.9
离异	42	1.5	1.5
丧偶	160	5.9	5.9
合 计	2713	99.5	100
缺失值	14	0.5	
总 计	2727	100	

在各省被调查者中，均为"初婚"的比例最高。陕西和江苏被调查者中"丧偶"的比例相对较高，分别为7.1%和8.8%；广东"再婚"的比例比较低，仅为0.7%；湖南"离异"的比例比较低，为0.4%（见表28）。

表28 各省被调查者婚姻状况的分布

省份	计数	未婚	初婚	再婚	离异	丧偶	总计
陕西	频数（人）	16	486	11	11	40	564
	百分比（%）	2.8	86.2	2.0	2.0	7.1	100
湖南	频数（人）	27	409	15	2	14	467
	百分比（%）	5.8	87.6	3.2	0.4	3.0	100
广东	频数（人）	41	490	4	9	31	575
	百分比（%）	7.1	85.2	0.7	1.6	5.4	100
浙江	频数（人）	13	442	10	8	21	494
	百分比（%）	2.6	89.5	2.0	1.6	4.3	100
江苏	频数（人）	22	514	11	12	54	613
	百分比（%）	3.6	83.8	1.8	2.0	8.8	100

5. 个人收入来源排在前三位的是"打零工"、"务农收入"和"集体分红"

个人收入来源排在第一位的是"打零工"，占31.2%，排在第二位的是"务农收入"，占30.4%；排在第三位的是"集体分红"，占24.9%（见表29）。

表29　被调查者的收入来源

收入来源	应答次数（次）	应答次数百分比（%）	应答人数百分比（%）
打零工	847	20.3	31.2
务农收入	827	19.8	30.4
集体分红	678	16.3	24.9
房屋出租	491	11.8	18.1
固定工资收入	420	10.1	15.4
个体户	200	4.8	7.4
养老保险	190	4.6	7.0
其他	106	2.5	3.9
集体补助	103	2.5	3.8
城镇"低保"	31	0.7	1.1
没有收入	275	6.6	10.1

广东省被调查者个人收入来源中，"打零工"的比例最低，为8.4%；"集体分红"（62.6%）、"固定工资收入"（40.3%）和"养老保险"（27.6%）的比例相对较高。湖南省被调查者个人收入来源中，"打零工"（48.7%）和"务农收入"（64.5%）的比例相对较高，没有"集体分红"（见表30）。

表30　各省被调查者收入来源

单位：%

省份	打零工	个体户	固定工资收入	务农收入	集体分红	房屋出租	城镇低保	集体补助	养老保险	其他	没有收入
陕西	25.9	7.8	7.3	2.3	53.1	31.6	0.2	5.9	1.4	2.0	13.1
湖南	48.7	10.3	4.1	64.5	0	0.2	0.6	1.7	0.4	4.9	10.7
广东	8.4	4.1	40.3	5.0	62.6	25.7	0.5	1.9	27.6	3.6	8.8
浙江	39.3	6.0	15.7	39.7	3.0	10.1	0.6	1.6	0.8	3.0	12.7
江苏	37.4	8.8	7.8	46.7	0.2	18.5	3.4	7.0	2.8	5.9	6.0

注：表中数据为应答人数百分比。

6. 近九成的被调查者的户口是"本村农业户口"

87.1%的被调查者是"本村农业户口"，11.9%的被调查者是"非农业户口"，只有 0.9% 的被调查者是"外村农业户口"（见表 31）。

表 31 被调查者户口的情况

户口	频数（人）	百分比（%）	有效百分比（%）
本村农业户口	2338	85.7	87.1
外村农业户口	25	0.9	0.9
非农业户口	320	11.7	11.9
合 计	2683	98.4	100
缺失值	44	1.6	
总 计	2727	100	

由表 32 可以看出，浙江省的被调查者中"非农业户口"的比例最高，为 38.8%。

表 32 各省被调查者户口的情况

省份	计数	本村农业户口	外村农业户口	非农业户口	总计
陕西	频数（人）	529	6	27	562
	百分比（%）	94.1	1.1	4.8	100
湖南	频数（人）	452	3	12	467
	百分比（%）	96.8	0.6	2.6	100
广东	频数（人）	556	5	8	569
	百分比（%）	97.7	0.9	1.4	100
浙江	频数（人）	290	5	187	482
	百分比（%）	60.2	1.0	38.8	100
江苏	频数（人）	511	6	86	603
	百分比（%）	84.7	1.0	14.3	100

（四）土地拥有状况

土地承包权与农民的收入和生活水平密切相关，男女两性土地拥有情况是否一致是判断女性权益是否受损的一个重要标准。

被调查者中有四成多的人以前有承包地，现在没有了，失地的原因大都是"承包地全部被征用了"。有12.5%的人"从来就没有承包地",其原因有很多种,如出生得晚、承包地已经全部被征用了、没有土地分了等。

分性别来看,女性"从来就没有承包地"和"以前有,现在没有"的比例稍微比男性高,平均拥有宅基地的面积也少于男性。女性因婚姻状况而失地的比例比男性高,如"结婚来到本村,原来村里将我的土地收回,现在这个村子不给土地","配偶是非农业户口/军人,户口无法迁出,村委不再给土地"。

1. 总体情况

(1) 四成多的被调查者失地

45.1%的被调查者目前依然有承包地,42.4%的被调查者"以前有,现在没有",12.5%的被调查者"从来就没有承包地"(见表33)。

表33 被调查者承包地拥有情况

有无承包地	频数(人)	百分比(%)	有效百分比(%)
有	1224	44.9	45.1
从来就没有承包地	340	12.5	12.5
以前有,现在没有	1152	42.2	42.4
合 计	2716	99.6	100
缺失值	11	0.4	
总 计	2727	100	

调查结果显示,在有承包地的被调查者中,有98.7%的人的承包地是在"本村"(见表34)。

表34 有承包地的被调查者承包地所在地

所在地	频数(人)	百分比(%)	有效百分比(%)
本村	1072	87.6	98.7
外村	14	1.1	1.3
合 计	1086	88.7	100
缺失值	138	11.3	
总 计	1224	100	

（2）失去承包地的被调查者中87.3%的人失地原因是"承包地全部被征用了"

在"以前有，现在没有"承包地的被调查者中，87.3%的人是因为"承包地全部被征用了"，16.8%的人是因为"我已经转成非农业户口了，现在没有地了"（见表35）。

表35 失地的原因

原因	应答次数（次）	应答次数百分比（%）	应答人数百分比（%）
承包地全部被征用了	990	75.6	87.3
我已经转成非农业户口了，现在没有地了	191	14.6	16.8
结婚来到本村，原来村里将我的土地收回，现在村子不给土地	22	1.7	1.9
配偶是非农业户口/军人，户口无法迁出，村委不再给土地	2	0.2	0.2
丧偶后，村里不再给我土地	2	0.2	0.2
因为从外边来到本村，当时和村里有协议只落户口，不分地	5	0.4	0.4
其他	98	7.5	8.6

2. 分省的情况

（1）拥有承包地的情况

在陕西省被调查者中，"以前有，现在没有"承包地的比例最高，为75.3%；湖南该比例最低，为6.6%。湖南省被调查者中目前依然有承包地的比例最高，为91.3%；其次为浙江省，为65.8%（见表36）。

表36 各省被调查者目前土地拥有情况

省份	计数	有	从来就没有承包地	以前有，现在没有	总计
陕西	频数（人）	42	97	424	563
	百分比（%）	7.5	17.2	75.3	100
湖南	频数（人）	429	10	31	470
	百分比（%）	91.3	2.1	6.6	100

续表

省份	计数	有	从来就没有承包地	以前有，现在没有	总计
广东	频数（人）	77	218	283	578
	百分比（%）	13.3	37.7	49.0	100
浙江	频数（人）	327	6	164	497
	百分比（%）	65.8	1.2	33.0	100
江苏	频数（人）	349	9	250	608
	百分比（%）	57.4	1.5	41.1	100

（2）失地的原因

在各省失地原因中，都是"承包地全部被征用了"所占比例最高。浙江省由于"我已经转成非农业户口了，现在没有地了"而失地的比例较高，为76.2%；江苏省该比例也较高，为23.9%。

只有在陕西省被调查者中存在"配偶是非农业户口/军人，户口无法迁出，村委不再给土地"的失地原因。陕西延安女户的问题比较严重。所谓"女户"是指配偶是非农业户口，自己是农业户口，结婚后户口留在本村，孩子户口跟随女性。延安"女户"的待遇明显比"男户"差。

只有江苏省存在"丧偶后，村里不再给我土地"的失地原因。湖南和江苏都存在"因为从外边来到本村，当时和村里有协议只落户，不分地"的失地原因。除了浙江省，其他几个省都存在由于"结婚来到本村，原来村里将我的土地收回，现在这个村子不给土地"而失地的被调查者（见表37）。

表37 各省没有承包地的人失地的原因

单位:%

省份	承包地全部被征用了	我已经转成非农业户口了，现在没有地了	结婚来到本村，原来村里将我的土地收回，现在这个村子不给土地	配偶是非农业户口/军人，户口无法迁出，村委不再给土地	丧偶后，村里不再给我土地	因为从外边来到本村，当时和村里有协议只落户，不分地	其他
陕西	91.7	0.7	3.8	0.5	0	0	4.3
湖南	83.9	6.5	3.2	0	0	9.7	

续表

省份	承包地全部被征用了	我已经转成非农业户口了，现在没有地了	结婚来到本村，原来村里将我的土地收回，现在这个村子不给土地	配偶是非农业户口/军人，户口无法迁出，村委不再给土地	丧偶后，村里不再给我土地	因为从外边来到本村，当时和村里有协议只落户，不分地	其他
广东	79.0	0.7	1.5	0	0	0	19.2
浙江	91.5	76.2	0	0	0	0	0.6
江苏	86.6	23.9	0.4	0	0.8	0.8	10.9

注：表中数据为应答人数百分比。

3. 分性别的情况

（1）土地拥有情况——女性承包地在外村的比例比男性高

总体来说，男女土地拥有情况差不多，只是女性"从来就没有承包地"和"以前有，现在没有"的比例要比男性高一些（见表38）。

表38　承包地拥有情况——性别比较

性别	计数	有	从来就没有承包地	以前有，现在没有	总计
男	频数（人）	659	150	533	1342
	百分比（%）	49.1	11.2	39.7	100
女	频数（人）	564	189	618	1371
	百分比（%）	41.1	13.8	45.1	100

女性承包地在"外村"的比例为2.4%，男性的比例为0.3%（见表39）。

表39　承包地所在地的情况——性别比较

性别	计数	本村	外村	总计
男	频数（人）	577	2	579
	百分比（%）	99.7	0.3	100
女	频数（人）	495	12	507
	百分比（%）	97.6	2.4	100

在目前依然有承包地的被调查者中,男性平均拥有的承包地面积是0.87亩,女性平均拥有的承包地面积是0.73亩。陕西省和广东省男性平均拥有承包地的面积差不多是女性的两倍(见表40)。

表40 各省平均拥有承包地的数量——性别比较

单位:亩

省份	男	女
陕西	0.49	0.27
湖南	0.7	0.57
广东	0.88	0.43
浙江	0.34	0.3
江苏	1.63	1.58

男性平均拥有的宅基地面积是0.075亩,女性是0.063亩。只有湖南女性平均拥有宅基地的面积高于男性,其他几个省都低于男性(见表41)。

表41 各省平均拥有宅基地的数——性别比较

单位:亩

省份	男	女
陕西	0.071	0.047
湖南	0.096	0.118
广东	0.045	0.036
浙江	0.028	0.023
江苏	0.151	0.145

(2)失地的原因

男女失地的原因中排在第一位的都是"承包地全部被征用了"。

男性因为"我已经转成非农业户口了,现在没有地了"而失地的比例比女性要高。女性因"结婚来到本村,原来村里将我的土地收回,现在这个村子不给土地"和"配偶是非农业户口/军人,户口无法迁出,村委不再给土地"而失地的比例比男性高(见表42)。

表 42　失地的原因——性别比较

单位:%

性别	承包地全部被征用了	我已经转成非农业户口了,现在没有地了	结婚来到本村,原来村里将我的土地收回,现在这个村子不给土地	配偶是非农业户口/军人,户口无法迁出,村委不再给我土地	丧偶后,村里不再给我土地	因为从外边来到本村,当时和村里有协议只落户,不分地	其他
男	88.4	21.2	0.4	0	0.2	0.6	8.2
女	86.4	13.1	3.3	0.3	0.2	0.3	9

注:表中数据为应答人数百分比。

(五) 土地被征用状况

本次调查的目的是了解征地过程中女性的权益是否更容易受到损害,受到损害的原因是什么。

从调查结果来看,有两成的被调查者没有拿到征地补偿款,原因大都是"征用的是村里的地,不是我个人的地"。女性没拿到征地补偿款的比例高于男性,只有女性才会出现因为婚姻而没拿到征地补偿款的情况,如"因为我已经出嫁了,虽然土地还在娘家,但娘家的地被征用了,娘家村委不给补偿"和"没有举行婚礼仪式,村里人不认可"。

拿到征地补偿款的人大都把征地补偿款用于日常开支和储蓄,很少用于投资。有两成的被调查者不清楚自己拿了多少征地补偿款,八成不清楚征地补偿款的项目,这两者中女性的比例都高于男性。平均拿到的征地补偿款数额男性高于女性。

被调查者得到的安置措施包括转为城镇居民、购买社会保险和提供住房;男女被调查者在得到安置的内容上有差别。六成的被调查者对补偿、安置措施满意,其中男性满意的比例高于女性。

有一半的人不愿意转成城镇居民,原因是"转为城镇居民就不能享受村里的福利",其中女性不愿意转为城镇居民的比例高于男性。

1. 土地被征用情况

(1) 43.1%的被调查者的承包地/宅基地被征用过

43.1%的被调查者的承包地/宅基地被征用过,50.6%的被调查者没有被征用过(见表43)。

表43　个人承包地/宅基地被征用情况

征用情况	频数（人）	百分比（%）	有效百分比（%）
征用过	1171	42.9	43.1
没有征用过	1377	50.5	50.6
一直没有承包地/宅基地	171	6.3	6.3
合计	2719	99.7	100
缺失值	8	0.3	
总计	2727	100	

湖南省和广东省个人承包地/宅基地被征用的比例较低，陕西省个人承包地/宅基地被征用过的比例最高。湖南和浙江个人承包地/宅基地"没有征用过"的比例较高，这和抽样有关。陕西和广东"一直没有承包地/宅基地"的比例较高（见表44）。

在广东省被调查的村存在着一直没有把土地承包给个人的情况。

表44　各省被调查者个人承包地/宅基地被征用情况

省份	计数	征用过	没有征用过	一直没有承包地/宅基地	总计
陕西	频数（人）	337	137	87	561
	百分比（%）	60.1	24.4	15.5	100
湖南	频数（人）	151	311	5	467
	百分比（%）	32.3	66.6	1.1	100
广东	频数（人）	197	311	73	581
	百分比（%）	33.9	53.5	12.6	100
浙江	频数（人）	201	293	2	496
	百分比（%）	40.5	59.1	0.4	100
江苏	频数（人）	285	325	4	614
	百分比（%）	46.4	52.9	0.7	100

男女被调查者承包地/宅基地被征用的情况相差不多。女性被调查者个人承包地和宅基地被征用过的比例为43.0%，男性为43.1%（见表45）。

表45 个人承包地/宅基地被征用情况——性别比较

性别	计数	征用过	没有征用过	一直没有承包地/宅基地	总计
男	频数（人）	577	694	69	1340
	百分比（%）	43.1	51.8	5.1	100
女	频数（人）	591	683	102	1376
	百分比（%）	43.0	49.6	7.4	100

（2）六成的被调查者户口所在地的土地被征用过

调查结果显示，60.1%的被调查者户口所在地的土地被征用过（见表46）。

表46 户口所在地土地被征用情况

征用情况	频数（人）	百分比（%）	有效百分比（%）
征用过	1634	59.9	60.1
没有征用过	1083	39.7	39.9
合计	2717	99.6	100
缺失值	10	0.4	
总计	2727	100	

陕西和广东省被调查者户口所在地土地被征用过的比例较高，江苏和浙江被征用过的比例较低（见表47）。

表47 各省被调查者户口所在地土地被征用情况

省份	计数	征用过	没有征用过	合计
陕西	频数（人）	436	122	558
	百分比（%）	78.1	21.9	100
湖南	频数（人）	260	210	470
	百分比（%）	55.3	44.7	100
广东	频数（人）	387	192	579
	百分比（%）	66.8	33.2	100

续表

省份	计数	征用过	没有征用过	合计
浙江	频数（人）	221	275	496
	百分比（%）	44.6	55.4	100
江苏	频数（人）	330	284	614
	百分比（%）	53.7	46.3	100

男女被调查者户口所在地土地被征用情况相差不多，女性为60.5%，男性为59.7%（见表48）。

表48　户口所在地土地被征用情况——性别比较

性别	计数	征用过	没有征用过	总计
男	频数（人）	800	540	1340
	百分比（%）	59.7	40.3	100
女	频数（人）	831	543	1374
	百分比（%）	60.5	39.5	100

2. 征地补偿款的情况

因为广东调查的地区都没有发放征地补偿款，所以此部分的计算不包含广东省。

此处的被征地人是指个人承包地/宅基地被征用或者户口所在地的土地被征用的人。

（1）近八成被征地的被调查者拿到了征地补偿款

在被征地的被调查者中，有79.7%的人拿到了征地补偿款（见表49）。

表49　被征地的被调查者是否拿到征地补偿款的情况

是否拿到补偿款的情况	频数（人）	百分比（%）	有效百分比（%）
有	990	79.0	79.7
没有	252	20.1	20.3
合　计	1242	99.1	100
缺失值	11	0.9	
总　计	1253	100	

征地者拿到补偿款的比例最高的是江苏（93.6%），其次是浙江（91.4%）、陕西（69.7%）、湖南（69.4%）（见表50）。

表50　各省被征地的被调查者是否拿到征地补偿款的情况

省份	计数	有	没有	总计
陕西	频数（人）	306	133	439
	百分比（%）	69.7	30.3	100
湖南	频数（人）	179	79	258
	百分比（%）	69.4	30.6	100
浙江	频数（人）	201	19	220
	百分比（%）	91.4	8.6	100
江苏	频数（人）	306	21	327
	百分比（%）	93.6	6.4	100

在被征地的被调查者中，女性没有拿到征地补偿款的比例为23.9%，高于男性（见表51）。

表51　是否拿到征地补偿款——性别比较

性别	计数	有	没有	总计
男	频数（人）	512	102	614
	百分比（%）	83.4	16.6	100
女	频数（人）	477	150	627
	百分比（%）	76.1	23.9	100

（2）没有拿到征地补偿款的原因

在没有拿到征地补偿款的被调查者中，37.0%的人原因是"征用的是村里的地，没有征用我个人的地"（见表52）。

表52　没有拿到征地补偿款的原因

原因	应答次数（次）	应答次数百分比（%）	应答人数百分比（%）
征用的是村里的地，没有征用我个人的地	90	36.4	37.0

续表

原因	应答次数（次）	应答次数百分比（%）	应答人数百分比（%）
虽然户口在本村，但因为我没分得土地，所以没有得到补偿款	10	4.0	4.1
因为我已经出嫁了，虽然土地还在娘家，但娘家的地被征用了，娘家村委不给补偿	3	1.2	1.2
村里给了补偿款，但我家人不给我个人	3	1.2	1.2
没有举行婚礼仪式，村里人不认可	1	0.4	0.4
其他	140	56.7	57.6
总　计	247	100.0	101.6

在没有拿到征地补偿款的原因中，陕西"因为我已经出嫁了，虽然土地还在娘家，但娘家的地被征用了，娘家村委不给补偿"所占比例为2.3%；浙江（94.4%）和湖南（60.3%）因"征用的是村里的地，没有征用我个人的地"而没有拿到征地补偿款的比例也较高（见表53）。

表53　各省没有拿到征地补偿款的原因

单位：%

省份	因为我已经出嫁了，虽然土地还在娘家，但娘家的地被征用了，娘家村委不给补偿	村里给了补偿款，但我家人不给我个人	虽然户口在本村，但因为我没分得土地，所以没有得到补偿款	没有举行婚礼仪式，村里人不认可	征用的是村里的地，没有征用我个人的地	其他
陕西	2.3	0	6.2	0.8	15.5	76.7
湖南	0	1.3	2.6	0	60.3	35.9
浙江	0	5.6	0	0	94.4	0
江苏	0	5.6	0	0	33.3	72.2

注：表中数据为应答人数百分比。

只有女性被调查者存在"因为我已经出嫁了，虽然土地还在娘家，但娘家的地被征用了，娘家村委不给补偿"和"没有举行婚礼仪式，村里人不认可"这样的原因。

男性因"征用的是村里的地，没有征用我个人的地"而没有拿到征地补偿款的比例比女性高（见表54）。

表54 没有拿到征地补偿款的原因——性别比较

单位:%

性别	因为我已经出嫁了，虽然土地还在娘家，但娘家的地被征用了，娘家村委不给补偿	村里给了补偿款，但我家人不给我个人	虽然户口在本村，但因为我没分得土地，所以没有得到补偿款	没有举行婚礼仪式，村里人不认可	征用的是村里的地，没有征用我个人的地	其他
男	0.0	0.0	3.1	0.0	44.3	53.6
女	2.1	2.1	4.8	0.7	32.2	60.3

注：表中数据为应答人数百分比。

（3）没有拿到征地补偿款的人的基本信息

在4个省没有拿到征地补偿款的被调查者中，陕西的比例最高，为52.8%，湖南为31.3%，浙江最低（见表55）。

表55 没拿到征地补偿款的被调查者在各省的分布

省 份	频数（人）	百分比（%）	有效百分比（%）
陕 西	133	52.8	52.8
湖 南	79	31.3	31.3
浙 江	19	7.5	7.5
江 苏	21	8.3	8.3
总 计	252	100	100

在没有拿到征地补偿款的被调查者中，59.5%是女性（见表56）。

表56 没拿到征地补偿款的被调查者——性别比较

性别	频数（人）	百分比（%）	有效百分比（%）
男	102	40.5	40.5
女	150	59.5	59.5
总 计	252	100	100

在没有拿到征地补偿款的被调查者中,80.9%的人是"初婚",7.2%的人是"丧偶"(见表57)。

表57 没拿到征地补偿款的被调查者的婚姻状况

婚姻状况	频数(人)	百分比(%)	有效百分比(%)
未婚	13	5.2	5.2
初婚	203	80.6	80.9
再婚	15	6.0	6.0
离异	2	0.8	0.8
丧偶	18	7.1	7.2
合 计	251	99.6	100
缺失值	1	0.4	
总 计	252	100	

在没拿到征地补偿款的人中,女性"再婚"和"丧偶"的比例都要高于男性(见表58)。

表58 没拿到征地补偿款的被调查者性别与婚姻状况——性别比较

性别	计数	未婚	初婚	再婚	离异	丧偶	总计
男	频数(人)	7	84	6	0	4	101
	百分比(%)	6.9	83.2	5.9	0.0	4.0	100
女	频数(人)	6	119	9	2	14	150
	百分比(%)	4.0	79.3	6.0	1.3	9.3	100

在没有拿到征地补偿款的被调查者中,35.9%的人"是本村村民,与外村村民结婚",29.1%的人"是外村村民/城里人,与本村村民结婚"(见表59)。

表59 没拿到征地补偿款的被调查者的联姻状况

联姻状况	频数(人)	百分比(%)	有效百分比(%)
是本村村民,与本村村民结婚	44	17.5	18.6
是本村村民,与外村村民结婚	85	33.7	35.9

续表

联姻状况	频数（人）	百分比（%）	有效百分比（%）
是本村村民，与城里人结婚	32	12.7	13.5
是本村村民，与外村村民/城里人结婚，离异或丧偶后又回到本村	2	0.8	0.8
是外村村民/城里人，与本村村民结婚	69	27.4	29.1
是外村村民/城里人，与外村村民/城里人结婚	5	2.0	2.1
合计	237	94.0	100
缺失值	15	6.0	
总计	252	100	

"是外村村民/城里人，与本村村民结婚"，女性的比例高于男性；"是本村村民，与外村村民结婚"的比例男性高于女性（见表60）。

表60 结过婚的被调查者联姻状况——性别比较

性别	计数	是本村村民，与本村村民结婚	是本村村民，与外村村民结婚	是本村村民，与城里人结婚	是本村村民，与外村村民/城里人结婚，离异或丧偶后又回到本村	是外村村民/城里人，与本村村民结婚	是外村村民/城里人，与外村村民/城里人结婚	总计
男	频数（人）	18	63	3	1	5	3	93
	百分比（%）	19.4	67.7	3.2	1.1	5.4	3.2	100
女	频数（人）	26	22	29	1	64	2	144
	百分比（%）	18.1	15.3	20.1	0.7	44.4	1.4	100

在没有拿到征地补偿款的被调查者中，96.0%的人是"本村农业户口"，0.4%的人是"外村农业户口"（见表61）。

表61 没有拿到征地补偿款被调查者的户口比较

户口状况	频数（人）	百分比（%）	有效百分比（%）
本村农业户口	238	94.4	96.0

续表

户口状况	频数（人）	百分比（%）	有效百分比（%）
外村农业户口	1	0.4	0.4
非农业户口	9	3.6	3.6
合　计	248	98.4	100
缺失值	4	1.6	
总　计	252	100	

在没有拿到征地补偿款的被调查者中，只有女性存在是"外村农业户口"的状况（见表62）。

表62　户口状况——性别比较

性别	计数	本村农业户口	外村农业户口	非农户口	总计
男	频数（人）	93	0	8	101
	百分比（%）	92.1	0.0	7.9	100
女	频数（人）	145	1	1	147
	百分比（%）	98.6	0.7	0.7	100

在有配偶，没有拿到征地补偿款的被调查者中，78.0%的人配偶是"本村农业户口"，16.8%的人配偶是"非农业户口"（见表63）。

表63　有配偶，没有拿到征地补偿款的被调查者配偶的户口状况

户口状况	频数（人）	百分比（%）	有效百分比（%）
本村农业户口	167	66.3	78.0
外村农业户口	11	4.4	5.1
非农业户口	36	14.3	16.8
合　计	214	84.9	100
缺失值	38	15.1	
总　计	252	100	

在没有拿到征地补偿款的女性中，配偶户口是"非农业户口"的比例

为 25.6%；男性配偶是"非农业户口"的比例仅为 4.5%（见表 64）。

表 64 配偶户口状况——性别比较

性别	计数	本村农业户口	外村农业户口	非农户口	总计
男	频数（人）	83	2	4	89
	百分比（%）	93.3	2.2	4.5	100
女	频数（人）	84	9	32	125
	百分比（%）	67.2	7.2	25.6	100

没有拿到征地补偿款的被调查者，其收入来源排在前三位的依次是："打零工"（35.1%）、"集体分红"（27.9%）和"务农收入"（19.5%）（见表65）。

表 65 没有拿到征地补偿款的被调查者的收入来源

收入来源	应答次数（次）	应答次数百分比（%）	应答人数百分比（%）
打零工	88	25.9	35.1
集体分红	70	20.6	27.9
务农收入	49	14.4	19.5
房屋出租	39	11.5	15.5
集体补助	21	6.2	8.4
个体户	19	5.6	7.6
固定工资收入	15	4.4	6.0
城镇"低保"	2	0.6	0.8
养老保险	2	0.6	0.8
其他	10	2.9	4.0
没有收入	25	7.4	10.0
总　计	340	100.0	135.5

在没有拿到征地补偿款的被调查者的收入来源中，"打零工"、"个体户"和"固定工资收入"的比例男性高于女性，"集体分红"的比例女性高于男性（见表66）。

表66　收入来源——性别比较

单位：%

性别	打零工	个体户	固定工资收入	务农收入	集体分红	房屋出租	城镇低保	集体补助	养老保险	其他	没有收入
男	43.1	9.8	10.8	20.6	17.6	16.7	2.0	6.9	2.0	6.9	4.9
女	29.5	6.0	2.7	18.8	34.9	14.8	0	9.4	0	2.0	13.4

注：表中数据为应答人数百分比。

（4）超过八成拿到征地补偿款的被调查者不清楚征地补偿款的项目

在八成拿到征地补偿款的被调查者中，18.0%的人清楚征地补偿款项目，82.0%的人不清楚（见表67）。

表67　是否清楚征地补偿款的项目

状况	频数（人）	百分比（%）	有效百分比（%）
清楚	175	17.7	18.0
不清楚	797	80.5	82.0
合计	972	98.2	100
缺失值	18	1.8	
总计	990	100	

陕西省被调查者不清楚征地补偿款的比例最高，为92.3%（见表68）。

表68　各省对征地补偿款的了解情况

省份	计数	清楚	不清楚	总计
陕西	频数（人）	23	275	298
	百分比（%）	7.7	92.3	100
湖南	频数（人）	46	133	179
	百分比（%）	25.7	74.3	100
浙江	频数（人）	43	154	197
	百分比（%）	21.8	78.2	100
江苏	频数（人）	63	240	303
	百分比（%）	20.8	79.2	100

女性不清楚征地补偿项目的比例要高于男性（见表69）。

表69　对征地补偿款项目的了解情况——性别比较

性别	计数	清楚	不清楚	总计
男	频数（人）	113	388	501
	百分比（%）	22.6	77.4	100
女	频数（人）	62	408	470
	百分比（%）	13.2	86.8	100

（5）在拿到征地补偿款的被调查者中，16.2%的人不知道自己拿了多少征地补偿款

在拿到征地补偿款的被调查者中，有14.0%的户主不知道自己拿了多少征地补偿款，不是户主的人此项的比例为19.3%。而户主填答家庭问卷时，只有5.0%的人不清楚家庭总共拿了多少征地补偿款。可见被调查者家庭的概念很强，而个人的概念很弱。在拿到征地补偿款的被调查者中，男性有13.6%的人不知道自己拿了多少征地补偿款，女性此项的比例为18.8%。

在4个被调查的省份中，江苏省拿到征地补偿款的被调查者不清楚自己拿到多少补偿款的比例最低，为6.6%，其他省的比例都超过了10%。

在拿到征地补偿款的4个省中，男性平均拿到的征地补偿款数额是2.198万元，女性是2.071万元，男性高于女性。浙江省拿到的征地补偿款平均数额女性（7.020万元）高于男性（5.910万元），其他3个省都是女性低于男性（见表70）。

表70　各省平均拿到征地补偿款的数额

单位：万元

省份	男	女
陕西	1.756	1.433
湖南	1.515	1.149
浙江	5.910	7.020
江苏	1.346	1.257

家庭成员中,男性平均拿到的征地补偿款数额低于女性。男性平均拿到的征地补偿款数额是 0.654 万元,女性是 0.702 万元。各省家庭成员平均拿到征地补偿款数额如表 71 所示。其中,浙江省的家庭女性成员平均拿到的征地补偿款数额比男性要高。

表 71　各省家庭成员平均拿到征地补偿款的数额——性别比较

单位:万元

省份	男	女
陕西	0.566	0.585
湖南	0.152	0.126
浙江	1.819	2.068
江苏	0.433	0.475

从各村的情况来看,城北村和朱家村没有征地补偿款,因为征的地很少,补偿也很少。剩下的几个村男女被调查者得到的补偿相差不多。由于城北村和朱家村的情况,导致了总体补偿款和各省两性征地补偿款相差比较大(见表 72)。

表 72　拿到征地补偿款的数额——性别比较

单位:万元

地方	男	女
尹家沟	0.2585	0.2569
三桥村	0.8019	0.8489
全民村	0.7986	0.6921
城北村	0.0	0.0
蒋村	5.1465	5.2293
朱家村	0.0	0.0
曹家桥	0.0444	0.0449
麒麟门	0.8742	0.9137

（6）失地农民补偿款的主要用处是日常开支和储蓄，用于投资的比例很小

85.2%的被调查者将征地补偿款用于"日常家庭生活支出"，47.8%的人用于"供子女读书"，31.1%的人用于"看病"。用来"建房/购房"和"存入银行"的比例也比较高，用来"缴纳社会保险"、"投资"和"作为创业资金"的比例相对较低（见表73）。

表73 征地补偿款的用处

用处	应答次数（次）	应答次数百分比（%）	应答人数百分比（%）
日常家庭生活支出	821	36.5	85.2
供子女读书	461	20.5	47.8
看病	300	13.3	31.1
建房/购房	291	12.9	30.2
存入银行	167	7.4	17.3
缴纳社会保险	109	4.8	11.3
投资	41	1.8	4.3
作为创业资金	34	1.5	3.5
其他	26	1.2	2.7
总计	2250	100.0	233.4

浙江省被调查者的征地补偿款用于"缴纳社会保险"、"投资"和"存入银行"的比例明显高于其他省份（见表74）。

表74 各省被调查者征地补偿款的用处

单位：%

省份	日常家庭生活支出	建房/购房	缴纳社会保险	看病	作为创业资金	供子女读书	投资	存入银行	其他
陕西	90.7	34.0	1.7	35.7	3.0	50.0	1.0	4.0	4.0
湖南	91	24.7	1.1	26.4	2.2	48.3	4.5	12.4	3.9
浙江	85.9	17.7	47.5	41.9	9.1	64.6	12.6	50.0	2.5
江苏	75.1	38.1	2.8	21.8	1.0	33.6	1.7	11.8	0.7

注：表中数据为应答人数百分比。

男性把征地补偿款用来"建房/购房"、"缴纳社会保险"、"作为创业资金"和"投资"的比例高于女性（见表75）。

表75 征地补偿款的用处——性别比较

单位：%

性别	日常家庭生活支出	建房/购房	缴纳社会保险	看病	作为创业资金	供子女读书	投资	存入银行	其他
男	84.9	32.4	12.6	29.7	4.7	47.5	4.9	18.3	3.5
女	85.2	27.9	9.9	32.3	2.3	48.2	3.6	16.3	1.9

注：表中数据为应答人数百分比。

3. 安置情况

（1）近六成被征地的被调查者对征地补偿、安置措施满意

在被征地的被调查者中，有近六成的人对征地补偿、安置措施满意，其中19.8%的人"满意"，39.1%的人"基本满意"；24.5%的人对征地补偿、安置措施表示"不满意"（见表76）。

表76 对征地补偿、安置措施是否满意

满意度	频数（人）	百分比（%）	有效百分比（%）
满意	316	19.3	19.8
基本满意	623	38.0	39.1
不太满意	263	16.0	16.5
不满意	391	23.8	24.5
合 计	1593	97.1	100
缺失值	48	2.9	
总 计	1641	100	

广东被征地的被调查者"满意"征地补偿、安置措施的比例最高，为28.9%；浙江"基本满意"征地补偿、安置措施的比例最高，为63.4%；湖南"不满意"的比例最高，为50.8%（见表77）。

表77 各省对征地补偿、安置措施的满意情况

省份	计数	满意	基本满意	不太满意	不满意	总计
陕西	频数（人）	93	97	73	170	433
	百分比（%）	21.5	22.4	16.9	39.3	100
湖南	频数（人）	34	45	47	130	256
	百分比（%）	13.3	17.6	18.4	50.8	100
广东	频数（人）	110	176	55	39	380
	百分比（%）	28.9	46.3	14.5	10.3	100
浙江	频数（人）	43	137	22	14	216
	百分比（%）	19.9	63.4	10.2	6.5	100
江苏	频数（人）	38	168	66	39	311
	百分比（%）	12.2	54	21.2	12.5	100

男性对征地补偿、安置措施"满意"和"基本满意"比例的总和为59.7%，女性为58.3%，男性的比例高于女性（见表78）。

表78 对征地补偿、安置措施的满意状况——性别比较

性别	计数	满意	基本满意	不太满意	不满意	总计
男	频数（人）	144	318	125	187	774
	百分比（%）	18.6	41.1	16.1	24.2	100
女	频数（人）	171	304	138	203	816
	百分比（%）	21	37.3	16.9	24.9	100

（2）得到的安置排在前三位的是"转为城镇居民"、"购买社会保险"和"提供住房"

被调查者得到的安置排在前三位的是"转为城镇居民"（17.5%）、"购买社会保险"（14.8%）和"提供住房"（11.0%）。有59.2%的被调查者没有得到安置（见表79）。

表79 得到安置的情况

安置措施	应答次数（次）	应答次数百分比（%）	应答人数百分比（%）
转为城镇居民	274	14.2	17.5
购买社会保险	232	12.1	14.8
提供住房	172	8.9	11.0
投资入股	137	7.1	8.7
其他	67	3.5	4.3
到村办企业上班	49	2.5	3.1
移民安置	31	1.6	2.0
进行就业培训	14	0.7	0.9
重新分得土地	9	0.5	0.6
组织外出打工	4	0.2	0.3
提供贷款支持创业	5	0.3	0.3
没有安置	929	48.3	59.2
总计	1923	100.0	122.6

浙江的被调查者"转为城镇居民"（86.9%）、"购买社会保险"（45.6%）和"提供住房"（43.7%）的比例最高，没有得到安置的比例最低，为12.1%。广东省的被调查者"购买社会保险"和"投资入股"的比例较高，分别为22.4%和27.6%（见表80）。

表80 各省得到安置的情况

单位：%

省份	进行就业培训	转为城镇居民	到村办企业上班	组织外出打工	重新分得土地	购买社会保险	提供住房	提供贷款支持创业	投资入股	移民安置	其他	没有安置
陕西	0.2	0.0	0.5	0.5	0.2	0.0	18.1	0.5	3.5	0.2	0.9	79.4
湖南	1.2	0.0	0.4	0.0	1.6	0.4	0.4	0.0	0.4	1.6	15	79.8
广东	0.3	0.3	10.5	0.5	0.5	22.4	0.3	0.0	27.6	0.8	3.9	48.4

续表

省份	进行就业培训	转为城镇居民	到村办企业上班	组织外出打工	重新分得土地	购买社会保险	提供住房	提供贷款支持创业	投资入股	移民安置	其他	没有安置
浙江	2.9	86.9	0.0	0.0	0.5	45.6	43.7	0.5	7.3	11.2	1.5	12.1
江苏	1	30.8	2	0.0	0.3	17	0.7	0.7	0.3	0	2.3	59

注：表中数据为应答人数百分比。

男性"到村办企业上班"和"提供贷款支持创业"的比例要高于女性，女性"组织外出打工"和"没有安置"的比例高于男性（见表81）。

表81 得到安置的情况——性别比较

单位：%

性别	进行就业培训	转为城镇居民	到村办企业上班	组织外出打工	重新分得土地	购买社会保险	提供住房	提供贷款支持创业	投资入股	移民安置	其他	没有安置
男	0.8	19.1	4.9	0.1	0.8	15.5	11.2	0.7	9.6	2.1	5.4	55
女	1.0	16	1.5	0.4	0.4	14	10.8	0.0	7.9	1.8	3.2	63.1

注：表中数据为应答人数百分比。

（3）五成的被调查者"不愿意"转为城镇居民

53.1%的被调查者"不愿意"转为城镇居民，19.3%的被调查者"说不清"是否愿意转（见表82）。

表82 是否愿意转成城镇居民

意愿	频数（人）	百分比（%）	有效百分比（%）
不愿意	853	52	53.1
愿意，且已转为城镇居民	286	17.4	17.8
愿意，还没转	157	9.6	9.8
说不清	309	18.8	19.3
合计	1605	97.8	100

续表

意愿	频数（人）	百分比（%）	有效百分比（%）
缺失值	36	2.2	
总 计	1641	100	

广东省被调查者"不愿意"转成城镇居民的比例较高（79.8%），浙江"愿意，且已经转为城镇居民"的比例最高（75.5%），湖南"愿意，还没转"的比例最高（21.9%）（见表83）。

表83 各省是否愿意转成城镇居民的情况

省份	计数	不愿意	愿意，且已转为城镇居民	愿意，还没转	说不清	总计
陕西	频数（人）	275	3	39	118	435
	百分比（%）	63.2	0.7	9.0	27.1	100
湖南	频数（人）	92	13	56	95	256
	百分比（%）	35.9	5.1	21.9	37.1	100
广东	频数（人）	305	14	22	41	382
	百分比（%）	79.8	3.7	5.8	10.7	100
浙江	频数（人）	39	166	1	14	220
	百分比（%）	17.7	75.5	0.5	6.4	100
江苏	频数（人）	142	90	39	41	312
	百分比（%）	45.5	28.8	12.5	13.1	100

女性被调查者"不愿意"转成城镇居民的比例比男性高（见表84）。

表84 是否愿意转成城镇居民——性别比较

性别	计数	不愿意	愿意，且已转为城镇居民	愿意，还没转	说不清	总计
男	频数（人）	383	155	88	154	780
	百分比（%）	49.1	19.9	11.3	19.7	100
女	频数（人）	467	131	69	155	822
	百分比（%）	56.8	15.9	8.4	18.9	100

失地农民土地权益及生活状况调查数据分析报告

（4）不愿转成城镇居民，六成是因为"转为城镇居民就不能享受村里的福利"

在不愿转成城镇居民的被调查者中，61.5%的人因为"转为城镇居民就不能享受村里的福利"，49.9%的人因为"政府没有很好的安置，转为城镇居民后，没有收入来源"（见表85）。

表85 不愿转成城镇居民的原因

原因	应答次数（次）	应答次数百分比（%）	应答人数百分比（%）
转为城镇居民就不能享受村里的福利	521	50.4	61.5
政府没有很好的安置，转为城镇居民后，没有收入来源	423	40.9	49.9
其他	89	8.6	10.5
总 计	1033	100.0	122.0

广东省被调查者因"转为城镇居民就不能享受村里的福利"而不愿转成城镇居民的比例最高，为84.6%；湖南省被调查者因为"政府没有很好的安置，转为城镇居民后，没有收入来源"不愿转成城镇居民的比例最高，为73.9%（见表86）。

表86 各省被调查者不愿转成城镇居民的原因

单位:%

省份	转为城镇居民就不能享受村里的福利	政府没有很好的安置，转为城镇居民后，没有收入来源	其他
陕西	64.6	53.3	8.4
湖南	14.1	73.9	17.4
广东	84.6	30.5	6.6
浙江	0.0	43.6	56.4
江苏	52.5	71.2	5.8

注：表中数据为应答人数百分比。

调查结果显示，不愿转成城镇居民的原因男女被调查者相差不多（见表87）。

表 87　不愿转成城镇居民的原因——性别比较

单位：%

性别	转为城镇居民就不能享受村里的福利	政府没有很好的安置，转为城镇居民后，没有收入来源	其他
男	59.3	50.4	11
女	63.1	49.1	10.1

注：表中数据为应答人数百分比。

（六）广东省土地入股情况

土地入股是被征地农民利益实现的一种比较新颖的形式。本次调查主要是了解农民股权实现的方式和农民对土地入股前景的看法。男女拥有股份的情况是一样的。股权实现方式主要是"没有被安排就业，但有分红"，超过一半的人认为现在股权的收益方式是"当时村里规定的，只能有这样的选择，现在觉得这种方法也不错"，对于土地前途的态度是"不担心，现在挺看好的，万一有事会有人管"。女性对土地前途表示担心的比例高于男性。

1. 93.8%的家庭成员拥有土地入股的股份

在被调查的家庭成员中，有93.8%的人拥有土地入股的股份（见表88）。

表 88　拥有土地入股股份的情况

情况	频数（人）	百分比（%）	有效百分比（%）
没有股份	120	4.9	6.2
有股份	1829	74.4	93.8
合　计	1949	79.3	100
缺失值	508	20.7	
总　计	2457	100	

男女被调查者拥有股权的比例都是94.0%（见表89）。

表 89　拥有土地股份的情况——性别比较

性别	计数	没有股份	有股份	总计
男	频数（人）	57	898	955
	百分比（%）	6.0	94.0	100

续表

性别	计数	没有股份	有股份	总计
女	频数（人）	57	887	944
	百分比（%）	6.0	94.0	100

2. 75.5%的被调查者股权实现的方式是"没有被安排就业，但有分红"

调查结果显示，75.5%的被调查者股权实现的方式是"没有被安排就业，但有分红"，18.8%的人是"被安排在土地入股的经济组织中就业，且有分红"，还有"一次性买断股权，脱离集体经济组织"等其他方式（见表90）。

表90　股权收益实现方式

实现方式	频数（人）	百分比（%）	有效百分比（%）
没有被安排就业，但有分红	426	73.3	75.5
被安排在土地入股的经济组织中就业，且有分红	106	18.2	18.8
没有任何分红和安置措施	6	1.0	1.1
一次性买断股权，脱离集体经济组织	1	0.2	0.2
被安排在土地入股的经济组织中就业，没有分红	1	0.2	0.2
其他	24	4.1	4.3
合　计	564	97.1	100
缺失值	17	2.9	
总　计	581	100	

在被调查者中，"被安排在土地入股的经济组织中就业，且有分红"的比例男性高于女性（见表91）。

表91　股权收益实现的方式——性别比较

性别	计数	一次性买断股权，脱离集体经济组织	被安排在土地入股的经济组织中就业，没有分红	被安排在土地入股的经济组织中就业，且有分红	没有被安排就业，但有分红	没有任何分红和安置措施	其他	总计
男	频数（人）	0	1	60	185	4	3	253
	百分比（%）	0.0	0.4	23.7	73.1	1.6	1.2	100

续表

性别	计数	一次性买断股权,脱离集体经济组织	被安排在土地入股的经济组织中就业,没有分红	被安排在土地入股的经济组织中就业,且有分红	没有被安排就业,但有分红	没有任何分红和安置措施	其他	总计
女	频数(人)	1	0	46	239	2	21	309
	百分比(%)	0.3	0.0	14.9	77.3	0.6	6.8	100

3. 85.7%的被调查者是采用"按年分红"的分红方式

在被调查者中,85.7%的人"按年分红",36.8%的人"按月分红"(见表92)。

表92 分红采取的方式

方式	应答次数(次)	应答次数百分比(%)	应答人数百分比(%)
按年分红	480	67.5	85.7
按月分红	206	29.0	36.8
其他	25	3.5	4.5
总计	711	100.0	127.0

在分红的被调查者中,"按月分红"的比例女性高于男性,"按年分红"的比例男性高于女性(见表93)。

表93 分红的方式——性别比较

单位:%

性别	按月分红	按年分红	其他
男	31.3	87.7	2.0
女	41.5	84.0	6.5

4. 55.3%的被调查者认为现在享有的股权收益方式是"当时村里规定的,只能有这样的选择,现在觉得这种方法也不错"

在被调查者中,55.3%的人认为现在享有的股权收益方式是"当时村里规定的,只能有这样的选择,现在觉得这种方法也不错";24.1%的人认为是"当时村里规定的,只能有这样的选择,其实自己不是很愿意";14.7%的人认为是"自己选择的,很满意"(见表94)。

表94 是否满意现在享有的股权收益方式

股权收益方式	频数（人）	百分比（%）	有效百分比（%）
当时村里规定的,只能有这样的选择,现在觉得这种方法也不错	308	53	55.3
当时村里规定的,只能有这样的选择,其实自己不是很愿意	134	23.1	24.1
自己选择的,很满意	82	14.1	14.7
自己选择的,但现在感觉不是很满意	33	5.7	5.9
合　计	557	95.9	100
缺失值	24	4.1	
总　计	581	100	

认为股权收益方式是"自己选择的,很满意"的比例男性（19.1%）高于女性（11.2%）；认为是"当时村里规定的,只能有这样的选择,其实自己不是很愿意"的比例,女性（27.0%）高于男性（20.7%）；认为是"当时村里规定的,只能有这样的选择,现在觉得这种方法也不错"的比例,男女两性差异不大（见表95）。

表95 对现在享有的股权收益方式是否满意的情况——性别比较

性别	计数	自己选择的,很满意	当时村里规定的,只能有这样的选择,其实自己不是很愿意	当时村里规定的,只能有这样的选择,现在觉得这种方法也不错	自己选择的,但现在感觉不是很满意	总计
男	频数（人）	48	52	139	12	251
	百分比（%）	19.1	20.7	55.4	4.8	100
女	频数（人）	34	82	167	21	304
	百分比（%）	11.2	27.0	54.9	6.9	100

5. 近五成被调查者对土地入股的前途"不担心，现在看挺好，万一有事会有人管"

在被调查者中，46.9%的被调查者对土地入股的前途"不担心，现在看挺好，万一有事会有人管"；53.1%的被调查者对土地入股的前途是担忧的，其中38.1%的人"担忧，但是也没别的办法"；15.0%的人"担忧，也在为以后做一些打算"（见表96）。可见被调查者在土地入股上很被动，对政府有很大的依赖性。

表96 是否对土地入股的前途担忧

情况	频数（人）	百分比（%）	有效百分比（%）
不担心，现在看挺好，万一有事会有人管	262	45.1	46.9
担忧，但是也没别的办法	213	36.7	38.1
担忧，也在为以后做一些打算	84	14.5	15.0
合　计	559	96.2	100
缺失值	22	3.8	
总　计	581	100	

女性对土地入股的前途"担忧，但是也没别的办法"的比例明显高于男性（见表97）。

表97 对土地入股前途担忧的情况——性别比较

性别	计数	担忧，也在为以后做一些打算	担忧，但是也没别的办法	不担心，现在看挺好，万一有事会有人管	总计
男	频数（人）	45	83	125	253
	百分比（%）	17.8	32.8	49.4	100
女	频数（人）	38	129	137	304
	百分比（%）	12.5	42.4	45.1	100

（七）被调查者享受村里福利的情况

村集体成员会享受村里的一些待遇，比如集体分红、到村办企业就业、参加政府提供的职业培训等，这是农民权益的一种形式。男性在村办企业就业的比例高于女性。九成被调查者没有参加过政府提供的职业培训,男女参加职业培训的内容不同。

1. 34.4%的是有集体分红的,且也已经拿到了

62.6%的被调查者户口所在村的"村集体/村委会没有分红",34.4%的被调查者村集体"有分红,拿到了",只有3.0%的被调查者是村集体"有分红,没有拿到"(见表98)。

表98 被调查者拿到户口所在村村集体/村委会的分红的情况

分红情况	频数(人)	百分比(%)	有效百分比(%)
村集体/村委会没有分红	1698	62.3	62.6
有分红,拿到了	933	34.2	34.4
有分红,没有拿到	81	3	3.0
合 计	2712	99.4	100
缺失值	15	0.6	
总 计	2727	100	

在村集体"有分红,没有拿到"的被调查者中,女性"初婚""再婚""丧偶"的比例比男性相应的比例要大(见表99)。

表99 没有拿到集体分红的被调查者年龄和婚姻状况的分布情况

婚姻状况	计数	男	女	总计
未婚	频数(人)	3	2	5
	百分比(%)	60.0	40.0	100.0
初婚	频数(人)	29	41	70
	百分比(%)	41.4	58.6	100.0
再婚	频数(人)	0	1	1
	百分比(%)	0.0	100.0	100.0
离异	频数(人)	1	1	2
	百分比(%)	50.0	50.0	100.0
丧偶	频数(人)	0	3	3
	百分比(%)	0.0	100.0	100.0

（1）分省情况

从分省的情况来看，湖南、浙江和江苏有超过 90.0% 的被调查者户口所在村的"村集体/村委会没有集体分红"，陕西和广东有 5.0% 左右的被调查者户口所在村"有分红，没有拿到"（见表 100）。

表 100　各省被调查者拿到分红的情况

省份	计数	村集体/村委会没有分红	有分红，拿到了	有分红，没有拿到	总计
陕西	频数（人）	108	424	27	559
	百分比（%）	19.3	75.8	4.8	100
湖南	频数（人）	460	5	2	467
	百分比（%）	98.5	1.1	0.4	100
广东	频数（人）	71	479	31	581
	百分比（%）	12.2	82.4	5.3	100
浙江	频数（人）	447	25	21	493
	百分比（%）	90.7	5.1	4.3	100
江苏	频数（人）	612	0	0	612
	百分比（%）	100	0	0	100

（2）分性别情况

女性"有分红，拿到了"和"有分红，没有拿到"的比例都高于男性（见表 101）。

表 101　拿到分红的情况——性别比较

性别	计数	村集体/村委会没有分红	有分红，拿到了	有分红，没有拿到	总计
男	频数（人）	910	391	33	1334
	百分比（%）	68.2	29.3	2.5	100
女	频数（人）	787	540	48	1375
	百分比（%）	57.2	39.3	3.5	100

在"有分红，没有拿到"的人中，女性占了 59.3%，高于男性（见表 102）。

表102 没有拿到集体分红的被调查者的性别比例

性别	频数（人）	百分比（%）	有效百分比（%）
男	33	40.7	40.7
女	48	59.3	59.3
总　　计	81	100	100

在各省"有分红，没有拿到"的被调查者中，陕西省没有拿到分红的女性（66.7%）是男性（33.3%）的2倍多；广东省没有拿到分红的女性是男性的近3倍（见表103）。

表103 各省没有拿到分红的情况——性别比较

省份	计数	男	女	总计
陕西	频数（人）	9	18	27
	百分比（%）	33.3	66.7	100
湖南	频数（人）	2	0	2
	百分比（%）	100	0.0	100
广东	频数（人）	8	23	31
	百分比（%）	25.8	74.2	100
浙江	频数（人）	14	7	21
	百分比（%）	66.7	33.3	100

2. 近五成的被调查者户口所在地有村办企业，但没有在村办企业就业过

46.3%的被调查者户口所在村有村办企业但没有在村办企业就业过，15.3%的被调查者在村办企业就业过，38.4%的被调查者的户口所在村没有村办企业（见表104）。

表104 被调查者在村办企业就业的情况

状况	频数（人）	百分比（%）	有效百分比（%）
没有村办企业	1033	37.9	38.4
有就业过	412	15.1	15.3
没有就业过	1246	45.7	46.3

续表

状况	频数（人）	百分比（%）	有效百分比（%）
合 计	2691	98.7	100
缺失值	36	1.3	
总 计	2727	100	

广东省的被调查者在户口所在村的村办企业就业过的比例最高，为25.2%；江苏省被调查者中没有在村办企业就业过的比例最高，为61.2%（见表105）。

表105　各省被调查者在村办企业就业情况

省份	计数	没有村办企业	有，就业过	没有就业过	总计
陕西	频数（人）	157	71	320	548
	百分比（%）	28.6	13	58.4	100
湖南	频数（人）	211	60	192	463
	百分比（%）	45.6	13	41.5	100
广东	频数（人）	136	146	298	580
	百分比（%）	23.4	25.2	51.4	100
浙江	频数（人）	386	43	65	494
	百分比（%）	78.1	8.7	13.2	100
江苏	频数（人）	143	92	371	606
	百分比（%）	23.6	15.2	61.2	100

男性有17.5%在村办企业就业过，高于女性（13.2%）；没有就业的比例，女性高于男性（见表106）。

表106　在村办企业就业的情况——性别比较

性别	计数	没有村办企业	有就业过	没有就业过
男	频数（人）	523	231	564
	百分比（%）	39.7	17.5	42.8
女	频数（人）	508	181	681
	百分比（%）	37.1	13.2	49.7

3. 近九成的被调查者没有参加过政府提供的职业培训

86.7%的被调查者没有参加过政府提供的职业培训，13.3%的被调查者参加过（见表107）。

表107 参加政府提供的职业培训的情况

参加培训情况	频数（人）	百分比（％）	有效百分比（％）
参加过	360	13.2	13.3
没参加过	2349	86.1	86.7
合　计	2709	99.3	100
缺失值	18	0.7	
总　计	2727	100	

在参加过政府培训的被调查者中，有61.1%的人认为参加的培训"大部分学了都有用"，30.4%的人认为"一些有用，一些没用"（见表108）。

表108 参加的培训是否有用

有用否	频数（人）	百分比（％）	有效百分比（％）
大部分学了都有用	207	7.6	61.1
一些有用，一些没用	103	3.8	30.4
大部分都没有用	29	1.1	8.6
合　计	339	12.4	100
缺失值	2388	87.6	
总　计	2727	100	

在参加过政府提供的职业培训的被调查者中，接受培训最多的依次是：计算机（19.7%）、家政（19.1%）、种植（18.8%）和养殖（15.1%）。还有23.4%的被调查者参加了其他的培训，如西点制作、会计、酿酒、驾驶、电工等（见表109）。

表 109　参加的培训内容

内容	应答次数（次）	应答次数百分比（%）	应答人数百分比（%）
计算机	69	16.6	19.7
家政	67	16.1	19.1
种植	66	15.9	18.8
养殖	53	12.7	15.1
缝纫	27	6.5	7.7
厨师	25	6.0	7.1
维修	16	3.8	4.6
插花	9	2.2	2.6
理发	2	0.5	0.6
其他	82	19.7	23.4

浙江省被调查者参加过政府提供的职业培训的比例最高，为30.3%（见表110）。

表 110　各省参加培训的情况

省份	计数	参加过	没参加过	总计
陕西	频数（人）	38	519	557
	百分比（%）	6.8	93.2	100
湖南	频数（人）	76	390	466
	百分比（%）	16.3	83.7	100
广东	频数（人）	55	524	579
	百分比（%）	9.5	90.5	100
浙江	频数（人）	150	345	495
	百分比（%）	30.3	69.7	100
江苏	频数（人）	41	571	612
	百分比（%）	6.7	93.3	100

在湖南省被调查者中，有73.6%的人认为培训的"大部分学了都有用"，陕西省和广东省参加过培训的被调查者对参加的培训最不满意，认为参加的培训"大部分都没有用"的分别为18.9%和11.1%（见表111）。

表111　分省看培训的内容是否有用

省份	计数	大部分学了都有用	一些有用，一些没用	大部分都没有用	总计
陕西	频数（人）	18	12	7	37
	百分比（%）	48.6	32.4	18.9	100
湖南	频数（人）	53	12	7	72
	百分比（%）	73.6	16.7	9.7	100
广东	频数（人）	25	23	6	54
	百分比（%）	46.3	42.6	11.1	100
浙江	频数（人）	92	37	7	136
	百分比（%）	67.6	27.2	5.1	100
江苏	频数（人）	19	19	2	40
	百分比（%）	47.5	47.5	5	100

广东省参加过培训的被调查者参加"计算机"和"厨师"培训的比例最高，浙江省参加"家政"培训的比例最高，湖南省参加"种植"和"养殖"培训的比例最高（见表112）。

表112　各省参加培训的内容

单位：%

省份	厨师	计算机	家政	插花	维修	理发	种植	养殖	缝纫	其他
陕西	0.0	27	21.6	0	5.4	0	0	0	2.7	43.2
湖南	1.4	11	5.5	1.4	2.7	2.7	42.5	38.4	8.2	24.7
广东	33.3	38.9	16.7	0.0	5.6	0.0	0.0	0.0	0.0	27.8
浙江	2.0	14.9	25.7	5.4	4.1	0.0	16.9	15.5	11.5	17.6
江苏	7.5	20.0	20.0	0.0	7.5	0.0	25.0	5.0	7.5	17.5

注：表中数据为应答人数百分比。

在参加过政府提供的职业培训的被调查者中，女性占14.6%，男性占12.0%（见表113）。

表 113　参加职业培训的情况——性别比较

性别	计数	参加过	没参加过	总计
男	频数（人）	160	1175	1335
	百分比（%）	12.0	88.0	100
女	频数（人）	200	1171	1371
	百分比（%）	14.6	85.4	100

在认为培训"大部分学了都有用"的被调查者中，女性占57.4%，男性占66.2%（见表114）。

表 114　参加的培训是否有用——性别比较

性别	计数	大部分学了都有用	一些有用，一些没用	大部分都没有用	总计
男	频数（人）	94	37	11	142
	百分比（%）	66.2	26.1	7.7	100
女	频数（人）	113	66	18	197
	百分比（%）	57.4	33.5	9.1	100

在参加培训的内容方面，男性参加"维修"、"种植"和"养殖"培训的比例高于女性，女性参加"厨师"、"计算机"、"家政"和"缝纫"培训的比例高于男性（见表115）。

表 115　参加职业培训的内容——性别比较

单位:%

性别	厨师	计算机	家政	插花	维修	理发	种植	养殖	缝纫	其他
男	2.6	15.0	9.8	1.3	9.8	0.0	22.2	20.9	2.6	30.7
女	10.6	23.1	26.1	3.5	0.5	1.0	16.1	10.6	11.6	17.6

注：表中数据为应答人数百分比。

（八）拥有保险的情况

保险是农民生活保障的一种形式，调查结果显示，近七成的被调查者没有办理养老保险，超过90%的人参加了农村合作医疗。

1. 将近七成的被调查者没有办过养老保险

67.9%的被调查者没有办过养老保险（见表116）。

表116 是否办过养老保险

情况	频数（人）	百分比（%）	有效百分比（%）
有	859	31.5	32.1
没有	1816	66.6	67.9
合计	2675	98.1	100
缺失值	52	1.9	
总计	2727	100	

在被调查者中，广东省办过养老保险的比例最高，为84.4%；陕西省办过养老保险的比例最低，为5.9%（见表117）。

表117 各省被调查者是否办过养老保险的情况

省份	计数	有	没有	总计
陕西	频数（人）	33	531	564
	百分比（%）	5.9	94.1	100
湖南	频数（人）	50	409	459
	百分比（%）	10.9	89.1	100
广东	频数（人）	486	90	576
	百分比（%）	84.4	15.6	100
浙江	频数（人）	189	283	472
	百分比（%）	40.0	60.0	100
江苏	频数（人）	101	503	604
	百分比（%）	16.7	83.3	100

在被调查者中，31.8%的女性办理过养老保险，32.4%的男性办理过养老保险（见表118）。

表 118　办养老保险的情况——性别比较

性别	计数	办过	没办过	总计
男	频数（人）	423	884	1307
	百分比（%）	32.4	67.6	100
女	频数（人）	434	931	1365
	百分比（%）	31.8	68.2	100

2. 超过九成的被调查者参加了农村合作医疗

92.5%的被调查者参加了"农村合作医疗"，7.8%的被调查者参加了"劳保医疗"，1.4%的被调查者"没有医疗保险"（见表119）。

表 119　办理医疗保险的情况

情况	应答次数	应答次数百分比（%）	应答人数百分比（%）
农村合作医疗	2500	89.5	92.5
商业医疗保险	28	1.0	1.0
劳保医疗	212	7.6	7.8
其他	16	0.6	0.6
没有医疗保险	38	1.4	1.4
总　计	2794	100.0	103.4

在被调查者中，湖南省参加"农村合作医疗"的，为97.2%；浙江省参加"劳保医疗"的比例为21.7%，明显高于其他省（见表120）。

表 120　各省被调查者办理医疗保险的情况

单位:%

省份	农村合作医疗	商业医疗保险	劳保医疗	其他	没有医疗保险
陕西	94.1	0.5	2.8	0.4	2.0
湖南	97.2	1.3	1.5	0.0	1.1
广东	94.5	1.9	5.5	0.0	1.4
浙江	75.6	1.4	21.7	2.8	1.8
江苏	97.1	0.2	8.2	0.3	0.8

注：表中数据为应答人数百分比。

男性、女性办理医疗保险的情况差不多，只是女性办理商业医疗保险的比例比男性稍微高一些，男性办理劳保医疗的比例比女性高一些（见表121）。

表121 分性别办理医疗保险的情况

单位：%

性别	农村合作医疗	商业医疗保险	劳保医疗	其他	没有医疗保险
男	91.0	0.9	9.8	0.7	1.2
女	93.0	1.2	5.9	0.4	1.6

注：表中数据为应答人数百分比。

（九）需求

由于城镇化建设，交通方便了，农民的生活水平提高了。但由于土地被征用了，农民自给自足的生活方式被打破，面临收入低、就业困难、养老没有保障、医疗报销率低、子女教育花费大等困难，要求政府提供就业机会和就业培训，建立农民养老保障机制，提高医疗报销比例，增加在教育上的投资等。

1. 近七成的人认为生活较征地之前变好了

69.3%的被调查者认为生活较征地之前变好了，其中32.1%的人认为"变好了"，37.2%的人认为"稍微好点儿"（见表122）。

表122 生活水平较征地之前的变化情况

变化情况	频数（人）	百分比（%）	有效百分比（%）	累计百分比（%）
变好了	507	30.9	32.1	32.1
稍微好点儿	588	35.8	37.2	69.3
没什么变化	313	19.1	19.8	89.1
变差了	173	10.5	10.9	100
合 计	1581	96.3	100	
缺失值	60	3.7		
总 计	1641	100		

广东省被调查者认为生活比征地之前"变好了"的比例最高，为

47.9%；湖南省被调查者认为生活比征地之前"变差了"的比例最高，为22.2%（见表123）。

表123 各省生活水平的变化情况

省份	计数	变好了	稍微好点儿	没什么变化	变差了	总计
陕西	频数（人）	132	126	98	72	428
	百分比（%）	30.8	29.4	22.9	16.8	100
湖南	频数（人）	49	72	75	56	252
	百分比（%）	19.4	28.6	29.8	22.2	100
广东	频数（人）	182	138	43	17	380
	百分比（%）	47.9	36.3	11.3	4.5	100
浙江	频数（人）	57	106	35	14	212
	百分比（%）	26.9	50.0	16.5	6.6	100
江苏	频数（人）	87	146	62	14	309
	百分比（%）	28.2	47.2	20.1	4.5	100

土地被征用后，被调查者认为生活"变好了"，男性与女性的比例均为32.1%（见表124）。

表124 分性别生活水平变化的情况

性别	计数	变好了	稍微好点儿	没什么变化	变差了	总计
男	频数（人）	247	283	151	89	770
	百分比（%）	32.1	36.8	19.6	11.6	100
女	频数（人）	259	304	162	83	808
	百分比（%）	32.1	37.6	20	10.3	100

2. 城镇化带来的最大变化是生活水平提高了，交通方便了，之前自给自足的生活方式被打破了

被调查者对失地后生活变化的表述如下。

（1）生活水平提高了。如：生活比以前好多了，房屋宽了、道路宽了，生病有合作医疗，大病救助；农活没有了，休闲时间多了；自在自由了，舒服，有钱分；路好走了；子女上学的条件好了；家里的吃住条件好了，家中有电器了；在经济上稍微宽裕一点了，生活富裕了，年底能给大伙分点钱；生活质量提高了；生活宽裕，市场繁荣；挣钱的机会多，只要勤快，就能挣到钱；提供就业机会较多；实施新农村建设以来，农村的面貌大有改变，人民的生产生活水平较前提高了许多。

（2）交通方便了。如：最大的变化是交通方便了；街巷被整理得比过去好；道路改建更新是好现象；马路宽，绿化好；外出方便。

（3）自给自足的生活方式被打破。如：原来靠地生活，地没亏过我，吃的有保证，现在没地了，生活无依靠；小菜都要买，只付出，无收入；没有土地后，没有自己务农的固定收入了；最大的变化是什么都要掏钱买，可没有经济来源；赚钱难、花钱快、物价高；征地之前每年都有收入，现在一次性得到（补偿）后没保障；征地以前，靠种地生活有保证，现在没啥保证了，病看不起；感觉越来越不为农民（着想）；吃的、穿的、用的都得买。

（4）住房条件变好了。住上楼房，条件好了；有住房了，还可以出租。

（5）医疗卫生条件好了。如：卫生条件好了、清洁了；医疗有了一定的保障，以前看病借钱看，现在有农村合作医疗，看病负担相应减轻了一点；医疗得到保障。

（6）政策好了。政策好了，赚钱的路子多；政策活了，交通方便了。

（7）就业压力大，收入少。转到城镇最大的变化是工作岗位竞争太激烈；难找工作，收入低下；收入少、支出多，严重逆差。

（8）物价上涨，影响生活。物价上涨太快，生活水平相对较低；物价上涨，生活困难。

（9）环境污染严重。污染严重，空气质量受影响；环境污染，空气差，交通不便。

（10）对治安褒贬不一。治安好，管理好；治安差，环境差。

（11）其他。如：思想观念解放了；基础建设好了。

（12）劳务输出。劳务输出是最大的变化。

3. 现在的困难主要集中在收入、就业、养老、医疗和子女教育问题上

被调查者现在的困难是收入少，由此导致了一系列的问题，如养老、医疗、子女教育等存在困难。被调查者的表述如下。

（1）挣钱较难。如：挣钱太难，家庭负担较重；挣钱办法太少，增收难；收入太低，致富门路少。

（2）缺少资金。如：物价提高快，收入水平跟不上；物价高，花销大，日常消费大；自己年龄大了，儿女又给不了多少钱，缺少资金；房屋征收给了8.12万元，建房用21万元，困难真大。

（3）就业困难。如：中年女性找工作难，没有收入，没钱用；无一技之长，找不到工作；没有就业机会，生活困难。

（4）子女就业困难。如：子女就业问题有待解决；子女就业难。

（5）养老成问题。如：希望有养老补助或养老保险；养老保险金希望能上调一些，物价上涨太快。

（6）无钱看病。如：医保满足不了个人需要，报销比例低；钱不够用，想看病没钱；有病在身，无经济来源，无条件医治；医疗卫生状况依然严峻，看病难、看病贵问题依然没有解决；医疗保障做得不完善；物价太高，没有稳定的工作，医保不健全，老百姓看不起病；有病人却无条件医治。

（7）子女上学学费太高。如：子女上学费用高，收入低；子女入学缺少资金；家里老人没人照顾，自己身体不好，子女读书需要钱；小孩读书开支大，导致家庭收支不平衡。

（8）土地太少。如：土地全部被征收后，没有了基本生产资料，失去了衣食之源；田地太少，住房紧张，如不打零工，饭都吃不饱；宅基地紧张；人多田少，粮价低、物价高。

（9）生活没有保障。如：自己和儿子没有保障；有后顾之忧，不知道以后怎么办；目前还有生活费，不出两年生活问题都很难解决；没有事做，没有经济收入；无生活来源。

（10）住房成问题。如：房屋被拆，又无宅基地安排，住房困难，更谈不上宅基地环境美了；住房有点紧张；住房条件比较差，经济上存在一些困难；无住房，无经济来源。

（11）其他困难。如：业余时间没有什么活动，只能打牌，太单调；生活不丰富多彩；老年娱乐场所缺乏；公交车还不够多。

4. 农民最大的需求是增加收入

——被征地农民面临的最大问题是收入少，生活没有保证。对此他们希望能增加就业机会，提高医疗报销比例，拥有养老保险金且提高养老保险的标准。

——希望增加培训机会，筹建一些培训学校，解决失地农民缺乏技能、缺少培训门路的困难。

——希望党和国家对农村的政策更好些。

失地妇女土地权益及生活状况调查数据分析报告

全国妇联权益部

　　本报告中的失地妇女是指个人承包地/宅基地部分或全部征用，或者其户口所在村的土地被全部或部分征用的妇女。

　　根据文献和实地调查了解的情况，在实践中，土地被征用后的安置补偿措施通常在村委会或村民小组范围内中进行统一分配，而不是仅仅对土地被征用的个人和家庭进行安置补偿；并且，土地的征用通常是分阶段进行的，其分配方式亦存在历史沿革因素，基于本次调研的妇女权益视角，即需要考虑妇女是否能够从土地被征用的过程中平等受益，因此，失地妇女不仅仅是指个人土地全部或部分被征用的妇女。

　　需要说明的是，此分析报告中的"失地妇女"不等同于本次调查中的全部女性被调查者。第一，女性被调查者中存在承包地不在样本村的情况；第二，在实地调查中"被征地"的定义要求被调查者对"个人或户口所在村土地被征用"的情况有明确的意识。在实地调查中，湖南城北村和浙江朱家村被征用土地较少，一些被调查者对村内土地被征用一事没有意识。因此，本报告中的"失地妇女"（n = 835）少于全部女性被调查者（n = 1379）。

　　本报告将具体描述本次调查中，失地妇女的土地权益和生产生活状况。本调查由华坤女性生活调查中心实施。

一 被调查者的基本情况

本次调查中,被调查者年龄集中在 31~60 岁;八成为初婚;98.5% 的被调查者婚后有子女;八成被调查者的户籍状况为"本村农业户口";主要个人收入来源为"集体分红"、"房屋出租"和"打零工"。

(一) 各省分布

此次调查共有 835 位失地妇女,她们在各省的分布如表 1 所示,其中在陕西的比例较高,为 34.4%。

表 1 被调查者在各省的分布

省份	频数(人)	百分比(%)	有效百分比(%)
陕西	287	34.4	34.4
湖南	103	12.3	12.3
广东	202	24.2	24.2
浙江	99	11.9	11.9
江苏	144	17.2	17.2
总计	835	100	100

(二) 年龄:集中在 31~60 岁

在被调查者中,年龄在 31~40 岁的占 21.5%,41~50 岁的占 26.2%,51~60 岁的占 24.5%(见表 2)。

表 2 被调查者年龄分布

年龄	频数(人)	百分比(%)	有效百分比(%)
16~20 岁	14	1.7	1.7
21~30 岁	96	11.5	11.5
31~40 岁	179	21.4	21.5
41~50 岁	218	26.1	26.2
51~60 岁	204	24.4	24.5

续表

年龄	频数（人）	百分比（%）	有效百分比（%）
61~70岁	78	9.3	9.4
71~80岁	31	3.7	3.7
81~90岁	13	1.6	1.6
合　计	833	99.8	100
缺失值	2	0.2	
总　计	835	100	

分省比较后发现，在31~40岁的被调查者中，湖南的比例最高，为31.4%；在41~50岁的被调查者中，浙江的比例最高，为31.3%；在51~60岁的被调查者中，江苏的比例最高，为33.3%（见表3）。

表3　各省被调查者年龄状况比较

省份	计数	16~20岁	21~30岁	31~40岁	41~50岁	51~60岁	61~70岁	71~80岁	81~90岁	总计
陕西	频数（人）	5	37	51	71	77	30	8	8	287
	百分比（%）	1.7	12.9	17.8	24.7	26.8	10.5	2.8	2.8	100.0
湖南	频数（人）	4	12	32	21	19	7	6	1	102
	百分比（%）	3.9	11.8	31.4	20.6	18.6	6.9	5.9	1.0	100.0
广东	频数（人）	2	20	40	64	46	22	4	3	201
	百分比（%）	1.0	10.0	19.9	31.8	22.9	10.9	2.0	1.5	100.0
浙江	频数（人）	3	23	20	31	14	2	6	0	99
	百分比（%）	3.0	23.2	20.2	31.3	14.1	2.0	6.1	0.0	100.0
江苏	频数（人）	0	4	36	31	48	17	7	1	144
	百分比（%）	0.0	2.8	25.0	21.5	33.3	11.8	4.9	0.7	100.0

（三）文化程度：初中及以下

在被调查者中，初中毕业的比例最高，为35.0%；高中毕业及以上的比例为12.3%（见表4）。

表4　被调查者文化程度

学历	频数（人）	百分比（%）	有效百分比（%）
没上过学	103	12.3	12.4
小学没毕业	91	10.9	10.9
小学毕业	130	15.6	15.6
初中没毕业	83	9.9	10.0
初中毕业	291	34.9	35.0
高中/中专/技校没毕业	32	3.8	3.8
高中/中专/技校毕业	69	8.3	8.3
大专	29	3.5	3.5
本科及以上	4	0.5	0.5
合　计	832	99.6	100.0
缺失值	3	0.4	
总　计	835	100.0	

分省来看，各省被调查者的文化程度都是"初中毕业"的比例最高，浙江"大专"的比例明显高于其他省，为12.1%（见表5）。

表5　各省被调查者文化程度情况比较

省份	计数	没上过学	小学没毕业	小学毕业	初中没毕业	初中毕业	高中/中专/技校没毕业	高中/中专/技校毕业	大专	本科及以上	总计
陕西	频数（人）	43	23	25	19	122	11	37	6	1	287
	百分比（%）	15.0	8.0	8.7	6.6	42.5	3.8	12.9	2.1	0.3	100
湖南	频数（人）	7	8	17	13	40	3	10	2	0	100
	百分比（%）	7.0	8.0	17.0	13.0	40.0	3.0	10.0	2.0	0.0	100
广东	频数（人）	9	28	53	29	55	9	10	8	1	202
	百分比（%）	4.5	13.9	26.2	14.4	27.2	4.5	5.0	4.0	0.5	100
浙江	频数（人）	12	13	8	10	25	6	11	12	2	99
	百分比（%）	12.1	13.1	8.1	10.1	25.3	6.1	11.1	12.1	2.0	100
江苏	频数（人）	32	19	27	12	49	3	1	1	0	144
	百分比（%）	22.2	13.2	18.8	8.3	34.0	2.1	0.7	0.7	0.0	100

（四）八成多是初婚，再婚、离异和丧偶比例接近 1/6

整体来看，被调查者中有 84.3% 的人是初婚，再婚、离异和丧偶的比例总和为 12.9%（见表 6）。

表 6　被调查者婚姻状况

婚姻状况	频数（人）	百分比（％）	有效百分比（％）
未婚	24	2.9	2.9
初婚	702	84.1	84.3
再婚	18	2.2	2.2
离异	14	1.7	1.7
丧偶	75	9.0	9.0
合　计	833	99.8	100.0
缺失值	2	0.2	
总　计	835	100.0	

分省来看，在被调查者中，都是"初婚"的比例最高，湖南"再婚"的比例高于其他省，江苏"丧偶"的比例高于其他省（见表 7）。

表 7　各省被调查者的婚姻状况比较

省份	计数	未婚	初婚	再婚	离异	丧偶	总计
陕西	频数（人）	7	239	6	5	30	287
	百分比（％）	2.4	83.3	2.1	1.7	10.5	100.0
湖南	频数（人）	6	85	6	1	4	102
	百分比（％）	5.9	83.3	5.9	1.0	3.9	100.0
广东	频数（人）	8	176	0	3	15	202
	百分比（％）	4	87.1	0.0	1.5	7.4	100.0
浙江	频数（人）	3	88	1	1	5	98
	百分比（％）	3.1	89.8	1.0	1.0	5.1	100.0
江苏	频数（人）	0	114	5	4	21	144
	百分比（％）	0.0	79.2	3.5	2.8	14.6	100.0

（五）四成多已婚者为嫁入本村，近三成为与本村人结婚

在已婚的被调查者中，40.6%"是外村村民/城里人，与本村村民结婚"，29.6%"是本村村民，与本村村民结婚"，17.3%"是本村村民，与外村村民结婚"；10.7%"是本村村民，与城里人结婚"，0.9%"是本村村民，与外村村民/城里人结婚，离异或丧偶后又回到本村"（见表8）。

表 8　已婚被调查者的联姻情况

联姻情况	频数（人）	百分比（%）	有效百分比（%）
是外村村民/城里人，与本村村民结婚	328	39.3	40.6
是本村村民，与本村村民结婚	239	28.6	29.6
是本村村民，与外村村民结婚	140	16.8	17.3
是本村村民，与城里人结婚	86	10.3	10.7
是本村村民，与外村村民/城里人结婚，离异或丧偶后又回到本村	7	0.8	0.9
是外村村民/城里人，与外村村民/城里人结婚	7	0.8	0.9
合　计	807	96.6	100.0
缺失值	28	3.4	
总　计	835	100.0	

各省被调查者联姻情况如表9所示。

表 9　各省被调查者的联姻情况比较

计数		是本村村民，与本村村民结婚	是本村村民，与外村村民结婚	是本村村民，与城里人结婚	是本村村民，与外村村民/城里人结婚，离异或丧偶后又回到本村	是外村村民/城里人，与本村村民结婚	是外村村民/城里人，与外村村民/城里人结婚	总计
陕西	频数（人）	45	30	71	5	124	3	278
	百分比（%）	16.2	10.8	25.5	1.8	44.6	1.1	100.0
湖南	频数（人）	31	21	2	0	42	1	97
	百分比（%）	32.0	21.6	2.1	0.0	43.3	1.0	100.0

续表

	计数	是本村村民，与本村村民结婚	是本村村民，与外村村民结婚	是本村村民，与城里人结婚	是本村村民，与外村村民/城里人结婚，离异或丧偶后又回到本村	是外村村民/城里人，与本村村民结婚	是外村村民/城里人，与外村村民/城里人结婚	总计
广东	频数（人）	99	25	6	1	62	1	194
	百分比（%）	51.0	12.9	3.1	0.5	32.0	0.5	100.0
浙江	频数（人）	34	24	2	0	36	0	96
	百分比（%）	35.4	25	2.1	0.0	37.5	0.0	100.0
江苏	频数（人）	30	40	5	1	64	2	142
	百分比（%）	21.1	28.2	3.5	0.7	45.1	1.4	100.0

（六）个人收入来源："集体分红"、"房屋出租"和"打零工"

整体来看，被调查者的个人收入来源主要是"集体分红"（38.3%）、"房屋出租"（24.9%）和"打零工"（23.4%）；"没有收入"的比例为13.0%（见表10）。

表10 被调查者收入来源

收入来源	频次（次）	应答次数百分比（%）	应答人数百分比（%）
集体分红	319	25.6	38.3
房屋出租	207	16.6	24.9
打零工	195	15.6	23.4
固定工资收入	119	9.5	14.3
务农收入	101	8.1	12.1
养老保险	64	5.1	7.7
个体户	54	4.3	6.5
集体补助	46	3.7	5.5
其他	30	2.4	3.6
城镇"低保"	5	0.4	0.6
没有收入	108	8.7	13.0
总　计	1248	100.0	150.0

分省来看，在收入来源中，浙江省和广东省的被调查者"固定工资收入"所占比例相对较高；广东省"养老保险"的比例明显高于其他省；湖南省"务农收入"的比例为55.9%，明显高于其他省；只有江苏省有"城镇'低保'"（见表11）。

表11 各省被调查者个人收入来源比较

省份	计数	打零工	个体户	固定工资收入	务农收入	集体分红	房屋出租	城镇"低保"	集体补助	养老保险	其他	没有收入	总计
陕西	频数（人）	67	20	8	2	161	84	0	18	0	4	40	286
	百分比（%）	23.4	7.0	2.8	0.7	56.3	29.4	0.0	6.3	0.0	1.4	14.0	100.0
湖南	频数（人）	31	11	1	57	0	0	0	1	1	2	29	102
	百分比（%）	30.4	10.8	1.0	55.9	0.0	0.0	0.0	1.0	1.0	2.0	28.4	100.0
广东	频数（人）	17	8	67	6	152	58	0	5	58	12	6	202
	百分比（%）	8.4	4.0	33.2	3.0	75.2	28.7	0.0	2.5	28.7	5.9	3.0	100.0
浙江	频数（人）	26	7	38	2	6	24	0	4	1	2	17	99
	百分比（%）	26.3	7.1	38.4	2.0	6.1	24.2	0.0	4.0	1.0	2.0	17.2	100.0
江苏	频数（人）	54	8	5	34	0	41	5	18	4	10	16	143
	百分比（%）	37.8	5.6	3.5	23.8	0.0	28.7	3.5	12.6	2.8	7.0	11.2	100.0

（七）超过八成的被调查者为"本村农业户口"

在被调查者中，83.9%的人是"本村农业户口"，15.3%的人是"非农户口"（见表12）。

表12 被调查者户口情况

户口	频数（人）	百分比（%）	有效百分比（%）
本村农业户口	690	82.6	83.9
外村农业户口	6	0.7	0.7
非农户口	126	15.1	15.3
合 计	822	98.4	100.0
缺失值	13	1.6	
总 计	835	100.0	

分省来看，浙江省被调查者"非农户口"的比例明显高于其他省，为91.8%。原因是浙江全省实行了被征地农民转为城镇人口并进入城镇社会保障体系的政策（见表13）。

表13 各省被调查者户口的情况比较

省份	计数	本村农业户	外村农业户口	非农户口	总计
陕西	频数（人）	280	3	2	285
	百分比（%）	98.2	1.1	0.7	100.0
湖南	频数（人）	99	1	1	101
	百分比（%）	98.0	1.0	1.0	100.0
广东	频数（人）	196	1	2	199
	百分比（%）	98.5	0.5	1.0	100.0
浙江	频数（人）	8	0	89	97
	百分比（%）	8.2	0.0	91.8	100.0
江苏	频数（人）	107	1	32	140
	百分比（%）	76.4	0.7	22.9	100.0

（八）配偶近七成是"本村农业户口"

在有配偶的被调查者中，有67.6%的人配偶是"本村农业户口"，27.9%是"非农户口"（见表14）。

表14 被调查者配偶户口的情况

户口	频数（人）	百分比（%）	有效百分比（%）
本村农业户口	479	57.4	67.6
外村农业户口	32	3.8	4.5
非农户口	198	23.7	27.9
合计	709	84.9	100.0
缺失值	126	15.1	
总计	835	100.0	

分省来看，浙江省被调查者配偶是"非农户口"的比例最高，为92.0%。原因是浙江全省实行将被征地农民转为城镇人口并进入城镇社会保障体系的政策（见表15）。

表15 各省被调查者配偶户口情况比较

省份	计数	本村农业户	外村农业户口	非农户口	总计
陕西	频数（人）	154	15	76	245
	百分比（%）	62.9	6.1	31.0	100.0
湖南	频数（人）	83	3	3	89
	百分比（%）	93.3	3.4	3.4	100.0
广东	频数（人）	156	4	9	169
	百分比（%）	92.3	2.4	5.3	100.0
浙江	频数（人）	4	3	81	88
	百分比（%）	4.5	3.4	92.0	100.0
江苏	频数（人）	82	7	29	118
	百分比（%）	69.5	5.9	24.6	100.0

（九）结过婚的被调查者98.5%的人有子女

在已婚的被调查者中，98.5%的人有子女（见表16）。

表16 被调查者是否有孩子

是否有孩子	频数（人）	百分比（%）	有效百分比（%）
有	791	1.4	98.5
没有	12	94.7	1.5
合计	803	96.2	100.0
缺失值	32	3.8	
总计	835	100.0	

各省已婚被调查者有无子女的情况见表17。

表17　各省被调查者是否有孩子的情况比较

省份	计数	有	没有	总计
陕西	频数（人）	275	5	280
	百分比（%）	98.2	1.8	100.0
湖南	频数（人）	96	1	97
	百分比（%）	99.0	1.0	100.0
广东	频数（人）	190	2	192
	百分比（%）	99.0	1.0	100.0
浙江	频数（人）	89	4	93
	百分比（%）	95.7	4.3	100.0
江苏	频数（人）	141	0	141
	百分比（%）	100.0	0.0	100.0

（十）96.3%的被调查者有兄弟姐妹

在被调查者中，96.3%的人有兄弟姐妹（见表18）。

表18　被调查者是否有兄弟姐妹

是否有兄弟姐妹	频数（人）	百分比（%）	有效百分比（%）
否	31	3.7	3.7
是	799	95.7	96.3
合计	830	99.4	100.0
缺失值	5	0.6	
总计	835	100.0	

浙江省被调查者没有兄弟姐妹的比例最高，为13.3%（见表19）。

表19　各省被调查者是否有兄弟姐妹的情况比较

省份	计数	否	是	总计
陕西	频数（人）	9	277	286
	百分比（%）	3.1	96.9	100.0

续表

省份	计数	否	是	总计
湖南	频数（人）	4	99	103
	百分比（%）	3.9	96.1	100.0
广东	频数（人）	2	198	200
	百分比（%）	1.0	99.0	100.0
浙江	频数（人）	13	85	98
	百分比（%）	13.3	86.7	100.0
江苏	频数（人）	3	140	143
	百分比（%）	2.1	97.9	100.0

二 土地拥有情况

在被调查者中，67.7%的人全部失地，22.3%的人还有部分土地，10.0%的人"从来就没有承包地"，其中有25.0%左右是因为性别原因没有享有土地承包经营权。

（一）67.7%的被调查者全部失地

整体来看，在被调查者中，67.7%的人以前有承包地，现在已经没有了；22.3%的被调查者现在还有承包地；10.0%的人"从来就没有承包地"（见表20）。

表20 被调查者拥有土地的情况

土地拥有情况	频数（人）	百分比（%）	有效百分比（%）
有	185	22.2	22.3
从来就没有承包地	83	9.9	10.0
以前有，现在没有	562	67.3	67.7
合计	830	99.4	100.0
缺失值	5	0.6	
总计	835	100.0	

分省来看，陕西省被调查者以前有承包地，而现在没有的比例最高，为88.8%；湖南省的被调查者现在有承包地的比例最高，为92.2%；广东省被调查者"从来就没有承包地"的比例最高，为29.0%（见表21）。

表21 各省被调查者土地拥有的情况比较

省份	计数	有	从来就没有承包地	以前有，现在没有
陕西	频数（人）	11	21	254
	百分比（%）	3.8	7.3	88.8
湖南	频数（人）	94	0	8
	百分比（%）	92.2	0.0	7.8
广东	频数（人）	21	58	121
	百分比（%）	10.5	29.0	60.5
浙江	频数（人）	21	1	77
	百分比（%）	21.2	1.0	77.8
江苏	频数（人）	38	3	102
	百分比（%）	26.6	2.1	71.3

（二）在从未有承包地的被调查者中，25.0%与婚嫁等性别因素有关

在"从来就没有承包地"的76名被调查者中，71.1%的人是由于所在的村没有土地可分；25.0%的人没有土地与婚嫁等性别因素有关，主要是因为妇女嫁入后，没有再分配土地；有1名妇女表示"因为丈夫去世，自己一个人"，所以没有土地（见表22）。

表22 被调查者从来没有承包地的原因

失地原因	频数（人）	百分比（%）
性别原因	19	25.0
非性别原因	54	71.1
不清楚	3	4.0
合计	76	100.0

（三）失地的主要原因是"承包地全部被征用了"；3.8%的人是因为婚姻关系失地

在"以前有，现在没有"承包地的被调查者中，91.2%的人失地原因是"承包地全部被征用了"；14.2%的人失地原因是"我已经转成非农业户口了，现在没有地了"；3.8%的人是"因婚姻关系失地"（见表23）。

表23　被调查者失地的原因

失地原因	频次（次）	应答人数百分比（%）
承包地全部被征用了	507	91.2
我已经转成非农业户口了，现在没有地了	79	14.2
因婚姻关系失地	24	3.8
结婚来到本村，原来村里将我的土地收回，现在这个村子不给土地	16	2.53
配偶是非农业户口/军人，户口无法迁出，村委不再给土地	2	0.32
结婚前分有土地，结婚后归娘家	2	0.32
户口迁入时，已二轮土地承包完	1	0.16
结婚来到本村，这个村的土地都分完了	1	0.16
外村嫁入本村	1	0.16
因为从外边来到本村，当时和村里有协议：只落户，不分地	1	0.16
其他	23	3.6
总　　计	633	112.8

浙江省被调查者因为"我已经转成非农业户口了，现在没有地了"（71.4%）而失地的比例在五省中最高（见表24）。

表24　各省被调查者的失地原因比较

省份	计数	承包地全部被征用了	我已经转成非农业户口了，现在没有地了	结婚来到本村，原来村里将我的土地收回，现在这个村子不给土地	配偶是非农业户口/军人，户口无法迁出，村委会不再给土地	因为从外边来到本村，当时和村里有协议只落户，不分地	其他	总计
陕西	频数（人）	243	0	12	2	0	0	254
	百分比（%）	95.7	0.0	4.7	0.8	0.0	0.0	100.0

续表

省份	计数	承包地全部被征用了	我已经转成非农业户口了，现在没有地了	结婚来到本村，原来村里将我的土地收回，现在这个村子不给土地	配偶是非农业户口/军人，户口无法迁出，村委会不再给土地	因为从外边来到本村，当时和村里有协议只落户，不分地	其他	总计
湖南	频数（人）	6	0	1	0	1	0	8
	百分比（%）	75.0	0.0	12.5	0.0	12.5	0.0	100.0
广东	频数（人）	91	0	3	0	0	24	117
	百分比（%）	77.8	0.0	2.6	0.0	0.0	20.5	100.0
浙江	频数（人）	70	55	0	0	0	1	77
	百分比（%）	90.9	71.4	0.0	0.0	0.0	1.3	100.0
江苏	频数（人）	97	24	0	0	0	3	100
	百分比（%）	97.0	24.0	0.0	0.0	0.0	3.0	100.0

（四）被调查者的土地主要在"本村"

调查结果显示，在有地的被调查者中，95.7%的人土地在"本村"。这里的"本村"是指被调查的村（见表25）。

表25 被调查者土地所在村的情况

所在地	频数（人）	百分比（%）	有效百分比（%）
本村	156	84.3	95.7
外村	7	3.8	4.3
合　计	163	88.1	100.0
缺失值	22	11.9	
总　计	185	100.0	

分省来看，有承包地的被调查者，其土地所在村的情况见表26。

表 26　各省被调查者土地所在村的情况比较

省份	计数	本村	外村	总计
陕西	频数（人）	11	0	11
	百分比（%）	100.0	0.0	100.0
湖南	频数（人）	75	6	81
	百分比（%）	92.6	7.4	100.0
广东	频数（人）	17	1	18
	百分比（%）	94.4	5.6	100.0
浙江	频数（人）	20	0	20
	百分比（%）	100.0	0.0	100.0
江苏	频数（人）	33	0	33
	百分比（%）	100.0	0.0	100.0

三　征地补偿、安置情况

近八成被调查者拿到了征地补偿款。在拿到征地补偿款的被调查者中，有近九成的人不清楚征地补偿款的项目，14.6%的人不清楚自己拿了多少征地补偿款。

征地补偿款主要用于日常生活开支。

63.1%的被调查者未能得到任何安置。

近六成的人对征地补偿、安置措施满意。

近六成的人不愿转成城镇居民，因为主要担心不能享受村里的福利了。

（一）征地补偿款的情况

由于广东省实行股田制改革，征地补偿款没有发放到个人，所以此部分的分析不包含广东省。

1. 76.1%的被调查者拿到了征地补偿款

被调查者中有76.1%的人拿到了征地补偿款，23.9%的人没有拿到（见表27）。

表27　被调查者获得征地补偿款的状况

征地补偿款状况	频数（人）	百分比（%）	有效百分比（%）
有	477	75.4	76.1
没有	150	23.7	23.9
合　计	627	99.1	100.0
缺失值	6	0.9	
总　计	633	100.0	

浙江省和江苏省被调查者拿到征地补偿款的比例较高，分别为94.9%和92.3%，陕西和湖南该比例相对较低（见表28）。

表28　各省被调查者是获得征地补偿款的情况比较

省份	计数	有	没有	总计
陕西	频数（人）	190	94	284
	百分比（%）	66.9	33.1	100.0
湖南	频数（人）	61	40	101
	百分比（%）	60.4	39.6	100.0
浙江	频数（人）	94	5	99
	百分比（%）	94.9	5.1	100.0
江苏	频数（人）	132	11	143
	百分比（%）	92.3	7.7	100.0

2. 近九成拿到征地补偿款的被调查者不清楚征地补偿款的项目

86.8%已拿到征地补偿款的被调查者不清楚征地补偿款的具体项目（见表29）。

表29　被调查者对征地补偿款的项目的了解状况

是否清楚	频次（次）	百分比（%）	有效百分比（%）
清楚	62	13	13.2
不清楚	408	85.5	86.8
合　计	470	98.5	100.0

续表

是否清楚	频次（次）	百分比（%）	有效百分比（%）
缺失值	7	1.5	
总　计	477	100.0	

浙江省拿到征地补偿款的被调查者清楚征地补偿款项目的比例为22.6%，远高于其他省（见表30）。

表30　各省被调查者对征地补偿项目了解状况的比较

份	计数	清楚	不清楚	总计
陕西	频数（人）	16	169	185
	百分比（%）	8.6	91.4	100.0
湖南	频数（人）	10	51	61
	百分比（%）	16.4	83.6	100.0
浙江	频数（人）	21	72	93
	百分比（%）	22.6	77.4	100.0
江苏	频数（人）	15	116	131
	百分比（%）	11.5	88.5	100.0

3. 一成半拿到征地补偿款的被调查者不清楚征地补偿款的数额

整体来看，在拿到征地补偿款的被调查者中，有14.6%的人不清楚自己拿了多少征地补偿款。

分省来看，在拿到征地补偿款的被调查者中，不清楚自己拿了多少征地补偿款的比例，陕西为15.3%、湖南为34.4%、浙江为12.8%、江苏为5.4%。

4. 征地款的用途："日常家庭生活支出"、"供子女读书"和"看病"

85.2%的被调查者将征地补偿款用于"日常家庭生活支出"，48.2%的被调查者用于"供子女读书"，32.3%的被调查者者用于"看病"。其他依次为"建房/购房"（27.9%）、"存入银行"（16.3%）、"缴纳社会保险"（9.8%）。用于"投资"和"作为创业资金"的比例很低，分别为3.6%和2.3%（见表31）。

表31 被调查者征地补偿款的用处

征地补偿款的用处	频次（次）	应答次数百分比（%）	应答人数百分比（%）
日常家庭生活支出	403	37.4	85.2
供子女读书	228	21.2	48.2
看病	153	14.2	32.3
建房/购房	132	12.3	27.9
存入银行	77	7.1	16.3
缴纳社会保险	47	4.4	9.9
投资	17	1.6	3.6
作为创业资金	11	1.0	2.3
其他	9	0.8	1.9
总计	1077	100.0	227.7

浙江省被调查者的征地补偿款用于"缴纳社会保险"的比例最高，为41.5%（见表32）。

表32 各省被调查者征地补偿款用处的比较

省份	计数	日常家庭生活支出	建房/购房	缴纳社会保险	看病	作为创业资金	供子女读书	投资	存入银行	其他	总计
陕西	频数（人）	169	57	3	66	4	95	2	7	5	188
	百分比（%）	89.9	30.3	1.6	35.1	2.1	50.5	1.1	3.7	2.7	100.0
湖南	频数（人）	55	10	1	12	0	25	1	8	1	61
	百分比（%）	90.2	16.4	1.6	19.7	0.0	41.0	1.6	13.1	1.6	100.0
浙江	频数（人）	80	18	39	38	6	62	14	51	2	94
	百分比（%）	85.1	19.1	41.5	40.4	6.4	66.0	14.9	54.3	2.1	100.0
江苏	频数（人）	99	47	4	37	1	46	0	11	1	130
	百分比（%）	76.2	36.2	3.1	28.5	0.8	35.4	0.0	8.5	0.8	100.0

（二）安置的情况

1. 超过六成被调查者没有得到安置

在被调查者中，有63.1%的人未能得到任何安置。

被调查者能够获得的安置措施主要是"转为城镇居民"(16.0%)、"购买社会保险"(14.0%)和"提供住房"(10.8%)(见表33)。

表33 被调查者获得安置状况

安置内容	频次（次）	应答次数百分比（%）	应答人数百分比（%）
转为城镇居民	130	13.3	16.0
购买社会保险	114	11.7	14.0
提供住房	88	9.0	10.8
投资入股	64	6.6	7.9
移民安置	15	1.5	1.8
到村办企业上班	12	1.2	1.5
进行就业培训	8	0.8	1.0
组织外出打工	3	0.3	0.4
重新分得土地	3	0.3	0.4
其他	26	2.7	3.2
没有安置	512	52.5	63.1
总计	975	100.0	120.1

浙江省被调查者"转为城镇居民"、"购买社会保险"和"提供住房"的比例最高；湖南和陕西"没有安置"的比例较高（见表34）。

表34 各省被调查者获得安置状况的比较

省份	计数	进行就业培训	转为城镇居民	到村办企业上班	组织外出打工	重新分得土地	购买社会保险	提供住房	投资入股	移民安置	其他	没有安置	总计
陕西	频数（人）	1	0	1	1	0	0	42	9	0	3	231	279
	百分比（%）	0.4	0.0	0.4	0.4	0.0	0.0	15.1	3.2	0.0	1.1	82.8	100.0
湖南	频数（人）	2	0	0	0	1	1	0	1	1	14	83	100
	百分比（%）	2.0	0.0	0.0	0.0	1.0	1.0	0.0	1.0	1.0	14.0	83.0	100.0
广东	频数（人）	1	1	10	2	1	43	1	48	3	6	103	199
	百分比（%）	0.5	0.5	5.0	1.0	0.5	21.6	0.5	24.1	1.5	3.0	51.8	100.0
浙江	频数（人）	4	91	0	0	0	51	45	5	11	1	5	96
	百分比（%）	4.2	94.8	0.0	0.0	0.0	53.1	46.9	5.2	11.5	1.0	5.2	100.0

续表

省份	计数	进行就业培训	转为城镇居民	到村办企业上班	组织外出打工	重新分得土地	购买社会保险	提供住房	投资入股	移民安置	其他	没有安置	总计
江苏	频数（人）	0	38	1	0	1	19	0	1	0	2	90	138
	百分比（%）	0.0	27.5	0.7	0.0	0.7	13.8	0.0	0.7	0.0	1.4	65.2	100.0

2. 58.2%的被调查者对安置补偿措施基本满意

在被调查者中，58.2%的人满意补偿、安置措施，其中21.0%的人"满意"，37.3%的人"基本满意"；有24.9%的人"不满意"补偿、安置措施（见表35）。

表35 被调查者对补偿、安置措施是否满意

是否满意	频数（人）	百分比（%）	有效百分比（%）	累计百分比（%）
满意	171	20.5	21.0	21.0
基本满意	304	36.4	37.3	58.2
不太满意	138	16.5	16.9	75.1
不满意	203	24.3	24.9	100.0
合　计	816	97.7	100.0	
缺失值	19	2.3		
总　计	835	100.0		

湖南和陕西被征地的女性"不满意"补偿、安置措施的比例较高（见表36）。

表36 各省被调查者对补偿、安置措施是否满意的比较

省份	计数	满意	基本满意	不太满意	不满意	总计
陕西	频数（人）	64	59	46	112	281
	百分比（%）	22.8	21.0	16.4	39.9	100.0
湖南	频数（人）	16	26	15	43	100
	百分比（%）	16.0	26.0	15.0	43.0	100.0
广东	频数（人）	53	89	34	21	197
	百分比（%）	26.9	45.2	17.3	10.7	100.0

续表

省份	计数	满意	基本满意	不太满意	不满意	总计
浙江	频数（人）	19	62	11	6	98
	百分比（%）	19.4	63.3	11.2	6.1	100.0
江苏	频数（人）	19	68	32	21	140
	百分比（%）	13.6	48.6	22.9	15.0	100.0

3. 近六成被调查者不愿转成城镇居民

在被调查者中，56.8%的人"不愿意"转成城镇居民，15.9%的人"愿意，且已转为城镇居民"，8.4%的人"愿意，还没转"（见表37）。

表37 被调查者是否愿意转成城镇居民的情况

意愿	频数（人）	百分比（%）	有效百分比（%）
不愿意	467	55.9	56.8
愿意，且已转为城镇居民	131	15.7	15.9
愿意，还没转	69	8.3	8.4
说不清	155	18.6	18.9
合 计	822	98.4	100.0
缺失值	13	1.6	
总 计	835	100.0	

浙江省被调查者已经转成城镇居民的比例最高，为80.8%（见表38）。

表38 各省被调查者是否愿意转成城镇居民的情况比较

省份	计数	不愿意	愿意，且已转为城镇居民	愿意，还没转	说不清	总计
陕西	频数（人）	182	3	24	74	283
	百分比（%）	64.3	1.1	8.5	26.1	100.0
湖南	频数（人）	48	3	18	31	100
	百分比（%）	48.0	3.0	18.0	31.0	100.0
广东	频数（人）	153	9	10	27	199
	百分比（%）	76.9	4.5	5.0	13.6	100.0

续表

省份	计数	不愿意	愿意，且已转为城镇居民	愿意，还没转	说不清	总计
浙江	频数（人）	13	80	1	5	99
	百分比（%）	13.1	80.8	1.0	5.1	100.0
江苏	频数（人）	71	36	16	18	141
	百分比（%）	50.4	25.5	11.3	12.8	100.0

4. 不愿转成城镇居民的原因首选"转为城镇居民就不能享受村里的福利"

在不愿转成城镇居民的被调查者中，63.1%的人是因为"转为城镇居民就不能享受村里的福利"，49.1%的人因为"政府没有很好的安置，转为城镇居民后，没有收入来源"（见表39）。

表39 被调查者不愿意转成城镇居民的原因

不愿意转成城镇居民的原因	频次（次）	应答次数百分比（%）	应答人数百分比（%）
转为城镇居民就不能享受村里的福利	293	51.6	63.1
政府没有很好的安置，转为城镇居民后，没有收入来源	228	40.1	49.1
其他	47	8.3	10.1
总计	568	100.0	122.4

广东省、陕西省和江苏省因"转为城镇居民就不能享受村里的福利"而不愿转成城镇居民的比例较高（见表40）。

表40 各省被调查者不愿转成城镇居民的原因比较

省份	计数	转为城镇居民就不能享受村里的福利	政府没有很好的安置，转为城镇居民后，没有收入来源	其他	总计
陕西	频数（人）	115	104	12	181
	百分比（%）	63.5	57.5	6.6	100.0
湖南	频数（人）	10	30	9	48
	百分比（%）	20.8	62.5	18.8	100.0
广东	频数（人）	128	43	12	153
	百分比（%）	83.7	28.1	7.8	100.0

续表

省份	计数	转为城镇居民就不能享受村里的福利	政府没有很好的安置，转为城镇居民后，没有收入来源	其他	总计
浙江	频数（人）	0	7	6	13
	百分比（%）	0.0	53.8	46.2	100.0
江苏	频数（人）	40	44	8	69
	百分比（%）	58.0	63.8	11.6	100.0

四 享有集体经济组织收益分配情况

半数被调查者户口所在地有分红且拿到了分红。

13.3%的被调查者有机会在村办企业就业。

87.7%的人没有参加过政府提供的培训。

（一）半数被调查者户口所在地有分红且拿到了分红

在被调查者中，51.4%的人户口所在地有分红且拿到了分红，2.3%的人没拿到分红，46.3%的人户口所在村没有分红（见表41）。

表41 被调查者分红情况

分红情况	频数（人）	百分比（%）	有效百分比（%）
村集体/村委会没有分红	385	46.1	46.3
村集体有分红，拿到了	427	51.1	51.4
村集体有分红，没有拿到	19	2.3	2.3
合计	831	99.5	100.0
缺失值	4	0.5	
总计	835	100.0	

广东省被调查者拿到户口所在村分红的比例最高，为92.1%（见表42）。

表42　各省被调查者拿到分红情况的比较

省份	计数	村集体/村委会没有分红	有分红，拿到了	有分红，没有拿到	总计
陕西	频数（人）	50	226	9	285
	百分比（%）	17.5	79.3	3.2	100.0
湖南	频数（人）	100	3	0	103
	百分比（%）	97.1	2.9	0.0	100.0
广东	频数（人）	13	186	3	202
	百分比（%）	6.4	92.1	1.5	100.0
浙江	频数（人）	79	12	7	98
	百分比（%）	80.6	12.2	7.1	100.0
江苏	频数（人）	143	0	0	143
	百分比（%）	100.0	0.0	0.0	100.0

（二）13.3%的被调查者有机会在村办企业就业

在被调查者中，34.7%的人户口所在村"没有村办企业"；65.3%的人户口所在村"有村办企业"，其中，52.0%的人没有机会在村办企业就业，13.3%的人在村办企业就业（见表43）。

表43　被调查者在村办企业就业的情况

就业情况	频数（人）	百分比（%）	有效百分比（%）
没有村办企业	288	34.5	34.7
有村办企业，就业了	110	13.2	13.3
有村办企业，未就业	431	51.6	52.0
合　计	829	99.3	100.0
缺失值	6	0.7	
总　计	835	100.0	

各省被调查者户口所在村村办企业就业的情况差不多（见表44）。

表44　各省被调查者在村办企业就业的情况比较

省份	计数	没有村办企业	有就业过	没有就业过	总计
陕西	频数（人）	89	29	165	283
	百分比（%）	31.4	10.2	58.3	100.0
湖南	频数（人）	54	4	44	102
	百分比（%）	52.9	3.9	43.1	100.0
广东	频数（人）	50	36	116	202
	百分比（%）	24.8	17.8	57.4	100.0
浙江	频数（人）	55	17	27	99
	百分比（%）	55.6	17.2	27.3	100.0
江苏	频数（人）	40	24	79	143
	百分比（%）	28.0	16.8	55.2	100.0

（三）外出就业：近两成的被调查者外出打过工

在被调查者中，18.1%的人外出打过工，81.9%的人没有外出打过工（见表45）。

表45　被调查者外出打工状况

是否外出打工过	频数（人）	百分比（%）	有效百分比（%）
打过	150	18.0	18.1
没打过	680	81.4	81.9
合　计	830	99.4	100.0
缺失值	5	0.6	
总　计	835	100.0	

湖南被调查者外出打过工的比例最高，为34.0%（见表46）。

表46　各省被调查者外出打工情况比较

省份	计数	打过	没打过	总计
陕西	频数（人）	44	239	283
	百分比（%）	15.5	84.5	100.0

续表

省份	计数	打过	没打过	总计
湖南	频数（人）	35	68	103
	百分比（%）	34.0	66.0	100.0
广东	频数（人）	42	160	202
	百分比（%）	20.8	79.2	100.0
浙江	频数（人）	23	76	99
	百分比（%）	23.2	76.8	100.0
江苏	频数（人）	6	137	143
	百分比（%）	4.2	95.8	100.0

1. 参加政府提供的职业培训的情况

（1）近九成的被调查者没有参加过政府提供的职业培训

在被调查者中，12.3%的人参加过政府提供的培训，87.7%的人没有参加过政府提供的培训（见表47）。

表47　被调查者参加政府提供的职业培训状况

是否参加	频数（人）	百分比（%）	有效百分比（%）
参加过	102	12.2	12.3
没参加过	729	87.3	87.7
合　计	831	99.5	100.0
缺失值	4	0.5	
总　计	835	100.0	

浙江省被调查者参加过政府提供的职业培训的比例最高，为32.3%（见表48）。

表48　各省被调查者参加政府提供的职业培训状况比较

省份	计数	参加过	没参加过	总计
陕西	频数（人）	20	264	284
	百分比（%）	7.0	93.0	100.0

续表

省份	计数	参加过	没参加过	总计
湖南	频数（人）	8	95	103
	百分比（%）	7.8	92.2	100.0
广东	频数（人）	35	166	201
	百分比（%）	17.4	82.6	100.0
浙江	频数（人）	32	67	99
	百分比（%）	32.3	67.7	100.0
江苏	频数（人）	7	137	144
	百分比（%）	4.9	95.1	100.0

（2）参加职业培训的主要内容：计算机、家政和厨师

在参加过政府提供的职业培训的被调查者中，培训内容前三位依次是"计算机"（35.0%）、"家政"（24.0%）和"厨师"（14.0%）；还有24.0%的人参加了其他培训，如会计培训、西点制作等；参加"种植"、"养殖"和"维修"的比例则较低（见表49）。

表49 被调查者参加培训的内容

参加培训的内容	频数（人）	百分比（%）	有效百分比（%）
计算机	35	30.2	35.0
家政	24	20.7	24.0
厨师	14	12.1	14.0
插花	6	5.2	6.0
种植	4	3.4	4.0
养殖	4	3.4	4.0
缝纫	4	3.4	4.0
维修	1	0.9	1.0
其他	24	20.7	24.0
总计	116	100.0	116.0

在被调查者中，广东省参加过"厨师"和"维修"培训，浙江省参加"计算机"和"插花"培训的比例最高，湖南省参加"种植"和"养殖"

培训的比例最高（见表50）。

表50　各省被调查者参加培训的内容比较

省份	计数	厨师	计算机	家政	插花	维修	种植	养殖	缝纫	其他	总计
陕西	频数（人）	0	4	7	0	0	0	0	1	8	20
	百分比（%）	0.0	20.0	35.0	0.0	0.0	0.0	0.0	5.0	40.0	100.0
湖南	频数（人）	0	2	2	0	0	2	2	1	2	7
	百分比（%）	0.0	28.6	28.6	0.0	0.0	28.6	28.6	14.3	28.6	100.0
广东	频数（人）	14	14	6	0	1	0	0	0	8	35
	百分比（%）	40.0	40.0	17.1	0.0	2.9	0.0	0.0	0.0	22.9	100.0
浙江	频数（人）	0	13	6	6	0	2	2	1	6	32
	百分比（%）	0.0	40.6	18.8	18.8	0.0	6.3	6.3	3.1	18.8	100.0
江苏	频数（人）	0	2	3	0	0	0	0	1	0	6
	百分比（%）	0.0	33.3	50.0	0.0	0.0	0.0	0.0	16.7	0.0	100.0

（3）对职业培训的评价：大部分学了有用

在接受过培训的被调查者中，50.0%的人认为，政府提供的职业培训"大部分学了都有用"，38.0%的人认为"一些有用，一些没用"，12.0%的人认为"大部分都没有用"（见表51）。

表51　被调查者参加培训的效果

参加的培训是否有用	频数（人）	百分比（%）	有效百分比（%）
大部分学了都有用	50	6.0	50.0
一些有用，一些没用	38	4.6	38.0
大部分都没有用	12	1.4	12.0
合　计	100	12.0	100.0
缺失值	735	88.0	
总　计	835	100.0	

陕西省的被调查者认为参加的职业培训"大部分学了都有用"的比例最高，江苏省认为"一些有用，一些没用"的比例最高，湖南省认为"大部分都没有用"的比例最高（见表52）。

表 52　各省被调查者培训效果比较

省份	计数	大部分学了都有用	一些有用，一些没用	大部分都没有用	总计
陕西	频数（人）	12	5	3	20
	百分比（%）	60.0	25.0	15.0	100.0
湖南	频数（人）	1	2	4	7
	百分比（%）	14.3	28.6	57.1	100.0
广东	频数（人）	17	15	3	35
	百分比（%）	48.6	42.9	8.6	100.0
浙江	频数（人）	19	11	2	32
	百分比（%）	59.4	34.4	6.3	100.0
江苏	频数（人）	1	5	0	6
	百分比（%）	16.7	83.3	0.0	100.0

2. 社会保障

（1）六成多被调查者没有办过养老保险

在被调查者中，37.8%的人办过养老保险，62.2%的人没有办过（见表53）。

表 53　被调查者是否办过养老保险

是否办过养老保险	频数（人）	百分比（%）	有效百分比（%）
办过	312	37.4	37.8
没办过	514	61.6	62.2
合　计	826	98.9	100.0
缺失值	9	1.1	
总　计	835	100.0	

广东省（90.5%）和浙江省（84.2%）被调查者办过养老保险的比例远高于其他省（见表54）。

表 54　分省被调查者办理养老保险情况比较

省份	计数	办过	没办过	总计
陕西	频数（人）	11	276	287
	百分比（%）	3.8	96.2	100.0

续表

省份	计数	办过	没办过	总计
湖南	频数（人）	12	90	102
	百分比（%）	11.8	88.2	100.0
广东	频数（人）	182	19	201
	百分比（%）	90.5	9.5	100.0
浙江	频数（人）	80	15	95
	百分比（%）	84.2	15.8	100.0
江苏	频数（人）	27	114	141
	百分比（%）	19.1	80.9	100.0

（2）九成多被调查者参加了农村合作医疗

在被调查者中，91.9%的人参加了农村合作医疗，8.6%的人参加了劳保医疗，1.3%的人没有医疗保险（见表55）。

表55 被调查者拥有医疗保险的情况

拥有医疗保险的情况	频次（次）	应答次数百分比（%）	应答人数百分比（%）
农村合作医疗	760	88.7	91.9
商业医疗保险	9	1.1	1.1
劳保医疗	71	8.3	8.6
其他	6	0.7	0.7
没有医疗保险	11	1.3	1.3
总计	857	100.0	103.6

浙江省被调查者参加农村合作医疗的比例最低，而参加劳保医疗的比例最高（见表56）。

表56 各省被调查者拥有医疗保险的情况比较

省份	计数	农村合作医疗	商业医疗保险	劳保医疗	其他	没有医疗保险	总计
陕西	频数（人）	279	0	1	0	3	286
	百分比（%）	97.6	0.0	0.3	0.0	1.0	100.0

续表

省份	计数	农村合作医疗	商业医疗保险	劳保医疗	其他	没有医疗保险	总计
湖南	频数（人）	101	1	0	0	2	103
	百分比（%）	98.1	1.0	0.0	0.0	1.9	100.0
广东	频数（人）	193	4	6	0	4	201
	百分比（%）	96.0	2.0	3.0	0.0	2.0	100.0
浙江	频数（人）	44	4	50	6	2	99
	百分比（%）	44.4	4.0	50.5	6.1	2.0	100.0
江苏	频数（人）	143	0	14	0	0	144
	百分比（%）	99.3	0.0	9.7	0.0	0.0	100.0

五　没有拿到征地补偿款的被调查者的情况

因为广东省的征地补偿款没有发放到个人，所以此部分的分析没有广东省。有因婚姻而没有拿到征地补偿款的情况。

没有拿到征地补偿款的女性有近一成的人的婚姻状况是"丧偶"，两成的人是"本村村民，与城里人结婚"，25.6%的已婚者配偶户口是"非农户口"。

近五成的人拿到了村集体分红，在村办企业就业的人不到一成。超过九成的人没有参加过政府提供的职业培训；参加过培训的人，培训的种类也很少。

超过九成的人没有办过养老保险，98%的人参加了农村合作医疗。

一半的人对补偿、安置措施不满意，近九成的人没有任何安置，近六成的人不愿转成城镇居民。

近六成的人以前有承包地，现在没有；有因为婚姻而失地的情况。

（一）六成多没有拿到征地补偿款的被调查者在陕西省

在没有拿到征地补偿款的被调查者中，62.7%的人在陕西，26.7%的人在湖南，在江苏和浙江此比例分别为7.3%和3.3%（见表57）。

表 57　没拿到征地补偿款的被调查者在各省的分布

省份	频数（人）	百分比（%）	有效百分比（%）
陕西	94	62.7	62.7
湖南	40	26.7	26.7
浙江	5	3.3	3.3
江苏	11	7.3	7.3
总计	150	100.0	100.0

（二）三成多没有拿到征地补偿款的被调查者是因为"征用的是村里的地，没有征用我个人的地"

在没有拿到征地补偿款的被调查者中，有 32.2% 的人没拿到的原因是"征用的是村里的地，没有征用我个人的地"，2.1% 的人是"因为我已经出嫁了，虽然土地还在娘家，但娘家的地被征用了，娘家村委不给补偿"（见表 58）。

表 58　没有拿到征地补偿款的原因

原因	频次（次）	应答次数百分比（%）	应答人数百分比（%）
征用的是村里的地，没有征用我个人的地	47	31.5	32.2
虽然户口在本村，但因为我没分得土地，所以没有得到补偿	7	4.7	4.8
因为我已经出嫁了，虽然土地还在娘家，但娘家的地被征用了，娘家村委会不给补偿	3	2.0	2.1
村里给了补偿款，但我家人不给我个人	3	2.0	2.1
没有举行婚礼仪式，村里人不认可	1	0.7	0.7
其他	88	59.1	60.3
总　计	149	100.0	102.1

只有陕西省的被调查者中存在"因为我已经出嫁了，虽然土地还在娘家，但娘家的地被征用了，娘家村委会不给补偿"、"虽然户口在本村，但因为我没分得土地，所以没有得到补偿款"和"没有举行婚礼仪式，村里人不认可"的情况（见表 59）。

表 59　各省被调查者没有拿到征地补偿款的原因比较

省份	计数	因为我已出嫁，虽然土地还在娘家，但娘家的地被征用了，娘家村委会不给补偿	村里给了补偿款，但我家人不给我个人	虽然户口在本村，但因为我没分得土地，所以没有得到补偿款	没有举行婚礼仪式，村里人不认可	征用的是村里的地，没有征用我个人的地	其他	总计
陕西	频数（人）	3	0	7	1	12	72	94
	百分比（%）	3.2	0.0	7.4	1.1	12.8	76.6	100.0
湖南	频数（人）	0	1	0	0	29	9	39
	百分比（%）	0.0	2.6	0.0	0.0	74.4	23.1	100.0
浙江	频数（人）	0	1	0	0	4	0	5
	百分比（%）	0.0	20.0	0.0	0.0	80.0	0.0	100.0
江苏	频数（人）	0	1	0	0	2	7	8
	百分比（%）	0.0	12.5	0.0	0.0	25.0	87.5	100.0

（三）绝大多数没有拿到征地补偿款的被调查者是本村农业户口

在没有拿到征地补偿款的被调查者中，98.6%的人是"本村农业户口"（见表60）。

表 60　没有拿到征地补偿款的被调查者的户口状况

户口状况	频数（人）	百分比（%）	有效百分比（%）
本村农业户口	145	96.7	98.6
外村农业户口	1	0.70.7	
非农户口	1	0.7	0.7
合计	147	98.0	100.0
缺失值	3	2.0	
总计	150	100.0	

只有在陕西没有拿到征地补偿款的被调查者中，有"外村农业户口"和"非农户口"的情况（见表61）。

表 61 各省没拿到征地补偿款的被调查者户口状况比较

省份	计数	本村农业户口	外村农业户口	非农户口	总计
陕西	频数（人）	91	1	1	93
	百分比（%）	97.8	1.1	1.1	100.0
湖南	频数（人）	39	0	0	39
	百分比（%）	100.0	0.0	0.0	100.0
浙江	频数（人）	5	0	0	5
	百分比（%）	100.0	0.0	0.0	100.0
江苏	频数（人）	10	0	0	10
	百分比（%）	100.0	0.0	0.0	100.0

（四）没有拿到征地补偿款的被调查者的婚姻状况

1. 没有拿到征地补偿款的被调查者中近八成人是"初婚"

在没有拿到征地补偿款的被调查者中，79.3%的人是"初婚"，9.3%的人"丧偶"，6.0%的人"再婚"（见表62）。

表 62 没有拿到征地补偿款的被调查者的婚姻状况

婚姻状况	频数（人）	百分比（%）	有效百分比（%）
未婚	6	4.0	4.0
初婚	119	79.3	79.3
再婚	9	6.0	6.0
离异	2	1.3	1.3
丧偶	14	9.3	9.3
总计	150	100.0	100.0

2. 各省没有拿到征地补偿款的被调查者的婚姻情况

在各省没有拿到征地补偿款的被调查者中，初婚者的比例浙江为60.0%，江苏为63.6%，陕西为78.7%，湖南为87.5%（见表63）。

表63　各省没拿到征地补偿款的被调查者的婚姻状况比较

省份	计数	未婚	初婚	再婚	离异	丧偶	总计
陕西	频数（人）	4	74	6	1	9	94
	百分比（%）	4.3	78.7	6.4	1.1	9.6	100.0
湖南	频数（人）	2	35	2	1	0	40
	百分比（%）	5.0	87.5	5.0	2.5	0.0	100.0
浙江	频数（人）	0	3	0	0	2	5
	百分比（%）	0.0	60.0	0.0	0.0	40.0	100.0
江苏	频数（人）	0	7	1	0	3	11
	百分比（%）	0.0	63.6	9.1	0.0	27.3	100.0

3. 没有拿到征地补偿款的被调查者的联姻情况

在没有拿到征地补偿款的被调查者中，44.4%的人"是外村村民/城里人，与本村村民结婚"，20.1%的人"是本村村民，与城里人结婚"（见表64）。

表64　没有拿到征地补偿款调查者的联姻状况

联姻状况	频数（人）	百分比（%）	有效百分比（%）
是外村村民/城里人，与本村村民结婚	64	42.7	44.4
是本村村民，与城里人结婚	29	19.3	20.1
是本村村民，与本村村民结婚	26	17.3	18.1
是本村村民，与外村村民结婚	22	14.7	15.3
是外村村民/城里人，与外村村民/城里人结婚	2	1.3	1.4
是本村村民，与外村村民/城里人结婚，离异或丧偶后又回到本村	1	0.7	0.7
合计	144	96.0	100.0
缺失值	6	4.0	
总计	150	100.0	

4. 各省没有拿到征地补偿款的被调查者的联姻情况

在没有拿到征地补偿款的被调查者中，只有陕西省有"是本村村民，与外村村民/城里人结婚，离异或丧偶后又回到本村"的情况（见表65）。

表 65　各省没有拿到征地补偿款的被调查者的联姻状况比较

省份	计数	是本村村民，与本村村民结婚	是本村村民，与外村村民结婚	是本村村民，与城里人结婚	是本村村民，与外村村民/城里人结婚，离异或丧偶后又回到本村	是外村村民/城里人，与本村村民结婚	是外村村民/城里人，与外村村民/城里人结婚	总计
陕西	频数（人）	12	13	27	1	36	1	90
	百分比（%）	13.3	14.4	30.0	1.1	40.0	1.1	100.0
湖南	频数（人）	11	4	1	0	21	1	38
	百分比（%）	28.9	10.5	2.6	0.0	55.3	2.6	100.0
浙江	频数（人）	0	1	0	0	4	0	5
	百分比（%）	0.0	20.0	0.0	0.0	80.0	0.0	100.0
江苏	频数（人）	3	4	1	0	3	0	11
	百分比（%）	27.3	36.4	9.1	0.0	27.3	0.0	100.0

（五）没有拿到征地补偿款的被调查者配偶的状况

1. 近七成没有拿到征地补偿款的被调查者的配偶是"本村农业户口"

在没有拿到征地补偿款的被调查者中，25.6%的已婚者配偶的户口是"非农户口"，67.2%的是"本村农业户口"（见表66）。

表 66　没有拿到征地补偿款的被调查者配偶的户口状况

配偶的户口状况	频数（人）	百分比（%）	有效百分比（%）
本村农业户口	84	56.0	67.2
外村农业户口	9	6.0	7.2
非农户口	32	21.3	25.6
合计	125	83.3	100.0
缺失值	25	16.7	
总计	150	100.0	

2. 江苏和陕西没拿到征地补偿款的被调查者配偶是"非农户口"的比例比较高

在各省没有拿到征地补偿款的被调查者中，江苏和陕西没拿到征地补偿款的被调查者配偶是"非农户口"的比例比较高,分别为50.0%和33.8%(见表67)。

表67　各省没拿到征地补偿款的被调查者配偶的户口状况比较

省份	计数	本村农业户口	外村农业户口	非农户口	总计
陕西	频数(人)	45	8	27	80
	百分比(%)	56.3	10.0	33.8	100.0
湖南	频数(人)	32	1	1	34
	百分比(%)	94.1	2.9	2.9	100.0
浙江	频数(人)	3	0	0	3
	百分比(%)	100.0	0.0	0.0	100.0
江苏	频数(人)	4	0	4	8
	百分比(%)	50.0	0.0	50.0	100.0

(六)没拿到征地补偿款的被调查者的收入来源

1. 没拿到征地补偿款的被调查者的收入来源位列前三的是"集体分红"、"打零工"和"务农收入"

没有拿到征地补偿款的被调查者收入来源位列前三的是"集体分红"(34.9%)、"打零工"(29.5%)和"务农收入"(18.8%)(见表68)。

表68　没拿到征地补偿款的被调查者的收入来源

收入来源	频数(人)	百分比(%)	有效百分比(%)
集体分红	52	26.5	34.9
打零工	44	22.4	29.5
务农收入	28	14.3	18.8
房屋出租	22	11.2	14.8
集体补助	14	7.1	9.4
个体户	9	4.6	6.0
固定工资收入	4	2.0	2.7
其他	3	1.5	2.0
没有收入	20	10.2	13.4
总计	196	100.0	131.5

2. 各省没拿到征地补偿款的被调查者的收入来源

在各省没有拿到征地补偿款的被调查者中，陕西"集体分红"的比例为55.9%，湖南"务农收入"的比例最高，为60.0%（见表69）。

表69 各省没有拿到征地补偿款的被调查者的收入来源比较

省份	计数	打零工	个体户	固定工资收入	务农收入	集体分红	房屋出租	集体补助	其他	没有收入	总计
陕西	频数（人）	22	5	2	1	52	21	10	2	9	93
	百分比（%）	23.7	5.4	2.2	1.1	55.9	22.6	10.8	2.2	9.7	100.0
湖南	频数（人）	18	4	0	24	0	0	1	0	8	40
	百分比（%）	45.0	10.0	0.0	60.0	0.0	0.0	2.5	0.0	20.0	100.0
浙江	频数（人）	1	0	0	2	0	0	0	0	2	5
	百分比（%）	20.0	0.0	0.0	40.0	0.0	0.0	0.0	0.0	40.0	100.0
江苏	频数（人）	3	0	2	1	0	1	3	1	1	11
	百分比（%）	27.3	0.0	18.2	9.1	0.0	9.1	27.3	9.1	9.1	100.0

3. 近五成没有拿到征地补偿款的被调查者拿到了户口所在村的集体分红

在没有拿到征地补偿款的被调查者中，49.7%的人拿到了户口所在村的集体分红，45.0%的人户口所在村的村集体/村委会没有分红（见表70）。

表70 没有拿到征地补偿款的被调查者拿到集体分红的情况

是否拿到集体分红的情况	频数（人）	百分比（%）	有效百分比（%）
村集体/村委会没有分红	67	44.7	45.0
有分红，拿到了	74	49.3	49.7
有分红，没有拿到	8	5.3	5.4
合计	149	99.3	100.0
缺失值	1	0.7	
总计	150	100.0	

4. 各省没有拿到征地补偿款的被调查者获得集体分红的情况

在各省没有拿到征地补偿款的被调查者中，陕西省有78.5%的人是"有分红，拿到了"（见表71）。

表71　各省没有拿到征地补偿款的被调查者拿到村集体分红情况的比较

省份	计数	村集体/村委会没有分红	有分红，拿到了	有分红，没有拿到	总计
陕西	频数（人）	12	73	8	93
	百分比（%）	12.9	78.5	8.6	100.0
湖南	频数（人）	39	1	0	40
	百分比（%）	97.5	2.5	0.0	100.0
浙江	频数（人）	5	0	0	5
	百分比（%）	100.0	0.0	0.0	100.0
江苏	频数（人）	11	0	0	11
	百分比（%）	100.0	0.0	0.0	100.0

（七）没有拿到征地补偿款的被调查者在村办企业就业情况

1. 只有6.8%没有拿到征地补偿款的被调查者在村办企业就业过

在没有拿到征地补偿款的被调查者中，只有6.8%的人在户口所在村的村办企业就业过，48.0%的人没就业过；45.3%的人户口所在村没有村办企业（见表72）。

表72　没有拿到征地补偿款的被调查者在村办企业就业的情况

在村办企业就业的情况	频数（人）	百分比（%）	有效百分比（%）
没有村办企业	67	44.7	45.3
就业过	10	6.7	6.8
没就业过	71	47.3	48.0
合计	148	98.7	100.0
缺失值	2	1.3	
总计	150	100.0	

2. 各省没有拿到征地补偿款的被调查者在村办企业就业的情况

在各省没有拿到征地补偿款的被调查者中，江苏所有被调查的村都有村办企业，但只有18.2%的人在村办企业就业过；湖南和陕西分别有50.0%和45.7%的人户口所在村没有村办企业（见表73）。

表73　各省没有拿到征地补偿款的被调查者在村办企业就业的情况比较

省份	计数	没有村办企业	有就业过	没有就业过	总计
陕西	频数（人）	42	5	45	92
	百分比（%）	45.7	5.4	48.9	100.0
湖南	频数（人）	20	3	17	40
	百分比（%）	50.0	7.5	42.5	100.0
浙江	频数（人）	5	0	0	5
	百分比（%）	100.0	0.0	0.0	100.0
江苏	频数（人）	0	2	9	11
	百分比（%）	0.0	18.2	81.8	100.0

（八）九成没有拿到征地补偿款的被调查者没有参加过政府提供的职业培训

在没有拿到征地补偿款的被调查者中，91.3%的人没有参加过政府提供的职业培训（见表74）。

表74　没有拿到征地补偿款的被调查者参加职业培训的情况

参加培训情况	频数（人）	百分比（%）	有效百分比（%）
参加过	13	8.7	8.7
没参加过	136	90.7	91.3
合　计	149	99.3	100.0
缺失值	1	0.7	
总　计	150	100.0	

在各省没有拿到征地补偿款的被调查者中，浙江没有拿到征地补偿款的被调查者参加过政府提供的职业培训的比例最高，为60%（见表75）。

表75　各省没有拿到征地补偿款的被调查者参加职业培训的情况比较

省份	计数	参加过	没参加过	总计
陕西	频数（人）	8	85	93
	百分比（%）	8.6	91.4	100.0

续表

省份	计数	参加过	没参加过	总计
湖南	频数（人）	1	39	40
	百分比（%）	2.5	97.5	100.0
浙江	频数（人）	3	2	5
	百分比（%）	60.0	40.0	100.0
江苏	频数（人）	1	10	11
	百分比（%）	9.1	90.9	100.0

（1）没有拿到征地补偿款的被调查者参加培训的主要内容为"计算机"、"家政"、"养殖"和"种植"

在没有拿到征地补偿款的被调查者中，参加政府提供的职业培训的内容有"计算机"（30.8%）、"家政"（23.1%）、"养殖"（15.4%）和"种植"（7.7%）（见表76）。

表76　没有拿到征地补偿款的被调查者参加培训的内容

培训的内容	频次（次）	应答次数百分比（%）	应答人数百分比（%）
计算机	4	26.7	30.8
家政	3	20.0	23.1
养殖	2	13.3	15.4
种植	1	6.7	7.7
其他	5	33.3	38.5
总计	15	100.0	115.4

在各省没有拿到征地补偿款的被调查者中，陕西参加计算机培训的比例最高，为37.5%（见表77）。

表77　各省没有拿到征地补偿款的女性参加职业培训的内容

省份	计数	计算机	家政	种植	养殖	其他	总计
陕西	频数（人）	3	1	0	0	4	8
	百分比（%）	37.5	12.5	0.0	0.0	50.0	100.0

续表

省份	计数	计算机	家政	种植	养殖	其他	总计
湖南	频数（人）	0	1	1	1	0	1
	百分比（%）	0.0	100.0	100.0	100.0	0.0	100.0
浙江	频数（人）	0	1	0	1	1	3
	百分比（%）	0.0	33.3	0.0	33.3	33.3	100.0
江苏	频数（人）	1	0	0	0	0	1
	百分比（%）	100.0	0.0	0.0	0.0	0.0	100.0

（2）没有拿到征地补偿款的被调查者对职业培训的评价

在没有拿到征地补偿款的被调查者中，61.5%参加过政府提供的职业培训的人认为培训的内容"大部分学了都有用"，30.8%的人认为"一些有用，一些没用"，7.7%的人认为"大部分都没有用"（见表78）。

表78 没有拿到征地补偿款的被调查者对职业培训效果的评价

培训是否有用	频数（人）	百分比（%）	有效百分比（%）
大部分学了都有用	8	5.3	61.5
一些有用，一些没用	4	2.7	30.8
大部分都没有用	1	0.7	7.7
合 计	13	8.7	100.0
缺失值	137	91.3	
总 计	150	100.0	

各省没有拿到征地补偿款的被调查者的情况如下（见表79）。

表79 各省没有拿到征地补偿款的被调查者对职业培训效果评价的比较

省份	计数	大部分学了都有用	一些有用，一些没用	大部分都没有用	总计
陕西	频数（人）	5	2	1	8
	百分比（%）	62.5	25.0	12.5	100.0
湖南	频数（人）	0	1	0	1
	百分比（%）	0.0	100.0	0.0	100.0

续表

省份	计数	大部分学了都有用	一些有用，一些没用	大部分都没有用	总计
浙江	频数（人）	3	0	0	3
	百分比（%）	100.0	0.0	0.0	100.0
江苏	频数（人）	0	1	0	1
	百分比（%）	0.0	100.0	0.0	100.0

（九）拥有保险的情况

1. 超过九成没有拿到征地补偿款的被调查者没有办过养老保险

在没有拿到征地补偿款的被调查者中，有93.9%的人没有办过养老保险（见表80）。

表80 没有拿到征地补偿款的被调查者办理养老保险的情况

办理养老保险情况	频数（人）	百分比（%）	有效百分比（%）
办过	9	6.0	6.1
没办过	139	92.7	93.9
合计	148	98.7	100.0
缺失值	2	1.3	
总计	150	100.0	

在各省没有拿到征地补偿款的被调查者中，浙江省没有拿到征地补偿款的被调查者办过养老保险的比例最高，为25.0%；陕西最低，为2.1%（见表81）。

表81 各省没有拿到征地补偿款的被调查者办理养老保险的情况比较

省份	计数	办过	没办过	总计
陕西	频数（人）	2	92	94
	百分比（%）	2.1	97.9	100.0
湖南	频数（人）	4	35	39
	百分比（%）	10.3	89.7	100.0

续表

省份	计数	办过	没办过	总计
浙江	频数（人）	1	3	4
	百分比（%）	25.0	75.0	100.0
江苏	频数（人）	2	9	11
	百分比（%）	18.2	81.8	100.0

2. 98.0%没有拿到征地补偿款的被调查者参加了农村合作医疗

在没有拿到征地补偿款的被调查者中，98.0%的人参加了"农村合作医疗"（见表82）。

表82 没有拿到征地补偿款的被调查者参加医疗保险的情况

医疗保险情况	频数（人）	应答次数百分比（%）	应答人数百分比（%）
农村合作医疗	145	96.7	98.0
没有医疗保险	3	2.0	2.0
劳保医疗	2	1.3	1.4
总　计	150	100.0	101.4

在各省没有拿到征地补偿款的被调查者中，江苏和浙江全部都参加了农村合作医疗；陕西该比例为95.7%，湖南为97.5%（见表83）。

表83 各省没有拿到征地补偿款的被调查者参加医疗保险的情况比较

省份	计数	农村合作医疗	劳保医疗	没有医疗保险	总计
陕西	频数（人）	90	0	2	94
	百分比（%）	95.7	0.0	2.1	100.0
湖南	频数（人）	39	0	1	40
	百分比（%）	97.5	0.0	2.5	100.0
浙江	频数（人）	5	0	0	5
	百分比（%）	100.0	0.0	0.0	100.0
江苏	频数（人）	11	2	0	11
	百分比（%）	100.0	18.2	0.0	100.0

（十）对没有拿到征地补偿款的被调查者的安置情况

1. 一半没有拿到征地补偿款的被调查者对补偿、安置措施不满意

在没有拿到征地补偿款的被调查者中，有一半的人对补偿、安置措施不满意，其中16.6%的人"不太满意"，35.2%的人"不满意"（见表84）。

表84　没有拿到征地补偿款的被调查者对补偿、安置措施的满意度

满意度	频数（人）	百分比（%）	有效百分比（%）	累计百分比（%）
满意	31	20.7	21.4	21.4
基本满意	39	26.0	26.9	48.3
不太满意	24	16.0	16.6	64.9
不满意	51	34.0	35.2	100.0
合　计	145	96.7	100.0	
缺失值	5	3.3		
总　计	150	100.0		

在各省没有拿到征地补偿款的被调查者中，浙江省对补偿、安置措施表示"满意"的比例最高，为75.0%；湖南省"基本满意"的比例最高，为41.0%；江苏省"不太满意"的比例最高，为55.6%；陕西省"不满意"的比例最高，为41.9%（见表85）。

表85　各省没有拿到征地补偿款的被调查者对补偿、安置措施的满意度比较

省份	计数	满意	基本满意	不太满意	不满意	总计
陕西	频数（人）	19	19	16	39	93
	百分比（%）	20.4	20.4	17.2	41.9	100.0
湖南	频数（人）	9	16	3	11	39
	百分比（%）	23.1	41.0	7.7	28.2	100.0
浙江	频数（人）	3	1	0	0	4
	百分比（%）	75.0	25.0	0.0	0.0	100.0
江苏	频数（人）	0	3	5	1	9
	百分比（%）	0.0	33.3	55.6	11.1	100.0

2. 近九成没有拿到征地补偿款的被调查者没有任何安置

在没有拿到征地补偿款的被调查者中，88.9%的人没有得到任何安置。获得的安置是"提供住房"（6.9%）、"重新分得土地"（1.4%）和"投资入股"（0.7%）（见表86）。

表86 没有拿到征地补偿款的被调查者获得安置的情况

安置情况	频次（次）	应答次数百分比（%）	应答人数百分比（%）
提供住房	10	6.9	6.9
重新分得土地	2	1.4	1.4
投资入股	1	0.7	0.7
其他	4	2.8	2.8
没有安置	128	88.3	88.9
总计	145	100.0	100.7

各省没拿到征地补偿款的被调查者获得安置的情况见表87。

表87 各省没有拿到征地补偿款的被调查者获得安置的情况比较

省份	计数	重新分得土地	提供住房	投资入股	其他	没有安置	总计
陕西	频数（人）	0	10	1	1	82	93
	百分比（%）	0.0	10.8	1.1	1.1	88.2	100.0
湖南	频数（人）	1	0	0	3	36	40
	百分比（%）	2.5	0.0	0.0	7.5	90.0	100.0
浙江	频数（人）	0	0	0	0	2	2
	百分比（%）	0.0	0.0	0.0	0.0	100.0	100.0
江苏	频数（人）	1	0	0	0	8	9
	百分比（%）	11.1	0.0	0.0	0.0	88.9	100.0

3. 近六成没有拿到征地补偿款的被调查者不愿意转成城镇居民

在没有拿到征地补偿款的被调查者中，56.1%的人不愿意转成城镇居民，2.0%的人"愿意，且已转为城镇居民"，8.8%的人"愿意，还没转"（见表88）。

表88 没有拿到征地补偿款的被调查者是否愿意转成城镇居民的情况

意愿	频数（人）	百分比（%）	有效百分比（%）
不愿意	83	55.3	56.1
愿意，且已转为城镇居民	3	2.0	2.0
愿意，还没转	13	8.7	8.8
说不清	49	32.7	33.1
合计	148	98.7	100.0
缺失值	2	1.3	
总计	150	100.0	

在各省没拿到征地补偿款的被调查者中，陕西省和浙江省不愿转成城镇居民的比例较高，分别为60.6%和80.0%（见表89）。

表89 各省没有拿到征地补偿款的被调查者是否愿意转成城镇居民的情况比较

省份	计数	不愿意	愿意，且已转为城镇居民	愿意，还没转	说不清	总计
陕西	频数（人）	57	0	8	29	94
	百分比（%）	60.6	0.0	8.5	30.9	100.0
湖南	频数（人）	18	0	4	17	39
	百分比（%）	46.2	0.0	10.3	43.6	100.0
浙江	频数（人）	4	0	1	0	5
	百分比（%）	80.0	0.0	20.0	0.0	100.0
江苏	频数（人）	4	3	0	3	10
	百分比（%）	40.0	30.0	0.0	30.0	100.0

4. 55.4%没有拿到征地补偿款的被调查者不愿转成城镇居民的原因是"转为城镇居民就不能享受村里的福利"

在没有拿到征地补偿款的被调查者中，55.4%的人不愿转为城镇居民的原因是"转为城镇居民就不能享受村里的福利"，48.2%的人是因为"政府没有很好的安置，转为城镇居民后，没有收入来源"（见表90）。

表90 没有拿到征地补偿款的被调查者不愿转成城镇居民的原因

不愿转成城镇居民的原因	频次（次）	应答次数百分比（%）	应答人数百分比（%）
转为城镇居民就不能享受村里的福利	46	46.0	55.4
政府没有很好的安置，转为城镇居民后，没有收入来源	40	40.0	48.2
其他	14	14.0	16.9
总计	100	100.0	120.5

在各省没拿到征地补偿款的被调查者中，陕西省因"转为城镇居民就不能享受村里的福利"和"政府没有很好的安置，转为城镇居民后，没有收入来源"而不愿转成城镇居民的比例都是最高的，分别为66.7%和54.4%（见表91）。

表91 各省没有拿到征地补偿款的被调查者不愿转成城镇居民的原因比较

省份	计数	转为城镇居民就不能享受村里的福利	政府没有很好的安置，转为城镇居民后，没有收入来源	其他	总计
陕西	频数（人）	38	31	4	57
	百分比（%）	66.7	54.4	7.0	100.0
湖南	频数（人）	6	7	6	18
	百分比（%）	33.3	38.9	33.3	100.0
浙江	频数（人）	0	0	4	4
	百分比（%）	0.0	0.0	100.0	100.0
江苏	频数（人）	2	2	0	4
	百分比（%）	50.0	50.0	0.0	100.0

（十一）没有拿到征地补偿款的被调查者土地拥有情况

1. 近六成没有拿到征地补偿款的被调查者承包地拥有状况是"以前有，现在没有"

在没有拿到征地补偿款的被调查者中，58.1%的人是"以前有，现在没有"承包地，10.1%的人"从来就没有承包地"（见表92）。

表92　没有拿到征地补偿款的被调查者拥有承包地的情况

拥有承包地的情况	频数（人）	百分比（%）	有效百分比（%）
有	47	31.3	31.8
从来就没有承包地	15	10.0	10.1
以前有，现在没有	86	57.3	58.1
合　计	148	98.7	100.0
缺失值	2	1.3	
总　计	150	100.0	

在没有拿到征地补偿款的被调查者中，现在依然有承包地的人93.9%的承包地在本村，6.1%是在外村（见表93）。

表93　没有拿到征地补偿款的被调查者其承包地的位置

承包地的位置	频数（人）	百分比（%）	有效百分比（%）
本村	31	20.7	93.9
外村	2	1.3	6.1
合　计	33	22.0	100.0
缺失值	117	78.0	
总　计	150	100.0	

在各省没有拿到征地补偿款的被调查者中，浙江省和湖南省现在有承包地的比例较高，分别为100.0%和97.4%；陕西省和江苏省"以前有，现在没有"的比例较高，分别为83.9%和63.6%（见表94）。

表94　各省没有拿到征地补偿款的被调查者承包地拥有情况比较

省份	计数	有	从来就没有承包地	以前有，现在没有	总计
陕西	频数（人）	2	13	78	93
	百分比（%）	2.2	14.0	83.9	100.0
湖南	频数（人）	38	0	1	39
	百分比（%）	97.4	0.0	2.6	100.0

续表

省份	计数	有	从来就没有承包地	以前有，现在没有	总计
浙江	频数（人）	5	0	0	5
	百分比（%）	100.0	0.0	0.0	100.0
江苏	频数（人）	2	2	7	11
	百分比（%）	18.2	18.2	63.6	100.0

在各省没有拿到征地补偿款的被调查者中，绝大多数人的承包地在"本村"，只有湖南存在承包地在"外村"的情况（见表95）。

表95 各省没有拿到征地补偿款的被调查者现有承包地的位置比较

省份	计数	本村	外村	总计
陕西	频数（人）	2	0	2
	百分比（%）	100.0	0.0	100.0
湖南	频数（人）	24	2	26
	百分比（%）	92.3	7.7	100.0
浙江	频数（人）	4	0	4
	百分比（%）	100.0	0.0	100.0
江苏	频数（人）	1	0	1
	百分比（%）	100.0	0.0	100.0

2. 95.3%没有拿到征地补偿款的被调查者失去承包地的原因是"承包地全部被征用了"

在没有拿到征地补偿款的被调查者中，失去承包地的原因，一是"承包地全部被征用了"（95.3%），二是"结婚来到本村，原来村里将我的土地收回，现在这个村子不给地"（5.8%）（见表96）。

表96 没有拿到征地补偿款的被调查者失去承包地的原因

原因	频次（次）	应答次数百分比（%）	应答人数百分比（%）
承包地全部被征用了	82	93.2	95.3

续表

原因	频次（次）	应答次数百分比（%）	应答人数百分比（%）
结婚来到本村，原来村里将我的土地收回，现在这个村子不给地	5	5.7	5.8
其他	1	1.1	1.2
总　计	88	00.0	102.3

在各省没有拿到征地补偿款的被调查者中，只有陕西存在因"结婚来到本村，原来村里将我的土地收回，现在这个村子不给土地"而失地的情况（见表97）。

表97　各省没有拿到征地补偿款的被调查者失地原因比较

省份	计数	承包地全部被征用了	结婚来到本村，原来村里将我的土地收回，现在这个村子不给土地	其他	总计
陕西	频数（人）	75	5	0	78
	百分比（%）	96.2	6.4	0.0	100.0
湖南	频数（人）	1	0	0	1
	百分比（%）	100.0	0.0	0.0	100.0
江苏	频数（人）	6	0	1	7
	百分比（%）	85.7	0.0	14.3	100.0

（十二）近七成没有拿到征地补偿款的被调查者认为生活水平较征地前变好了

在没有拿到征地补偿款的被调查者中，68.8%的人认为生活较征地之前好了，其中40.3%的人认为"变好了"；14.6%的人认为"变差了"（见表98）。

表98　没有拿到征地补偿款的被调查者生活水平较征地前的变化

生活变化	频数（人）	百分比（%）	有效百分比（%）	累计百分比（%）
变好了	58	38.7	40.3	40.3
稍微好点儿	41	27.3	28.5	68.8
没什么变化	24	16.0	16.7	85.5
变差了	21	14.0	14.6	100.0

续表

生活变化	频数（人）	百分比（%）	有效百分比（%）	累计百分比（%）
合 计	144	96.0	100.0	
缺失值	6	4.0		
总 计	150	100.0		

湖南没有拿到征地补偿款的女性认为生活较征地之前"变好了"的比例较高，认为"变差了"的比例也比较高（见表99）。

表99 各省没有拿到征地补偿款的被调查者生活水平较征地前的变化比较

省份	计数	变好了	稍微好点儿	没什么变化	变差了	总计
陕西	频数（人）	29	30	19	13	91
	百分比（%）	31.9	33.0	20.9	14.3	100.0
湖南	频数（人）	22	5	2	8	37
	百分比（%）	59.5	13.5	5.4	21.6	100.0
浙江	频数（人）	4	0	1	0	5
	百分比（%）	80.0	0.0	20.0	0.0	100.0
江苏	频数（人）	3	6	2	0	11
	百分比（%）	27.3	54.5	18.2	0.0	100.0

六 土地入股的情况

因为只有广东存在土地入股的情况，所以此部分仅对广东省被征地的被调查女性进行分析。

在被调查者中，有七成的人满意现在的股权收益方式，近六成的人对土地入股前途担忧。

（一）广东的两种股权收益方式

广东被调查者的股权收益方式有两种："被安排在土地入股的经济组织中就业，且有分红"（13.6%）；"没有被安排就业，但有分红"（85.4%）（见表100）。

表 100　广东股权实现方式

股权实现方式	频数（人）	百分比（%）	有效百分比（%）
被安排在土地入股的经济组织中就业，且有分红	27	13.4	13.6
没有被安排就业，但有分红	170	84.2	85.4
其他	2	1.0	1.0
合计	199	98.5	100.0
缺失值	3	1.5	
总计	202	100.0	

（二）近九成广东被调查者分红方式是按年分红

在广东被调查者中，48.7%的人是"按月分红"，87.4%的人是"按年分红"（见表101）。

表 101　广东的分红方式

分红方式	频次（次）	应答次数百分比（%）	应答人数百分比（%）
按月分红	97	35.7	48.7
按年分红	174	64.0	87.4
其他	1	0.4	0.5
总计	272	100.0	136.7

（三）七成广东被调查者满意现行股权收益方式

在广东被调查者中，70%的人满意现在的股权收益方式，其中16.2%的人认为是"自己选择的，很满意"，53.8%的认为"当时村里规定的，只能有这样的选择，现在觉得这种方法也不错"（见表102）。

表 102　广东被调查者对现行股权收益方式是否满意

对股权收益方式是否满意	频数（人）	百分比（%）	有效百分比（%）	累计百分比（%）
自己选择的，很满意	32	15.8	16.2	16.2
当时村里规定的，只能有这样的选择，现在觉得这种方法也不错	106	52.5	53.8	70.0

续表

对股权收益方式是否满意	频数（人）	百分比（%）	有效百分比（%）	累计百分比（%）
当时村里规定的，只能有这样的选择，其实自己不是很愿意	46	22.8	23.4	93.4
自己选择的，但现在感觉不是很满意	13	6.4	6.6	100.0
合　计	197	97.5	100.0	
缺失值	5	2.5		
总　计	202	100.0		

（四）近六成广东被调查者对土地入股的前途担忧

在广东被调查者中，57.4%的人对土地入股的前途担忧，其中12.3%的人"担忧，也在为以后做一些打算"，45.1%的人"担忧，但是也没别的办法"（见表103）。

表103　广东被调查者对土地入股的前途是否满意

对土地入股的前途是否满意	频数（人）	百分比（%）	有效百分比（%）	累计百分比（%）
担忧，也在为以后做一些打算	24	11.9	12.3	12.3
担忧，但是也没别的办法	88	43.6	45.1	57.4
不担心，现在看挺好，万一有事会有人管	83	41.1	42.6	100.0
合　计	195	96.5	100.0	
缺失值	7	3.5		
总　计	202	100.0		

七　征地对被调查者生活的影响

（一）近七成被调查者认为生活较征地之前变好了

在被调查者中，69.7%的人认为生活较征地之前变好了，其中32.1%的人认为"变好了"，37.6%的人认为"稍微好点儿"；10.3%的人认为生活较征地之前"变差了"（见表104）。

表 104 被调查者生活水平较征地前的变化

生活变化	频数（人）	百分比（%）	有效百分比（%）	累计百分比（%）
变好了	259	31.0	32.1	32.1
稍微好点儿	304	36.4	37.6	69.7
没什么变化	162	19.4	20.0	89.7
变差了	83	9.9	10.3	100.0
合 计	808	96.8	100.0	
缺失值	27	3.2		
总 计	835	100.0		

在各省被调查者中，广东省44.2%的人认为生活"变好了"；湖南省认为生活较征地之前"变差了"的比例最高，为23.7%（见表105）。

表 105 各省被调查者生活水平较征地之前的变化比较

省份	计数	变好了	稍微好点儿	没什么变化	变差了	总计
陕西	频数（人）	85	84	67	41	277
	百分比（%）	30.7	30.3	24.2	14.8	100.0
湖南	频数（人）	28	20	26	23	97
	百分比（%）	28.9	20.6	26.8	23.7	100.0
广东	频数（人）	87	77	24	9	197
	百分比（%）	44.2	39.1	12.2	4.6	100.0
浙江	频数（人）	22	49	22	4	97
	百分比（%）	22.7	50.5	22.7	4.1	100.0
江苏	频数（人）	37	74	23	6	140
	百分比（%）	26.4	52.9	16.4	4.3	100.0

（二）城镇化带来的变化："不受苦，收入少，挣钱难"

被调查者感受最明显的变化集中于：谋生方式的改变、生活水平的变化、生活环境的改善、社会保障的出现。

- 谋生方式的改变

——不种地、不下田，没有以前辛苦，生活变得轻松了、轻闲了，但没有事情可做，失业的人多了。

——失去土地后经济压力大了。失去土地，经济来源减少了，生活费不够，以后的生活没依靠。

——生活比以前轻松了。不再种田地，生活宽裕了，比以前轻闲了；生活变好了，不干活还分钱，天天都是过年的日子。

- 生活水平的变化

——生活水平提高了，如：生活水平提高了，不用做重活；生活水平提高了，能赚到钱；生活水平提高了，不愁吃不愁穿。

——生活水平降低了，如：越过越穷，物价上涨，收入低；以前可以卖菜有收入，现在啥也没有，只是有个空户口本。

- 生活环境的改善

——明显地感觉到市政建设带来的便利，如：交通方便，路宽了，路灯亮了；水沟畅通了，环境好了。

- 社会保障的出现

——有生活保障，有合作医疗，有福利，保障体系更加完善了。

八 需求

被调查者最大的困难是收入低、就业难、子女教育费用高和子女教育困难，她们希望增加就业机会、增加收入、增加保障。

（一）生活中最大的困难是收入低、就业困难、子女教育费用高且子女就业困难

——收入低：物价高，日常开销大，生活艰苦，没处挣钱，缺少资金。

——就业困难：工作不好找，没有就业条件，没有收入；没有工作，无固定职业，希望有一份好的工作。

——子女教育费用高，两个孩子上学，经济上更紧张。

——子女工作没办法安置，就业困难。

——希望有养老补助或养老保险，解决养老问题。

——农村合作医疗报销比例低，满足不了需要；生了大病，医疗保险报销金额太少，造成生活困难。

（二）被调查者要求增加就业机会、增加收入、增加保障

调查结果显示，被调查者的困难主要是经济压力大，她们希望提供更多的就业培训机会和就业岗位，增加收入，提供养老保险，提高医疗保险报销比例。

我国农村妇女土地权益保护问题研究[*]

全国妇联权益部
中国社会科学院农村发展研究所

新中国成立以来,中国妇女的社会地位不断提高,男女平等原则得到了普遍认可,女性在经济和社会发展中所起的作用越来越大,妇女的各项权益保障也越来越受到重视。但是,在我国,一些传统意识和习惯行为的影响由来已久、根深蒂固,加上部分法律和政策缺乏明确的性别意识,一些民间规范特别是村规民约未能与时俱进,在一些地方,侵害妇女权益的现象还时有发生。实行土地承包制以来,农村妇女土地权益受到侵害的现象比较突出,受到了各方面的关注。本文试图对农村妇女土地权益问题进行较为全面的梳理,从存在的问题入手,分析原因,寻找对策。

一 农村妇女土地权益保护问题的重要性

我国是一个有9亿多农民的农业大国,没有农村的稳定和发展,就很难构建和谐社会。在当前的"三农"问题中,土地作为农民最基本的生产资料和生活保障,是农民赖以生存的基础,更是农村妇女的命根子,最应受到关注。而获得土地权益又是获得其他权利的基础,如果丧失土地权益,就会使农村妇女自身的生存权、财产权受到侵害,其他社会权利也就难以保障。维护农村妇女土地权益,不仅关系到妇女个人,而且关系到整个社

---

[*] 此文完成于2009年10月。

会的发展和进步。

（一）促进社会和谐发展的需要

党的十六届六中全会，从中国特色社会主义事业总体布局和全面建设小康社会的全局出发，作出了《中共中央关于构建社会主义和谐社会若干重大问题的决定》，确定了构建社会主义和谐社会的指导思想、目标任务、总体部署和各项举措。当前，我国社会正处于社会转型期，社会上还存在着不少矛盾和不稳定因素，正面临着严峻的就业问题、社会保障不普遍、贫富差距等社会不平等问题，如果不能保证各群体的平等权利，很有可能会造成社会动荡和不安。农村妇女的人口占了农村人口的一半左右，如果这部分妇女的权益得不到法律的有效保护，就可能激化农村社会矛盾，难以实现社会和谐。近年，有关出嫁女土地问题及相关权益受侵害的信访案件也呈现明显上升的趋势，河北省妇联2006年统计数据显示，2001年有198件，2002年有212件，2003年有201件，2004年有254件，而2005年则达283件。这些案件多为群众集体写联名信和集体上访，已成为影响农村社会稳定的突出问题。农村土地利益关系问题直接影响着群众的情绪，已经成为农村干群矛盾、民间纠纷的主要根源之一。

随着我国社会经济持续快速发展，农业税的逐步取消，直接补贴的兑现，农民在对其所获得土地权益上所承担的义务不断减轻，从而使农民拥有土地的愿望更加强烈，对于人多地少的农村来讲，土地稀缺带来的社会矛盾日趋尖锐。随着时间的推移，婚姻自由程度的提高，妇女土地权益被侵害的现象将越来越多，越来越影响到和谐社会的建设。

（二）促进社会主义新农村建设的需要

目前，农村妇女已经成为农业和农村经济结构调整、维护农村社会稳定、建设社会主义新农村的重要力量。在中国实现现代化的过程中，男性劳动力比女性更多地从农业转移到非农产业，从农村流动到城镇。女性成为"留守大军"。妇女不仅承担着大部分家务劳动，而且越来越多地承担了原来由男性分担的农业生产活动，农村妇女已经成为种植业、养殖业领域的主力军。根据全国妇联的有关调研数据显示，我国农林牧渔劳动者中，女性所占比例1982年为46.79%，1995年为48%，2001年为65.6%，建设"生产发展、生活宽裕、乡风文明、村容整洁、管理民主"的社会主义新农村离不开妇女的参与、妇女的智慧和妇女的创新。因此，能否保障妇女的土地权益，最大限度地发挥广大妇女的"半边天"作用，直接关系到社会主义新农村建设的成败。

（三）维护社会公平正义的需要

提倡"以人为本"的科学发展观应当主动、自觉地关注社会中的每一个人，尤其是社会中的弱势群体——农村妇女。完善保护农村妇女土地权益的有关法律、法规，把"法律承认"和"社会认可"作为妇女享有土地权利的一个努力方向，有利于维护社会公平正义。

（四）实现妇女解放的需要

土地是农民的生存之源、发展之本，获得土地权益是获得其他权利的基础。我国的妇女与男子相比，非农就业机会相对不足，她们对土地的依附性更强，土地往往成为她们生存的根本所在，侵害她们的土地权益，就等于让她们失去了生存的根基，使她们成为在物质和精神双重意义上的漂泊者。因此，土地权益问题涉及农村妇女的生存与发展。如果农村妇女没有土地，则家庭更易于陷入贫困；妇女在家庭中的决策和地位降低，使她们更依赖家庭；妇女参与村务管理和决策受到影响，土地资源的获得关系到她们的政治地位；完善保护农村妇女土地权益的有关法律、法规，有利于实现妇女的彻底解放。

（五）推动社会进步的需要

保护妇女土地权益不仅具有重要的经济意义，而且是改善家庭权力结构、巩固家庭经营制度、推动社会文明进步的重要方面。消除父权社会的影响，使妇女不仅在法律上，而且应该在事实上与男子平等，应该是社会主义文明的重要特征，是我国全面建设小康社会的重要内容。

二 现有法律和政策对农村妇女土地权益的保护

党和政府十分重视妇女权益保护工作，新中国成立后，颁布和实施了多部法律、法规和相关政策，不断加大对妇女权益的保护力度。在农村妇女土地权益的保护方面，也制定和实施了一系列的法律、法规和相关政策。

(一)《宪法》及有关法律

我国《宪法》第三十三条规定,中华人民共和国公民在法律面前一律平等;第四十八条规定,中华人民共和国妇女在政治的、经济的、文化的、社会的和家庭的生活等各方面享有同男子平等的权益。《婚姻法》第三十九条第二款规定,离婚时,夫或妻在家庭土地承包经营中享有的权益等,应当依法予以保护。我国《民法通则》第八十条明确规定,公民、集体依法对集体所有的或者国家所有由集体使用土地的承包经营权,受法律保护。《继承法》第九条规定,继承权男女平等;第十条将配偶排在继承顺序中的首位。

(二)《妇女权益保障法》

1992年颁布的《妇女权益保障法》第三十条规定,农村划分责任田、口粮田以及批准住宅基地,妇女与男子享有同等的权利,不得侵害妇女的合法权益。妇女结婚、离婚后,其责任田、口粮田、宅基地等,应当受到保障。2005年新修正的《妇女权益保障法》针对近年来各地集中反映的农村妇女土地承包、集体经济组织收益分配男女不平等的问题,突出了对农村妇女的土地承包和相关经济利益的保护,又一次明确规定了妇女的财产权益。第三十条规定,国家保障妇女享有与男子平等的财产权利。第三十二条规定,妇女在农村土地承包经营、集体经济组织收益分配、土地征收或者征用补偿费使用以及宅基地使用等方面享有与男子平等的权利。第三十三条规定,任何组织和个人不得以妇女未婚、结婚、离婚、丧偶等为由,侵害妇女在农村集体经济组织中的各种权益。第五十五条规定,违反本法规定,以妇女未婚、结婚、离婚、丧偶等为理由,侵害妇女在农村集体经济组织中的各项权益,或者因结婚男方到女方住所落户,侵害男方和子女享有与所在地农村集体经济组织成员平等权益的,由乡镇人民政府依法调解;受害人也可以依法向农村土地承包仲裁机构申请仲裁,或者向人民法院起诉,人民法院应当依法受理。

(三)《农村土地承包法》

2002年8月29日,第九届全国人大常委会第二十九次会议通过了《农村土地承包法》,并于2003年3月1日正式实施。该法第六条明确规定,农村土地承包,妇女与男子享有平等的权利。承包中应当保护妇女的合法权益,任何组织和个人不得剥夺、侵害妇女应当享有的土地承包经营权。第三十条规定,承包期内,妇女结婚,在新居住地未取得承包地的,发包方不得收回其原承包地;妇女离婚或者丧偶,仍在原居住地生活或者不在原居住地生活而在新居住地未取得承包地的,发包方不得收回其原承包地。第五十一条规定,因土地承包经营发生纠纷的,双方当事人可以通过协商解决,也可以请求村民委员会、乡镇人民政府等调解解决。当事人不愿协商、调解或者协商、调解不成的,可以向农村土地承包仲裁机构申请仲裁,也可以向人民法院起诉。

(四) 国家政策

政策和法律是不同范畴的概念,它不具有立法的严格程序和国家强制力,但它从不同的角度为农村妇女土地权益的保护提供了根据,与法律相辅相成。我国政府制定并发布的《中国妇女发展纲要(2001—2010年)》中提出:"确保妇女平等获得经济资源和有效服务。主要包括获得资本、信贷、土地、技术、信息等方面的权利;农村妇女享有与居住地男子平等的土地承包权、生产经营权、宅基地分配权、土地补偿费、股份分红等权利。"2001年5月8日,中共中央办公厅、国务院办公厅发布的《关于切实维护农村妇女土地承包权益的通知》(厅字〔2001〕9号,以下简称《通知》),第一次比较完整、系统地阐述了政府对农村妇女土地权益保障的具体政策措施。《通知》规定,农村妇女无论是否婚嫁都应与相同条件的男性村民享有同等的权利,任何组织和个人不得以任何形式剥夺其合法的土地承包权、宅基地使用权、集体经济组织收益分配权和其他有关经济权益。《通知》规定,不管采取什么方法,都要确保农村妇女有一份承包地。并且,妇女嫁入方所在村要优先解决出嫁女的土地承包问题;出嫁女的娘家村,在其未在婆家村获得承包地之前,不能收回出嫁女的承包地。妇女离婚或丧偶后仍在原居住地生活的,原居住地应保证其有一份承包地。离婚或丧偶后不在原居住地生活、其新居住地还没有为其解决承包土地的原居住地所在村应保留其土地承包权。要求法院对于侵害妇女土地承包权甚至剥夺其土地收益权的案件应依法受理并及时处理,根据最高人民法院《关于村民因土地补偿费、安置补偿费问题与村民委员会发生纠纷人民法院应否受理问题的答复》(法研〔2001〕116号)的批示,法院应以民事诉讼加以受理。要求各级党委、政府、妇女联合会主动担负起维护妇女合法权益的职责。

(五) 地方性法规和规章

如《浙江省实施〈中华人民共和国妇女权益保障法〉办法》(2007年修正)第二十七条规定:"农村土地承包期内,妇女结婚后在新居住地未取得承包地的,发包方不得收回其原承包地;妇女离婚或者丧偶,仍在原居住地生活或者不在原居住地生活但在新居住地未取得承包地的,发包方不得收回其原承包地。"第二十八条规定:"妇女在农村土地承包经营、集体经济组织收益分配、集体资产股份量化、土地征收或者征用补偿费使用、宅基地使用、农民公寓分配、农民社会保障和新型农村合作医疗等方面,享有与男子平等的权利。任何组织和个人不得剥夺妇女的各项权益,不得制定或者作出侵害妇女合法权益的村规民约或者其他决定。"

三 农村妇女土地权益受侵害现状

尽管我国法律、法规和相关政策对农村妇女的土地权益给予了全面保护,但现实的情况是农村妇女土地权益受侵害的现象依然存在。据2003年全国妇联权益部对30个省(市、区)202个县的抽样调查,在农村没有土地的人群中,妇女占了七成,有26.3%的妇女从来没有分到过土地,有43.8%的妇女因结婚而失去土地,有0.7%的妇女在离婚后失去了土地。2001年中国农业大学农村发展学院对全国17个省的22个村进行快速调查发现,妇女土地权利的性别不平等不仅反映在妇女能否获得土地上,且还反映在妇女获得土地的数量和质量上。在接受调查的19163人中,无地女性494人,占女性人数的5%,无地男性196人,占男性人数的2%,无地女性是无地男性的2.5倍;在对22个村163名18~50岁的已婚妇女的调查中发现,其中51名没有土地,占调查人数的31%;在对22个村45名1995年后结婚的妇女调查中显示,其中36名没有土地,占调查人数的80%。这一调查结果说明,在妇女、已婚妇女、1995年后结婚的妇女等不同妇女群体中,无地妇女的比例急剧增加。同时调查结果还显示,妇女在获得土地的数量和质量上都不如男性。

农村妇女土地权益问题是农村妇女最关心、最切实的生存发展问题,2008年全国妇联接受此类信访事件达到9177件次,占财产权益类信访总量的47.7%。一些地方性的调查也发现了相同的情况。例如,据齐齐哈尔市农委统计，2005～2008年全市农民信访反映农村土地纠纷案件年均564件次，共1027人次，占全市农民信访案件总量的95%。其中，新增人口要求补地问题，占全市农村信访总量近25%；妇女婚嫁造成土地流失问题，占全市农村信访总量近15%。

除了"出嫁女"之类的老问题，因征地而失地的妇女安置和社会保障问题也值得关注。据全国妇联权益部2008年一项调查显示，在5个省835名被征地妇女中，77.7%的人失地，91.3%的人没有参加过免费培训，88.9%的人没有得到任何安置。

以稳定土地承包权为主旨的《农村土地承包法》施行后，绝大多数外嫁妇女的土地在娘家村。今后，如果不能从政策上妥善解决此类人地分离的状况，在进一步的土地流转过程中，妇女的土地承包权益将会很容易被家庭其他成员侵犯，并形成新的农村妇女失地问题。

从各地的情况来看，大体上有四类农村妇女的四项土地权益容易受到侵害。

（一）四类农村妇女土地权益易受侵害

一是嫁到其他村的妇女，即所谓的"农嫁农"妇女。农村的惯例是，农村妇女一旦同村外人结婚或宣布成亲，其承包地要被村集体收回或由娘家人耕种，甚至有的妇女还未出嫁就被预先取消了土地承包资格，无论是哪种情况，妇女都失去了土地的实际使用权和收益权。大部分妇女嫁到婆家村后只能等到土地调整时才能分到土地，只有少数妇女可以马上分到土地，这是由于村里尚有机动地存在。一项调研表明，在某些长期未进行过土地调整的村子，有超过10%的女性没有土地。这样，许多妇女面临着在夫家无法得到承包地，在娘家的承包地又被取消的境况，只能眼巴巴地等待土地调整时再分得土地。妇女们赖以生存的土地没有了，依赖于土地而产生的其他相应权益因为妇女不能享有所谓的"村民待遇"而随之丧失。据有关资料，在河北省出嫁女土地权益纠纷中，土地由娘家村集体收回的占39.0%，留在娘家的占48.9%，其他占12.1%。

二是"农嫁非"妇女。农村女孩嫁给城镇男子，但受传统户籍制度的影响，其本人和子女的户口不能迁入城镇，仍留在娘家，但娘家村拒绝给她承包地，也不再能享受相关的土地权益。尽管有些地方保证了这一部分妇女与其他村民一样享有各项或部分村民待遇，但许多村都规定这类"农嫁非"妇女的子女不能全部享受本村村民待遇。比如，2004年4月22日，保定市北市区某村召开村民代表大会，经表决，90%以上的村民不同意"农嫁非"的出嫁女享受村民待遇，只在今后村里分征地补偿款时按正常村民的50%一次性发放。这一决定涉及出嫁女21名，其子女8名。"农嫁非"妇女及其子女赖以生存的土地权益被剥夺，遇到土地征用时补偿费也不能享受或者不能全部享受。有的农村盖商品房，出嫁不出村的妇女要以高于当地村民若干倍的价格才能购买。

三是离婚或丧偶妇女。在婆家村没有赶上土地调整的妇女一旦离婚，就失去了对丈夫家土地继续依赖的可能性，而娘家村的土地又被收回，于是，离了婚的妇女陷入了无处可以安身、没有生存保障的境地。即便是在婆家村分得土地的妇女，由于和丈夫离婚，离婚妇女的土地权利变化有两种可能：对离婚又离村的妇女，因其户籍的变化，承包土地要被所在村庄集体收回，或者由离异的丈夫家庭继续承包和使用。对离婚不离村的妇女，户籍未发生变化，其所在村往往也要强行收回其一半或全部土地，理由是该妇女的前夫又娶了妻子，要给新娶的妻子分地，村里没有多余的地，只能在已离婚妇女的土地上做文章了；有些地方也有离婚后前夫再婚的，男方村只给前妻和后妻中的一人落户分田；或者丈夫死后，村里只保留其子女的户口和田地，而将女方户口取消，并收回土地。据河北省有关调查，妇女离婚后，她在前夫家的承包地被村集体收回的占24.5%；回到娘家后，村集体不分给土地的占44.0%。

丧偶妇女的土地权益与离婚妇女的情况大同小异，但由于子女、是否改嫁、与夫家及其家族的"情感"等多种因素的作用而有不同的后果。对于丧偶时年龄较大，在夫家生活时间很长，与婆家及其家族建立了很深的情感，且子女已经成年或即将成年的妇女，丧偶后，她们在夫家及其家族中的地位不会发生很大变化，土地权益在这股力量的庇护下得以保全。对于丧偶时子女尚小，改嫁的意愿和可能性大的妇女，丈夫家和家族逐渐淡化了对她们的感情，由此，土地可能被村集体收回，也可能被夫家的弟兄分割。有的妇女丧偶后不改嫁，户籍也不迁移，承包的土地能够继续使用。丧偶妇女平常与婆家及其家族摩擦不断，甚至时有纠纷，丧偶后即失去在婆家继续生活和居住的支撑条件，土地权益因失去家族庇护而流失，甚至原有的家庭财产也可能被家族其他成员剥夺。

四是招婿妇女。男方到女方落户俗称"倒插门"，在这种情况下，一些地方女方所在地认为该女已出嫁，根据"从夫居"的风俗，收回女方的土地承包权，更不可能给其丈夫及子女相应的土地权益。另一些地方按照农村惯例，无子户只容许一个女儿招婿、落户和分田；有子户因儿子在外工作招婿上门或有多个女婿上门，则不予落户分田。这实质上是对女性的歧视。

（二）农村妇女土地权益被侵害的具体表现

根据中国妇联妇女研究所的有关研究资料表明，承包责任田、土地入股分红、征用土地补偿、宅基地分配，这是与农民生产生活关系最密切、与土地权益有关的四个问题，也是农村妇女的合法权益最易受到侵害的四个方面。

一是土地承包经营权。我国农村土地制度以所有权归集体、承包经营权归农民为基本特征，家庭承包经营权是农村土地制度的核心。农村妇女的土地承包权益，是指妇女作为具体经济组织成员依据承包合同对其所承包的土地所享有的占有、使用、经营和收益的权利。这种权利不仅体现在承包地的数量上，也体现在承包地的质量上，以及有关土地承包决策权上。农村妇女的土地承包权被侵害主要是指对农嫁女、离婚、丧偶、招婿等四类妇女实行有别于男子的歧视性土地承包政策，承包期内违法收回外嫁女的承包地，不让其享受同等村民待遇等。其中特别突出的是农村集体经济组织违反法律规定，限制或剥夺"外嫁女"承包集体土地的权利，歧视妇女，忽视妇女权益；或者违反法律规定，剥夺出嫁、离婚、丧偶、招婿妇女的土地承包经营权，强行收回承包地。

二是征地补偿款分配权。征地补偿款是征地部门对包括出嫁、离婚、丧偶、招婿妇女在内的被征地农民土地承包权益损失的一种价值补偿，出嫁、离婚、丧偶、招婿妇女当然应该和其他失地者一样有得到补偿的权利。近十年来，随着城市建设和城镇开发的加快，大量农村集体所有的土地被国家征用，不少农村集体组织因此获得巨额征用土地补偿款。在处理土地补偿款问题上，有些农村集体组织将补偿款用于集体兴办企业，有些将补偿款存入银行领取利息，有些则干脆将土地补偿款直接分配给村民。在分配土地补偿款过程中，由于一些村、社负责人和村民的法律意识淡薄，对部分情况特殊的村民采取不平等的待遇。主要表现在对于农村入赘女婿及其所生子女、农村妇女嫁往外地但户口及其子女户口未迁出、农村妇女离婚后没有迁走户口、农村妇女再婚上门带子女入户等，在农村集体组织分配土地补偿款时往往少分甚至不分，他们的分配权被限制或剥夺。如浙江省天台县民丰村一组将 145 万元征地补偿金全部分光，部分嫁入民丰村已达十四五年之久，但在第一轮土地承包中未分到土地的妇女被排斥在分配对象之外，而一些已过世的老人却分文未少（浙江省农村妇女土地权益保障问题研究课题组，2005）。

三是宅基地使用权。宅基地是指建了房屋、建过房屋或者决定用于建造房屋的土地，包括建了房屋的土地、建过房屋但已无上盖物不能居住的土地以及准备建房用的规划地三种类型。宅基地使用权是指自然人依法取得的在国家或集体的宅基地上建造房屋、居住使用的权利，宅基地包括建筑物的基地以及附属于建筑物的空白基地，一般是指自然辅助用房、庭院和历年来不用于耕种的生活用地以及生活用房中的生产场地。在城乡接合部，农民的宅基地分配是一项重要的福利，包含很大的经济利益，很多地区在宅基地分配问题上采取了男女不平等政策，对"农嫁非"、离婚、丧偶、招婿妇女给予不同待遇。比如，浙江义乌的房屋拆迁政策中，多子家庭按照儿子的数量分配宅基地，而只有女儿的家庭却不管女儿多少，只能给一块宅基地（浙江省农村妇女土地权益保障问题研究课题组，2005）。

四是由土地权益派生出的其他各项收益权。随着现代社会的发展和城镇化进程的加速，农村土地征用量逐年增强，城郊乡镇逐步转变为以股份分红为农民的主要经济来源，土地的功能已经多元化，土地增值问题日益突出。比如股权问题，它是把土地、集体资产折股，分配给每个人。有些地方经济比较发达，农民一般不直接耕种土地，土地不是各户经营的，一般是专业生产。这些地方非农程度高，土地增值快，为了保证土地增值收益不被外人侵占，就采取这种股份合作制的办法，集体成员都有这个权益。而对于婚嫁妇女及其子女，有的地方不给相应权益；有的地方只给部分权益，或者是有偿给予权益，即交一点钱才能得到股权。[①]

四　农村妇女土地权益问题的实质和特征

（一）农村妇女土地权益问题的实质

当前中国农村妇女土地权益问题的实质是，法律形式上平等而实质上

[①] 《"妇女与土地问题"课题研究框架设计与调查方法研讨会会议记录》，http：//www.ccap.org.cn/GL/meeting01.doc。

不平等,起点公平而过程不公平。"法律形式上的平等"是指国家承认所有的人在法律上一律平等,在法律权利和义务上给予相同的对待,禁止差别对待和歧视对待。这主要是从抽象的法律人格的意义上来要求平等对待任何人,全然不考虑现实中男性和女性在实际社会地位上的巨大差异。农村妇女平等地享有土地权益的成文制度主要来源于国家各项法律和政府政策规定。《宪法》从根本上赋予妇女与男子平等的经济、政治权利。《婚姻法》规定了夫妇双方享有平等的财产权利。《妇女权益保障法》《农村土地承包法》等都对保障妇女土地合法权益作了具体规定。可以肯定,农村妇女的土地权益在法律和政策上与男子是完全平等的。

"实质上的不平等"是指国家没有根据具体情况和实际需要,对在经济、社会、文化等方面与其他人群存在事实上差异的特殊人群给予一定的差别待遇,因实施法律形式上的平等而导致事实上的不平等。比如土地延包中,仍有少量农村妇女不能平等分到土地。一些地方以人多地少、联产承包责任制30年不变为理由,不给妇女调整土地,并由全组村民签字盖章声明各家一视同仁,把出嫁女、离婚女的土地权益排斥在外。

"起点公平"是指在土地初次承包分配中对男女两性来说是平等、平均的。除极个别地区外,无论第一轮还是第二轮土地承包,妇女和男子都有同等的土地分配权。土地发包"起点"公平,土地初次分配不存在明显的性别歧视。不过,这种结果并不完全是"男女平等"原则的法律效应,而主要得益于"户籍规则"和"人均分地"规程。

"过程不公平"主要体现为在婚姻关系变化中,妇女土地权益流失严重。由于土地是不可移动的资产,而我国农村目前主要以"妇从夫居"为主,婚后大多是女方到男家落户,许多农村妇女因婚姻流动而失去土地。

(二) 农村妇女土地权益问题的特征

(1) 妇女土地权益流失通常发生在婚姻关系变化的过程中。农村妇女的土地权益流失主要因婚姻关系变化而引起,突出表现为出嫁女、离婚妇女、丧偶妇女及招赘妇女的土地权益难以保障。据河北省有关资料,处于不同婚姻状况的妇女土地权益纠纷所占的比重,出嫁女为28.5%,离婚妇女为27.6%,招赘妇女为22.9%,丧偶妇女为19.7%,其他为1.3%。董江爱(2006)收集了1995年以来的91个农村妇女土地权益及其相关利益遭受损害的案例,其中,出嫁女(主要是出嫁不出村)的案例有28个,占总案例的30.8%；"农嫁非"的案例有22个，占总案例的24.2%；入赘丈夫的案例有11个，占总案例的12.1%；离婚女的案例有12个，占总案例的13.2%；丧偶女的案例有4个，占总案例的4.4%；性别歧视的案例有14个，占总案例的15.4%。可以看出，绝大多数妇女土地损害案例是由婚姻或婚变而造成的。

（2）通常表现为个体与家庭、少数人与多数人之间的利益之争。对妇女出嫁、离婚或丧偶后承包地如何处理，各地往往已经形成了一定的风俗习惯，大多是或留在娘家，或由村集体收回。按照这样的风俗习惯，几十年来已经反复实践过，以前很少有人提出异议，或有异议但被驳回后，不再主张。有的甚至是以村民会议或村民代表会议的形式形成的决议。如此一来，妇女"要地"在实力上和道义上都处于明显的弱势地位。如果处理不当，很可能出现保护了妇女的权益但引发全村人不满的情况。

（3）妇女土地权益主张通常是迫于生存压力或存在巨大的利益诱惑。妇女要维护自己的土地权益，只有两条路可走：一是向村集体主张权益；二是向原来生活的家庭主张权利。妇女非常明白，与村集体或家庭反抗，自己不仅势单力薄，而且缺乏社会支持。纠纷一旦发生，不说很难如愿，即使经过一番折腾最终胜诉，也很可能意味着"赢了官司、失了亲人、没了退路"。因此，一般情况下，妇女只能选择默认传统做法，像其他姐妹们一样任凭权益受损。现实生活中，主张权益的妇女大多是在土地的有无决定着其能否生存或有巨大利益的损失时，才会鼓起勇气运用法律武器进行维权，因而，妇女土地权益纠纷与其他的纠纷一个很大的不同之处在于从权益流失到主张权益保护通常有一定的时间间隔，有的长达十几年甚至20年之久。妇女由最初的无可奈何、默认现状，到最终拿起法律武器积极维权，其内心经历了一个复杂的变化过程，因此，妇女一旦走上维权的道路，其意志便极其坚定，不会轻易妥协，而且为了增强对抗性，相同处境的妇女还很容易团结起来共同行动，形成集体上访。这也是妇女土地权益纠纷通常矛盾激烈、涉及面广且解决难度很大的一个重要的原因。

五 农村妇女土地权益受侵害的原因分析

我国的法律坚持了男女平等的原则，国家政策也致力于保障妇女的各项合法权益，包括农村妇女的土地权益，但现实中农村妇女的合法土地权益常常受到侵害。农村妇女土地权益易受侵害的原因是多方面的，归纳起来，主要有以下几个方面。

（一）传统父权社会结构的影响

传统父权社会结构的影响包括：父权社会结构强加给妇女的依附性性别角色、"从夫居"的婚姻习俗、排斥女性的村规民约或村社传统。在父权社会和封建道德规范中，家庭中的男女关系成为主从和尊卑关系，女子一出生就受到冷遇，地位低于男性，衣食不同，培育也不同。她们"在家从父，出嫁从夫，夫死从子"，一生一世都要从属于男子，服从于男性，听从于男权的支配和奴役。家庭和社会的双重干预大大抵消了现行法律和政策运行的效率。

（二）传统观念和意识的影响

"嫁出去的女泼出去的水""男尊女卑"等观念根深蒂固地影响着村民、村干部、相关部门人员，还有很多农村妇女自己，而且这种观念和意识在权益的分配上往往以一种所谓合法的形式（即村规民约的方式）体现，在受侵害妇女的救济过程中反映的是部门间的推诿和执法不力。有少数基层干部的法制观念淡薄，男女平等意识不强，他们往往声称国家法律要结合本地实际来执行，从而将传统观念和社会意识置于法律之上。

（三）村规民约的影响

公元1000多年前，京兆兰田县（现西安境内）吕氏四兄弟著述倡导《乡约》，是我国第一部成文的村规民约。历史上的村规民约是存在于中国乡土社会的一种介于正式制度和非正式制度之间的具有一定权威性的民间行为规范，在不同历史时期，为维护传统的乡村秩序发挥着大致相同的教化作用。

现在我们说的村规民约，实际上是古代礼治的延续，是治理社会、规范人们行为的一种手段，是乡村治理的一种形式。村规民约真正作为一种自治规范，在我国《村民委员会组织法》中得到了承认和发展。2010年《村民委员会组织法》第二十七条明确规定："村民会议可以制定和修改村民自治章程、村规民约，并报乡、民族乡、镇的人民政府备案。"村规民约是依照法律法规，适应村民自治要求，由同一村的村民在生产、生活中，根据习俗共同约定的自我约束的一种规范,是大家共同利益的集中体现,是国家法律法规在基层的具体体现,同时也是村民之间的契约。村规民约作为介于法律与道德之间"准法"的自治规范,是村民共同意志的载体,是村民自治的表现,是村民自我管理、自我教育、自我服务、自我约束的行为准则,具有教育、引导和约束、惩戒作用,对于促进村民自治具有特殊作用。

村规民约在中国农村具有独特而重要的地位和作用,特别是2010年修改通过的《村民委员会组织法》的颁行,在法律上确认了村规民约在村民自治中的作用。《村民委员会组织法》第五条规定:"乡、民族乡、镇的人民政府对村民委员会的工作给予指导、支持和帮助,但是不得干预依法属于村民自治范围内的事项。"在男权文化下,有权参与村规民约讨论制定的基本为男性公民,人们思考问题、制定村规民约也是从保护男性利益出发,这样就会有意无意忽略或损害了女性的权益。现实中,农村妇女土地权益受到侵犯,一般不是个人行为所致,而是村组织领导人利用村规民约或习惯做法,对农村妇女土地权益"有根据"的侵犯。由于村民大会在处理妇女土地权益分配上的违法决定属于村民自治范围,政府没有进行监控的制度保障,造成基层政府对农村妇女土地权益问题不够重视,对侵害农村妇女土地权益问题不想或不敢严肃处理。许多地方法院一般也不愿受理这类诉讼。法院拒绝受理相关案件的做法,显然造成了司法救济途径的缺失,使妇女维护自身合法权益的最后一线希望破灭。

(四) 法律政策缺少社会性别视角

许多政策从表面上看是中性的,没有歧视妇女,但是由于没有充分考虑到现实的社会性别利益关系,使政策在实施过程中不可避免地会侵害到农村妇女的土地权益。比如,《农村土地承包法》中"增人不增地,减人不减地"以及土地承包三十年不变的政策,对于稳定农村的土地制度,鼓励农民保护土地,增加农业投入起到了积极作用。但这一政策对性别因素考虑甚少,没有考虑既定的"从夫居"婚姻结构条件下政策的实施对不同性别的影响,忽视了在承包期内新增人口特别是大量的由于婚姻而流动的农村妇女的权益。土地承包三十年不变的政策使几代已婚妇女在异地婚嫁中得不到土地。以户为单位的土地承包政策没有明确家庭中的个人权利,在目前绝大多数家庭以男性为当然户主的情况下,家庭决策往往反映男性的意志，妇女的权益，特别是她们的土地权益，被淹没在以男性为中心的家庭中。其结果是强化了个人特别是妇女对家庭的依附性，并从政策上进一步强化。

(五) 法律政策缺乏可操作性

我国《妇女权益保障法》规定，妇女的土地权应在结婚、离婚后受到保障，但是并没有说明具体的保障办法；我国《农村土地承包法》以法律的形式确定"户"为承包土地的基本单位，这与以个人作为基本单位的普通法是不协调的，因而在具体操作中必然会产生很多难点；另外，我国农村村民委员会地位特殊，由村民代表大会作出的决议，其法律效力如何？当村民对其作出的决议不服时，怎么办？由谁纠正？所有这些问题在法律上都是空白，致使农村妇女告状无门。

(六) 集体土地所有权主体的虚位与村民资格的模糊

集体土地所有权主体的虚位，是当前集体土地产权存在的一个重大缺陷。这一点已经被大多数人所认同，并逐步成为理论界和实务界的共识。《土地管理法》第十条规定，农民集体所有的土地依法由村集体经济组织或者村民委员会经营、管理。从这条可以看出集体土地所有权主体是农民集体，然而"农民集体"并不是严格法律意义上的概念，更多的是政治意义上的名词。它是传统公有制理论在政治经济上的表述，意为全体农民的集合，是一个抽象的、主体没有固定下来和清晰界定的集合群体。在农村集体经济组织主体虚位的情况下，个别乡村干部的意志在一定程度上左右着一切。另一方面，农村土地的用途及其更改、土地产权的变动等重大事项，都取决于国家意志，农村土地集体所有权是有限产权而非完全产权。在这种体制下，个人的权利是不明确的，也是无法得到充分尊重和独立保障的。

与集体所有权主体模糊有关的是集体经济组织成员资格的界定不清。《婚姻法》第九条规定，"登记结婚后，根据男女双方约定，女方可以成为男方家庭的成员，男方可以成为女方家庭的成员"，也就是说，婚后男女双方可以有居住选择自由权。但是，目前在广大农村，男娶女嫁、"从夫居"还是男女结婚成家的主要形式。在"从夫居"的社会习惯中，农嫁女结婚而不"出嫁"、男子到女方落户在许多地方被视为反传统行为，他们的村民资格遭到排斥，经济权益受到侵害，特别是在人多地少和集体福利待遇较好的村，人员流进大于流出，这一矛盾更加突出。农村集体经济组织成员资格问题，直接涉及个人生存利益，对每个村民都非常重要，"出嫁女"、"离婚女"和"入赘婿"要得到土地补偿费，根据有关规定首先要确认是否具有农村集体经济组织成员资格。而恰恰在司法实践中，争议最大又最难确定的就是集体经济组织成员资格，无论是征地补偿费的分配、土地承包，还是土地承包合同纠纷的解决，无不涉及这一问题。但是村民自治组织以本村、本地利益为重，在国家没有明确的法律、政策规定的前提下，抱着少一人参与分配就能多分一份的心态，侵害了一部分农村妇女的土地权益。

（七）性别分工与权力结构不平衡的影响

"男主外、女主内"的性别分工，使得在村"两委"中除点缀性地安排个别女性在不重要的位置上外，几乎是清一色的男性，职务的性别化导致女性在权力结构中的边缘化，这又导致决策机构中女性的缺席，导致女性群体的利益被边缘化。因此，当采取村民大会或村民委员会表决形式时，往往以牺牲少数人的利益来解决利益分配中的矛盾。

六 几个难点问题

1. 引发妇女土地权益纠纷相当一部分是以村民大会或村民代表大会决定的形式出现的

例如，石家庄某村已嫁闺女诉村委会案。2005年，石家庄市某村因市政府征用土地得到补偿款3000余万元。该村村委会制订了分配方案，通过村民表决的方式，决定"闺女户"只能享受村民应得补偿款的30%。该村已嫁闺女，但户口没有迁移的，认为此决定侵犯了她们应当享有的财产权，在调解未果的情况下，向当地基层人民法院提起诉讼。董江爱（2006）收集的近年来农村妇女土地纠纷的91个案例中，上诉法院的案例有29个，占总案例的31.9%。在上诉法院的29个案例中，未解决的案例有13个，占上诉法院案例的44.8%。从上诉法院未解决的13个案例来看，有的是地方法院以"村委会和妇女个体是不同的民事主体，不属于民事诉讼范围"为由拒绝受理；有的是地方法院是以"村委会是村民自治组织，不属于行政诉讼范围"为由拒绝受理；有的是地方法院认为农村土地分配是村民自治范围内的事务，不支持妇女提出的土地要求；也有的是村委会不服地方法院的判决，提起上诉；还有的是村集体没有土地和资金，法院判决无法执行。同类案件不同的地方法院采取不同的态度和行动，产生了完全不同的结果，这说明地方法院是否作为和能否严格执法是妇女土地纠纷能否解决的关键，法院判决执行难的问题也是妇女土地问题难以解决的重要因素。不过，通过司法渠道主张土地权益的妇女还不是很多，寻求地方政府及有关部门和妇联组织保护的行政救济仍然是农村妇女主张土地权益的主要途径。在未上诉法院的 62 个案例中，通过基层政府解决的案例只有 5 个，解决率只有 8%。多数情况是村委会以村规民约和习惯法为依据，拒不承认其损害行为，而基层政府及有关部门认为土地承包是村组织的内部事务，拒不处理妇女土地纠纷，地方妇联组织对此类问题无所作为；有的基层领导认为土地承包合同"三十年不变"和"增人不增地、减人不减地"的土地分配办法是中央政策，地方政府没有责任；有的是基层政府和村委会都承认对妇女土地权利的损害，但因村集体没有土地和资金提供补偿，也只能不了了之。

2. 农村集体经济组织成员资格如何界定，是妇女土地权益纠纷中经常遇到的问题

实践中的做法主要有三种：一是采取单一标准的方法，即以是否具有本集体经济组织所在地常住户口作为判断是否具有农村集体经济组织成员资格的确定依据；二是采取复合标准的方法，即以户口标准为基础，辅之以是否在本集体经济组织所在地长期生产、生活来判断；三是根据权利义务关系是否形成的事实作为判断标准，即必须与本集体组织形成事实上的权利义务关系及管理关系的人，才具有农村集体经济组织成员资格。三种做法都有一定的合理性，也都存在明显的缺陷，必须进一步完善。实践中，确定出嫁女的村集体经济组织成员资格，采用复合标准法与类推法相结合的方法更为恰当。一是以户籍为基本依据，综合考虑妇女生产生活所在地、与村集体的权利义务关系，以及是否被另一个集体经济组织接纳等各种因素，根据具体情况作出判断，而不能单纯以户口或权利义务关系作为唯一判断标准。二是对于依据上述标准难以判断的，可以结合"男女平等原则"来类推。同等条件下，男子享有集体成员资格，可以类推女子也当然享有该资格。比如，同一村集体经济组织中，两个年轻人都外出打工，一男一女，双方各自结婚后，仍留在城市继续打工，都未迁出户口。若该男子被认定为集体成员，那么该女子也同样享有成员资格。要排除女子的成员资格,必须在性别之外找原因。这种方法简便易行,又最大限度地保证了公平性。

3. 个人是否是土地承包权的主体

对土地承包权的主体是农户还是个人,学术界有截然不同的两种意见:一种意见认为,根据《农村土地承包法》第五条及其他条文的规定,土地承包权的主体是集体经济组织成员,是个人;一种意见认为,根据《农村土地承包法》第十五条的规定,承包农村土地的主体是农户。分析发现,第一种意见旨在突出对农村妇女等个体权利的保护,但对许多法律规定无法给出恰当的解释;后一种意见旨在突出稳定农村土地承包关系,但不利于对个体权利的保护。笔者认为,《农村土地承包法》第五条是关于农村土地承包经营权主体的规定;而《农村土地承包法》第十五条是关于农村土地承包形式的规定。两者是内容和形式的关系,即个人是农村土地承包经营权的实体享有者,但是其权利的享有必须依托家庭来实现,以农户为单位进行;家庭成员之间是一种类似共同共有的共同承包关系。一旦家庭解体,家庭成员可以主张权利分割。如此理解,有诸多好处。一是符合农村土地"按户承包,按人分地"的实践,符合实践中人们对"谁有地、谁没地"的一般理解,符合分户时土地在家庭成员间进行分割的实际。二是既强调平时土地承包经营关系的稳定,又承认在发生分户、离婚等情况下,家庭成员享有权利分割主张权;既突出了"稳",又不排除"变",兼顾了稳定土地承包关系和保护个体利益的一致性。三是与司法实践的做法相一致。最高人民法院《关于审理农村承包合同纠纷案件若干问题的规定(试行)》明确规定夫妻离婚时有分割承包地的权利。该规定第三十四条规定:"承包方是夫妻的,在承包合同履行期间解除婚姻关系时,就其承包经营的权利义务未达成协议,且双方均有承包经营主体资格的,人民法院在处理其离婚案件时,应当按照家庭人口、老人的赡养,未成年子女的抚养等具体情况,对其承包经营权进行分割。"四是能很好地解决《农村土地承包法》第五条和第十五条的统一问题。

4. 关于土地征收补偿费用分配及适用司法程序

土地征收补偿费用包括土地补偿费、安置补助费、地上附着物及青苗补偿费。关于地上附着物及青苗补偿费的纠纷,作为民事案件受理,是没有争议的。但是对于土地补偿费和安置补助费纠纷法院能否受理,认识很不统一,最高人民法院的司法解释也前后矛盾,让人无所适从。2001年12

月 21 日，法研〔2001〕116 号答复指出，村民因土地补偿费、安置补助费问题与村民委员会发生纠纷的，属平等民事主体之间的纠纷。当事人可就该纠纷起诉到人民法院。刚过半年多时间，2002 年 8 月 19 日，最高人民法院立案庭对浙江高级人民院的批复（〔2002〕民立他字第 4 号）则认为，"农村集体经济组织成员与农村集体经济组织因土地补偿费发生的争议，不属于平等民事主体之间的民事法律关系，不属于人民法院受理民事诉讼的范围。对此类争议，人民法院依法不予受理。对于不需要由农村集体经济组织安置人员的安置补助费和地上附着物、青苗补偿费发生的争议，属于平等民事主体之间的民事权利义务争议，属于人民法院受理民事诉讼的范围。"司法解释的矛盾加大了法院对此类纠纷受理上的随意性。地方法院一般以无法适用司法程序为由，对此类纠纷拒绝受理。理由是：村委会是自治组织，没有行政主体资格，不适用行政诉讼；村民与村委会之间不是平等民事主体关系，也不适用民事诉讼。许多出嫁女感觉告状无门。

2005 年 3 月 29 日，最高人民法院通过了《关于审理涉及农村土地承包纠纷案件适用法律问题的解释》（法释〔2005〕6 号，以下简称《解释》），对受理与诉讼主体作出了明确规定。《解释》第一条规定："下列涉及农村土地承包民事纠纷，人民法院应当依法受理：（一）承包合同纠纷；（二）承包经营权侵权纠纷；（三）承包经营权流转纠纷；（四）承包地征收补偿费用分配纠纷；（五）承包经营权继承纠纷。""集体经济组织成员因未实际取得土地承包经营权提起民事诉讼的，人民法院应当告知其向有关行政主管部门申请解决。""集体经济组织成员就用于分配的土地补偿费数额提起民事诉讼的，人民法院不予受理。"《解释》第一条在明确规定承包地征收补偿费用分配纠纷属于受理范围的同时，又规定"就用于分配的土地补偿费数额提起民事诉讼的，人民法院不予受理"，对此，许多人认为，《解释》第一条第一款与第三款的规定相互矛盾，在受理与非受理之间难以选择。实际上，《解释》第一条第一款与第三款的规定并不矛盾。第一款中的"征收补偿费用"和第三款中的"土地补偿费"是两个不同的概念。征收补偿费用除包括土地补偿费外，还包括安置补助费、地上附着物及青苗的补偿费，也就是说，土地补偿费只是征收补偿三项费用中的一项。根据规定，土地补偿费可用于发展集体生产和公益事业，也可依照法定程序在本集体经济组织内部进行分配。至于究竟拿出多少土地补偿费用于内部分配，用于分配的蛋糕究竟应该有多大，由于关系到集体经济发展，应当属于村民自治范围。为此,《解释》第一条第三款规定,人民法院不予受理。第一款第四项解决的是在土地补偿费在集体与村民之间如何分配问题确定后,用于村民之间分配的土地补偿费、安置补助费及其他征收补偿费用,在村民之间如何进一步分配的问题。《解释》第二十四条规定:"农村集体经济组织或者村民委员会、村民小组,可以依照法律规定的民主议定程序,决定在本集体经济组织内部分配已经收到的土地补偿费。征地补偿安置方案确定时已经具有本集体经济组织成员资格的人,请求支付相应份额的,应予以支持。"

5. 关于无机动地可供调整的问题

从目前情况看,有机动地的村子仅占一小部分,出嫁女在新居住地直接获得土地承包经营权的机会很少。通过土地流转的方式,有偿取得土地经营权是解决人地矛盾的一条有效途径,但如此一来,又势必给出嫁女带来额外的经济负担。在土地之外寻找解决人地矛盾的办法应是根本出路所在。当务之急是把因婚姻变化而失地的妇女及其子女纳入农村社会保障体系。

七 部分省份的有益探索

2004~2006年,山东、江苏、辽宁、安徽、福建、海南、云南等省相继出台了实施《农村土地承包法》实施办法,其中,2006年《海南省实施〈中华人民共和国农村土地承包法〉办法》(以下简称《办法》)最具代表性。与《农村土地承包法》相比,该《办法》主要有四个方面的发展。一是对《农村土地承包法》中容易引起歧义,据此反而可能会侵害农村妇女土地权益的条款作出修改。《办法》第十一条第二款在规定"承包期内,妇女结婚,在新居住地未取得承包地的,发包方不得收回其原承包地"的基础上,增加了"新居住地集体经济组织应当解决其承包土地"的规定。二是对所有男到女家落户的农民都平等地予以保护。《办法》第十一条第三款规定:"承包期内,因结婚,男方到女方家落户的,夫妻双方及其子女享有与居住地集体经济组织其他成员平等的土地承包经营权。"三是对因分户、离婚引起的土地承包权的分割问题作出规定。《办法》第十二条规定:"承包期内,承包方家庭成员因分户、离婚而申请分别签订承包合同的,发包方应当与分立后的集体经济组织成员签订承包合同,并报有关部门换发土地承包经营权证或者林权证。""承包方家庭分户的，由家庭内部自行决定土地承包经营权的分割。家庭内部就土地承包经营权分割达成协议的，发包方应当尊重其协议；达不成协议的，按照承包合同纠纷处理。""因离婚产生的分户，双方当事人的土地承包经营权按照离婚协议、农村土地承包仲裁机构的仲裁裁决或者人民法院的判决处理。"四是明文规定家庭承包合同应当载明享有土地承包经营权的家庭成员姓名。

对因分户、离婚所引起的土地承包权的分割问题，江苏、安徽、福建等省也都作了类似规定。山东、江苏、辽宁、安徽还对农村集体经济组织成员的界定进行了探索。

河北省秦皇岛市昌黎县 2004 年由县委政法委、农工委、民政局和妇联联合下发出台了《关于保护农村离婚妇女土地承包经营权的通知》（昌农工〔2004〕8号）。该文件明确规定："为了维护离婚妇女的合法权益，人民法院、司法行政机关、人民调委会、婚姻登记机关，在受理农村妇女离婚案件中，应把当事人双方的土地承包经营权进行合理分割，将当事人双方（也包括归双方抚养的子女）经营的地块、面积（包括四至）等内容，写进判决书、调解书或协议书，用法律文书固定下来，以确保离婚妇女的合法权益不受侵犯，确保农村土地承包关系及农村社会的稳定。"截至 2006 年 9 月底，全县农村协议离婚的有 132 对，其中，有 35 对将土地承包经营权分割后，写进协议书。"农民离婚，先分土地"在当地已不存在争议。虽然昌黎县的做法收到了非常好的效果，但在具体执行过程中，也遇到了一些困难。昌黎县民政局婚姻登记处主任齐东说："2004 年开始，根据县委、政府下发的有关文件，我们开始在离婚协议书上，把土地分割的内容用文字固定下来并清清楚楚地写到离婚协议书上，这一办法确实保障了离婚妇女的合法土地权益。但 2009 年 3 月份，河北省民政厅下文，规定婚姻登记处不允许有任何其他服务项目，这样一来，我们就不好再执行这一办法了，因为国家法律没有规定要把土地分割写入协议书。婚姻登记处就是一个确认行为的机构，如果能将此类规定写入《婚姻登记条例》就好了。"

广东省委、省政府高度重视妇女维权工作。近年来，随着城镇化进程的加快，农村大量土地被征用，农村集体经济组织成员的土地承包权逐步演变成集体收益分配权，包括股权、集体收益分红、征地款和福利待遇等，农村妇女土地权益纠纷出现新的变化，并日渐突出。针对这种情况，广东省政府积极创新，重点推动了农村出嫁女①权益维护工作，并取得了明显成效。具体来说，一是推动省人大及时修改《广东省实施〈中华人民共和国妇女权益保障法〉办法》，将出嫁女资格认定原则由过去的"两地（户籍地、居住地）加义务（履行集体经济组织义务）"，修改为"一地（户籍地）加义务"，明确并扩大了享有权利的出嫁女范围。二是大力推广中山市、东莞市农村股份制改革与出嫁女及其子女权益统筹解决的做法，固化农村合作股份的股权，一次性把股权配置到家庭，股权"生不增、死不减，迁出迁入不加减"。对部分不完全符合条件的，采取部分无偿配股与出嫁女部分出资购股等灵活方式，寻求各方利益平衡，并尽量保障出嫁女权益。三是政府大力推动，组织工作组驻村抓点，对违法村规民约进行全面清理，加大出嫁女权益纠纷的司法调解与相关执法力度。至2007年底，珠三角及肇庆等地市农村出嫁女及子女权益部分或全部得到保障的人数已达37万多人，占应享有人数的90%左右。

以广东省佛山市南海区为例，南海区政府近年来也在强力推动妇女维权工作。在当地，有些农村推行了股份制改革，户籍村民因为持有股份可享受分红，而许多外嫁女却被剥夺了该项权利。由于涉及利益巨大，外嫁女们不断展开抗争，外嫁女上访几乎成为南海一个不光彩的标志。为了解决外嫁女权益问题，1998年，南海区政府出台了《关于保障我市农村"外嫁女"合法权益问题的通知》（简称133号文）；2000年，又出台了《农村"外嫁女"及其子女股权权益办法》；2003年出台了《南海区深化农村股份合作制改革指导意见》。这些看似解决问题的文件，有的却带来了相反的效果，例如133号文规定符合确权条件的外嫁女"必须是户口和居住地都在原村"，这使得许多村以此为借口，将居住在本村之外的外嫁女股东资格取消。更大的阻碍来自村规民约，有些村庄直接规定，原本社农业户口的妇女外嫁，户口尚未迁出的，其本人及其子女不能享受股权配置；有些则规定外嫁女及其子女若要享受分红，需要"购股"。在这种背景下，若要解决外嫁女权益问题，必须全面清理旧文件和村规民约。据《南方农村报》2009年8月15日报道，2008年3月，南海区成立"南海区解决农村出嫁女及其子女权益问题工作领导小组办公室"（以下简称区出嫁办），区委书记

---

① 所谓农村出嫁女是指结婚后户口仍留在农村集体经济组织，并履行农村集体经济组织章程义务的妇女。

李贻伟亲自出任领导小组组长；2008 年 6 月，南海区委、区政府出台了《关于推进农村两确权，落实农村"出嫁女"及其子女合法权益的意见》（简称 11 号文），在该文件中，首次提出要贯彻男女平等原则，按照"同籍、同权、同龄、同股、同利"的原则进行股权配置。出嫁办由南海区各个部门抽调人员组成，分成 6 个工作小组，分别在南海的 6 个镇展开工作。这次行动跟以往不同之处在于，废除了此前的不合理文件，规定村规民约不得与法律相抵触，明确外嫁女及其子女的确权条件，以及必要时可采取司法措施强制推行等。

  2009 年 3 月 6 日，南海大沥镇丹邱村村长陈国航收到了大沥镇政府发来的《行政处理决定书》，要求颜峰村委会丹邱村确认叶倩云等 11 名外嫁女及子女的股东地位。然而，丹邱村有着自己的规定，如外嫁女挂靠户口仍是本村的在册农业户口，本人及其子女可购股。为此，丹邱村在 3 月 15 日下午 1 点半召开各户代表大会，讨论如何回复。在到场的 277 位户主中，有 265 位签名不执行决定书，12 位签名同意执行，反对的占了绝对上风。将满满 8 页摁着红手印的复函交给大沥镇政府，陈国航以为就算了事了。但 7 月 2 日上午 10 点 15 分，陈国航被逮捕。随后，丹邱村涌出近百名村民，前往大沥镇政府抗议，甚至有村民以身体撞向刑警的盾牌。南海法院宣布陈国航妨碍司法执行，并督促他尽快在 11 名外嫁女及其子女的股权证上盖公章。陈国航表示自己没有这个权力，涉及全体村民利益的重大事项，必须经过村民代表大会表决通过。随即，他被关押进拘留所，直到 7 月 4 日，他担心丹邱村运转成问题，只能盖下公章。法院也于当天将其释放。按照村庄不成文的规定，11 名外嫁女及其子女要拿到分红，必须每人找到三个村民签名认可，还要另外找三个村民核对，然后才是村主任签名盖章，要不然资金转不出来。可以想见，倘若接下来没有进一步的强硬手段，即使外嫁女的股权证盖上了公章，也很可能无法取得分红。针对进一步的阻挠，南海法院有了更高明的手法，早在 2009 年 4 月，法院便尝试将村集体账户与涉案村民账户分离，以破解村集体分红款的执行难题。

  对于长期积累下来的这一复杂难题，要想彻底解决绝对不会一帆风顺。面对政府的强势逼近，有些村庄也不甘示弱。在六联村委会，有 8 个村小组对大沥镇政府提起了行政诉讼。他们的理由是：早在 20 世纪 90 年代，就对外嫁女进行了一次性的经济补偿，政府没有理由再无偿给她们分红。例如，六联村委会九村在 1995 年就给外嫁女发了一份协议书，给予每人 22700 元的一次性补偿，以换取外嫁女放弃经济社的一切经济效益。目前，诉讼还在受理当中。

不过，政府的工作还是取得了显著成效。据《南方农村报》2009年8月15日报道，根据区出嫁办的数据，南海区共有户口在原村的外嫁女20855人，子女约14575人，合共35430人。截至2009年7月底，南海区共有18545名外嫁女落实了股权权益，加上他们的子女，已占总人数的94.1%。

八 保障农村妇女土地权益的对策及建议

（一）在法律的制定和执行中增强社会性别意识

面对中国传统男权社会的现实，要提高我国法律对于农村妇女土地权益保护的层次和水平，必须转变妇女权益保护的立法观念，将社会性别意识贯穿于农村妇女土地权益保护的立法和执法过程中，用法律手段加大维护农村妇女合法土地权益的力度（李红，2008）。建议在立法和政策制定前，就充分吸纳不同层次、不同方面的人特别是有见识的妇女对该问题的看法，对政策和法律实施后可能对妇女产生的影响（无论是正面还是负面）进行分析，做到防患于未然。尤其是在有关土地法律法规的配套实施细则和部门规章办法的制定中，要积极组织听取妇女权益组织和妇女代表的意见。

（二）加强对村规民约的审查管理

1. 对村规民约进行全面清理

按照《村民委员会组织法》中"村民自治章程，村规民约以及村民会议或者村民代表大会讨论决定的事项不得与宪法、法律、法规和国家的政策相抵触，不得有侵犯村民的人身权利、民主权利和合法财产权利的内容"的规定，对村规民约进行全面清理，对其中与《物权法》《农村土地承包法》《土地管理法》《妇女权益保障法》《婚姻法》《民法通则》等法律中相抵触的条款、侵害妇女合法财产权利的条款予以修改；对违反男女平等基本国策、侵害妇女合法权益的内容坚决废止，以维护法律的普遍性和权威性。

2. 完善对村规民约的审查备案制度

各村民委员会形成的各类村规民约，必须报送上一级人大组织备案，杜绝在村规民约中出现违背我国现行法律法规的情况。立法部门应对村规民约的制订建立司法审查机制，当村规民约经村民讨论拟订后，由立法等有关部门进行审查，对其中不符合法律规定的条款提出修改意见，予以完善，使村规民约与国家的法律、法规相吻合；对以村规民约有规定为由，公然侵害农村妇女土地权益的行为，要立即予以纠正，坚决制止村委会、村民小组制定的土政策大于法律的做法。各级人大应督促所在地的政府或主管部门及时出面解决。要积极引导司法部门依法审理农村妇女土地承包权益受侵害的案件，对重大案件要及时追究司法责任，并公开进行审理，积极运用司法手段保护农村妇女土地权益。

3. 修改完善《土地管理法》和《农村土地承包发》相关条款，建立集体土地财产收益（归集体的土地征收补偿费、集体建设用地流转收益、集体土地有偿发包收益等）分配使用方案的审查备案制度

现行法律下，集体经济组织形成的土地发包方案、土地调整方案、宅基地分配方案等，都要求报乡政府和有关机构备案审查。但是，对于土地征收补偿费的分配使用方案，我国法律则没有要求备案和审查，许多地方在土地征收补偿费的分配使用中，存在违背法律规定、剥夺和侵害少部分成员（如婚嫁妇女、政策性移民、新增人口）土地权益的情况。在逐步改革集体建设用地使用制度，开放集体建设用地市场，建立集体建设用地招标、拍卖、挂牌有偿出让制度和有偿租赁制度的情况下，集体建设用地收益也会逐步显现出来。

为此，建议在《土地管理法》修改中增加专门条款明确规定，村民会议或村民代表大会形成的集体土地征收补偿费的分配使用方案、集体建设用地有偿使用（出让和出租）收益的分配使用方案，必须报乡级人民政府备案，并报县级人民政府有关部门审查后才能执行。

建议在《农村土地承包法》修改中增设专门条款明确规定，集体土地有偿发包收益的分配使用方案，必须报乡级人民政府备案，并报县级人民政府有关部门审查后才能执行。

这些方案的执行结果必须进行公告，接受群众监督。村民会议或村民代表大会形成的决议不符合法律规定未经审查通过的不能执行，必须重新形成新的决议。

（三）修改完善《农村土地承包法》

《物权法》已经明确农户的土地承包经营权为用益物权，并施以物权保护，虽然没有对保护妇女土地权益作特别的文字规定，但是物权具有的直接支配性（排他性）和保护上的绝对性，在一定程度上可以促进对农民（包括妇女）的土地权利的有效保护。作为用益物权，不仅嫁到他村的农村妇女的土地承包经营权得到了较有效的法律保障，而且入赘他村的男子的土地承包经营权也获得相同效力的法律保护，体现了法律的公平性和平等性。

但是，需要通过更加具体化的法律规定来落实《物权法》的立法精神，保障妇女的土地权利。建议在《农村土地承包法》中增设关于妇女出嫁时分割承包地的规定，如"妇女结婚出嫁的，有权请求分割原家庭承包的土地，取得其应得份额。发包方不得收回其承包地"。再如可将《农村土地承包法》第三十条增加"妇女迁入新居住地并取得集体经济组织成员资格的，与新居住地集体经济组织成员享有平等的土地权益"。也可增加有关保护离婚妇女土地权益的规定，如"妇女离婚的，有权请求分割原家庭承包的土地"。更加具体明确和具有可操作性的法律条款，有利于促进人们对法律的正确理解和落实，有利于促进对妇女土地权利的有效保护。

（四）加快推进户籍制度改革的同时进一步明确农村集体经济组织成员身份

要加快推进按照居住地登记户口的户籍制度改革。妇女因婚嫁迁入新居住地居住的，可申请取得新居住地的户口，并申请成为新居住地集体经济组织成员，依法享有与新居住地集体经济组织成员平等的各项权益。成为新居住地集体经济组织成员后，其原集体经济组织的成员资格自然失去。需要强调的是，如果妇女无法在新居住地取得户籍及相应权益，在新居住地无法取得土地承包经营权的情况下，其在原居住地已经取得的土地权利，如土地承包经营权、宅基地使用权等理应得到保护。

应进一步明确农村集体经济组织的成员资格及其变动条件和程序。农村集体经济组织成员享有所在集体经济组织内的土地承包经营权及其他相关权益，一旦其成员资格得到认定，其土地承包经营权及其他相应权益就应受法律保护，除非本人明示放弃或具有法定丧失情形，任何组织、个人不得剥夺。

（五）改革完善不动产登记制度，规范农村家庭内部土地财产关系

土地的支配权与继承权牵涉到农村家庭的权力结构。目前中国农村占绝对优势的婚姻和继承制度仍然是"从夫居"和与之相关联的男性单系抚养/继承制，中国农村基本的经济单位是"户"而不是独立的个体，在法律上土地承包经营权是全体家庭成员的共同财产。然而，家庭成员是一个动态的单位，在家庭成员增减变动、离婚、丧偶、土地被征收等情况下，妇女的土地财产权益很容易受到侵害。

有必要对农户家庭内部的土地财产关系进行更加明确的法律规范，克服家庭内部土地财产分配、处置上的性别歧视，改善家庭权力结构，完善和巩固家庭经营制度。建议土地承包经营权证书、宅基地使用权证书和房屋所有权证书应登记夫妻双方的姓名，按照共同财产来规范家庭内部不动产（包括宅基地、承包地、房屋等）的法律关系，这样既有利于保护妇女的土地权利，也有利于逐步建立城乡统一的家庭内部不动产法律关系。在土地转包、转让、出租、互换、入股、调整、被征收等情况下，必须要求夫妻双方在相关合同、协议和登记文书上共同签字同意才能生效，防止家庭成员在妇女不知情的情况下处置家庭土地财产，保障妇女在分居、离婚和丧偶等情况下的土地财产安全。

（六）完善司法救济制度

由于村民委员会及其村民代表大会的地位特殊，根据现行法律规定，村民不服村民委员会和村民代表大会作出的决议，既不适用行政诉讼程序，又不适用民事诉讼程序，因此在不少地方出现了村民向法院起诉状告村委会而法院拒绝受理的情况，老百姓告状无门，在权利受到侵害时却得不到司法救济。因此，必须以法律的形式明确规定村民委员会和村民代表大会作出决议的法律效力和法律地位，并明确规定对于此类案件法院应当依据民事诉讼程序或行政诉讼程序办理，从而为农村妇女维护土地合法权益敞开司法救济之门，切实解决村民起诉村委会案件的受理问题。

农业行政部门应建立健全土地承包仲裁机构，完善仲裁程序，妥善解决农村妇女与村委会等之间的土地权益纠纷；司法部门要尽快确定村民权益受到村委会等侵害时可采用的法律救济措施，提供强有力的司法救济，

使农村妇女的权益受损案件可以通过司法途径得以合理解决。

动员法律工作者为妇女提供法律援助，可以要求法学院校的学生以志愿者的身份为妇女维权提供服务等，拓展为妇女提供法律援助的形式。在县级以上城镇建立农民法律援助中心，从制度上保障为农民和妇女提供有效的法律服务。要通过与民间组织的合作，提高法律援助实施的效果。

（七）提高妇女的参政议政能力

提高农村妇女在村民自治组织中的代表比例。在对基层社会和社区组织进行组建和对其活动进行规范时，要制订明确的妇女参政条款。有专家建议，农村基层政权中配备女干部并逐步提高比例直至 50%，从权力结构上改变农村现状。让妇女参与成为村民代表大会召开不可缺少的条件，对与妇女利益相关的决议，例如决定土地的流转和分配等，要将"必须经全村 2/3 以上妇女同意"作为必经程序等，使那些损害妇女权益的不合理决议在妇女的亲自监督下否决，从而堵住损害妇女权益的源头。

（八）大力开展法律法规的宣传教育

首先，要进一步开展男女平等基本国策的宣传教育，特别是加强对保护妇女权益方面的法律法规的学习和宣传，应采取各种手段，以群众喜闻乐见的形式，如报纸、广播、墙报和地方戏曲等大张旗鼓地宣传男女平等基本国策，把高层意识逐步转化为广大人民群众的共识，彻底清除男尊女卑、重男轻女的传统观念，提倡男女平等，提倡"从妻居"与"从夫居"得到相同的尊重，营造尊重妇女、爱护妇女、保护妇女的良好社会环境。其次，要广泛深入地搞好《村民委员会组织法》《妇女权益保障法》《土地管理法》《农村土地承包法》和其他相关法律、法规的学习与宣传。特别是对乡镇基层党委、政府领导加强培训教育，提高他们的意识，再层层抓落实，从而提高农村基层干部的法律意识和依法建章建约的自觉性。再次，农村基层妇女组织更要发动妇女积极参与学习和宣传活动，了解国家法律赋予自己的权利，提高妇女的法律意识和依法维权能力，学会运用法律武器维护自己的合法权益。要把"法律承认"和"社会认可"同时作为妇女维权的努力方向，提高全社会的性别意识和妇女自身的维权能力。

参考文献

1. 董江爱，2006，《农村妇女土地权益及其保障》，《华中师范大学学报》（人文社会科学版）第1期。
2. 海南省农村妇女土地承包权益问题调查课题组，2004，"海南省农村妇女土地承包权益问题的调查与思考"，http：//38—china.com/new/2004/12/06。
3. 河北省妇联，2006年3月8日，《农村妇女土地权益调研报告》，又见新华社，《农村妇女土地权受损需从四方面应对法律漏斗》，《河北日报》。
4. 李红，2008，《农村妇女土地权益及其法律保障》，未出版。
5. 李慧英，2003，《社会性别与公共政策》，社会科学文献出版社。
6. 林吉玲，2001，《二十世纪中国女性发展史论》，山东人民出版社。
7. 林明华，2005年10月23日，《法律视角下的农村妇女土地权益保护》，http：//epub.cnki.net/。
8. 林志斌，2001，《论农村土地制度运行中的性别问题——来自全国22个村的快速实证调查》，《中国农村观察》第5期。
9. 刘保平、万兰茹，2007，《河北省农村妇女土地权益保护状况研究》，《妇女研究论丛》第6期。
10. 齐齐哈尔市妇联，2009年7月23日，《齐齐哈尔市妇联关于农村妇女土地权益状况的调研报告》，http：//www.hljwomen.org。
11. 全国妇联妇女儿童权益部调查组，2000，《土地承包与妇女权益——关于农村第二轮土地承包工作中妇女权益被侵害情况的调查》，《中国妇运》第3期。
12. 四川省妇联，2004，《妇女土地权利调研报告》，打印稿。
13. 王景新，2006年4月13日，《中国农村妇女土地权利》，http：//www.privatelaw.com.cn。
14. 王景新、支晓娟，2003，《农村妇女土地权利事关"三农"发展大局》，《中国改革》（农村版）第3期。
15. 王永钦，2009年5月16日，《解决妇女土地问题政府重视是关键》，《中国妇女报》。
16. 徐维华、马立成，2001，《河北省农村妇女土地权益调查报告》，《当代中国妇女权益保障的理论与实践》，中国工人出版社。
17. 袁锦秀，2006，《妇女权益保护法律制度研究》，人民出版社。
18. 张忠根、吴珊瑚，2002，《农村婚迁妇女的土地承包权及其保护》，《农村经济》第8期。
19. 赵东花、谢小榭，2004，《关于农村土地承包中妇女权益保障问题的思考》，《中国妇运》第2期。

20. 浙江省农村妇女土地权益保障问题研究课题组，2005，《浅析浙江省农村妇女土地权益保障问题》，http：//lib.zidx.gov.cn。
21. 中国海南改革发展研究院农村转型发展研究所，2007 年 2 月 25 日，《中国农村妇女土地权益调研报告》，http：//www.zhinong.cn/data/；http：//www.ccrs.org.cn。
22. 中国科学院农业政策研究中心课题组，2002 年 6 月 19 日，《聚焦妇女的土地权》，《中国妇女报》。
23. 全国妇联，2009 年 9 月 8 日，《全国妇联维权工作会议大会发言材料》。

附：有关农村妇女土地权益法律、法规汇总

1. 《宪法》第三十三条规定，中华人民共和国公民在法律面前一律平等，从国家基本大法的角度规定了公民的平等权，也包括了平等获得财产和相关权益的权利。
2. 2001 年修正的《婚姻法》第二条规定男女平等；第十三条规定夫妻在家庭中地位平等；第三十九条规定夫或妻在家庭土地承包经营中享有的权益等，应当依法予以保护。
3. 《农村土地承包法》从专门法的角度规定了保障农村妇女土地权益。第五条规定农村集体经济组织成员有权依法承包由本集体经济组织发包的农村土地；第六条进一步规定农村土地承包，妇女与男子享有平等的权利，承包中应当保护妇女的合法权益，任何组织和个人不得剥夺、侵害妇女应当享有的土地承包经营权；第三十条规定承包期内，妇女结婚，在新居住地未取得承包地的，发包方不得收回其原承包地；妇女离婚或者丧偶，仍在原居住地生活或者不在原居住地生活但在新居住地未取得承包地的，发包方不得收回其原承包地。

此外，该法还规定了侵害农村妇女土地权益应承担相应法律责任：第五十三条规定任何组织和个人侵害承包方的土地承包经营权的，应当承担民事责任。第五十四条第（七）项规定发包方剥夺、侵害妇女依法享有的土地承包经营权的，应当承担停止侵害、返还原物、恢复原状、排除妨害、消除危险、赔偿损失等民事责任。

4. 2005 年修改通过的《妇女权益保障法》也明确规定了对农村妇女土地权益的保护。第二条规定妇女在政治的、经济的、文化的、社会的和家庭的生活等各方面享有同男子平等的权利；实行男女平等是国家的基本国策，消除对妇女一切形式的歧视；第三十条规定，国家保障妇女享有与男子平等的财产权利。第三十二条规定妇女在农村土地承包经营、集体经济组织收益分配、土地征收或者征用补偿费使用以及宅基地使用等方面，享有与男子平等的权利；第三十三条规定任何组织和个人不得以妇女未婚、结婚、离婚、丧偶等为由，侵害妇女在农村集体经济组织中的各项权益；因结婚男方到女方住所落户的，男方和子女享有与所在地农村集体经济组织成员平等的权益；第五十五条规

定了相应的法律责任，以妇女未婚、结婚、离婚、丧偶等为由，侵害妇女在农村集体经济组织中的各项权益的，或者因结婚男方到女方住所落户，侵害男方和子女享有与所在地农村集体经济组织成员平等权益的，由乡镇人民政府依法调解；受害人也可以依法向农村土地承包仲裁机构申请仲裁，或者向人民法院起诉，人民法院应当依法受理。

5. 2007 年 3 月 16 日第十届全国人民代表大会第五次会议通过、2007 年 10 月 1 日起施行的《物权法》虽然没有对农村妇女土地权益的保护有专门规定，但也从保护公民财产权利专门法的角度规定了对妇女作为农村集体经济组织成员相关权益的保护。如：第四十二条规定，征收集体所有的土地，应当依法足额支付土地补偿费、安置补助费、地上附着物和青苗的补偿费等费用，安排被征地农民的社会保障费用，保障被征地农民的生活，维护被征地农民的合法权益；第六十三条规定，集体经济组织、村民委员会或者其负责人作出的决定侵害集体成员合法权益的，受侵害的集体成员可以请求人民法院予以撤销。该规定能有效遏制村委会、村民等以村规民约、村民大会决定等合法的形式来侵害集体经济组织成员包括妇女合法权益的行为。

6. 2001 年 5 月中共中央办公厅、国务院办公厅联合下发了《关于切实维护农村妇女土地承包权益的通知》。该通知第二条规定，在农村土地承包中，必须坚持男女平等原则，不允许对妇女有任何歧视；第三条规定，要解决好出嫁妇女的土地承包问题；第四条规定，要处理好离婚或丧偶妇女土地承包问题；第五条规定，有关人民政府和人民法院对侵害妇女土地承包权益的案件，应当依法及时受理。这些都为农村妇女土地权益保障提供了具有可操作性的法律依据。

7. 2005 年 3 月 29 日由最高人民法院审判委员会第 1346 次会议通过、自 2005 年 9 月 1 日起施行的《最高人民法院关于审理涉及农村土地承包纠纷案件适用法律问题的解释》第一条规定了下列涉及农村土地承包民事纠纷，人民法院应当依法受理：（1）承包合同纠纷；（2）承包经营权侵权纠纷；（3）承包经营权流转纠纷；（4）承包地征收补偿费用分配纠纷；（5）承包经营权继承纠纷。

集体经济组织成员因未实际取得土地承包经营权提起民事诉讼的，人民法院应当告知其向有关行政主管部门申请解决。

集体经济组织成员就用于分配的土地补偿费数额提起民事诉讼的，人民法院不予受理。

第二十四条规定，农村集体经济组织或者村民委员会、村民小组，可以依照法律规定的民主议定程序，决定在本集体经济组织内部分配已经收到的土地补偿费。征地补偿安置方案确定时已经具有本集体经济组织成员资格的人，请求支付相应份额的，应予以支持。但已报全国人大常委会、国务院备案的地方性法规、自治条例和单行条例、地方政府规章对土地补偿费在农村集体经济组织内部的分配办法另有规定的除外。

关于农村妇女失地与土地收益问题突出的情况报告

全国妇联妇女研究所

2010年全国妇联和国家统计局联合组织的第三期中国妇女社会地位调查显示,在城市化和现代化快速发展的进程中,农村妇女的失地和土地收益问题日益突出。土地是农村妇女重要的生产资源和基本生活保障,失地和土地权益受损,不但给农村妇女及其家庭的基本生存带来了严重影响,也会影响社会的和谐稳定,应采取有力措施加以解决。

一 农村妇女失地状况

本报告中的失地既包括因征地/流转/入股等原因失去土地,也包括由于各种原因而从未分得过土地两种情况。2010年《全国人大常委会执法检查组关于检查〈中华人民共和国妇女权益保障法〉实施情况的报告》显示,农村妇女土地承包权益受侵害问题还没有得到根本解决[1],第三期中国妇女社会地位调查则从数量上反映出这一问题的严重程度。

1. 农村妇女的无地状况

调查显示,2010年没有土地的农村妇女占21.0%,比2000年增加了11.8个百分点。与男性相比,女性无地情况更为严重,2010年无地妇女的

---

[1] 李建国:《全国人大常委会执法检查组关于检查〈中华人民共和国妇女权益保障法〉实施情况的报告》,中国农经信息网,2010年6月23日。

比例比无地男性高9.1个百分点。分区域看,京津沪农村妇女无地情况最为严重,近四成农村妇女没有土地,即使是在土地问题不太严重的中部地区,也有15.2%的农村妇女没有土地(见图1)。与男性相比,中西部地区无地的性别差异最为严重,无地妇女的比例均为男性的两倍以上;京津沪地区妇女的无地情况也远远高于男性,二者相差15个百分点以上。

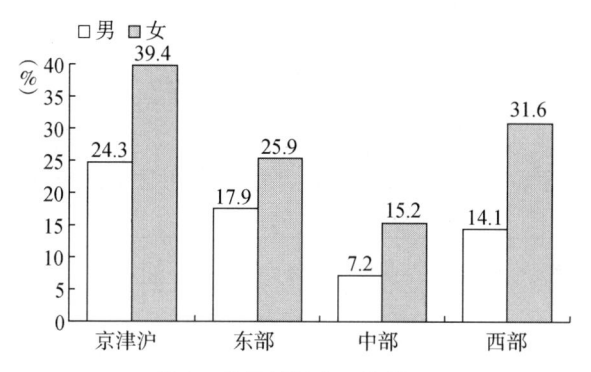

图1 分区域男女无地情况

分年龄看,年龄越小无地情况越严重,18~29岁农村妇女无地比例是50~59岁妇女的近4倍;不同年龄组男性的无地趋势虽与女性较为类似,但各年龄组的无地比例均低于女性(见图2)。

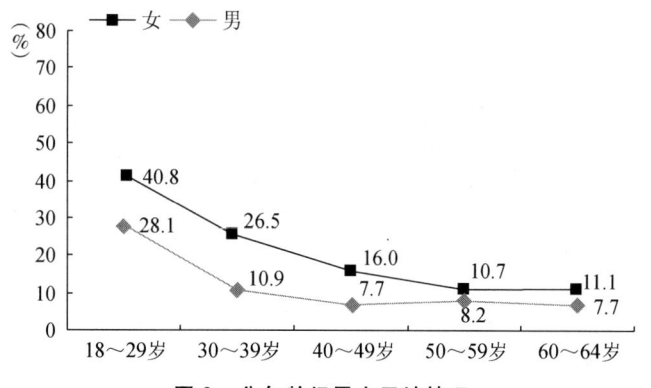

图2 分年龄组男女无地情况

2. 征地补偿中的侵权问题

在由于征用流转等原因失去土地的农村妇女中,不能获得补偿款等收益的占12.1%，比男性高1.9个百分点。其中，东部和中部地区妇女未能获得补偿的比例分别比男性高2.4%和9.6%。分年龄看，相对于其他年龄组，18~24岁、40~49岁和60岁及以上农村妇女未能获得补偿的分别占26.7%、11.7%和5.9%，比男性高19.9、3.3和3.3个百分点。分婚姻状况看，未婚和已婚女性未能获得补偿的分别占12.9%和12.7%，比男性高5.1和1.7个百分点。

二 失地对农村妇女的影响

由于一些地区农村集体在分地、分配集体红利或征地补偿款时，剥夺了部分妇女的集体成员权和收益权，给失地妇女的生存权、发展权带来了极大侵害，严重影响了失地妇女家庭地位的提高，也影响了社会的和谐稳定。

1. 影响妇女生存发展

土地是农村妇女重要的生产资源和基本生活保障，失地在很大程度上剥夺了她们的就业机会和收入来源。在失地农村妇女中，30.3%的人无业，58.3%的人没有任何实用技术，82.6%的人从未有过外出务工经历。此外，在同为没有任何实用技术的农村妇女中，失地妇女上年度没有任何劳动收入的高达32.3%，比有地妇女高14.8个百分点；特别是在人多地少、非农劳动收入偏低的情况下，失地将直接影响妇女生活质量，其生存发展状况令人担忧。

2. 影响家庭地位提高

"从夫居"是中国婚嫁模式的传统习俗，目前农村大多数情况仍是男娶女嫁，"三十年不变"的农村土地分配政策使越来越多的出嫁女无法在夫家村集体中获得土地，而日常生活在婆家的出嫁女，即使在娘家有地，也很难行使土地的管理权和收益权。在婆家的无地状况势必影响其家庭地位的提高，调查数据显示，40岁以下失地妇女遭受配偶暴力的比例高达29.4%，比有地妇女高4.7个百分点，对家庭地位感到满意或比较满意的比例较有地妇女低7.0个百分点。她们在遭遇配偶暴力或配偶出轨时，往往出于生活所迫而不敢离婚，否则将流离失所。

3. 影响社会稳定和谐

无地不但给农村妇女的生存状况带来了严重影响，而且也会引发群体性事件，影响社会和谐稳定。上访和诉讼是失地妇女主张权利的首选方式，

1998~2003年的全国妇联信访数据表明，有关土地侵权上访事件年均增加5.0%；2005~2009年，各地农业部门受理的涉及农村妇女土地承包经营权益纠纷在1.1万件以上，2010年全国妇联系统接受土地信访超过1万件次。① 广西南宁市郊1200名妇女联名来信要求解决土地补偿款问题。② 青海西宁一年用于截访农村失地妇女的资金就达数百万元，至今仍分别有63名、12名妇女因集体上访被收监，收监时间数月甚至超过一年，有两人以扰乱社会治安罪被判劳教两年。③

三 失地原因分析

在城市化、工业化以及人口不断增加、土地资源不断减少的过程中，农村妇女失地问题原因非常复杂，既有法律法规问题又有政策执行问题，既有土地资源不足问题又有观念意识问题，具体而言包括以下几个方面。

1. 法律、法规有待完善

虽然《妇女权益保障法》《婚姻法》《农村土地承包法》等国家法律及专项法规明确规定了土地权益问题上的男女平等，但是由于这些规定过于原则、分散，缺乏可操作性、系统性，对妇女的保护力度不够。以家庭为单位的土地承包责任制，忽视了妇女个体的土地权益，而三十年不变的承包土地分配政策，没能考虑到"从夫居"的婚嫁习俗，使妇女难以获得平等的土地资源。特别是我国没有专门对农村集体经济组织成员资格的认定作出明确规定，有的地方以户口为标准分配土地，有的地方以实际居住为标准分配土地，致使部分农村妇女出嫁后在土地权益方面两头落空。在黑龙江、陕西、浙江、云南、四川等省份，均有农村妇女不具备承包地资格而无法获得承包地，或丧偶后承包地被收回、"测婚测嫁"、新生女孩不能分得土地等侵权行为。④

---

① 郭晔：《全国妇联妇女研究所妇女土地权益问题研讨会》，2011年9月26日，北京。
② 《关于第二轮土地承包工作中妇女权益被侵害情况的调查》，《中国妇运》2000年第3期。
③ 郭建梅：《全国妇联妇女研究所妇女土地权益问题研讨会》，2011年9月26日，北京。
④ 王景新：《中国农村妇女土地权利——意义、现状、趋势》，《中国农村经济》2003年第6期。《关于第二轮土地承包工作中妇女权益被侵害情况的调查》，《中国妇运》2000年第3期。钟涨宝、狄金华：《土地流转中女性的地位与权益》，《妇女研究论丛》2005年第1期。王竹青：《社会性别视角下的农村妇女土地权益保护》，《农村经济》2007年第3期。

调查表明，从未分到土地、因婚姻变动（含结婚、再婚、离婚、丧偶）而失去土地是农村妇女无地最直接、最主要的原因，以上两项合计高达70.1%。各地妇女最主要的失地原因存在较大差异，相对于中部地区，在土地资源匮乏的西部，从未分到土地的妇女占50.0%；在经济发达的东部，因婚姻变动失地的占59.8%；在土地价格高昂的京津沪，因土地流转/征用/入股而失地的妇女占64.0%。

进一步的数据分析表明，农村妇女年龄越小"从未分到过"土地的比例越高，年龄越大因"征用/流转/入股等"失去土地的比例越高，30～39岁妇女因"结婚/再婚"失去土地的高达38.0%，50～59岁妇女因"离婚/丧偶"失去土地的占1.2%（见表1）。

表1 分年龄组男女失地原因

单位:%

原因	18～29岁 男	18～29岁 女	30～39岁 男	30～39岁 女	40～49岁 男	40～49岁 女	50～59岁 男	50～59岁 女	60～64岁 男	60～64岁 女
从未分到过	72.3	61.6	42.5	37.7	31.4	31.7	21.8	29.4	19.2	20.0
结婚/再婚后失去	2.7	23.9	6.6	38.0	2.6	29.0	4.2	11.2	0.0	11.7
离婚/丧偶后失去	0.0	0.2	0.0	0.5	0.0	0.3	0.7	1.2	0.0	1.7
征用/流转/入股等	22.6	13.6	47.9	21.5	61.5	36.8	68.3	55.9	76.9	58.3
其他	2.4	0.6	3.0	2.4	4.5	2.1	4.9	2.4	3.8	8.3
合计	100.0	100.0	100.0	100.0	100.0	100.0	100.0	100.0	100.0	100.0

2. 村规民约中的性别歧视

土地分配和再分配是农村社会经济发展中重要的资源分配，其依据却常常是深受男权思想影响的村规民约。大多数村规民约虽然都会明文规定在政治上男女平等，但在土地资源分配的实际操作中，"增人不增地"的规定直接导致农村妇女出嫁后在婆家分不到土地；"测婚测嫁"习俗，使女性一旦"快到结婚的年龄"，其土地便被自动收回；[1]重庆某村甚至规定外出

---

[1] 董江爱:《农村妇女土地权益及其保障》，《华中师范大学学报》（人文社会科学版）2006年第1期。

未婚打工女要想领到土地转让补偿金,需要先到医院做"贞洁鉴定"。[1] 村规民约中的性别歧视对妇女土地权益造成了直接侵害。

3. 行政保护力度薄弱

目前我国法律未确立对村规民约等基层自治组织行为规范的司法审查机制,《村民委员会组织法》对违法村规民约的纠正没有明确规定;而在实际执行的过程中,一些地方政府未正确领会中央精神,误以为化解矛盾即为不让上访、不让维权,以致对土地侵权行为的行政干预及监督职能缺失;一些地区政法委等政府部门要求法院对土地权益案件不予受理,致使失地妇女起诉无门;[2] 即使有些失地妇女成功起诉,被告村委会也不应诉、不出庭;失地妇女胜诉后,普遍存在判决执行困难的问题。[3]

四 对策建议

近年来,依照相关法律和政策文件的精神,一些地区通过多年的探索,在维护农村妇女土地权益方面总结出一些行之有效的做法,值得借鉴推广。

1. 纠正违法的村规民约

村规民约对农村妇女的土地权益侵害最为严重。河北、河南等一些地方政府出台文件,要求在严格执行法律法规和男女平等基本国策的基础上,对与法律抵触、侵害妇女权益的村规民约进行修订,为确保农村妇女土地权益奠定了坚实的基础。建议各级政府加大纠正违法村规民约的工作力度,弱化村委会的土地管理权,为保障农村妇女土地权益创造平等的社会环境。

2. 探索建立有利于保护妇女土地权益的农村土地管理制度

在三十年不变的土地承包政策背景下,"死人有地、活人没地"的情况较为普遍。河北省秦皇岛市昌黎县通过土地优先在家庭内部流转的方式,无地妇女顺利获得了依法耕种死人名下土地的权利。一些地区明确要求在土地承包书上写明家庭成员的姓名,明确规定夫妻双方有同等的土地权利和义务,有效保障了妇女在分居、离婚和丧偶情况下的土地承包权益。还有一些地区正在推动县级政府建立民间土地流转机制试点,建立农村妇女

---

[1] 《重庆最牛村规:外出女子领土地补偿金须为处女》,http://www.66law.cn/news/42370.aspx。
[2] 郭建梅:《全国妇联妇女研究所妇女土地权益问题研讨会》,2011年9月26日,北京。
[3] 《关于农村妇女土地承包权及征地拆迁补偿问题的调查报告》,http://www.chinesejy.com/shixi/zongjiebaogao/zongjiebaogao/399023.html。

土地流转中心，有效维护了农村妇女土地权益。建议适时总结推广各地的成功经验，探索建立更有针对性和可操作性的规范性文件，切实保护农村妇女的土地权益。

3. 对相关人员进行社会性别培训

部分行政执法人员未能维护妇女权益，不是因为主观上歧视妇女，而是缺乏社会性别观念，忽视了妇女权益。及时对行政执法人员进行社会性别培训，对于提高行政执法人员的社会性别意识、维护农村妇女土地权益至关重要。河北冀州市、河南登封市通过培训，提高了维护妇女权益的意识及技能技巧，增强了对当地农村妇女土地权益的保障力度。

4. 大力发展集体经济

经济发达地区一次性分配巨额征地补偿款，既容易侵害失地妇女收益权，又不利于解决失地农民的可持续发展问题。利用征地补偿款积极发展村集体经济，既可为无地、失地妇女创造就业机会，使其获得劳动收入，又能通过建立普惠制福利制度，在集体经济分红时兼顾包括女性在内的村民利益，有效保障失地妇女的经济收益权。

5. 完善相关法律法规

细化《妇女权益保障法》《婚姻法》《农村土地承包法》等有关保护妇女土地权益的法律法规，增强可操作性。同时尽快完善土地登记制度，研究制定新时期农村土地承包权、土地补偿和村级集体福利分配的实施细则，加强对河北、湖北、江苏、云南等地经验的总结与推广，使农村妇女不论结婚与否，也不论婚姻状况是否改变，均应享有户籍、居住地选择权及相应的土地权益。

维护农村妇女土地权益工作的调研报告[*]

全国妇联权益部

土地权益是农村妇女生存保障的基本权利。农村妇女土地权益受侵害问题长期以来一直是妇女信访的重点问题。随着经济发展和城镇化建设步伐加快,还在出现新情况、新问题。刘延东同志、陈至立同志对维护农村妇女土地权益问题十分重视,多次作出重要批示,要求全国妇联集中调研,推广成功经验,加大力气推进问题的解决。2011年底,彭珮云同志专门听取了全国妇联权益部的汇报。

根据领导同志批示精神,全国妇联权益部、妇女研究所、法律帮助中心有关同志,于2012年4月下旬和5月中上旬分路对福建、河南、湖北、山东、安徽、黑龙江、广西7个省区进行了实地调研,并向31个省、区、市妇联权益部收集专题调研报告及各地已下发的政策法规文件等。经研究汇总基本情况如下。

一 当前存在的主要问题

第三期妇女地位调查显示,2010年没有土地的农村妇女占21%,比2000年增加了11.8个百分点,其中,因婚姻变动失去土地的妇女占27.7%,男性仅为3.7%。2010年妇联系统接受此类信访事项近1.2万件次,比上年增加了25.8%;2011年全国妇联信访处理妇女土地权益投诉

[*] 此报告于2012年6月完成。

1267 件次，比上年上升 62%，其中集体访 11 批 70 人次。

（一）问题表现

《妇女权益保障法》规定，要保护农村妇女平等获得土地承包经营权、宅基地使用权、征地补偿分配权、集体经济收益权。从各地反映的情况来看，农村妇女因婚姻关系变化导致上述四类权益不同程度受损，受到侵害的主要是三类人群。

一是户口在娘家的出嫁女，难以享受土地承包等相关经济权益。妇女出嫁后，娘家村收回土地，但是由于执行国家 30 年不变的土地承包政策，婆家村无地可分，妇女就没有了自己名下的土地。即便娘家村不收回，村里也常常规定出嫁女不能享受相关的土地使用和集体经济收益权。还有不少地方把出嫁妇女的户口强行迁出或者强迫签订"落户不享受待遇"的不平等协议。黑龙江省 350 个被调查者中有 58.4% 的妇女户口在娘家，其中，50.6% 的土地被娘家兄弟和父母耕种，种粮补贴、粮食收益均被娘家人无偿占有；湖北省妇联委托国家统计局湖北调查总队进行的抽样调查结果显示，43.8% 的农村已婚妇女在娘家分配的承包地被娘家所在村收回。

二是离婚、丧偶妇女，其土地承包及相关经济权益较难保障。按照"从夫居"习俗，离婚后，多数男方强行将女方户口迁出并占有女方土地，女方回娘家村又没有土地可分，导致失去土地；也有部分妇女法律意识淡漠，离婚时不依法主张权利，放弃了属于自己的土地。而丧偶妇女的土地承包权能否得到保障，取决于与婆家的关系、是否坚持不改嫁等一系列因素，但是在遇到征地拆迁补偿和安置时，村里对离婚、丧偶妇女的相关权益常常是少分或不分。

三是涉及水利建设和库区移民等后期扶持政策的农村妇女。一些大型水电站库区淹没区地方政府以补偿政策条件不符为由，不分或少分"出嫁女"库区移民或水利建设后期扶持款，在广西百色、湖南等地都有反映。另外也有少数妇女因长期打工在外，不重视自己的土地权益或长期由他人代耕代种，现在又回来争取权益引发纠纷。

土地权益受到侵害的农村妇女，在参与村内事务管理、行使民主选举权等方面一般也存在困难，其合理诉求也无法通过村委会选举、参加村民代表大会等正常渠道反映。

从全国反映的情况来看，目前农村妇女土地权益受侵害问题呈现以下四个特点。

（1）普遍性。无论经济是否发达，农村还是城乡接合部，妇女土地权益受损现象都不同程度存在。广西妇联反映除玉林外，13个市均涉及"出嫁女"信访投诉问题。

（2）区域性。一般来说，城市多于农村，大中城市多于小城镇，城郊多于乡村；妇女争取的主要是土地、股权、补偿费和安置权等，关系到农民的基本生存和丧失土地后的基本保障。

（3）复杂性。农村妇女土地权益问题的形成时间跨度大，从一轮、二轮承包到近些年的城镇化进程，侵权的原因涉及户籍管理制度、基层政府政策导向、村干部滥用职权、村规民约违法、男尊女卑观念和宗族势力的影响等多个方面，一个人的问题往往牵涉一批人。同时，被侵权的农村妇女群体自身情况也非常复杂，单纯以户口、居住地或承包地为标准，都无法全面妥善地界定哪些出嫁女才有权享受村集体经济收益，实践中把握的难度大。

（4）长期性。随着当前城镇化、工业化和农村土地流转、规模经营的发展，农村妇女土地权益受侵害的问题将会长期存在，如果不能前瞻性地采取政策措施预防和纠正，这一问题必将越来越严重。

（二）问题危害性

农村妇女土地权益问题已经成为比较突出的社会问题，在某些地方呈蔓延态势，对妇女及其子女的切身利益造成严重影响，体现在以下三个方面。

一是剥夺妇女平等村民待遇，严重影响妇女在家庭和村组中的地位。女孩价值受到贬损，助长了农村男孩偏好的生育观念，加剧出生人口性别比失调。同时，也使那些遭遇家庭暴力的农村妇女因为害怕失去生活基础而不敢离婚。

二是侵权问题得不到解决，严重影响法律权威和政府公信力。有的基层政府不作为或难作为，法院受理难、判决难、执行难，有的地方法院甚至不受理，致使村民认为"出嫁女"的诉求不受法律保护，直接挑战法律的权威性，成为解决"出嫁女"问题的"瓶颈"。

三是一些地方"出嫁女"与村民发生权益纠纷和冲突，严重影响社会和谐稳定。农村联产承包责任制强调以家庭为单位确定承包关系，因此，农村妇女要争取自己的土地权益，通常面临着与村集体和家庭对抗，很可能意味着"赢了官司、失了亲人、没了退路"，这并不是她们愿意看到的。因此，妇女一旦决定走上积极维权的道路，意志便极其坚定，不会轻易妥协，而且为了增强对抗性，相同处境的妇女很容易团结起来共同行动，形成集体上访。这也是妇女土地权益纠纷通常矛盾激烈、涉及面广且解决难度很大的一个重要原因。

（三）解决问题的难点

一是集体经济组织成员资格没有法律依据，仍是大多数行政、司法机关不作为或难作为的主要理由。同时，现行土地承包经营制度以家庭为单位，但家庭中的个人权利不明晰，《物权法》确定了土地承包权为共有权，但对家庭共有人的范围没有明确界定，各地在土地承包登记试点过程中的执行标准极不统一。江苏农经部门试点地区调查显示，6.9%的妇女在娘家和婆家两头有地，8.0%的妇女两头无地，23.0%的妇女登记在娘家却无法享受娘家土地。

二是发包土地、分配土地征用补偿费或土地股份时，没有预留机动份额，而是全部发放到村民手中，导致发生纠纷后无法重新进行分配，很难对权益受侵害的妇女进行补偿，妇女胜诉后拿不到应得的款项，也损害了法律的权威。

三是"村规民约大于法"的现象仍然普遍存在。实践中，村里的土地承包和补偿费分配方案等，通常以"村规民约"的形式决定，不少地方因人地矛盾突出，加上受"从夫居"的传统思想影响，容易侵害妇女权益进而造成纠纷，基层政府对村规民约的审查缺位也是问题形成的重要因素。

四是一些地方政府不愿宣传已解决的农村妇女土地权益问题成功经验，怕更多妇女了解自身权益从而提出维权要求，难以整体解决。但客观上这造成土访就给、不闹不给、小闹少给、大闹多给，权利问题变成了群众与政府之间的讨价还价。

五是有的好经验难以复制，因为各地农村妇女土地权益问题的类型、利益群体、侵权的内容和形式各有差异，非常复杂，加上群众思想基础、干部思想认识程度也不相同，往往一个村的好经验在邻村就行不通，大多数村能做到的工作在少数村就难推行。特别是在城郊经济利益较好的集体，利益矛盾激化，难以解决。

二 维护农村妇女土地权益已开展的工作

中央一直高度重视维护妇女土地权益问题。二轮土地承包开展以来，温家宝、彭珮云等领导同志于 2000 年就广西南宁郊区 3000 名出嫁女信访问题作出专门批示，由中农办、农业部、全国妇联组成联合调查组进行调查并提出建议。联合调查组的调研报告得到胡锦涛、温家宝同志的批示，要求中共中央办公厅、国务院办公厅出台文件，切实维护农村妇女土地承包权益。为落实领导同志批示精神，中央财经领导小组办公室专门请全国妇联权益部参与文件起草，并于 2001 年 5 月下发了《中共中央办公厅、国务院办公厅关于切实维护农村妇女土地承包权益的通知》（厅字〔2001〕9 号，下简称《通知》），发至县团级。

2002 年全国人大常委会制定《农村土地承包法》，在彭珮云同志的积极推动下，全国妇联权益部根据"两办"《通知》的主要精神，草拟了相关条款建议并得到采纳。2005 年修改《妇女权益保障法》，全国妇联又结合《农村土地承包法》以及当时出现的侵犯妇女土地权益的主要问题提出建议，得到采纳。在财产权益中，用两条明确规定了妇女土地权益的内涵和保护原则，还在第五十五条明确了救济途径。

2010 年，全国人大常委会在 31 个省、区、市开展《妇女权益保障法》执法检查，经全国妇联建议，将农村妇女土地权益问题作为执法检查的重点之一，通过 6 个检查组实地检查和委托自查，全面了解农村妇女土地权益问题情况并推动解决。

全国妇联多年来坚持履行基本职能，始终把维护农村妇女土地权益作为工作的重点，深入调查研究，了解妇女切身诉求，推动法律政策的出台，同时积极构建协调机制，关注妇女信访问题，推动党委、政府等有关部门切实予以解决。在实践中，通过进行社会抽样调查、开展课题研究、提交法律政策建议、指导基层推动村规民约修订等，促进各地、各部门采取有效措施，切实维护农村妇女土地权益。

在全国妇联的指导和推动下，各地妇联结合实际，深入基层调查研究，推动出台了一批政策措施，督促解决了一些典型案件，开展了广泛细致的普法宣传，取得了积极效果。各地的基本做法如下。

（一）严格执行法律、政策

很多地方从制订土地承包或征地补偿分配方案前就开展法律、政策宣传，方案经农经站和乡镇政府备案时得到实质性审核，以保障法律、政策有关精神得到落实。山东滕州在每次农村党支部书记、村主任培训班上都反复讲解农村土地承包政策，制定出一整套关于妇女土地承包问题的解决办法，其中详细规定了保障婚出、婚入妇女承包地权益的措施，在土地流转时要求转出户必须有妇女的签名，出嫁女的土地收益单独核算并写入流转合同。湖北省在二轮延包中规定，包括妇女儿童在内的所有家庭成员都必须作为权益共有人记入土地承包合同和土地承包经营权证中，且不得因出嫁、离婚等原因而去除。安徽省巢湖市细化农村妇女土地承包政策，要求各地坚持按照民主协商、公开公平公正、男女平等三个基本原则，严格保障出嫁妇女、离婚丧偶妇女的土地承包权和继承权，在集体土地拆迁政策中规定，要把户口在本村的出嫁妇女计入安置人口，年满18岁的女青年与男性一样可以分户，并且分户后未婚的增计一个安置人口。

（二）地方政府统筹解决

广东省抓住2005年以来推行土地承包经营权及相关财产权股份化改造的契机，在文件中强调规定出嫁女平等享有股权，并由省信访局与省妇联从维护社会稳定出发，督察省委文件落实，使大部分出嫁女及其子女的权益得到有效维护。江苏省南京市出台了老年生活困难补助办法，无论是否被征地农民，都纳入城乡一体化社会保障制度，社会保障制度出台前的也一并统筹解决。辽宁省由省农业厅牵头联合下发《关于明确农村土地承包管理若干政策的通知》，将维护农村妇女土地权益作为通知中重点解决的问题，进行了细化规定。河南省信阳市委、市政府从构建全方位关爱女性的政策体系入手，于2007年下发了《信阳市关爱女性实施意见》，由各职能部门从女性出生、就学、就业、就医、养老5个重要阶段出台关爱政策，如政府为农村双女户父母购买养老保险，为女孩升学、女干部提拔加分等，在当地形成了男女平等、尊重女性的良好氛围。该市法律援助中心近年来受理的十余起农村出嫁妇女要求分配征地补偿款的案件，律师持函到村民组协调后大多能得到解决，少数经法院判决胜诉后都能顺利执行，显示了基层村组织和群众对保障妇女权益的理解和支持。

（三）有关部门专项治理

广西南宁市出嫁女土地权益问题突出。在各级妇联的积极呼吁和大力推动下，南宁市委、市政府对"出嫁女"问题高度重视，市委常委、政法委书记亲自包案，成立工作指导组，开展"出嫁女"问题调处攻坚活动，各城区、开发区成立了解决"出嫁女"问题工作领导小组，一把手任组长。南宁市委下发了《解决"出嫁女"有关问题的指导意见》，并对涉及"出嫁女"问题的乡镇（街道）和相关部门工作人员进行专题培训。各城区、开发区逐村摸排建册、逐人登记建档，全面掌握了"出嫁女"的人数、家庭情况、主要诉求以及享受集体利益分配状况等，进行细化分类，以村组织和"出嫁女"双方自愿协商签订书面协议的形式，逐一解决"出嫁女"问题，对符合条件的安排宅基地，为提出合理诉求的"出嫁女"及其子女发放自谋职业安置补助费，有效化解了矛盾。吉林省由省农委牵头，会同省国土资源厅、省监察厅、省民政厅、省委财经领导小组办公室、省信访局、省林业厅、省水利厅等成立了吉林省农村土地突出问题专项治理领导小组，开展了全省农村土地突出问题专项治理。截止到2008年2月末，全省在专项治理工作中，新落实农村土地承包经营权10157人，其中涉及农村妇女4513人。

（四）修订完善村规民约

黑龙江省妇联与省民政厅联合下发通知，在全省开展以维护妇女权益为重点的村规民约修订工作，要求重点修订完善男女平等、婚嫁落户、土地承包和宅基地分配等涉及妇女权益的条款，清除带有性别歧视的村规民约。当地各市、县均以党委名义出台文件，由党政主导，妇联、民政等近10个部门参与，截至2012年4月底已在全省94.7%的村庄启动了村规民约的修订工作，其中7592个村完成了修订，100%作出了促进男女平等的规定，新增维护妇女权益条款5696条，清除歧视性条款544条。河南登封市以推进出生人口性别比平衡为目标，以推进性别平等政策倡导为载体，组织村民开展参与式培训，经充分讨论后提出新的村规民约修订草案，把婚居自由、离婚丧偶妇女回娘家平等享有村民待遇等有利于维护妇女土地权益的内容写进了村规民约，目前全市已有91.95%的村完成了修订；漯河市妇联牵头，选取女村官所在村按照"四议两公开"程序，以补充完善有利于妇女土地权、参政权、发展权的条款为重点修订村规民约，并进一步推广到全市 55 个乡镇。

（五）畅通司法受理渠道

安徽省高级人民法院 2010 年针对农村改革发展中的土地流转纠纷法律适用问题开展了调研，并在此基础上出台了《关于处理农村土地纠纷案件的指导意见》，对于如何认定"外嫁女"、离婚丧偶女性和"空挂户"成员资格，如何审查土地补偿和安置费用分配方案等常见的难点问题作出了具体规定，并在实践中加大了纠纷调解和判决执行的力度。陕西省高级人民法院 2006 年已经出台《关于审理农村集体经济组织收益分配纠纷案件讨论会纪要》。河北省邢台市中级人民法院 2010 年出台了《关于审理农村集体经济组织收益分配纠纷案件若干问题的意见》（后简称《意见》），在辖区内指导基层法院统一确定案件的受理条件、农村集体经济组织成员资格的取得、丧失和保留等。从执行情况看，各地《意见》刚出台时，农村妇女土地权益纠纷案件会骤然增多，但随着统一判决和执行，此类纠纷明显下降。特别是辖区内集体经济组织因有法院判决可遵循，所以在进行征地补偿或收益分配时，自觉按照《意见》标准分配，预防和减少了纷争。

在此基础上，我们总结推动和解决妇女土地权益问题的关键环节和主要经验如下。

1. 地方党委和政府重视、各职能部门综合治理是关键

基层党委和政府对于维护农村妇女土地权益必须有深刻的认识、鲜明的主张、坚决的态度和得力的措施，从源头上要求，在执行中贯彻，对于切实解决这一问题具有关键作用。

2. 妇女土地权益的确权是重要前提

只有通过完善法律法规、制定细化的政策文件，明确农村妇女的集体经济组织成员资格和土地承包权利份额，才能为维权提供清晰的法律政策依据和制度保障，把符合条件的妇女从各种利益群体的纠纷中区分出来，从源头上预防由于认识标准混乱造成的侵权，切实化解和预防农村妇女土地权益的纠纷。

3. 发展和完善土地权益纠纷调处机制是保障

实践证明，通过土地仲裁、庭前调解等途径，自愿协商解决妇女土地权益问题的效果较好；而法院在解决此类问题上如果有明确的标准，将有利于筑牢维护妇女土地权益的最后一道防线。

4. 修订村规民约是妇联组织发挥作用的有力切入点

通过组织、动员和引导村民特别是妇女亲身参与村规民约的修订，把促进男女平等的条款写入村规民约，得到广大村民的认可并自觉执行，能够从根本上扭转农村"男孩偏好"的传统观念，减少侵权行为的发生。

5. 深入有效的普法宣传是长期任务

推动农村妇女土地权益问题的解决，观念转变和营造环境是一个长期任务，必须坚持组织开展各级农业农经干部以及乡村干部培训，增强他们依法保护农村妇女土地承包经营权益的使命感和自觉性，提高他们依法行政的能力，坚持在农村深入开展男女平等基本国策和法律宣传，将保护农村妇女土地承包权益的法律、政策宣传到户、到人，才能切实有效地确保各项法律、政策落实到位。

三　推动解决问题的契机与建议

当前国家注重以民生为本的社会建设，加强和创新社会管理，推动司法体制改革，建立健全大调解的人民内部矛盾化解机制，这些都为推动解决农村妇女土地权益问题创造了良好的政策环境。目前，在推进农村妇女土地权益问题解决方面有五个机遇。

一是国务院法制办正在启动《土地管理法》的修改工作，制定《农民集体所有土地征收补偿安置条例》，深入研究更有利于社会稳定和社会公平的征地补偿分配政策。据了解，目前立法机构并未将男女平等原则和维护妇女权益的内容纳入其中。此两项法规预计2012年底前提交讨论，如果其中不强调男女平等的补偿安置原则，在执行中就可能会出现因法律依据不明确造成的新的侵权问题。

二是农业部正在开展农村土地承包经营权证的登记试点工作，通过发证对农民承包土地进行确权管理，预计2012年底将正式出台管理办法。如果不能在试点工作和管理办法中体现妇女作为家庭共有人的土地承包权益，妇女的土地承包权益就难以得到有力保障。同时，农业部正在研究集体经济组织成员资格界定、土地仲裁细化指导意见等，也为妇联组织源头参与提供机遇。

三是2010年10月修订公布的《村民委员会组织法》，增加了村民自治章程、村规民约以及村民会议或者村民代表会议的决定不得与宪法、法律、法规和国家的政策相抵触，不得有侵犯村民的人身权利、民主权利和合法财产权利的内容，并赋予乡镇人民政府责令改正的权力。同时，对于村委会侵害村民合法权益的，可以通过法院予以救济。目前，可以抓住宣传贯彻《村民委员会组织法》的机遇，推进村规民约修订，同时，为进一步完善司法救济程序提供依据。

四是国家人口与计划生育委员会正在牵头进行出生人口性别比偏高问题的综合治理工作，也在通过开展村规民约修订试点，从源头消除男孩偏好的生育观念，工作结合度较高。

五是中央信访联席会议办公室仍然将"事要解决"和积案化解作为当前和今后一个时期的工作重点，可以通过各地信访联席会议的机制，将信访中农村妇女土地权益的难点问题纳入其中，推进解决。

我们建议，妇联组织要抓住这些有利的政策机遇，从创新社会管理、维护社会稳定的大局出发，完善政策、试点攻坚，分类指导、整体推进农村妇女土地权益问题的解决，具体建议如下。

第一，加大高层推动力度，在适当时机再次以中办、国办名义下发政策文件。2001年"两办"《通知》主要针对二轮土地承包中出现的问题，下发于《农村土地承包法》和《妇女权益保障法》修改前。与2001年相比，当前国家农业政策有了较多调整，免征农业税、土地快速增值以及农村社会保障体系的建立和完善，使得当前妇女土地权益问题更加复杂，征地补偿分配、集体经济收益分配矛盾更加突出，解决问题的途径和保障措施也更加丰富。这些新问题和新做法可以通过新的文件予以强调，从而进一步提高各级党委、政府和职能部门对男女平等基本国策的认识，切实保障农村妇女土地权益。经研究参考部分地方提出的建议，我们建议起草《关于进一步维护农村妇女土地权益的意见》（草稿）提交中央，重申2001年"两办"《通知》的主要内容，包含以下重点内容：①解决好农村经济体制改革中妇女土地权益问题；②在农村土地承包经营权证登记中确保妇女儿童份额；③保障妇女平等获得土地征用补偿和安置；④保障农村妇女获得平等的集体经济收益；⑤通过村规民约修订倡导维护妇女土地权益的农村文明新风；⑥确保土地权益受到侵害的农村妇女获得有效的行政救济和司法救济；⑦开展维护农村妇女土地权益的宣传教育工作。

第二，积极参与相关法规、政策的修订完善。组织相关维权特聘专家，深入研究，对相关法律、政策提出具体建议，提高源头参与的主动性、针对性和有效性。

（1）在《土地管理法》和《农民集体所有土地征收补偿安置条例》中将男女平等参与补偿安置作为基本原则之一；对基于土地承包权产生的征地补偿费和为失地农民提供社会保障的安置费严格区分；村集体在制定征地补偿方案时，应明确妇女的参与比例，或明确规定征询妇联等群众团体意见，接受群众监督；政府在征地前需通过财政设立弱势救助专项基金，如果出现村集体多数人侵犯少数人利益时，由基金对少数弱势群体予以补偿，以体现政府的公平公正。

（2）在农业部正在起草的《农村土地承包经营权证登记管理办法》中，将夫妻双方均作为户主代表进行登记，同时，在其他家庭共有人中确保出嫁、离婚、丧偶等妇女及其子女作为共有人进行登记，从源头上确定妇女的土地承包权。

（3）在农业部正在起草的集体经济组织成员资格认定原则中，将出嫁、离婚、丧偶妇女分别情形认定集体组织成员资格。

（4）促使农业部对其所属的土地承包经营纠纷仲裁机构，出台针对农村妇女土地权益纠纷的仲裁指导意见，通过仲裁途径维护农村妇女土地权益。

第三，召开维护农村妇女土地权益工作交流会。2012年年初时，全国妇联副主席、书记处书记甄砚同志曾带领全国妇联权益部相关同志到农业部，与主管的陈晓华同志就农村妇女土地权益问题进行研究，提出联合召开会议、联合下发文件等具体意见，得到农业部的同意。

经集中调研和与农业部沟通，拟于2012年8月上旬在黑龙江省大庆市召开"维护农村妇女土地权益工作交流会"，达到三个目的：一是交流推广地方维护妇女土地权益的成功做法和经验；二是推动各地进一步重视解决农村妇女土地权益问题；三是提出《关于进一步维护农村妇女土地权益的意见》的讨论稿征求各地意见。

第四，坚持开展农村妇女土地权益问题的专项督察。全国人大常委会、全国政协都曾就农村妇女土地权益问题不间断地开展执法检查和专项调研，全国妇联权益部也都积极参与，提出建议。每一次专项检查和调研对于提高地方党委、政府的重视程度和加大问题解决力度都有所促进。所以，我们建议坚持将农村妇女土地权益问题作为落实党的农村政策的重要方面，通过提案、议案推动全国人大、全国政协继续开展专项督察或调研，推动各地人大、政协重视保障农村妇女土地权益工作，开展专项督察，促进问题解决。

北京市村规民约与妇女权益保障调查报告

北京市妇联

2010年11月~2011年5月，课题组对北京市所有行政村进行了村规民约与妇女权益保障问卷调查。发放问卷3900份，有效回收3806份，回收率为97.6%。本次问卷的调查对象是北京市13个区县的行政村的妇联主席。

根据2006年颁布的《北京市"十一五"时期功能区域发展规划》对北京城市功能区的划分（首都功能核心区、城市功能拓展区、城市发展新区、生态涵养发展区），我们将本次调查涉及的13个区县归为三类城市功能区，它们是：城市功能拓展区，包括朝阳、海淀、丰台3个区；城市发展新区，包括通州、顺义、大兴、昌平、房山5个区；平谷、延庆、怀柔、密云和门头沟属于首都生态涵养区。① 之所以采用这种分类标准，是考虑到区域规划定位涉及土地征用、城市化水平、经济与社会建设等多方面内容，这些与乡村发展进而与村规民约的制定及修改均密切相关。我们把被调查的村划归为三类城市功能区，以便于进行比较，进一步考察经济社会发展对村规民约的修订及妇女权益保障的影响。

城市发展新区是北京疏散城市中心区产业与人口的重要区域，也是未来北京城市发展的重心所在。该城市功能区的特点为：城镇发育滞后，基础设施与城镇化进程不协调，并且城乡基础设施建设滞后于城镇建设步伐；

---

* 此稿于2011年12月完成。
① 资料来源：首都之窗－北京市政务门户网站，http://www.beijing.gov.cn/tzbj/gnqy/。

区域差距与城乡统筹不协调,城乡差距较大。该区有农业户籍人口152.4万人。①

城市功能拓展区内部发展不平衡,城乡之间、城区之间发展水平不一,功能区分布集中于北部和东部,南部发展落后,西部缺乏功能导向和发展活力,因此鼓励人口和工业向新区迁移。该区有农业户籍人口36.1万人。②

首都生态涵养区生态质量良好,自然资源丰富,但工业基础薄弱,产业发展空间相对较小。该区域大多处于山区或浅山区,全区占地8746.65平方公里,占北京总面积的50%多;经济整体上发展落后,自我积累能力相对薄弱,地方发展理念尚需转型;人力资本匮乏,人口受教育程度偏低,大量农村剩余劳动力难以向非农产业转移;农村基础设施建设投入严重不足。该区有农业户籍人口85.4万人。③

一 基本情况

1. 留守人口中性别比差异不大

本次调查显示,在被调查的3000多个行政村中,女性户籍人口数占被调查户籍人口总数的43.4%;女性人口数占被调查常住人口总数的比例为48.3%。数据表明,伴随工业化进程的加快,北京郊区及农村的人口流动情况与全国农村的形势有明显区别:北京农村并未呈现女性高于男性的留守比例。这与北京外出打工者人数较少有关。通过访谈我们发现,在进入城市化过程的北京郊区或农村,原来的村民在放弃或部分放弃务农后,仍旧留在居住地,更多地转向从事旅游、餐饮、房屋出租等与第三产业相关的工作。

2. 三类区经济社会发展水平不均

问卷调查显示,上述行政村2009年人均年纯收入是10829元。不同地区间呈现较大差异,其中城市功能拓展区的人均年纯收入是13160元,城市发展新区的人均年纯收入是12021元,生态涵养区的人均年纯收入为9057元。

---

① 数据来源:中国统计年鉴数据库,http://tongji.cnki.net/kns55/index.aspx -《北京统计年鉴2010》。
② 数据来源:中国统计年鉴数据库,http://tongji.cnki.net/kns55/index.aspx -《北京统计年鉴2010》。
③ 数据来源:中国统计年鉴数据库,http://tongji.cnki.net/kns55/index.aspx -《北京统计年鉴2010》。

村民收入来自非农收入的比例为72.44%，其中城市功能拓展区的比例为75.5%，城市发展新区的比例为75.17%，生态涵养区的比例为72.2%。

对于本村经济发展在全区（行政区）属于何种水平，被调查者回答如下。

总体而言，有3.2%的被调查者认为本村经济位居"前列"，21.7%的被调查者认为处于"中上"，59.4%的被调查者认为"一般"，12.3%的被调查者认为"落后"。认为本村经济处于"中上"和"一般"的占多数（见图1）。

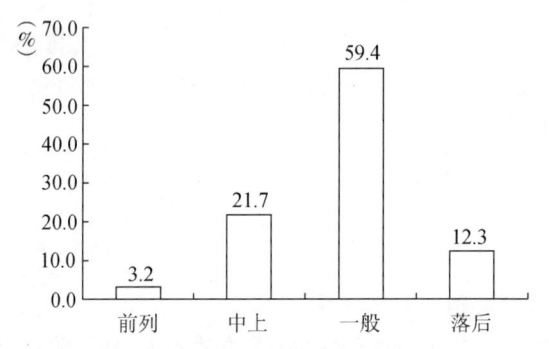

图1 本村经济发展在全区属于何种水平

对本村经济发展的看法，各区呈现一定差异。对城市功能拓展区的被调查者而言，有4.2%的人认为本村的经济发展水平处于"前列"，有25.7%的被调查者认为本村经济处于"中上"水平，这两项均是三类区中比例最高的，且明显高于另两个区。对生态涵养区的被调查者而言，有62%的被调查者认为本村经济"一般"，在4个选项中处于明显优势，同时也是三类区域中比例最高的。

随着城市化进程的加快，北京农村特别是近郊正迅速地被纳入城市的版图中。城市化给农村发展、农民的生产生活带来了巨大的冲击，同时也影响着村规民约的变迁。

对于本村所处地理位置，三类区域被调查者的判断如下。

处于城市发展新区和生态涵养区的村民对本村所处地理位置的认同较相似，他们大多认为本村"还是农村"，比例分别为61.1%和51.4%。而对处于城市功能拓展区的村民而言，有68.1%的村民认为本村处于"城乡接合部"。在认为本村"已城市化"的村民中，也是"城市功能拓展区"的比例最高，为3.5%；其次为"城市发展新区"，为2.8%；比例最低的为

"生态涵养区",比例为 1.1%。而在认为本村仍属于"比较偏远的农村"时,呈现的情况正好相反:"生态涵养区"有 34.1% 的村民认同此观点,该比例在"城市功能拓展区"和"城市发展新区"分别为 3.9% 和 17.4%。因此,三类区划对农村发展有直接影响(见图 2)。

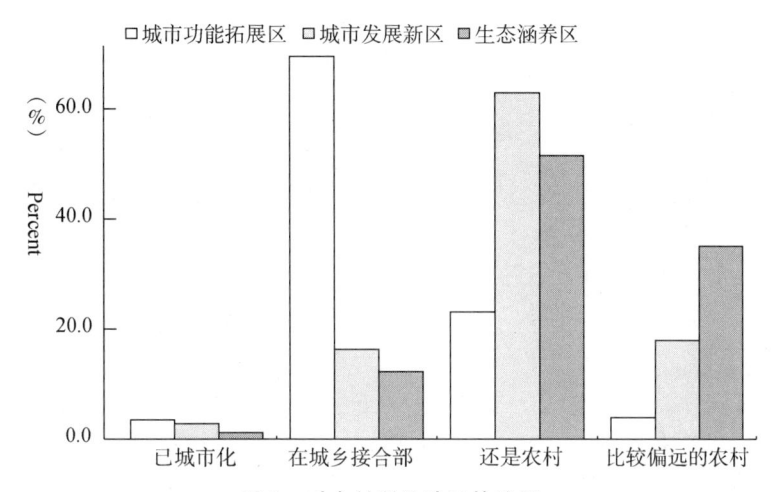

图 2 对本村所处地区的认识

对于本村的社会治安情况,28.9% 的人认为很安全,64.9% 的人认为比较安全,4.3% 的人认为不太安全,0.4% 的人认为不安全。

结合上述的几个问题,通过比较我们看到,城市生态涵养区的居民对本村经济发展水平的评价较低,但对本村的社会治安满意度最高;城市功能拓展区的村民对本村的经济发展水平及城市化程度的认可度都较高,但在社会治安方面,认为本村"不太安全"和"很不安全"的比例高于其他两个区,而认为本村"很安全"的比例则远低于其他两个区。这反映出城市化过程中,城乡接合部的村庄在迅速进入城市版图时,尚缺乏及时和相应的社会管理配套服务,经济发展水平和社会管理水平不协调。

二 村规民约与妇女权益的相关情况

1. 妇女身份转变与土地所有权问题

妇女土地权益问题在第一轮土地承包时就开始出现,经过第二轮土地承包,至今已有 30 多年了,虽然妇女组织和权益受损害的妇女群众一直为此奔走呼吁，但问题始终没有得到解决。2000年以后，随着城市建设步伐的加快，土地被大量征用，土地资源越来越稀缺珍贵，土地急速升值，由此带来的利益分配矛盾也更加突出。特别是在那些较为富裕的乡村和城市郊区，由于集体福利比较优厚，村集体排斥"出嫁女"、离婚妇女、丧偶妇女和上门女婿的问题更为严重。[1]

我国绝大多数村庄的村规民约，都是依照"男娶女嫁"的原则来认定村民资格并进行集体资源分配的。男性是永久性村民，天然享有各项村民待遇（如宅基地、责任田、土地补偿金、集体福利等）；妇女则被视为"临时村民"而受到诸多限制。可以这么说，性别不平等的村规民约直接关联村庄集体资源分配的规则。

结合上述社会背景，针对北京地区正在开展的大规模土地征用现状，本次调查设计了7个问题，考察北京地区村规民约对妇女土地所有权的影响。

通过统计，我们发现，在7项影响妇女获得土地的因素中，被调查者认为"已经成为非农户口，现在没有地"一项发生率最高，达到24.8%。这类情况符合国家法律规定，不存在争议。

余下几项发生率较高的现象分别是："因为该妇女从外边来到本村，当时和村里有协议：只落户，不分地"占19.0%，"外村妇女结婚嫁到本村，原来村里将土地收回，现在这个村子不给土地"占17.0%，"本村的姑娘外嫁他村，遭遇丧偶或离婚后，重回本村居住，村里不再给土地，认为其会再婚"占15.0%，"本村的姑娘，配偶是非农业户口/军人，户口无法迁出，村里不再给土地"占10.5%。这几类现象，说明现在北京农村仍存在男女不平等的现象，村规民约仍在一定程度上以男性为主体，妇女只是"附属品"，不具有与男性平等的村民权利。这在很大程度上带来了一系列消极影响。这类妇女更容易陷入贫困，不仅是财产上的，也是精神上的，更加容易陷入缺乏安全感和保障感的境地；这类妇女在家庭和村集体生活中处于"边缘化"位置，从而加强了她们对男性的依赖；由于婚变后很可能失去土地权益，导致许多妇女忍受没有质量的婚姻，不敢离婚，严重影响了妇女的生活权益。

---

[1] 马和平：《修订村规民约与维护妇女权益》，"加强村民自治推进性别平等"论坛内部材料，2001年。

当问及被调查者"离异丧偶妇女该不该获得土地"时，调查数据显示，态度模糊（即认为"不好说"或"具体问题具体分析"）的人占43.8%，认为"应该"的占34%，认为"不应该"的占10.7%，有1.2%的人认为"只是村规民约，无所谓对错"。可以看出，有一定数量的被调查者具有较强的性别维权意识，但村规民约对村妇女干部的影响也深刻存在。有意思的是，在这个问题上，城市发展新区表现出较强的性别维权意识，有35.6%的被调查者认为应该给这些妇女土地，只有10.4%的人认为不应该给她们土地。生态涵养区表现得相对保守，有12.3%的被调查者认为不应该给这部分妇女土地，这个比例在三类区划中最高。

妇女因各种原因造成的土地问题上访，以个案上访为主（占比35.1%）。另外值得注意的是，有26.1%的妇女选择"忍着，接受现实"。这类现象反映出目前农村妇女的支持网络仍然较差，有性别歧视倾向的村规民约无法为妇女正当谋取权益提供必要的制度支持。这使得妇女在遇到土地权益纠纷时处于弱势甚至无助的状态。

数据显示，妇女上访以单次上访为主（占比62%）。这主要是因为妇女上访问题能够一次得到解决，还是由于妇女缺乏必要的支持网络，通常遭遇一次挫折后就放弃继续为自己争取权利，还需要进一步调查才能够解释。

在征地现象上，有49.9%的村已经没有征地现象，42.1%的村"有一些"征地现象，只有8%的村表示"有很多"。

调查数据表明，城市功能拓展区征地现象较多，而生态涵养区因发展定位的原因，征地现象较少。我们把这个社会背景与妇女上访的问题结合起来分析，发现城市功能拓展区的妇女在遇到土地问题时更多地选择上访来为自己争取权益，这与该区经济发展态势较好，农村妇女法律意识增强有关。她们越来越多地拿起法律武器保护自己的权益。但同时她们也可能因权益受损而上访，影响农村社会稳定和发展。

与城市功能拓展区不同，生态涵养区的妇女则更趋于保守。她们更多地选择"忍着，接受现实"。这一方面可能是因为该区征地现象不多，妇女对相关法律、政策了解不够，获得的信息支持较少；也有可能是因为该区地理位置更偏远，女性深受传统性别观念影响，比较隐忍。因此，在这些偏远地区，妇女土地权益受损的问题更为突出。

针对以上因各种原因造成妇女身份转变时引发的土地权益受损问题，如果能够在村规民约中明确规定对这类女性按照户籍所在地，或迁入户籍时间长短等条件，获得与男性村民一样的土地权益，将有效保障农村妇女在遭遇家庭变故或婚丧嫁娶时的土地权益。

关于征地补偿款的发放，调查结果显示，生态涵养区的征地款"直接发给农户"的占44.9%，城市功能拓展区的征地款"全部归村集体所有"的占34.9%，而城市发展新区的征地款"一部分直接发给农户，一部分留在村集体"的占52.2%。

调查结果显示，征地补偿款的分配方案主要由村民代表来决定。因此，征地补偿款的发放方式和征地补偿分配方案由谁决定关系不大。这可能是各地区的村规民约不同导致的。

2. 村民代表大会在村事务中扮演重要角色

有97.8%的被调查者回答"本村建立了村民代表会议"。其中，在问及"您村哪些事务由村民代表会议决定"时，4.8%的被调查者回答"本村经济事务由村民代表会议决定"，1%的被调查者回答"政治事务"，88.7%的被调查者回答"与村民利益相关的一切事务"。由此可见，村民代表大会作为村集体权利行使的工具，在村事务中发挥重要作用。

这点在问卷中涉及妇女权利相关问题时也得到了印证。当村里妇女因婚丧嫁娶出现各种土地问题时，有51.3%的被调查者认为应该"召开村民代表大会，大家投票解决"。

但本次问卷没有涉及村民代表中的性别比例。鉴于村民代表大会在制定村集体决策时的重要作用，我们认为，要维护妇女在村集体中的权益，修改村规民约中对妇女的不平等条款，加强村民代表的性别意识，是促进性别平等的一个重要方面。

3. 征地补偿中，"男娶女嫁"的原则仍有很大影响

关于征地补偿分配中男女是否一样，有98.6%的被调查者回答"一样"，只有1.4%的被调查者回答"有区别"。在三类地区中，城市发展新区的被调查者选择回答"有区别"的比例最低。

针对征地时出现的妇女因身份转化可能与村规民约发生冲突的现象，本次调查考察了五种情况（见表1）。

从数据我们可以看到，因"户口在本村但没分得土地，所以没有补偿"，影响妇女土地权益的比例最高，达到21.0%。户口在本村的，包括"出嫁女"户口未迁出，入嫁后户口虽然落在婆家，但婆家人不分土地补偿款给女性，以及离婚/丧偶后村里不给土地等情况。总的来说，在这类现象

发生时，村规民约仍把男性作为村集体资产分配的主体。"出嫁女"或离异妇女的权益并未得到充分尊重。

值得注意的是，因"未举行婚礼仪式，村里人不认可"而无法得到土地补偿的比例很高，达到9.4%。可见目前在北京农村，对嫁入本村的女性村民集体资格身份认同，在一定程度上仍依据传统男娶女嫁的原则，而不是依据现有的法律制度。基于此的资源分配也体现出男女不平等的现象。女性作为"临时村民"在涉及因婚嫁出现的身份变动时，将面临自身土地权益无法获得保障的困境。

表1 您所在村是否存在下列现象

单位：%

态度	已经出嫁，娘家土地征用不给补偿	村里给了补偿，但婆家人不分给女性	户口在本村但没分得土地，所以没有补偿	离婚/丧偶后土地在村里，但村委会认为其离开村子不给补偿	未举行婚礼仪式，村里人不认可
否	93.4	92.5	79.0	94.7	90.6
是	6.6	7.5	21.0	5.3	9.4

因此，在村规民约中明确婚姻的法律地位，以及法律保障男女双方在婚姻中获得平等的权利十分重要。

4. 养老模式和育儿模式的改变需更多的社区支持

此次调查的数据显示，目前北京农村养老现状正走出传统的完全依赖家庭支持的模式，农村养老正逐步获得社区支持。但以男性为主的家庭性别观念仍是主流。

调查结果显示，享受老年保障待遇的男性为3174人，女性为3172人。老年人获得经济支持，一方面减少了养老对农村家庭的负担，另一方面养老模式的转变改变了农村只有儿子才能继承财产并承担养老责任的资源分配的性别依赖，并将进一步改变农村传统文化中"重男轻女"的性别观念。

要改变传统的"养儿防老"的观念，保证外嫁女性村民父母的养老权益，需改变"从夫居""男性子嗣继承财产"等性别不平等文化，通过在村规民约中加进诸如"夫妻二人平等对待双方老人"的条款，要求媳妇和丈夫一起照顾公婆的同时，还要承担起赡养自己娘家父母的责任。同理，丈夫也应该同等对待岳父岳母。本次调查显示，男性到女性家落户的村民共有 3496 人，和户籍人口总数相比，其比例很低。因此，修改村规民约中对婚嫁后居住模式的规定，鼓励女儿养老，鼓励男方到女方家落户，同时强调女儿在承担养老责任的同时，也享有与儿子平等继承家产的权利，将有利于保护农村妇女在家庭生活中的权益。

另一方面，本次调查显示，只有 16.2% 的村级社区有敬老院和养老院。这说明目前农村养老仍旧以家庭养老模式为主（见图 3）。

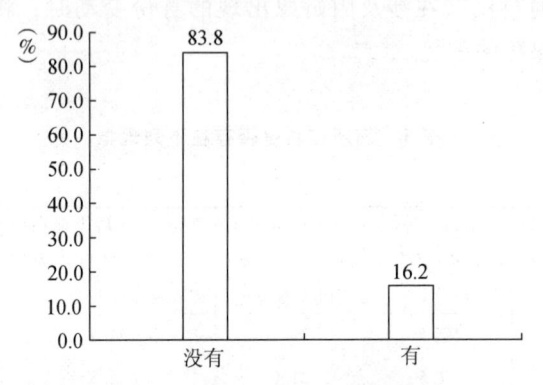

图 3　敬老院、养老院的有无情况

在被调查的这些行政村中，只有 10.0% 的村社区有幼儿园。照料孩童是妇女家务劳动的重要组成部分。目前北京地区农村缺少照料儿童机构，对女性而言无疑加重了家务负担，因为照料孩子的工作大部分由女性承担。因此，一方面加强村社区对儿童照料机构的建设，使得年轻妇女能够有更多的时间和精力从事家务以外的有偿劳动，将促进女性权益发展。另一方面，如能够在村规民约中增加夫妻二人应共同承担照料未成年子女的责任，使家务劳动不再是妇女的"天职"，对促进家庭内两性平等，鼓励妇女获得更多从事其他有偿劳动的机会，不失为一种积极手段。

三　总结

通过此次调查，我们对北京 13 个区县的 3800 多个行政村的村规民约与妇女权益保障问题有了初步的认识。我们发现北京三类地区在农村妇女权益保障方面存在差异，总体来说，经济发达的地区，妇女思想较为开放，更具有主动为自己争取权益的意识；而经济发展程度和城市化程度较低的地区，妇女思想较为保守，妇女遇到的权利受损问题也更为突出。

村民代表大会在村事务中发挥着重要作用。虽然北京地区的村集体中已经体现出相当程度的性别平等意识，妇女权益越来越受到村集体重视，但仍存在以"男娶女嫁"作为村民享受村集体经济分配的标准的现象。当妇女遇到因婚丧嫁娶出现身份变动时，仍面临权益受损的可能性。

因此，修改村规民约中性别不平等的规则，改变陈规旧俗，将性别平等纳入村规民约，从制度上保障农村妇女和男性拥有平等的权利，大面积推广村规民约的修订工作，是有必要的。我们希望通过进一步的深入调研，发现问题，解决问题。通过村规民约的修改，推进北京地区农村性别平等进程，让更多妇女的权益得到真正的保障。

天津市失地妇女权益保障问题研究报告[*]

天津市妇联　南开大学课题组

一　课题背景

随着城市化进程的加快，大量男性脱离传统的农业生产，农村妇女成为农业劳动的主要从事者。但由于土地政策相对滞后，部分农村妇女的土地权益受到不同程度的侵害，特别是在承包土地、征地拆迁过程中，妇女个人的土地权益及保障问题凸显，有两个突出表现。一是群众投诉量大，从妇联系统信访统计数据看，农村妇女土地承包和相关经济权益的投诉已连续呈上升趋势。例如，仅2007年天津市妇联就接到农村妇女土地权益问题来电、来访、来信投诉205件，其中，征地经济补偿投诉129件、"出嫁女"责任田投诉52件、宅基地投诉24件。其他地区也有类似的情况，例如河北省妇联系统在2001～2003年共接待有关"出嫁女"责任田/宅基地问题的信访案件610余件，浙江省妇联系统2000～2003年受理"农嫁女"土地权益投诉达到2752件，涉及9440人。二是投诉多为群众集体写联名信和集体上访，有些问题还具有普遍性和复杂性，农村妇女土地权益和相关利益分配的矛盾导致群体性事件频发，需要引起高度重视。

比较突出的问题包括以下三大类。

---

[*] 本报告于2008年12月完成。课题组负责人：关信平（南开大学社会工作与社会政策系教授）；课题组成员：祝士苓（天津农学院教师）；周丽丽（南开大学社会学博士生）；赵文聘（南开大学社会学博士生）。

一是农村"出嫁女"。妇女出嫁后,因政策原因户口无法迁出,如农村姑娘嫁给非农业男子、与军人结婚等,其承包土地及其土地收益权被剥夺,土地补偿费拒绝给付。

二是离婚、丧偶的农村妇女。妇女离婚后,男方强行耕种女方土地或将妇女的土地以村集体的名义"合法"收回,而不管离婚妇女是否能够从娘家或再婚夫家所在村获得土地,从而使离婚妇女的土地承包权长期受到侵害。

三是男到女家落户。农村有女无儿户招婿后,入赘丈夫不能获得承包土地,或只能获得少量承包土地,这是对妇女土地权益的变相侵害。

我国正处在建设社会主义和谐社会的关键时期,党的十七届三中全会提出,要以中国特色社会主义理论体系为指导,继续解放思想,坚持改革开放,推动科学发展,促进社会和谐,夺取全面建设小康社会新胜利。"三农问题"是工作的重点,建设社会主义新农村是其重要组成部分,农村妇女土地权益关系广大农村妇女的生存与发展,能否切实保障广大农村妇女的合法土地权益将直接影响到整个社会的稳定。

为此,我们受天津市妇联的委托就此问题展开调研。调研的主要目的是要搞清楚目前天津市农村失地妇女权益保障中存在的问题及其原因,并在此基础上提出进一步改进失地妇女基本权益保护的法律和行政措施。在调研工作中,课题组查阅了国内的有关文献资料,学习了国家和天津市相关的法律与政策,在全市范围内选择失地妇女典型案例进行重点访谈,并且在西青、静海等区县进行了实地调研,邀请基层有关机构进行了深入的座谈。本报告在我们调查的基础上对上述问题作出分析和结论,并提出相关的政策建议。

二 概念和立法解读

1. 农村失地妇女

农村失地妇女是指土地承包权、征地补偿等土地权益受到侵害的农村妇女,包括农村"出嫁女"、离婚和丧偶的农村妇女等。农村妇女土地权益主要包括集体土地承包经营权、宅基地使用权、宅基地/口粮田的分配权、集体经济组织收益分配权、集体土地征用补偿款的分配权、集体保障/福利分配权等与土地有关的经济权益。

2. 农村失地妇女土地权益保护法律体系

我国政府高度重视保护妇女的合法权益,就妇女土地权益保障形成了宪法、法律、法规等多层级的规范性文件体系。其中,基本的指导原则是,我国宪法确立了我国法律体系中男女平等基本原则,《婚姻法》《妇女权益保障法》等法律也从不同的侧面肯定和细化了这一基本原则。农村妇女土地权益保护的法律依据如下。

(1) 土地承包权保护。《农村土地承包经营法》第六条明确规定:"农村土地承包,妇女与男子享有平等的权利。承包中应当保护妇女的合法权益,任何组织和个人不得剥夺、侵害妇女应当享有的土地承包经营权。"第三十条规定:"承包期内,妇女结婚,在新居住地未取得承包地的,发包方不得收回其原承包地;妇女离婚或者丧偶,仍在原居住地生活或者不在原居住地生活但在新居住地未取得承包地的,发包方不得收回其原承包地。"

(2) 土地收益、补偿分配和宅基地使用权保护。《妇女权益保障法》第三十二条规定:"妇女在农村土地承包经营、集体经济组织收益分配、土地征收或者征用补偿费使用以及宅基地使用等方面,享有与男子平等的权利。"

(3) 土地共有财产相关权益保护。《妇女权益保障法》第三十一条规定:"在婚姻、家庭共有财产关系中,不得侵害妇女依法享有的权益。"以户[①]为单位产生的土地相关权益是家庭共有财产[②]或夫妻共同财产,妇女享有平等处分土地共有财产的权益,应当依法予以保护。

另外,我国法律形成了对农村失地妇女土地权益保护的责任体系。①民事责任。《农村土地承包法》和《妇女权益保障法》都规定侵害妇女的合法权益,造成财产损失或者其他损害的,应依法承担民事责任。②行政责任。《妇女权益保障法》规定侵害妇女土地权益或者对侵害妇女土地权益行为采取通过作为或不作为方式不予制止的行为,应承担相应的行政责任。③刑事责任。《妇女权益保障法》第五十六条规定,侵害妇女的合法权益,

---

① 《农村土地承包法》第三条规定国家实行农村土地承包经营制度。农村土地承包采取农村集体经济组织内部的家庭承包方式,第二十一条规定发包方应当与承包方签订书面承包合同。承包方代表在承包合同中签字,因此承包是以户为单位的家庭行为。

② 《民法通则》规定家庭共有财产是指全体家庭成员共同生活期间所创造的,供全体家庭成员生活、生产的财产。《婚姻法》规定夫妻财产制度是指夫妻在婚姻存续期间所得的财产,除双方另有约定外,归夫妻共同所有,夫妻对共同所有的财产有平等的处理权。

造成财产损失或者其他损害，构成犯罪的，依法追究刑事责任。

最后，我国法律也明确了对农村失地妇女土地权益保护的机制。①调解机制。《农村土地承包法》第五十一条规定："因土地承包经营发生纠纷的，双方当事人可以通过协商解决，也可以请求村民委员会、乡（镇）人民政府等调解解决。"②行政处理。《妇女权益保障法》第五十二条规定妇女的合法权益受到侵害的，有权要求有关部门依法处理。③仲裁。《农村土地承包法》第五十一条规定"当事人不愿协商、调解或者协商、调解不成的，可以向农村土地承包仲裁机构申请仲裁"。《妇女权益保障法》第五十二条规定妇女的合法权益受到侵害的，可以申请仲裁。④向人民法院起诉。《农村土地承包法》规定，当事人不愿协商、调解或者协商、调解不成的或者对农村土地承包仲裁机构的仲裁裁决不服的，可以直接向人民法院起诉。《妇女权益保障法》第五十二条规定妇女的合法权益受到侵害的，可以向人民法院起诉。

3. 我国现行失地妇女土地权益保护的特征

（1）虽然高度重视男女平等原则，但是法律宣示的男女平等并未建构在权利和义务相结合基础上。农村失地妇女的土地权益建立在履行其家庭、集体成员义务基础上，涉及农村各类人群之间，包括男女之间利益关系的问题，应当在权利和义务相结合基础上保障男女平等。

（2）立法体系初步形成，高层级的法律已相对完善，但立法可操作性不强。我国失地妇女土地权益保障方面，尽管已经形成了宪法、法律、法规等多层级的规范性文件体系，但农村失地妇女土地权益保障的具体方式和方法，在司法实践中可操作性较差，缺乏配套的具体法律规定，造成立法落后于实务上运作的需求。

三 农村失地妇女土地权益受损情况分析

（一）农村"出嫁女"土地权益受损情况分析

1. 关于"出嫁女"土地权益受损的基本情况

"出嫁女"土地权益受损是指农村妇女因出嫁致使其应享有的合法土地权益受到侵害。"出嫁女"包括"嫁城女"（即农村妇女嫁给农村或城镇非农业户口男子）和"嫁农女"（即农村妇女嫁给外村/外地农业户口男子）

两种情况。"应享有"是指在同等条件下，比照农村男性村民应该享有的权益。"合法土地权益"是指依照《妇女权益保障法》及《土地承包经营法》的规定，农村妇女应享有的集体土地承包经营权、宅基地使用权、宅基地/口粮田的分配权、集体经济组织收益分配权、集体土地征用补偿款的分配权、集体保障/福利分配权等与土地有关的经济权益。"受到侵害"是指出嫁女应享有的合法土地权益被剥夺或部分剥夺。

"出嫁女"土地权益受损的具体表现形式如下。

（1）"嫁城女"，即农村妇女嫁给本村或城镇非农业户口男子，由于传统户籍制度的原因，其户口无法迁入婆家，仍留在娘家，致使其土地承包经营权及相关的经济权益被剥夺或部分被剥夺。例如，西青区梨园村嫁给非农业户口男子的农村妇女，结婚超过10年的只能享受村民待遇的80%。更有甚者，部分村庄对于"嫁城女"不给村民待遇，其所生子女，户口随母亲落户本村的，也不能享受村民待遇。例如，侯台村村民刘某2003年嫁给了南开区一非农业户男子，但其户口仍在侯台村，按照侯台村村规民约，凡是1995年以后侯台村女青年与村外人结婚的，一律不享受本村待遇。2005年初，侯台村分征地补偿款没有分给刘某，至今她还在维权的道路上艰难地跋涉着。

（2）"嫁农女"，即农村妇女嫁给外村/地农业户口男子。"嫁农女"又可分为两种情况，一是由于本村经济条件好或其他原因，"嫁农女"不愿将户口迁出，其户口仍然留在娘家。某些村村规民约规定，"嫁农女"户口必须限期迁出，不迁出的，取消其享受村民待遇的资格，而婆家又由于"嫁农女"的户口不在当地，不能分给其相应的土地权益，致使一些"嫁农女"土地权益"两头空"。例如，宝坻区一些村的村民代表大会宣布，不管是"嫁农女"还是"嫁城女"，出嫁后半个月户口必须迁出，不能享受村民待遇，23个"出嫁女"集体上访，至今未予解决。二是"嫁农女"在娘家的责任田虽未被收回，但其相关权益全部由娘家人享受，受"嫁出去的女，泼出去的水"传统观念的影响，已嫁出的妇女不可能从娘家获得口粮，而且"出嫁女"也多不愿与自己的父亲、兄弟争夺权益，但她们在婆家村又不可能获得相应的土地权益，事实上土地权益被剥夺了。

2. "出嫁女"土地权益受损的一些具体情况

（1）"嫁城女"。例如，宝坻区大白庄镇农村女青年刘某于1997年与天津市农场职工付某结婚，户口一直无法迁到夫家，至今还在娘家。2005年大白庄镇征用土地，每个村民分得土地补偿款 6.1 万元。当时村民代表大会决定，分给刘某 50% 的土地补偿款。刘某为了维护自己的合法权益，上访、找政府、到法院上诉，最终宝坻区中级人民法院判决刘某具有大白庄镇集体经济组织成员的资格，但大白庄镇至今拒不执行。

（2）"嫁农女"。例如，李七庄街纪庄子村在集体福利分房时，村民代表大会决议只给每位嫁农妇女（户口未迁出）50% 的住房待遇。

（二）农村离婚妇女土地权益受损情况分析

我国农村离婚妇女土地权益流失较为严重，据武汉大学妇女研究中心罗萍 2000 年春在湖北 21 个市、县对 310 名婚姻变动中农村离婚与丧偶妇女的调查发现，农村离婚与异地再婚丧偶妇女中只有 42.0% 的人分到了土地，其余皆未能分得土地。就是说，还有 58.0% 的离婚和丧偶农村妇女未能分得土地。而根据张建成的"农村离婚妇女土地权益"课题组成员于 2005 年在江西 H 县 10 个乡镇 18 个村的调查结果显示，80.0% 的农村离婚妇女土地权益流失。这说明，农村离婚妇女的土地权益流失在我国是一个普遍存在的现象。下面分析一下天津市农村离婚妇女土地权益流失的情况。

1. 农村离婚妇女土地权益受损的基本情况

调查发现，天津市农村离婚妇女失地的现象主要有三种情况：无法获得承包地，以及由此衍生出的无法领取应有的土地征用补偿款、无法享受应有的福利待遇。

（1）无法获得承包地。有两种情况，一种是妇女离婚后无法获得在夫家村里的土地。她们在离村外嫁之时，户籍由娘家村迁到夫家村，原来娘家的土地已经被村集体收回或者由家里人代其承包，而在夫家的村里，其所承包的土地由离异的丈夫家庭继续承包和使用，离婚妇女无法要回自己的那一部分土地。另一种情况是，妇女离婚后无法要回在娘家村里的土地。她们在离村外嫁之时，或者是因为所嫁的家庭是非农业户口导致户口无法迁出，或者由于她们本身不愿意迁走户口，或者由于所嫁之村庄不愿接收其户口，导致离婚妇女的户籍一直在娘家村那边，但是她们的土地已经被村集体收回，这样她们在离婚之后想要回娘家村的承包土地，可是村集体已无机动地或有地但不愿承包给她们。

（2）无法领取应有的土地征用补偿款。有两种情况，一种是妇女离婚后，她们的户籍仍在夫家，但无法获得在夫家村里发的土地征用补偿款。

另一种情况比较多，即户籍仍留在娘家的妇女离婚后，想要得到娘家村里发的土地征用补偿款，但是娘家村里不同意。

（3）无法享受应有的福利待遇。有两种情况：一种是户口在夫家村的离婚妇女无法享受夫家村里的福利待遇；一种是户口在娘家村的离婚妇女无法享受娘家村里的福利待遇。

2. 农村离婚妇女土地权益流失及其维权过程的特点

（1）离婚妇女均是向自己的户籍所在地索要土地及相关权益。可见，离婚妇女是把户口所在地与自己所应享受的权益联系在一起的。

（2）离婚妇女大都是在生活保障无所依靠、生活水平较低的情况下提出自己的权益要求的。离婚妇女本就是农村中的弱势群体，有一些还带着孩子，加之没有土地等作为生活保障，仅靠自己在外打工赚钱，很难维持生活。她们在很大程度上也是迫于生活的压力提出自己的权益要求的。

（3）离婚妇女维权大都经历了这样一个过程：她们向村委会索要权益，村委会以大多数村民不同意为由拒绝→又向乡镇政府反映，乡镇政府以村民自治为由拒绝→再向法院起诉，法院判决应享受村民待遇→村委会不接受法院判决→离婚妇女不停地上访，但至今无果。

四　农村失地妇女权益受损原因梳理

1. 传统观念影响

农村传统观念根深蒂固，导致目前农村妇女土地权益法律宣传、教育、贯彻执行不到位，传统文化导致妇女个人权利掩盖在家庭财产之下，对农村妇女土地权益的影响表现在以下两点。

一是"男尊女卑"传统观念在农村尚存，妇女权益受到忽视甚至歧视，造成女子与男子的待遇差别。同时，婚后"从夫居"仍是农村主导的婚姻模式，群众普遍认为妇女结婚后应该迁出户口，不应再参与娘家村的土地分配。因此，已婚妇女尤其是"嫁农女"若不迁走户口，其往往会遭到本村大多数村民的排挤。按照传统的做法，土地为农民集体所有，只有集体成员才能享有本集体所有的土地。而许多农村并不把离婚的妇女当作集体成员，她们的利益只能附属于男方。对于离异妇女的夫家村民来说，村庄土地是本村的财产，妇女若与本村男子离婚了，她就应该迁出，因为她是本村的一个外人，不应拿本村的土地。而且，传统的家庭或宗族观念认同男子立户，当妇女离婚或丧偶后，当地就不允许她们独立成户，并剥夺其土地承包权以及其他相关经济权益。除非她带着家族的后人（儿子）住在本村，她才有资格分土地。在调查中我们也发现，离婚妇女来反映问题的基本都是带着一个女儿的。娘家、夫家双方村民这种传统观念，是造成离婚妇女土地权益受到侵犯的原因之一。

二是部分农村妇女自身法制观念薄弱，权利意识淡薄，导致其错失了很多主张合法权益的良机。在调查中我们发现，部分妇女没有意识到拥有土地承包权及相关的经济利益是自己的合法权益，虽然农村妇女为其合法土地权益受到侵害而上访久拖不决的不少，但通过诉讼程序解决问题的"出嫁女"并不多。还有的妇女在失去土地之初没有意识到权益受损，但随着土地的增值，幡然醒悟，导致纠纷增多，矛盾更加复杂。

2. 失地妇女土地权益涉及人地关系矛盾和复杂的利益关系

土地具有不可移动的固有性质，而婚姻会发生人口流动，这样导致了土地的不可移动性与人口流动之间的矛盾，土地政策对因婚嫁而导致的人口流动应对不足，造成了部分妇女无法获取土地权益。

从天津市实际情况看，各地人口密度、耕地面积各有不同，而且地区经济发展不平衡，不少地区尤其是城郊，大量土地被征用，土地权益直接体现为货币，在经济利益驱动下，农村人口相对集中地涌向经济发达地区，不少"出嫁女"婚后户口仍留在娘家，嫁入媳妇的户口又必须迁入，只进不出，使"僧多粥少"的矛盾日益凸显，从而产生了各村组原住村民和"出嫁女"之间的利益冲突。加上"出嫁女"在村里始终是少数，因而一些拒绝"出嫁女"参与集体福利分配的乡规民约便屡屡在村民代表大会上通过。而《村民委员会组织法》又缺乏相应的执法主体，政府对违法的乡规民约缺乏监督，致使一些地区违法的乡规民约无法得到纠正。调研中，我们发现有个别村，就算"出嫁女"告到政府，甚至起诉到法院，政府、法院也难以对村委会采取强制措施。

村民基于自身利益的选择以及村干部的推波助澜，直接导致了农村离婚妇女土地权益的流失。《农村土地承包法》第十四条规定，在土地承包经营期限内，对个别土地承包者之间的土地适当调整的，必须经过村民会议2/3以上成员或者2/3以上村民代表的同意。但是，在实际中，村民出于自身各种利益的考虑，往往忽视或牺牲农村离婚妇女这一弱小群体的土地权益。在调查中一位干部反映，特别是在一些城中村里，土地权益方面的矛盾比较突出，有很大部分原因在于这些地区围绕着"村改居"、政府征地等事件涉及的利益比较多和复杂，因此人们对于自身利益的考虑更多一些。另一方面，在调查过程中，发现部分村级干部依法行政意识淡薄，在解决农村离婚妇女土地权益问题时，以尊重"村民自治"为由，将村规民约置于国家法律之上，任意作出违反《宪法》和《妇女权益保障法》有关规定的决定。在调查中发现有的村干部甚至有指使村民对主张自己权益的离婚妇女实施暴力行为的恶劣行径。

3. 国家土地政策和法律缺乏可操作性

第一是法律规定不够明确，立法层面缺乏细节性规范。首先，相对稳定的承包政策导致各村组的新增人口（包括婚进妇女、新生儿等）难分到土地；部分妇女嫁出后责任田仍在娘家村，人地分离，相关权益难以实现。其次，法律本身对有些问题的界定不明，如集体经济组织成员资格认定不明确，各村在具体执行中有以户籍为标准的，有以出生地为标准的，有以居住地为标准的，有以履行义务地为标准的，也有以上述因素的不同组合为标准的，这些直接导致各地在权益分配问题上操作困难。再次，农村以家庭为单位进行土地承包，对于家庭成员的个人财产和经营权利规定不明确，致使出嫁女留在娘家的权益得不到保障。最后，法律对集体经济组织的诉讼地位、主体未予以明确，由于集体经济组织财产状况不明晰，导致执行困难，很多村的土地被征完，土地补偿款分完后，法院就是判决妇女胜诉也执行不了。

第二是国家法规缺乏具体保障措施。首先是缺乏威慑措施。例如，我国《妇女权益保障法》第三十条第二款规定："妇女结婚、离婚后，其责任田、口粮田和宅基地等，应当受到保障"，但这一条款不能为解决农村妇女土地权益流失提供针对性的解决措施。2001年5月发布的《关于切实维护农村妇女土地承包权益的通知》指出："妇女离婚或丧偶后仍在原居住地生活的，原居住地应保证其有一份承包地。离婚或丧偶后不在原居住地生活，其新居住地还没有为其解决承包地的，原居住地所在村应保留其土地承包权。"2002年8月颁布的《农村土地承包法》进一步规定，承包期内，妇女离婚或者丧偶，仍在原居住地生活或者不在原居住地生活但在新居住地未取得承包地的，发包方不得收回其原承包地。但是，这些规定忽视了土地不能随人走的事实，也没有具体的如果违反规定如何处罚的规定，使得这些条款在许多农村地区形同虚设。其次表现为执法困难。人民法院是否受理此类案件，最高人民法院没有相关的规定。即使法院受理也不能一案判到底，因为农村利益分配往往年年都进行，而法院只能就当年的分配进行审理。在现实中，不少妇女为争得权利年年诉讼。而且很多村的土地被征完，土地补偿款分完后，法院就是判决妇女胜诉也执行不了，甚至有些村庄以"村民代表大会通过"为理由，拒不执行法院的判决。

4. 农村干部、民众存在错误认识，法制观念淡薄

第一，对"户"概念的错误认识。《农村土地承包法》规定了农村土地承包的两种方式：一种是家庭承包方式，一种是其他方式。以家庭为承包方式的农户，户主绝大多数是丈夫，家庭成员所承包的土地大多记录在户主名下，而且村集体的土地收益分配、家庭财产登记，大多是记录男性户主的名字，导致农村村民错误地认为家庭土地权益全是自己个人的财产。在这种情况下，一旦离婚，以家庭为单位的承包地、宅基地及其附着物以及集体分红等家庭财产的分割，有利于男方而不利于女方。

第二，对村民自治职能存在错误理解。现实中，一些基层村干部和村民对《村民委员会组织法》中规定的村民自治制度存在重大误解。部分村干部及村民错误地认为村民自治就是完全靠村民委员会的决议办事，而无视不得与法律相冲突、符合男女平等要求的大前提[①]，结果造成一些村委会的决议违反男女平等原则，侵害妇女土地权益。同时，一些行政部门错误地认为，村民代表大会或村委会决议属于村民自治范畴，因此无论是否合法，政府都不能干预。同时还有人认为，《村民委员会组织法》未规定违法自治行为发生后行政机关介入程序和干涉措施，因此政府不应干涉村民自治范畴的所有事情。再有，一些司法部门基于同样的认识，导致许多地方的法院在处理涉及妇女土地权益案件时也非常谨慎，很少受理此类案件。

有的基层干部和群众为了局部的经济利益，往往只强调村民自治，少数服从多数，以村民代表大会决议或者村规民约的形式限制和剥夺了占人口少数的"出嫁女"的利益。有的村干部不愿得罪大部分村民，因此即使明知有关规定有损"出嫁女"权益也不予纠正。

5. 户籍制度的障碍

户籍管理制度不畅通，加上城乡社会保障制度不能衔接，农村妇女在

---

① 我国《村民委员会自治法》第二十条明确规定，村民自治章程、村规民约以及村民会议或者村民代表讨论决定的事项不得与宪法、法律、法规和国家的政策相抵触，不得有侵犯村民的人身权利、民主权利和合法财产权利的内容。

出嫁或男士入赘时，其土地权益得不到保障。

首先，户籍制度的障碍表现在农业户口之间。尽管法律、政策规定要保障妇女有一块承包地，但"该不该接收户口"规定较为模糊。新婚的要把户口迁入本村，而改嫁的、离婚的、入赘的等特殊群体都不愿把户口迁离这个村，另外还要加上他们的子女，村人口规模越来越大，导致农村不愿意接收新户口，对离婚妇女规定一些限制性条件，从而限制甚至剥夺了妇女的土地权益。

其次，户籍制度的障碍还表现在农业户口与非农业户口之间。农村姑娘与城镇居民结婚，其本人和子女的户口不能迁入城镇，这些妇女无法享受城市社会保障待遇，仍然对农村土地收益存在依赖；而且有些妇女离婚后必然回到本村，但一些村民认为已经嫁离本村的妇女应剥夺其土地权益。

6. 调解、行政、司法手段的不力

首先，调解制度的作用有限。因为调解制度不具强制性，由政府介入，调解村民与村集体之间的土地权益问题，但调解往往因为强制力的缺乏，进展艰难。如果说在乡镇内部对某些特殊群体的土地权益问题进行协调姑且还有些作用，但是如果特殊群体的问题超出同一乡镇的范围，则很难进行乡镇之间的协调。

其次，行政干预乏力。根据《村民委员会组织法》规定[1]，很多人误认为乡镇政府与村民委员会只是指导与被指导的关系，不敢逾越雷池去及时纠正村委会所采取的不合法或不合理的措施。尽管《村民委员会组织法》规定了责任追究内容，但未规定相应介入程序，导致乡镇政府在相当长一段时间内无法通过适当程序对妇女土地权益纠纷进行行政干预。

再次，乡镇政府在村民自治的监管上的"不作为"使得村干部可以利用村规民约任意作出侵害离婚妇女土地权益的决定。农村妇女土地权益受到侵害，是村组织领导人利用村规民约对农村妇女土地权利"合规"但不"合法"的侵犯，而乡镇干部对于这种做法却以符合村规民约为由听之任之。在对待离婚妇女土地权益的问题上，村干部和乡镇干部态度是基本一致的，从我们的调查结果来看，在某种程度上，可以说村干部的这种做法是得到了乡镇干部的默许和支持的。

---

[1] 《村民委员会组织法》第四条规定，乡、民族乡、镇的人民政府对村民委员会的工作给予指导、支持和帮助，但是不得干预依法属于村民自治范围内的事项。

最后，妇女获得司法救济难。按照 2005 年 3 月 29 日《最高人民法院关于审理涉及农村土地承包纠纷案件适用法律问题的解释》，对未取得土地承包权和土地补偿费分配数额方面的诉讼不予受理。而妇女土地权益案件大部分都是承包土地被剥夺、分不到或少分土地补偿费的问题，导致案件受理难。目前法院受理了一些农村妇女村民资格确认案件[1]，但其判决不具有执行内容，村委会仍拒不给这些妇女村民待遇。[2] 还有一些案件虽然法院已经判决，但村里土地、拆迁补偿费已分配完毕，村委会又没有独立财产，导致判决难以执行和兑现。

五 加强保护农村失地妇女权益的相关政策建议

通过上述分析可以看出，尽管我国妇女土地权益法律体系已初步形成，但因为在具体制度设计及与其他法律、政策衔接问题上不到位，导致农村妇女土地权益在实际中遭受侵害。根据上述分析，我们提出以下加强保护农村失地妇女权益的政策建议。

1. 基本原则

处理农村失地妇女权益保护要本着以下一些重要的基本原则。

（1）真正落实男女平等基本原则。实现男女平等是我国宪法和法律规定的基本国策，也应该是我们处理农村失地妇女权益保护问题的首要基本原则。在处理农村失地妇女基本权益保护问题时涉及比较复杂的利益关系，各种利益矛盾交织在一起，往往会使基层村组织、村民、基层政府和司法机构忽略男女平等的基本原则，从而作出不利于部分妇女的决定。因此，在制定和实施保护农村失地妇女基本权益的法规时，最重要的是要让有关各方牢固地树立起男女平等的观念，坚持男女平等的原则。

（2）权利和义务相结合基础上的公平原则。在男女平等基本原则的基础上，应该强调在权利和义务相结合基础上的公平原则。处理农村失地妇女的权益保护问题，实质上是要公平地处理各类人群之间的利益关系。因此，在制定政策、法规和实际处理过程中，各类组织和个人都应该按照公

---

[1] 天津市高级人民法院《关于农村集体经济组织成员资格确认问题的意见》。
[2] 例如，天津市第一中级人民法院〔2007〕一中民一终字第 1281~1284 号民事判决书都以判决的形式肯定了妇女的村民待遇，但妇女所在村仍不给予妇女村民待遇，其土地权益、拆迁补偿费仍然没有落实。

平的原则履行自身的义务。按照法律的规定,在主张自己权益的同时,也承认和保护其他个人和集体的权益。同时,在保护个人合法权益的同时,也要考虑个人对家庭的责任和贡献,以及个人或家庭对集体做出的贡献。对在本村居住时间不长,或者婚姻持续时间较短的个人,可以用适当的方式减扣其离婚时从家庭"土地财产"中或从集体土地中受益部分。再有,应该避免结婚或离婚妇女在娘家和夫家同时获得土地。

（3）权利保护和利益协调相结合的原则。在许多农村失地妇女权益被侵害的纠纷中都反映出权利保护和利益分配之间的交织。例如,许多纠纷案件中村集体侵害部分婚嫁妇女或丧偶妇女的土地权益,其背后的动机是为了保护他们认为应该属于"本村人"的利益,防止更多的人来分享其有限的利益。但我国的立法过程中没有严格界定土地之上利益分配和权益保障两个问题,导致在法律实施过程中只顾保护村民利益而无视甚至剥夺部分妇女的土地权益。而有些保护失地妇女权益的法律、法规、行政干预之所以难以得到实施,其原因也是这些法规或处理方案中强调权益保护的同时,没有充分考虑村民利益,从而可能导致群体间利益分配与对部分群体或个人权益保护不平衡等问题。因此,相关的立法和司法及行政干预应该寻找一个比较合理的方法,能够在维护各方利益与充分保障各方权利之间寻找最佳均衡点,既要保护失地妇女的基本权益,又要协调各方的利益。

（4）加强法制宣传,破除与法律和政策法规不一致的传统观念和习惯做法。一些基层农村组织之所以会侵害部分失地妇女的基本权益,在较大程度上是由于他们在处理此类事件时法律意识不强,只按照其传统的观念和习惯的做法行事。一般说来,在经过了多年的法制实践和法制教育后,绝大多数村民和村干部已经具备基本的法律知识和意识。但在面临较大的利益分配矛盾时,以及在法律的规定不够具体时,他们当中一些法律意识不够稳固的人就会为了自身的利益而置法律的精神于不顾,只按照对自身有利的习惯做法去行事。同时,由于这些习惯的做法还符合一些人的传统观念,因此还能够得到支持。为此,在强化对失地妇女权益保护的行动中,不仅要进一步细化法律规定,还应该进一步加强法制宣传,破除与法律和政策法规不一致的传统观念和习惯做法。

（5）强化法律的权威,加强司法和行政干预,切实保障妇女的基本权益。农村失地妇女权益保护问题长期难以有重大突破固然有立法规定不清楚的原因,但一些基层司法和行政部门对此问题重视不够也是原因之一。因此,在解决这一问题的过程中，还应该进一步强调司法和行政部门的责任，强化其干预。应该明确司法和行政机构的责任，加大各级政府机关的督察力度，明确法律责任，对违法、违规者及时查处，有利于妇女合法权益的确实保障。在此方面，一些省市已经走在前面，作出了明确的法律规定。建议天津市在深入调研的基础上，尽快出台详细的法规和政策规定。

同时，还应该督促乡镇一级政府真正发挥对村民自治的监管职能。应将对村民代表大会内容合法性的监督和促进农村妇女土地权益保障的成果，真正纳入政府的政绩考察过程中，由具体部门负责，实行问责制度，真正使基层政府意识到保障农村妇女土地权益的紧迫性。

2. 制定《天津市农村集体经济组织成员资格确认办法》，界定村民资格

清楚地界定村民资格是合理处理农村失地妇女权益保护的关键环节。因此，国家和地方法规中应进一步明确规定如何界定婚嫁妇女和丧偶妇女的村民资格。其中所包含的问题有以下三个。

（1）以户籍所在地还是以实际居住（就业）地为村民资格的所在地，或者是二者均可？我们建议目前仍应以户籍所在地为基础来界定村民资格所在地，但在村民利益分配时，可考虑是否在本村长期居住等情况而确定应该享受的比例。

（2）如果是以户籍所在地为村民资格所在地，那么婚嫁妇女是否有自由选择其户籍所在地的权利？我们建议更加明确地规定婚嫁妇女与男性一样，有自由选择其户籍所在地的权利。

（3）妇女丧偶或离婚后，是否有权利保留在本地的户籍和村民资格？我们建议更加明确地规定离婚妇女、丧偶妇女有保留本地户籍和村民资格的权利。

对于以上问题，应该有统一的法规来规范，以免因基层村组织对这些问题的理解不同而导致实际处理中的混乱。2007年天津市高级人民法院出台了《关于农村集体经济组织成员资格确认的意见》，提供了司法审判的依据和裁判标准，但该意见仅是法院审理案件时的参考，不具有立法效力。对这些问题，应该有全国性的法规来规范，但在全国性法规出台前，建议本市先制定地方性法规，即《天津市农村集体经济组织成员资格确认办法》，在全市范围内实行，为村民资格确认提供强制性法律依据和标准。

3. 厘清妇女土地权益

农村的土地权益具体表现为土地承包权、征地补偿款分配权、宅基地分配权、股份分红权、村集体福利等。而这些权利大多以户为单位进行分配。妇女在户内权利尚能保护，在户外则被剥夺，妇女个体的土地权益得不到体现。因此，应当以《物权法》为指导，梳理妇女土地权益范围。

（1）以户为单位的土地权利应为家庭共同共有财产，包括土地承包经营权、宅基地使用权等。我国《物权法》肯定了宅基地使用权、土地承包经营权的物权性质①，耕地以家庭为单位承包经营，宅基地以户为单位申请获得使用权，在共有关系存续期间都无法按份额分割。妇女为家庭一员，应该平等享有土地承包经营权、宅基地使用权。妇女因出嫁、离婚等原因造成其与家庭关系发生质变，应按照民法原则分割共有财产。②因结婚、入赘等原因建立新的家庭共有关系，自然产生新的家庭共有财产，其法律关系仍然应按照民法共有制度处理。为此，农户土地承包合同登记上可以实行夫妻双名制，夫妻各持一份，双方有同等的权利和义务，这样可以保证农村妇女离婚时或者发生土地纠纷时，有平等主张自己土地使用权的权利。

（2）征地补偿款、股份分红、村集体福利等都是根据集体经济组织成员资格分配的，但农村妇女会因婚嫁等原因发生与集体经济组织关系的变动，从而导致集体经济组织成员资格的取得或丧失，这种不稳定性，导致农村在利益分配上的不稳定性③，以关系取得或丧失作为分配的主要依据，缺乏量化标准。然而本部分权益数额的确定有时间标准④，因此征地补偿款、股份分红、村集体福利等土地权益的分配也应包含时间标准，即依据妇女在集体经济组织中的时间长短分配上述土地利益。对此，应该由政府

---

① 《物权法》第一百二十四条规定，农村集体经济组织实行家庭承包经营为基础、统分结合的双层经营体制。第一百五十二条规定，宅基地使用权人依法对集体所有的土地享有占有和使用的权利，有权依法利用该土地建造住宅及其附属设施。

② 《物权法》第九十九条规定，共有人约定不得分割共有的不动产或者动产，以维持共有关系的，应当按照约定，但共有人有重大理由需要分割的，可以请求分割；没有约定或者约定不明确的，按份共有人可以随时请求分割，共同共有人在共有的基础丧失或者有重大理由需要分割时可以请求分割。因分割对其他共有人造成损害的，应当给予赔偿。

③ 调查组在调查过程中发现，在农村，婚姻家庭关系稳定，农村妇女土地权益得到保护，婚姻家庭不稳定，农村妇女土地权益可能遭到侵害。

④ 《土地管理法》第四十七条规定，征收耕地的补偿费用包括土地补偿费、安置补助费以及地上附着物和青苗的补偿费。征收耕地的土地补偿费，为该耕地被征收前三年平均年产值的六至十倍。征收耕地的安置补助费，按照需要安置的农业人口数计算。需要安置的农业人口数，按照被征收的耕地数量除以征地前被征收单位平均每人占有耕地的数量计算。每一个需要安置的农业人口的安置补助费标准，为该耕地被征收前三年平均年产值的四至六倍。但是，每公顷被征收耕地的安置补助费，最高不得超过被征收前三年平均年产值的十五倍。

作出统一的规定。例如，可以规定因婚姻关系而迁入本村的妇女或入赘的男性在最初迁入时获得部分（1/3 或 1/2）的权益，然后在 10 年内取得完全性的本村村民资格，并获得完整的经济待遇。而在此之前，可以按每年递增的方式逐渐提高其资格或利益的层次。实行这种规定，有助于平衡保护婚嫁妇女权益和维护村民利益二者之间的关系。

4. 制定《天津市〈村民委员会组织法〉实施办法》，完善村民自治制度

在农村失地妇女土地权益保护问题上，由于少数农村干部及群众法制观念淡薄，受经济利益驱动等原因，不考虑部分妇女的合法要求，曲解"村民自治"的精神，以合法的村民代表大会/会议的形式剥夺部分妇女应享有的各种权益，引发了许多矛盾。因此，建议依据《村民委员会组织法》制定《天津市〈村民委员会组织法〉实施办法》，健全村规民约检查监督机制，完善村民自治制度，主要注重以下制度建设。

第一，健全检查监督机制。《村民委员会组织法》规定，村民自治章程，村规民约以及村民会议或者村民代表大会讨论决定的事项不得与宪法、法律、法规和国家的政策相抵触，不得有侵犯村民的人身权利、民主权利和合法财产权利的内容。《天津市〈村民委员会组织法〉实施办法》赋予有关部门对涉及集体经济收益分配的规定、村民或村民代表会的决定、村规民约进行清理的权力，对于违反法律基本原则、基本精神的内容坚决予以废止，完善相应的处罚措施，对违反有关规定的坚决予以纠正并追究责任，以维护法律的普遍性和权威性。

第二，完善村规民约制定程序。村民制定村规民约主要考虑的是本集体经济组织中各方主体之间利益的均衡，往往不能发现或无视与法律法规的冲突问题，又缺乏法律专业人士的参与，才导致制定的村规民约与《农村土地承包法》《妇女权益保障法》《婚姻法》《民法通则》等法律相冲突。在调查中我们发现，有些村集体在制定村规民约时，邀请专业律师参与制定的全过程，最后律师出具法律意见书，从程序上保证与法律的协调一致。

在制定《天津市〈村民委员会组织法〉实施办法》的基础上，在全市范围内对村规民约制定程序进行检查。对于只由少数人制定的村规民约，应责成村委会按照《村民委员会组织法》的规定召开村民代表大会重新讨论决定。对村规民约的条款内容进行一次全面检查，对村规民约中侵害妇女合法财产权益的条款坚决予以清除，对与国家有关法律相抵触的村规民约、村民代表会议或村民大会决议要进行清理；对违反男女平等基本国策、侵害妇女合法权益的内容要坚决废除。对以"村规民约"为由，公然歧视农村妇女的行为、侵害农村妇女土地承包权益的现象要立即予以纠正。

5. 完善妇女土地权益保护手段

（1）加强宣传教育。首先，在全社会范围内进行妇女土地权益法制教育，使全社会正确理解妇女土地权益相关法律制度；其次，对妇女进行土地权益规范和意识教育，促进妇女能利用最恰当的手段维护自身合法权益；最后，在全社会范围内进行《村民委员会组织法》教育，使行政机关、司法机关、农村干部、村民能正确理解村民自治的本质。

（2）建立对失地妇女的法律援助制度。在一些农村失地妇女土地权益案件中，打不起、打不赢甚至不敢打官司的问题比较突出，致使失地妇女的合法土地权益受到侵害也得不到及时有效的救济。法律援助是针对因经济困难及其他因素而难以通过正常法律救济手段保障自身基本社会权利的社会弱者，减免收费提供法律帮助的一项法律保障制度。现行法律援助相关立法并未将失地妇女纳入法律援助范围[①]，不利于失地妇女维护其合法土地权益，应当对符合条件的失地妇女提供法律援助。

（3）完善司法救济制度。①在现有法律框架下，在厘清妇女土地权益范围的基础上，结合本地实际，制定专门的农村妇女土地权益保护地方法规。②在现有受案范围基础上，落实基本立法的各项规定[②]，扩大农村妇女土地权益案件受理范围，保障妇女以民事诉讼等手段维护个人财产权益。③落实村民组织法相关制度，规定行政机关对村民自治进行行政监督的条件和程序。④建立村民自治过程中违法决议的撤销机制以及责任追究机制。

6. 积极探索从根本上保护各类群众权益的新机制

针对失地妇女土地权益保障难以得到有效解决这一问题，各地在实践中摸索出了一条有益的改革之路——股份合作制，即以集体资产进行折股

[①] 《律师法》第四十二条规定，律师、律师事务所应当按照国家规定履行法律援助义务，为受援人提供符合标准的法律服务，维护受援人的合法权益。《天津市法律援助试行办法》第九条规定，法律援助的范围包括：（一）刑事案件；（二）请求给付赡养费、抚育费、扶养费的法律事项；（三）除责任事故外，因公受伤害请求赔偿的法律事项；（四）盲、聋、哑和其他残疾人、未成年人、老年人追索侵权赔偿的法律事项；（五）请求国家赔偿的诉讼案件；（六）请求发给抚恤金、救济金的法律事项；（七）法律援助中心认为确需援助的其他法律事项。

[②] 《物权法》《妇女权益保障法》等基本法确定了妇女土地权益受到侵犯可以向人民法院起诉，例如《物权法》规定了妇女对村委会侵害自身土地权益的行为可以提起撤销之诉。

量化，推行股份合作制。可以考虑按照享有土地承包经营权、有依法在所在村登记的户口、向村里尽了一定的义务等情况各占一定比例的办法进行折股量化，并落实到人，男女平等，股份可以继承、转让，股份所有人有权决定股份权益的处置。这种做法既能坚持国家土地承包经营权三十年不变的政策，又保障了没有承包土地的人口以及妇女的合法权益，也保障了村集体经济的发展，可以从根本上杜绝侵害包括失地妇女在内的少数弱势群体土地权益的事件发生。

附录：天津市农村失地妇女权益保护中的问题、相关法律和对策建议概要表

天津市农村失地妇女权益保护中的问题、相关法律和对策建议概要表

问题	相关立法	对策建议
违反男女平等原则村规民约、村民自治问题，失地妇女上访难、政府介入难问题	《宪法》《村民委员会组织法》	制定《天津市〈村民委员会组织法〉实施办法》，细化村规民约制定程序和监督机制。①专业律师参与制定程序；②引入法律审查制度；③规定行政机关对村民自治进行行政监督的条件和程序；④建立村民自治过程中违法决议的撤销机制以及责任追究机制
农村出嫁女、离婚妇女户籍问题，村民资格问题	《宪法》《村民委员会组织法》《农村土地承包法》	制定地方性法规《天津市农村集体经济组织成员资格确认办法》，为村民资格确认提供强制性法律依据和标准。①以户籍所在地为基础来界定村民资格所在地，但应考虑在本村居住等情况而确定土地利益分配；②婚嫁妇女自由选择户籍所在地的权利；③离婚妇女、丧偶妇女有保留本地户籍和村民资格的权利
村民、干部对村民自治，家庭以户为单位承包错误认识问题	《宪法》《村民委员会组织法》《农村土地承包法》	全社会范围内定期开展妇女土地权益法制教育、村民自治法制教育
失地妇女诉讼受理难问题	《宪法》《村民委员会组织法》《农村土地承包法》《婚姻法》《民事诉讼法》《物权法》《妇女权益保障法》	在厘清妇女土地权益基础上，扩大案件受理范围。①依据《物权法》，增加妇女土地权益撤销之诉；②扩大失地妇女对村民委员会诉讼案件受理范围；③区别失地妇女家庭财产纠纷及其与集体纠纷，引导妇女正确进行诉讼

续表

问题	相关立法	对策建议
失地妇女诉讼难问题	《妇女权益保障法》《律师法》	①扩大宣传教育力度；②引入诉讼代理机制，引导妇女依法维权；③建立对失地妇女的法律援助制度
诉讼执行难问题	《宪法》《村民委员会组织法》《农村土地承包法》《婚姻法》《民事诉讼法》《物权法》《妇女权益保障法》	①做实集体经济组织资产；②完善村干部侵权责任追究机制

江苏省农村妇女土地权益问题调研报告

江苏省妇联

  土地是农村妇女赖以生存发展的最基本生产资料和生活基础。当前农村妇女，特别是出嫁女、适龄未嫁女、离异妇女、丧偶妇女的土地权益问题仍然较为突出，主要表现为承包责任田、征用土地补偿、土地入股分红、宅基地分配等权益受损。2010年以来，江苏省、市妇联农村妇女土地权益问题的信访案件就有762件，占财产权益类信访案件的61%。各级妇联在协调处理此类信访件时，发现大量的侵权案件是以村规民约或村民决议为依据的。

  省妇联在全省各地先后收集了173份村规民约，这173份村规民约中没有一份对妇女平等获取土地等经济资源的权益作出明确规定，一些条文中存在着对农村妇女土地权益的显性歧视与隐性歧视。如某些村规定："男方到女方落户的，女方有兄弟的不予落户，有姐妹无兄弟的只准落户一人"，"兄弟可以自然分户"，以及"女儿不符合招婿条件"等等。由于现行基层村民自治制度的存在及其所具有的效力，村规民约和村民决议虽带有明显的歧视妇女条款，且与国家宪法法律相悖，但因得到大多数村民认可或是通过村民代表大会决议形式而披上了"合法"的外衣。这种以"少数服从多数"传统习惯来代替法律的做法，因为满足了大部分村民的利益需求而得以通过实施，却损害了妇女的合法权益。

  妇女土地权益受侵害问题在部分农村地区具有普遍性，导致矛盾激化，集体上访、重复上访、越级上访不断发生。为此，省妇联于2011年开始在连云港市灌南县就规范完善村规民约，维护妇女土地权益工作开展了试点探索，取得了一定成效。我们主要从以下几方面入手推进该项工作。

一 加强培训，提升理念

理念具有先导作用。为从理念上确保村规民约的制定和实施体现男女平等原则，2011年以来，在法院、民政、农委、国土等部门的支持下，我们从提升理念入手，分级、分层、分主题，有针对性地举办了多次培训班。组织省级培训座谈。2011年4月，省妇联、省法院联合举办了农村妇女土地权益保护专题培训班，得到领导高度重视，省妇联分管主席和法院分管领导均到会讲话。培训班特别邀请中央党校李慧英教授、河南社区教育研究中心董琳副主任和西安市中级人民法院杜豫苏副院长，从源头保护、实践操作与司法途径三个不同角度，就如何保障农村妇女土地权益做了政策诠释、程序指导和经验介绍。培训班后随即组织座谈，与会人员结合各自工作实际，就江苏农村妇女土地权益保护的现状、存在问题等方面展开了热烈讨论，就解决问题的途径和策略提出了有针对性、建设性和实践性的意见和建议。来自省人大、省高院、省委研究室、省政府法制办等单位法规处的负责同志，各市中院和部分基层法院的法官，各市妇联权益部部长以及相关专家学者70余人参加培训和座谈。

（1）开展市级培训研讨。为了在市级层面进一步加强宣传，统一认识，各尽其职，2011年11月，我们在连云港市举办培训班暨座谈会，市人大、中级法院、法制办、农工办、民政局、信访局等有关单位的领导和相关处室负责人、各县区法院的分管领导、各县区妇联分管主席40余人参加培训和座谈，就连云港市农村妇女土地权益保护的现状、存在问题等方面展开热烈讨论，就解决问题的途径和策略提出了有针对性、建设性和实践性的意见和建议。

（2）实施县级参与式培训。灌南县是我们试点工作的主战场。2011年8月，我们连续在灌南举办了县级、乡镇级、村级三期培训班，灌南县各级人大、政法委、法院、农办、民政、国土、司法、妇联、党校等相关部门领导和工作人员，部分村两委干部、村民代表、党员代表、女能手代表等160余人分期参加培训。培训内容包括《妇女权益保障法》《农村土地承包法》《物权法》《农村土地承包经营纠纷调解仲裁法》等法律法规，以及其他省份、地区在解决农村妇女土地权益方面的先进经验等。县级的三期培训班采用参与式培训方式，分层、分级培训取得很好的效果，为修订完善村规民约工作奠定了思想基础。

二 广泛调研，拓展思路

为选准工作切入点，加强针对性，我们从调研入手，开展了问卷调查和专题调研，掌握一手的翔实资料。

（1）开展问卷调查。我们依托北京专家编制了调查问卷，问卷分男卷、女卷、社区卷，并根据概率比例规模抽样法，在灌南县抽取13个乡镇30个村开展了问卷调查。为帮助工作人员能准确指导答卷人填答问卷，我们还专门举办问卷调查工作人员培训班。随后，县妇联全体人员分为4个调查组，抽调110人参与调查工作，深入13个乡镇30个村，发放调查问卷1080份，利用10天时间，进村入户开展农村女性土地状况问卷调查，把广大妇女群众和部分男性群众的真实情况反映上来，为进一步做好农村妇女土地权益工作提供了一手资料。

（2）组织专题调研。结合近年来省、市两级妇联信访中关于农村妇女土地权益受损的案件情况和在灌南县工作试点情况，我们联合专家开展了专题调研，形成江苏省农村妇女土地权益问题专题调研报告，分析了江苏省农村妇女土地权益受侵害的主要原因，同时对更好地保障农村妇女土地权益提出了建议。我们还组织省委研究室、省法院、民政厅、国土厅、信访局、农委经管站，以及各市级法院和项目试点地区连云港和灌南县的相关人员组成专题调研组，赴陕西等地对农村妇女土地权益保护进行专题调研，学习外省的先进经验。

三 总结提升，推广经验

在充分调研和培训研讨的基础上，我们在灌南县试点开展了村规民约修订完善工作，并在试点的基础上，认真总结，向省"两会"递交了提案建议。

（1）试点修订村规民约。为确保试点工作取得成功，我们一是精心选择试点村，选择了好、中、差三种类别的村作为村规民约修订试点村，经过考察，最后确定孟兴庄镇颜马村，三口镇三口村、小南村，长茂镇大兴村、花园乡夏庄村5个村为试点村。二是发动农村妇女成为修订村规民约的主体力量。过去，民主表决在农村常常等同于男性表决，妇女很少参与决策，代表性严重不足。为了促进民主参与和妇女参与同步发展，在修订村规民约的过程中，各村都以补选或特邀的方式增加了妇女代表比例，使妇女能够在村规民约的起草、审议和表决中发出声音、表达意愿、参与决策。实践证明，凡是妇女参与积极和充分的村庄，修订村规民约的过程就相对顺利，制订的条款也更能体现性别平等。2011年9月28日，孟兴庄镇颜马村在全县率先成功修订了村规民约，并在全县进行了推广，至10月中旬，我们顺利完成了其他4个村村规民约的修订。新修订的村规民约都能充分体现男女平等原则，得到了村民的广泛好评和认可。

（2）总结提升试点经验。在认真总结灌南县试点成果的基础上，2012年江苏省"两会"期间，省妇联提交了《加强对村规民约的审查和纠错，切实维护农村妇女土地权益》的建议，建议民政部门进一步加强对全省村规民约制订和实施的指导，针对各地不同情况和突出问题开展分类指导；牵头组织相关部门，定期对各地村规民约制订和实施情况开展专题调研和督察，切实维护农村妇女的合法权益。同时，建议省民政厅制定颁发专门文件，进一步对村规民约的制定和实施，从程序到内容进行规范，建立村规民约审查和纠错机制，确保村规民约符合宪法和法律精神，符合男女平等基本原则。2012年7月份，省妇联联合省民政厅召开现场推进会，在全省全面推广连云港市和灌南县的成功经验，推动各地进一步规范完善村规民约，有效保障农村妇女土地权益。

福建省农村妇女土地权益保障的问题与对策[*]

福建省妇联

长期以来，农村妇女土地承包权益受侵害的现象不仅客观存在，且具有一定普遍性。2005 年至 2010 年上半年，福建省各级妇联组织共受理涉及妇女土地权益的信访 1014 件，其中福州、南平地区的信访数量尤为突出。[①]由于城市化进程和土地增值后的利益驱动，以往某些隐性的侵犯妇女土地权益的问题正在逐渐显露[②]，妇女土地权益争议数量在上升，权益受侵害之程度有所加剧。包括妇女土地权益纠纷在内的土地争议已成为影响农村社会稳定的重要因素之一。在福建省开展全面调研，了解农村妇女土地权益保障的现状和问题所在，在此基础上探索保障妇女土地权益的制度和措施极为重要。本课题组接受福建省妇女联合会委托，于 2010 年 1～9 月承担"福建省妇女土地权益保护研究"项目。课题组主要采用问卷调查、实地访谈、案例分析、文献分析等方式。问卷调查以福州、厦门、龙岩、泉州、漳州、莆田、宁德、南平、三明 9 个市为调查地点，对象为农村居民，共回收 2473 份问卷，其中有效问卷为 2444 份，无效问卷 29 份；其中男性 726 人，女性 1718 人。实地访谈在福州和南平两地进行，访谈对象包括妇女工

---

[*] 本文系福建省妇女联合会 2010 年委托项目"福建省妇女土地权益保护研究"之结题成果。该项目主持人蒋月，厦门大学法学院教授、博士生导师。课题组成员包括：马义英，福建省妇女联合会副主席；潘峰，厦门大学法学院讲师；郭延，福建省妇女联合会权益部部长；刘娥、周亚兰、廖小航、冯祥武，厦门大学法学院民商法专业研究生。

[①] 2005 年至 2010 年上半年，福州地区的信访数为 153 件，南平地区为 373 件。

[②] 马忆南：《妇女土地维权的困境与出路》，《中华女子学院学报》2008 年第 4 期。

作者、村干部和普通村民。此外，在福建省妇女联合会的大力协助下，课题组还对搜集到的数十份村规民约进行了统计和分析。通过实证研究，探讨福建省农村妇女土地权益保障的现实状况，检验现行农村土地承包立法、政策的实践效果，指出当前妇女土地权益保障存在的突出问题和制度缺陷，揭示其深层次原因，最终提出具有可操作性的制度改进方案和政策措施。

一 农村妇女土地权益受侵害的主要类型

外嫁女、离婚妇女、丧偶妇女等处于婚姻变动状态的农村妇女是土地权益最容易受到侵害的群体。[①] 土地承包、征地补偿利益分配、集体经济组织收益分配、宅基地分配是农村妇女土地权益最易受到侵害的方面。

（一）外嫁女在土地承包时容易遭遇"两头落空"

在第二轮土地承包的初始分配中，不存在明显的性别差异。93.1%的人认为，本村待嫁女在土地初次分配中享有与男性平等的权利。但在土地初次分配以后，女性由于婚嫁而出现的人口流动远较男性频繁，即使最初与男子一样能分得土地，婚迁也可能使她们重新失去土地。根据《农村土地承包法》第三十条的规定，外嫁女享有土地承包权益的途径有两种：继续保有娘家的承包地或从夫家所在村新分得土地。但我们发现，这两种途径均难以保证妇女实际享有土地权益，外嫁女往往处于土地权益"两头落空"的困境中。在没有承包地的妇女中，11.4%的人是因为结婚而失去承包地的。

1. 外嫁女的承包地被村里收回或由娘家继续承包

农村妇女出嫁，沿袭"男娶女嫁"的家事习俗，一般都是从夫居。调查结果显示，在"农嫁农"的情形下，若外嫁女在新居住地没有分到土地，22.1%的人认为"承包地由村集体收回"，7.7%的人认为"承包地由娘家继续承包，要给村里补偿"，53.1%的人认为"承包地由娘家继续承包，不需要给村里补偿"，只有17.1%的人认为"外嫁女可以把土地分割出来，自己继续承包"；在"农嫁非"的情形下，19.6%的人认为"承包地由村集体

[①] 本文所指称的"外嫁女"为与村外人结婚的妇女，包括"农嫁农"和"农嫁非"两种情形。

收回",12.1%的人认为"承包地由娘家继续承包,要给村里补偿",58.1%的人认为"承包地由娘家继续承包,不需要给村里补偿",只有10.1%的人认为"外嫁女可以把土地分割出来,自己继续承包"。即使村里不收回土地,原先承包的土地通常也由娘家继续承包,妇女本人无法享受来自土地的任何收益。

2. 外嫁女在夫家无地可分

按照农村普遍实行的"户籍分地原则",外嫁女将户籍迁入夫家所在村后,本应分得一份属于自己的土地。调查结果也显示,83.2%的受访者认为,户口迁入本村的上门媳妇享有和其他村民平等的土地承包权益。但实际上,由于第二轮承包早已结束,实行"三十年不变""增人不增地、减人不减地"的土地政策,农村土地基本没有变动,且福建大部分地区土地资源紧张,人多地少的矛盾突出,村里没有机动地或机动地极少,嫁入本村的妇女通常难以分配到土地。

(二) 妇女因婚姻状况变动而分割承包地的要求难以实现

2005年《福建省实施〈中华人民共和国农村土地承包法〉若干问题的规定》第五条规定:"农村土地承包方分户或者离婚需要对原承包地进行分割承包的,分户各方或者离婚双方应当分别与发包方重新签订书面承包合同,并换发相应的权属证书。分割后的承包期限为家庭承包的剩余承包期限。"《福建省实施〈中华人民共和国妇女权益保障法〉办法》(以下简称《实施办法》)第三十二条也规定:"农村妇女因分户、结婚、离婚等情形,可以对家庭承包地进行分割承包,与发包方重新签订承包合同,并向县级以上人民政府申请土地承包经营权变更登记。"依照上述规定,妇女因结婚、离婚或丧偶后再婚等原因,可以把属于自己的那份土地从家庭承包的土地中分割出来。然而,调查结果发现,妇女的此项权利难以实现。对于离婚或丧偶后再婚的妇女,只有47.7%的人认为妇女可以从前夫家分出属于自己的一份土地;对于"农嫁农"的外嫁女,只有17.1%的人认为妇女可以把土地分割出来,自己继续承包;对于"农嫁非"的外嫁女,仅有10.1%的人认为妇女可以分割承包。

(三) 妇女在征地补偿利益分配中遭受严重歧视

征地补偿款分配纠纷在妇女土地权益纠纷案件中占很大比例。征地补偿款的分配方式主要有以下几种：一是平均分配，即在集体经济组织成员间平均分配；二是分类分配，即承包有土地的集体经济组织成员享受土地补偿款和安置补助费、青苗补偿费，无土地承包关系的人只享受安置补助费；三是按居分配，即常住村民享受全额分配，非常住村民不享受或部分享受；四是简易分配，即谁承包土地，土地征用款就归谁所有；五是按权分配，即按照土地权属分配，土地补偿款归集体所有，安置补助费归征地农民所有。[1] 从本次调研情况来看，福建省农村主要采取平均分配、分类分配的方式，分配主体、分配方式、分配标准、分配程序以村规民约方式决定。根据《妇女权益保障法》第三十二条的规定，无论采取何种方式分配征地补偿款，妇女均应享有与男子平等的权利。然而，在实际征地补偿工作中，地方政府或村庄自行确定的补偿主体范围、补偿标准往往实行男女差别对待，外嫁女、离婚妇女、丧偶妇女等群体被剥夺或限制享有征地补偿利益的权利。

本次调查中，对于"娘家的土地被征收或征用，已出嫁的女儿能分到补偿款"的问题，61.5%的人认为，户口在本村的外嫁女才能按村民标准分得补偿款；29.5%的人认为，不管外嫁女户口在不在本村，都不能分到补偿款；2.6%的人认为，户口在本村的外嫁女可以分到补偿款，但比其他村民少；6.0%的人认为，外嫁女不管户口在不在本村，都可以按村民标准分到补偿款。对于"村里的土地被征收或征用时，离婚或丧偶后再婚的妇女能分到补偿款"的问题，64.5%的人认为，户口在本村的妇女才能按村民标准分得补偿款；16.7%的人认为，不管户口在不在本村，妇女都不能分到补偿款；7.6%的人认为，户口在本村的妇女可以分到补偿款，但比其他村民少；11.2%的人认为，不管户口在不在本村，都可以按村民标准分到补偿款。

调研中发现，外嫁女是征地补偿利益受侵害的主要群体。一种情形是排斥外嫁女参加征地补偿分配。以南平地区为例，2008年4月，武夷山市政府决定成立角亭新区，在角亭村建设安置房，统一按每人24平方米的标准分配安置地。而角亭村以村两委、村民小组长会议的形式决定："外嫁女一律不予享受（含户口未迁者）……"2009年，南平市延平区水南街道八仙村的土地被征用，村里研究决定，凡是本村的村民（包括嫁入村里的外来媳妇）可平均分配补偿款，而那些在第二轮土地承包期间没有分到土地的外嫁女则不分给补偿款。另一种情形是仅给外嫁女一定比例的征地补偿

---

[1] 胡正平：《规范土地征用款分配》，《农民日报》2009年1月12日。

款。例如，2002年以来，福州市仓山区建新镇透埔村的土地陆续被征用，但根据该村村规民约的规定，外嫁女只能享受七成补偿款。

（四）集体经济组织收益分配存在性别不平等

侵害妇女集体收益分配权的现象主要体现在以下两个方面。

（1）村里强迫外嫁或离婚妇女迁出户口，剥夺其集体经济组织成员资格。在"农嫁农"的情形下，42.6%的人认为，本村应强制要求外嫁女迁出户口；在"农嫁非"的情形下，37.8%的人认为，根据本村规定，外嫁女应迁出户口。例如，泉州市永春县五里街镇高垄村的村规民约规定，已出嫁的女青年应在3个月内把户口迁到夫家所在地。由于妇女被迫迁出户口，在分配集体收益时，村里顺理成章地将其排除在外。

（2）妇女可以自愿不迁户口，但不被视为集体经济组织成员，不能享受集体收益分红。在"农嫁农"的情形下，37.1%的人认为，按本村规定，外嫁女可以自愿不迁户口，但不得享受集体收益分红；在"农嫁非"的情形下，40.0%的人认为，外嫁女可以自愿不迁户口，但不得享受集体收益分红。课题组在南平地区调研得知，近年来该市出现多起外嫁妇女被剥夺集体收益分配权的信访案件。林权改革后，山林的利益大大超过耕地，不少村庄认为，应当优先保障本村村民的利益，外嫁女不具有成员资格，不应享有村民待遇。例如，南平市西芹镇社区村的村规民约即规定，"出嫁女"不可以参与林地分红。

（五）妇女宅基地使用权未受到充分保护

我国《土地管理法》第六十二条第一款规定："农村村民一户只能拥有一处宅基地，其宅基地的面积不得超过省、自治区、直辖市规定的标准。"在实践中，村庄以户为单位分配宅基地，有的村规民约甚至直接以男性人口的多寡确定每户宅基地的面积。男性成年或结婚后可单独立户分配宅基地，而成年女性、户口仍在本村的外嫁女、离婚妇女不能单独立户分配宅基地，只能计入娘家或夫家的人口。

建瓯市为开展中山西路和新区建设而对原七里街村进行拆迁的补偿安置方案中规定，达到法定婚龄的未婚男子在分配宅基地时可单独立户，每户按90平方米分配（即每户4口人，每人22.5平方米）；未成家的女性随其父母家庭统计；对二女结扎户享受多一个人口的份额，并发给调剂费每人6000元。建瓯市中山西路及新区B区改造建设领导小组认为该方案"遵循了《妇女权益保障法》，妇女的权益得到保障……认真执行了《计生法》"①，表面上看，对二女结扎户的照顾贯彻了男女平等原则，彰显了对妇女权利的特殊保障，而实质上该方案存在严重的性别不平等：对年满22周岁的未婚男子实行实物补偿，单独立户，并可按4口人的标准获得宅基地；而对于年满20周岁的未婚女子，将其与父母合并计算，仅补偿货币6000元，即使是独女户或二女户，也仅仅是多获得一口人的调剂费，而未能考虑独女户、二女户女婿上门并落户也应获得一处宅基地的情形。90平方米的宅基地与6000元如何能彰显"男女平等"？此外，在新村建设宅基地的分配方法中，规定大龄单身男性可按两口人计算，这无疑也是对男性土地利益的特殊偏袒，明显有违男女平等原则。

南平市延平区水南街道《八仙小区安置宅基地分配实施办法》规定，执行"一户一宅"，按父母（含祖父母）必须与其中一个孩子归一户的分配原则进行分配。确认是否具有八仙村民资格后，按户分3档分配宅基地，即2口人以下（含2人）分配80平方米的宅基地，3~4口人分配90平方米的宅基地，5口人（含5人）以上分配100平方米的宅基地。但八仙村的村规民约规定，多女户只允许一个女儿招婿，不符合入赘条件的女孩不能独立申请宅基地建房。这就造成人口数和原有房屋面积相同的家庭因多生女儿而不能获得同等宅基地面积。

（六）外嫁女的子女因母亲身份在土地权益方面受到不公正待遇

对于户口仍留在本村的外嫁女，她是否享有土地权益对其子女是否享有土地权益有着直接影响。一般情况下，只有母亲的土地权益得到认可，子女的土地权益才能得到认可；如果母亲本人不享受土地权益，那么子女的土地权益也很难得到保障。②我们在调研中发现，外嫁女的子女在入户、入学方面基本上与其他村民的子女享受同等待遇，但他们享有各项土地权益的总体比例偏低，或者仅享有部分土地权益。村民一般认为，外嫁女不迁户口，其子女也随母入户而留在本地，影响了其他村民的利益，所以大多数人

---

① 参见建瓯市中山西路及新区B区改造建设领导小组作出的《二女户上访问题的答复》。
② 万兰茹：《保护妇女土地权益是我们的共同责任》，http://www.womenwatch-china.org/newsdetail.aspx，2010年9月15日访问。

都反对外嫁女及其子女享受村民同等待遇。而"农嫁非"的外嫁女，有的则受户口管理的限制，婚后户口不能迁入城镇，其子女也难上城镇户口，只能留在本村，但到分配征地补偿款、集体经济收益的时候，村里也不分给他们。

（七）随母生活的非婚生子女的集体成员资格及其土地权益受到歧视

妇女在与他人非法同居生育子女后，带着孩子回娘家生活，母子户籍均迁回娘家。但是，娘家村庄在分配征地补偿款时，以该妇女的非婚生子女不是出生在本村，没有与本村集体签订土地承包合同为由，拒绝承认其集体经济组织成员资格，也不同意其参加征地补偿款分配。

二 农村妇女土地权益受侵害的原因

（一）受男尊女卑的家事习俗影响

1. "男娶女嫁""从夫居"的婚俗是妇女土地权益难以顺利实现的基本原因

几千年来，我国家庭沿袭父权制度，家庭以父系纵向传承，体现在婚嫁制度上即"男娶女嫁""从夫居"。"男娶女嫁"必然导致农村妇女因婚姻而发生流动，"从夫居"的妇女离开父母的同时往往要离开生育养育她的村庄。在这种婚嫁习俗下，人们往往认为女儿不能对娘家和村庄的发展做出长期贡献，甚至还会将家庭和村庄投入到她们身上的资源转移到夫家和夫家所在的村庄。[1] 因此，一旦外嫁，妇女就被视为已放弃了所属家庭、集体成员的身份，而转变为夫家家庭和所在集体的成员。

2. 男性在家庭财产关系支配中占主导地位，导致已婚妇女往往只能依靠丈夫取得土地权益

"男尊女卑"的传统观念虽然在法律和制度上已经不复存在，但在人们心中仍根深蒂固，尤其是在农村，其影响远远超出了我们的想象。最典型的例证是，在结构完整的家庭中户主均为男性，唯入赘婚家庭除外。在男权文化及以男性为中心的文化环境下，人们通常思考问题习惯于从男性出

---

[1] 匡敦校：《侵害农村妇女土地承包权的行为类型及原因分析》，《农业考古》2006年第6期。

发，考虑如何实现男性的利益，有意无意忽略了女性的利益[1]，甚至不惜损害女性的权益。男性是顶门立户之人，而妇女往往被看成家庭的暂时成员，早晚是"人家的人"，一旦结婚，就不再享有娘家的权利，不能与当地的村民争土地。这导致在实践中结婚的妇女往往只能依靠丈夫取得土地权益，这使得妇女在夫家事实上处于依附地位。本次调查结果显示，有79.3%的土地权属证书登记在男性家庭成员名下，登记在女性家庭成员名下的比例为5.2%，夫妻联名登记的为15.4%。家庭成员承包的土地大多登记在男性名下，而且村集体的土地收益分配、家庭财产登记，大多记录男性户主的名字。在这种情况下，家庭一旦破裂，以家庭为单位的承包地、宅基地及其附着物以及集体分红等家庭财产的分割，有利于男方而不利于女方，即使妇女有权分割承包土地及家庭财产，也很难争取到[2]，从而导致离婚和丧偶妇女的土地权益也很难得到保障。

（二）妇女在土地利益分配中受到排斥

在农村土地利益分配和调整过程中，各方主体利益间的相互冲突是一种不可避免的现象。源自村庄内部、家庭内部的利益排斥是外嫁女、离婚妇女、丧偶妇女等群体土地权益受侵害的最直接原因。

1. 村庄共同体对外嫁女、离婚妇女的排斥

随着工业化和城市化的不断推进，土地流转和征收征用为村里带来了较高的收益，"出嫁女"或离婚妇女不愿把户口迁出，而外来媳妇与本村男性结婚后户口迁入，又要求参与土地利益分配。长此以往，村庄土地资源的有限性同集体经济组织人口增长之间的矛盾凸显，参与土地利益分配的人数越多，集体成员平均分到的利益势必减少。为了保证土地承包经营权、征地补偿利益、集体经济组织收益仅在本村内部实现利益均沾，代表大多数村民利益的集体经济组织不是均衡地考虑所有成员的利益，而是尽可能将外嫁女、离婚妇女边缘化，排除出利益分配的主体范围。例如，福州市晋安区鼓山镇园中村因温福铁路建设土地被征用，村里召集村民代表多次开会讨论，多数人认为，如果户口回迁的外嫁女享受本村待遇，将造成户

---

[1] 胡兰：《非成文制度文化影响下的妇女土地权益研究》，《农村经济》2007年第3期。
[2] 烟台市莱山区人民法院：《关于农村妇女土地权益保护问题的调研报告》，《山东审判》2009年第5期。

口回迁现象，导致村里人口增多，将减少村民享受的利益。最后，村里制定的《发放土地补偿款规定》规定，原是本村村民（包括"出嫁女"），户口迁出后回迁的，不能享受征地补偿款。

2. 家庭内部成员之间利益分歧致使部分妇女利益被迫牺牲

我国农村土地承包制度以户为单位，《农村土地承包法》未详细界定个人在家庭承包中应享有的土地承包份额。受到家庭财产共有及男性支配家庭财产的习俗影响，家庭作为经济共同体通常掩盖了妇女与其他家庭成员间的利益分歧。当妇女因婚姻状况发生变化，需要分割土地，将权利个人化时，就陷入分割家庭共有财产的困境中，与其他家庭成员产生激烈的冲突。调查结果显示，在"农嫁农"的情形下，妇女的土地由娘家继续承包的比例为60.8%；而在"农嫁非"的情形下，娘家继续承包的比例为70.2%。上文已经提及，外嫁女从夫家所在村重新分配到土地的可能性极小，她们获得土地承包经营权似乎只有从娘家分割承包地这一条途径。但大多数妇女碍于情面，担心与娘家发生冲突而破坏亲情关系，只得放弃本应属于自己的土地权益；当有的妇女提出要从娘家分得属于自己的权益时，父母或兄弟也不会同意。而对于离婚或丧偶的妇女来说，她们则受到前夫家庭的排挤。调查结果显示，妇女在离婚或丧偶时，土地由前夫家继续承包的比例为52.3%。这就说明，土地权益被视为家庭财产，外嫁女、离婚或丧偶妇女都难以将自己的土地份额从娘家或夫家分割出来。妇女们也认为，向家庭主张分割土地的权利有悖于传统习惯，难以得到家庭和外界的认可和支持。我们在访谈中了解到，甚至司法机关也未必支持妇女对个人权利的诉求。例如，在涉及外嫁女的征地补偿款纠纷审理中，有的法院仅审查外嫁女所在的承包经营户是否已足额领取征地补偿款。若已领取，则驳回外嫁女的诉讼请求。

（三）农村集体经济组织成员资格尚无统一认定标准

农村集体经济组织成员资格是判定村民是否享有土地承包权、集体经济组织利益分配和征地补偿款分配等权益的依据。目前我国法律法规对农村集体经济组织成员资格标准尚未作出统一规定。法律一方面要求妇女应具有某一农村集体经济组织成员资格才能取得土地承包经营权和享受其他土地权益，同时又对外嫁、离婚、丧偶妇女的集体经济组织成员资格缺乏明确认定，从而严重影响农村妇女土地权益的实现。

在实践中，农村一般以"户口是否在本村"作为判断集体经济组织成员资格的标准，从而作为分配土地利益和发放村民待遇的依据。除了户口外，有的地方还辅助考虑"是否与该集体经济组织形成了稳定的生产、生活关系，是否履行了集体经济组织成员义务"。因此，不同的村庄可能存在不同的认定标准。但是这些实践标准往往忽视了妇女因婚姻而流动的事实。根据我国《婚姻法》第九条的规定，登记结婚后，根据男女双方约定，女方可以成为男方家庭的成员，男方可以成为女方家庭的成员。但户口迁移与人口流动不同步的情况经常出现，妇女出嫁后，可能因为自身意愿或政策因素而不迁移户籍。第一，经济富裕村庄的外嫁女在结婚后，虽然已在新居住地生活，但受利益驱动而不愿把户口迁出。而且，"农嫁非"的妇女还可能受政策限制，不能进城落户，户口留在本村。如果以农业户口为认定标准，这部分外嫁女应享有土地权益，而当地村民认为，这部分外嫁女虽然户口没有迁走，但与村里没有实际联系，也未尽村民义务，不应同本村其他村民享有同等待遇。第二，对于嫁入本村的新媳妇，如果户口没有及时迁入，而村里以户口为认定标准，就无法在夫家村享受到同等的土地权益。

（四）村规民约有关土地权益的规定与现行法律法规相抵触

村规民约在村级土地利益分配中具有决定性的影响，其实际影响力有时甚至超过法律和政策。《村民委员会组织法》第二十七条规定："村民自治章程、村规民约以及村民会议或者村民代表会议的决定的不得与宪法、法律、法规和国家的政策相抵触，不得有侵犯村民的人身权利、民主权利和合法财产权利的内容。"但实践中，土地权益分配即使带有明显的妇女歧视倾向，与国家法律和政策相悖，往往仍被村庄视为合法分配的依据。我们甚至可以断言，农村妇女土地权利受到侵犯，一般不是个人行为所致，而是村组织领导人利用村规民约，对农村妇女土地权利进行"有根据"的侵犯。[①]

以村规民约形式侵害农村妇女土地权益主要表现在如下方面。

1. 强制要求外嫁女的户口迁出本村

《实施办法》第三十条第一款规定："任何组织和个人不得以未婚、结

---

① 杨宏：《保护我国农村妇女土地权益的对策》，《兰州学刊》2009年第11期。

婚、离婚、丧偶为由，阻挠或者强迫农村妇女迁移户籍，侵害妇女在农村集体经济组织中的权益。"但我们的调研发现，在"农嫁农"的情形下，42.6%的人认为，本村强制要求外嫁女迁出户口；在"农嫁非"的情形下，37.8%的人认为，根据本村规定，外嫁女应迁出户口。例如，泉州市永春县五里街镇高垄村村规民约规定，已出嫁的女青年应在3个月内把户口迁到夫家所在地。

2. 剥夺或限制外嫁女享受土地权益及其他村民待遇的权利

例如，武夷山角亭村有关拆迁补偿安置方案中规定，外嫁女（含户口未迁者）一律不享受。这明显违背了《实施办法》第三十条第二款的规定。根据该条款，结婚、离婚、丧偶的妇女依法享有其户籍所在地农村集体经济组织的各项权益，但已享有其他农村集体经济组织权益的除外。该条款以户籍所在地为标准，仅排除了已享有其他农村集体经济组织权益的"出嫁女"。

3. 多女户只允许一个上门女婿享有土地权益

《妇女权益保障法》第三十三条第二款规定："因结婚男方到女方住所落户的，男方和子女享有与所在地农村集体经济组织成员平等的权益。"但不少村庄只允许一个女婿入户，其本人与子女享受村民的同等待遇，但其余女儿的丈夫到女家落户的以及所生子女则无权享受各项土地权益。例如，厦门海沧区囷瑶村《关于征地补偿费、劳务安置费发放的决议》中规定，本村村民子女均为女性，其姐妹有一个或多个在征地公告前招婿入户的，只限定一个招婿家庭成员参与分配。

（五）村民自治欠缺引导和监督

现实中的土地利益分配往往通过村民自治形式，按照多数表决原则调整，有可能偏离国家法律、政策的要求。村规民约只是村民自治的一种表现形式，农村妇女土地权益因村民自治过程中关于土地权益的分配违背男女平等的政策而遭受侵害。在村民议决过程中，村干部决策、集体意愿、宗族利益等要素并存，其中每一种都可能对土地权益分配具有影响力。而村民自治体现的表决民主在肯定多数人利益和意志的同时，往往漠视和否定外嫁女、离婚妇女、丧偶妇女等少数人的利益和意志，特别是在她们的利益与其他人存在冲突的情况下。部分村委会、村民小组理直气壮地认为，他们的土地权益分配方案是经过投票表决得到2/3村民或村民代表赞同的，充分尊重了广大村民的意愿。因此，正是在"少数服从多数"的名义下，作为少数群体的妇女的土地权益被剥夺了。

例如，上文提及建瓯市为开展中山西路和新区建设，对原七里街村进行拆迁的补偿安置方案，该方案规定的征地补偿标准存在严重的男女不平等，导致了二女户上访。针对二女户上访问题，建瓯市中山西路及新区B区改造建设领导小组作出《二女户上访问题的答复》，认为该方案是经85%以上村民表决通过的，符合《村民委员会组织法》，是合法有效的，从而驳回二女户的请求。再如，武夷山《角亭街新农村建设安置土地对象和选地办法》规定外嫁女（含户口未迁者）一律不享受24平方米安置地，该办法也在角亭村村民会议中获得通过，赞成率为90%。在该村外嫁女越级上访的情况下，角亭村被迫召开村民会议，后经村民会议再次表决不同意外嫁女享有24平方米安置地。①

（六）现行土地法律与政策存在性别盲点

现行的土地法律与政策未充分注意到性别差异，导致妇女土地权益分配的结果不公正。关于土地权益的一些法律政策表面上看来是中性的，但是由于立法者没有充分地考虑到现实中社会性别利益关系，没有考虑到"男娶女嫁""从夫居"的婚嫁习俗，从而导致法律法规和政策在实施过程中往往不利于女性。例如，《农村土地承包法》第三条规定："农村土地承包采取农村集体经济组织内部的家庭承包方式。"第十五条规定："家庭承包的承包方是本集体经济组织的农户。"这说明我国的土地承包是以户为单位的，以家庭成员共同劳动和经营为基础，基于共同关系而产生，没有明确家庭中个人的权利。众所周知，福建省乃至我国广大农村地区的"户主"是父系家长，是家中的男性成员。而现实中农村土地承包证书上通常写的是户主的姓名，这意味着作为"户主"的男人顺理成章地成为行使土地承包权益的代表。此次调查结果证明了这点。家庭决策往往反映男性的意志，妇女的土地权益实际上就在这种合法的形式下被模糊掉了。这容易造成一

---

① 参见武夷街道角亭村委会提供的《关于角亭村外嫁女不享受24m² 安置地的情况反馈》，其中提到：根据《村民委员会组织法》，村重大事务必须经过村民代表会议通过，角亭村于2010年2月3日上午再次召开村民代表会议来解决外嫁女享受分配24m²/人安置地问题，村民代表总数37人，实到代表34人，经村民代表会议表决，不同意外嫁女享有分配24m²安置地的占28票，同意享受分配24m²安置地的占6票。因此，外嫁女的要求没有获得通过。

种假象，即农村妇女没有独立的土地权，她们的土地权是依附于男人的。这对于因婚姻而发生流动的妇女来说，其土地权益是很难得到保障的。因为土地毕竟不是能随身带走的东西，在外嫁女或离婚妇女的土地权益大多数是登记在男性"户主"名下的情况下，受土地稀缺性和利益驱动的影响，"户主"以至"户主"所在的村会理所当然地排斥这部分妇女继续享有土地权益。

此外，目前农村地区大都实行"三十年不变""增人不增地、减人不减地"的长期土地承包政策。该政策本意是为了稳定人心，促进农民对土地的投入，防止对土地的掠夺性利用。从表面上看来，该政策是中性的，并不含有性别歧视。但是它缺乏性别敏感性，忽略了"从夫居"的婚嫁习俗。由于"从夫居"的习俗，农村妇女必然会因婚姻而发生流动。由于实行"增人不增地、减人不减地"和"三十年不变"的政策，加上我国大规模的土地调整已经完成，这意味着外村大都没有多余的土地分给嫁入的妇女。我国法律规定，妇女结婚后在新居住地未取得承包地的，发包方不得收回其原承包地，离婚或丧偶的妇女未取得新承包地的，发包方也不得收回其原承包地；福建省《实施办法》也明确规定农村妇女结婚或离婚的，可以对家庭承包地进行分割承包。但是按照村规民约，多数村都不允许外嫁女继续享有娘家村的土地权益。这表明，在现行的土地政策下，妇女往往会因婚姻而丧失应有的土地权益。

（七）妇女在村级事务管理和决策中发挥的作用有限

妇女参与村级事务管理和决策的状况与土地利益分配的公平程度密切相关。随着基层民主政治的推进，福建省农村妇女进入村两委工作已取得了很大进展。在2009年全省村基层自治组织换届选举中，已完成换届选举的有14385个村，其中14330个村的两委中有女性，比例达99.6%，比上届提高了7个百分点，村两委女成员共有18101人；896名女性当选村党支部书记、村委会主任，比上届增加190人；61个县（市、区）女性进村两委的比例达100%，20个县（市、区）女性进村支委的比例达60%以上，17个县（市、区）女性进村委的比例达80%以上，23个县（市、区）村女支书比例达到5%以上，15个县（市、区）女性当选村委会主任比例达3%以上；13877名村妇代会主任当选村两委委员，占96.5%，49个县（市、区）

妇代会主任全部进村两委。①

但是，整体而言，农村妇女参政的意识和能力仍不能令人满意。女性在村两委成员中的比例远低于男性，且多数担任副职，或以妇女主任、计生专干居多。女干部在文化知识、法律素养、能力素质等方面都有一定欠缺，而且普遍存在的传统意识和观念阻碍了她们积极介入村庄政治。我们在访谈中感受到，村两委的女性成员往往被边缘化，在村民自治过程中产生的实际影响力弱，难以在村庄重大决策中发挥作用。因此，在决定土地承包、集体收益分配、征地补偿利益分配等问题时，女干部很难将自己的意愿反映在这些决议中，表达出女性的意愿和诉求。甚至部分女干部自觉或不自觉地以男性利益标准来衡量村庄的土地利益分配问题，排斥同性别的外嫁女、离婚妇女等群体。调研结果显示，有52%的农村妇女认为，在村里制定土地承包、集体收益分配或征地补偿款分配方案时，村委会或村党支部中的女性成员没有替妇女说话，或没发挥作用，或发挥作用较小。

表1 村两委女性成员在土地利益决策中的作用

选项	人数（人）	百分比（%）
没替妇女说话	58	3.5
替妇女说话，但没发挥作用	187	11.2
替妇女说话，但发挥作用较小	625	37.4
替妇女说话，发挥重要作用	803	48.0
合　计	1673	100.0

此外，妇女参与村民会议缺位或严重不足也是妇女土地权益容易遭受村民决议侵害的重要原因。根据我国《村民委员会组织法》的规定，召开村民会议，应当有本村18周岁以上村民的过半数参加，或者有本村2/3的农户代表参加，所作决定应当有过半数到会人员通过。但在实践中村民会议的参加者大多是户主，通常为男性。这意味着对土地权益分配等涉及妇女权益的重大问题的决策，基本上是由男性作出的，往往忽视或排斥女性的利益。不过也有学者认为，妇女未能在村民自治中发挥自己的作用，但这种状况的形成与其身份无关，而是因为现有的村民自治徒具形式，男性

---

① 福建省妇联组织部：《2009年全省村级组织换届选举推进女性进村两委工作总结》。

村民一样没有能够参与到村内事务的管理之中。[1]

(八) 对受侵害的妇女土地权益之行政救济不充分

2001 年《婚姻法（修正案）》、2002 年《农村土地承包法》、2005 年《妇女权益保障法》都以专门条款对保障农村妇女土地承包权益作了规定。2007 年起施行的《物权法》第六十三条第二款规定，集体经济组织、村民委员会或者其负责人作出的决定侵害集体成员合法权益的，受侵害的集体成员可以请求人民法院予以撤销。但以上规范在实际运行中不甚理想。调查结果显示，在土地权益曾受到侵害的妇女中，仅有 34.8% 的人认为土地权益纠纷得到公平解决。

1. 行政救济的缺位

农村妇女在土地权益遭受侵害后，一般会先找村委会，要求获得应有的村民待遇，而村委会往往正是以村民自治方式侵害妇女土地权益的行为主体。有的村干部想给予妇女帮助，但担心会得罪其他村民而影响自身利益。在村里得不到解决时，妇女将寻求乡镇政府的帮助甚至越级上访。然而，基层政府官员多以"不得干预村民自治"为由避免介入或采取消极态度应对。例如，在建瓯市七里街村改造中，集体经济组织拒绝向外嫁女分配宅基地，7 位女村民的维权行动得到当地村民的支持。但当 7 位女村民将全体村民签字并加盖手印的"报告""说明书"送到上级政府部门之后，问题仍然没有解决。基层政府之所以不愿意主动解决纠纷，主要原因在于基层干部缺乏性别平等意识，而"维稳高于一切"的思想也影响到工作的力度。尽管基层干部口头上都承认，农村妇女应当享有与男性村民同等的待遇，但他们大多数人在内心深处依旧认同传统的"从夫居"婚姻制度，认为妇女应该根据婚姻嫁娶进行有规律的流动，以确保当地的人口保持基本的平衡。加之信访维稳工作是当前基层政府的首要任务和头等大事，这使得基层干部倾向于维护现有的利益分配格局，不进行大的调整，以免引起多数群众的不满。因此，面对农村妇女的投诉，他们经常采用拖延、推诿的态度，或者象征性地进行调解。[2] 妇联组织由于不具有执法权限，对于保

---

[1] 高飞、李斌峰：《农村土地制度的现状及福利制度的需求之分析》，载吴汉东、陈小君主编《私法研究》（第 6 卷），法律出版社，2008。

[2] 王永钦：《解决妇女土地问题政府重视是关键》，《中国妇女报》2009 年 5 月 16 日。

障妇女土地权益往往心有余而力不足。

2. 土地承包纠纷仲裁得不到认同

《农村土地承包经营纠纷调解仲裁法》自 2010 年起施行。在此之前，福建省的永安市、宁德市霞浦县被农业部列为农村土地承包纠纷仲裁试点。2007 年 2 月，永安市成立农村土地承包纠纷仲裁委员会。农村土地承包经营纠纷仲裁开辟了解决农村土地承包纠纷、化解农村矛盾的新途径。但从运行效果来看，只有 8.6% 的妇女认为，土地承包纠纷仲裁是维护妇女土地权益最有效的途径。这固然与农村土地承包经营纠纷仲裁制度推行时间短有关，但也受制于仲裁制度的权威性和强制力不强，得不到农民广泛认同。农村土地承包经营纠纷仲裁并非诉讼的强制前置程序，当事人可以选择直接向人民法院起诉。而且，土地承包经营纠纷仲裁裁决并不具有终局性，大量纠纷必须通过"一裁两审"的程序才能最终尘埃落定，这不仅增加了纠纷解决的成本，而且使得程序冗长，没能体现仲裁快捷便利的特点。

（九）针对妇女土地权益的司法救济不足

法院应在保障农村妇女土地权益中发挥最后"止损"作用。司法立场会在农村土地利益分配实践中起"导向"作用。然而，事实上，针对妇女土地权益争议，人民法院的司法救济尚不充分。

1. 对于包括妇女在内的村民与村集体经济组织因征地补偿款分配所发生纠纷，是否属于法院受理范围，司法立场摇摆不定

长期以来，司法实践中，一种意见主张，此类纠纷属村民自治领域，应该通过村民代表大会以民主表决的方式协商解决。而按照《村民委员会组织法》和《土地管理法实施条例》的相关规定，市、县和乡（镇）人民政府应该对相关工作予以指导、支持和帮助。另一种意见则认为，此类案件是集体经济组织对集体所有的土地实施经营、管理和收益分配过程中发生的，属民事行为，由此引发争议应属于法院民事诉讼的受理范围。

在 1994~2004 年的 10 年中，最高人民法院对此类纠纷的处理态度，在前述两种意见中游离不定。这从最高人民法院业务庭就村民征地款分配纠纷是否属人民法院受案范围先后作出五个立场不一的复函或答复可以证明。①最高人民法院〔1994〕民他字第 285 号《关于王翠兰等六人与庐山区十里黄土岭村六组土地征用费纠纷一案的复函》，其主旨是不予受理。②最高人民法院法研〔2001〕51 号《关于人民法院对农村集体经济所得分配是否受理问题的答复》，其主旨是受理。③最高人民法院法研〔2001〕116 号《关于村民因土地补偿费、安置补助费与村民委员会发生纠纷人民法院应否受理问题的答复》，其主旨是受理。④最高人民法院〔2002〕民立他字 4 号《关于徐志君等十一人诉龙家市龙渊镇第八村委会土地征用补偿费分配纠纷一案的复函》，其主旨是不予受理。⑤最高人民法院〔2004〕民立他字 33 号《关于村民请求分配征地补偿款纠纷法院应否受理的请求的答复》，其主旨是不予受理。① 最高人民法院对于征地补偿款纠纷的处理态度都是以答复或复函的方式作出，其中：三个答复主旨为"不予受理"，具体答复单位是最高人民法院立案庭；两个答复主旨为"受理"，具体答复单位是最高人民法院研究室。② 法院内部不同部门基于各自不同的认识与考量而作出立场相反的解释：立案庭为避免工作被动，不愿意法院过多干预政策性强而可依据的法律法规相对缺乏的问题；研究室则基于"有权利就应该有救济"的法理，对于权益争议开放司法救济之门。因此，导致最高人民法院对同一个问题的司法解释立场前后不统一。在此背景下，当妇女土地权益受到侵害时，该当如何？

  直到 2005 年 9 月 1 日最高人民法院施行《关于审理涉及农村土地承包纠纷案件适用法律问题的解释》，其第一条明确农村土地征收补偿款分配纠纷属人民法院民事纠纷的受案范围③，前述的模棱两可状况才有所改观。然而，依据该条规定，人民法院受理的农村土地民事纠纷仅限于五种类型，范围过窄，没有包括拆迁补偿纠纷、宅基地安置补偿纠纷等。例如，建瓯市法院在建瓯市七里街村改造工程侵害妇女合法权益案件中认为："此类案件属于村民自治范畴，不属于分配补偿，法院不能受理，南平市对于此类案件都是按照这种惯例来裁定的。"

---

① 事实上，即使在适用法院司法解释"不受理"此类争议期间，各地仍有法院受理此类案件并作出裁判的。例如，厦门市各级法院在审判探索的几年间曾审理了大量相关案件。
② 2007 年 4 月 1 日起实施的《最高人民法院关于司法解释工作的规定》对司法解释的立项、起草、审查、审议、发布有明确的程序规定，可以避免因政出多门而导致的文件冲突。
③ 该司法解释第一条规定："下列涉及农村土地承包民事纠纷，人民法院应当依法受理：（一）承包合同纠纷；（二）承包经营权侵权纠纷；（三）承包经营权流转纠纷；（四）承包地征收补偿费用分配纠纷；（五）承包经营权继承纠纷。集体经济组织成员未实际取得土地承包经营权提起民事诉讼的，人民法院应当告知其向有关行政部门申请解决。集体经济组织成员就用于分配的土地补偿费数额提起民事诉讼的，人民法院不予受理。"

2. 妇女期望获得司法救济的愿望与司法保障不充分的现实状况形成鲜明反差

38.6%的受访妇女认为，法院应在维护妇女土地权益工作中发挥重要作用。2009年最高人民法院《关于当前形势下进一步做好涉农民事案件审判工作的指导意见》指出："按照《物权法》、最高人民法院《关于审理涉及农村土地承包纠纷案件适用法律问题的解释》等法律、司法解释的相关规定，妥善处理好征地补偿费用分配等纠纷。在审理因土地补偿费分配方案实行差别待遇，侵害当事人利益引发的纠纷案件中，要依法充分保护农村集体成员特别是妇女、儿童以及农民工等群体的合法权益。"但现实是，国家的司法救济供给不足，妇女对司法部门也持不信任态度。调查结果显示，在权利救济的诸种途径中，司法救济被农村妇女视为第五位的选择，远低于"要求村委会解决"和"请求妇联组织帮助"。

表2 保护妇女土地权益最有效的维权途径

选项	人数（人）	百分比（%）
要求村委会解决	761	45.6
请求妇联组织帮助	405	24.3
向乡镇政府求助	144	8.6
申请土地承包仲裁	143	8.6
上法院打官司	131	7.8
到更上一级政府上访	57	3.4
向人大代表求助	27	1.6
其他	2	0.1
合　计	1670	100.0

妇女土地权益司法救济难，原因在于：①集体经济组织成员资格认定是法院审理此类案件的"瓶颈"。上文提到，国家立法和福建省地方立法对农村集体经济组织成员资格的认定问题尚未作出明确的规定。由此，部分法院对此类案件往往不予受理或中止审理。②农村土地承包纠纷受案范围曾经不明确，2005年最高人民法院《关于审理涉及农村土地承包纠纷案件适用法律问题的解释》施行后，仍有诸如拆迁补偿纠纷、宅基地安置补偿纠纷等涉及土地权益的纠纷难以获得司法救济。③对于村民自治方式形成

的村规民约或村民决议,法院难以干预。村民自治是否存在逾越权限问题,以及应该如何审查和纠正村民自治中的违法决议问题,法律都没有作明确的规定。④妇女土地权益纠纷案情虽不复杂,但矛盾难以调和。大多数纠纷诉至法院之前,一般已经过各级政府部门的处理,当事人情绪激愤,矛盾容易激化,法院审理难度大。⑤即使法院判决妇女胜诉,司法裁决执行也存在困难。例如,案件审结后,因村委会早将征地补偿款分配完毕,又无其他可供执行的财产,妇女的权利一直无法实现。司法裁决文书因执行不了而成为"司法白条"。

三 保障农村妇女土地权益的对策和建议

保护妇女土地权益涉及农村户籍制度、集体经济组织成员资格、农村内部利益分配、基层民主等一系列深层次问题,制度的修正和改进应当慎之又慎,以避免社会矛盾的激化。我们认为,未来应以完善土地承包立法和政策为中心,配合行政、仲裁、司法等手段来维护妇女的土地权益。

(一) 制定《农村土地承包法》实施办法

2003年《农村土地承包法》施行以后,山东、湖南、山西、辽宁、安徽、新疆、云南、海南、浙江、江西、四川等11个省、自治区已出台了专门的实施办法。福建省人大常委会虽于2005年颁布了《福建省实施〈中华人民共和国农村土地承包法〉若干问题的规定》(以下简称《实施规定》),但仅有13个条文,远不足以为解决实践中存在的困难和法律适用问题提供依据。本次调查结果也显示,50.8%的受访者认为,完善保护妇女土地权益的法律法规是保障妇女土地权益最紧迫的任务。在《农村土地承包法》施行七年之后,行政和司法实践中都积累了足够的经验,我们理应重新审视和修正现行法律和政策中的性别不平等因素,结合《农村土地承包法》《物权法》《农村土地承包经营纠纷调解仲裁法》的原则和规定,针对福建省的突出问题和地方特点,在土地发包和承包、土地承包经营权的保护、土地承包经营权的流转、土地承包经营权证管理、争议的解决等方面作出较全国性立法更为细致的规定,以增强土地承包法律制度在实践中的可操作性,使国家男女平等立法得到有效落实。

表 3 保障妇女土地权益最紧迫的任务

选项	人数（人）	百分比（%）
完善保护妇女土地权益的法律、法规	894	53.1
宣传保护妇女土地权益的法律、政策	309	18.4
消除村规民约的违法现象	111	6.6
保障妇女在农村土地权益分配中的发言权	195	11.6
政府要及时纠正侵害妇女土地承包权益的行为	168	10.0
其他	6	0.3
合　计	1683	100.0

对于妇女土地权益保障的突出问题，应在《实施办法》中重点规范。

1. 设定集体经济组织成员资格的认定标准

在全国性规定尚未出台之前，福建省有必要对集体经济组织成员资格作出先行性的规定，以解决土地承包、集体经济组织收益分配、征地补偿款分配中的主体资格不确定难题。[①] 在统一规定集体经济组织成员资格的认定标准基础上，对婚姻关系变动导致的集体经济组织成员资格问题不能"一刀切"，[②] 应根据具体情况进行具体分析，明确外嫁女、离婚妇女、丧偶妇女、入赘女婿等特殊群体的成员资格的认定标准。

以户籍为基础，认定集体经济组织成员资格。建议作一般规定如下：符合下列条件之一的人员，为本集体经济组织成员：①有本村户口的；②与本村村民结婚且户口迁入本村的；③父母双方或者一方是本村村民，且户口在本村的；④由本村村民依法收养的子女，且其户口已迁入本村的；⑤依法将户口迁入本村，并经本集体经济组织成员的村民会议2/3以上成员或者2/3以上村民代表的同意，接纳为本集体经济组织成员的；⑥其他法

---

① 例如，2006年《广东省农村集体经济组织管理规定》第十五条、2007年《江西省实施〈中华人民共和国农村土地承包法〉办法》第九条、2007年《浙江省村经济合作社组织条例》第十七条和第十八条已对集体经济组织成员资格认定标准作出了规定。

② 例如，2010年《广西壮族自治区实施〈中华人民共和国妇女权益保障法〉办法》第二十四条第一款就确立了单一的"户籍标准"：村民自治章程、村规民约以及村民会议或者村民代表讨论决定涉及村民利益的事项，不得以妇女未婚、结婚、离婚、丧偶等为由，侵害户籍在本村的妇女在农村土地承包经营、集体经济组织收益分配、股权分配、土地征收或者征用补偿费使用以及宅基地使用等方面的合法权益。

律、行政法规规定的情形。对于原户口在本村的下列人员，视为本集体经济组织成员：①解放军、武警部队的现役义务兵和符合国家有关规定的初级士官；②全日制大、中专学校的在校学生；③被判处徒刑的服刑人员；④符合法律、法规、规章、章程和国家、省有关规定的其他人员。

对于外嫁女及其子女、离婚妇女、丧偶妇女、入赘女婿等特殊群体的集体经济组织成员资格进行确认，建议作特殊规定如下：农村集体经济组织成员中的妇女，结婚后户口仍在原农村集体经济组织所在地，或者离婚、丧偶后户口仍在男方家所在地，并履行集体经济组织成员义务的，在土地承包经营、集体经济组织收益分配、股权分配、土地征收或者征用补偿费使用以及宅基地使用等方面，享有与本村集体经济组织其他成员平等的权益。户口与妇女在同一农村集体经济组织所在地的子女，符合计划生育规定或被合法收养的，享有第一款规定的各项权益。因结婚男方到女方住所落户的，享有第一款规定的各项权益。

在上述规定的基础上，立法允许集体经济组织以村民自治的形式灵活认定成员资格，例如吸收不符合法定条件的人为本集体经济组织成员，但不得存在有违公平和平等原则的歧视性规定。

2. 完善土地承包经营权确权登记制度

2008年《中共中央关于推进农村改革发展若干重大问题的决定》指出："搞好农村土地确权、登记、颁证工作。"《实施办法》第三十三条规定："夫妻在办理房屋所有权证、土地使用权证、土地承包经营权证、林权证以及其他共有权属证书时，可以申请联名登记，登记机构应当予以办理。"但从实践来看，土地权属证书由夫妻双方联名登记的情形仍属少见，为防止其他家庭成员以户的名义对妇女土地权益进行侵害，有必要建立和完善确权登记的相关制度，明确土地承包经营权的归属，保障妇女个人应享有的土地利益。

由农村土地承包管理部门编制农村土地承包经营权登记簿，实施土地承包经营权初始登记，登记簿要标注承包户成员的姓名、承包地的"四至"坐落，标注的内容要与农户承包合同、经营权证书一致，并按照《农村土地承包法》和《实施规定》，对承包地被征占、面积发生变化的，因分户、离婚、人口变动导致经营权分割、合并，经营权转让、互换以及承包地灭失或全户消亡等情形实施变更登记。为保证土地承包经营权登记信息的真实有效，凡申请变更、注销登记的，受申请的农村土地承包管理部门应当对申请变更、注销的每宗承包地块组织核实。对土地经营权权属难以确定或存在争议的，暂不列入登记范围。

3. 完善土地分割承包的规定

建议进一步规范下列问题。

（1）农村土地承包经营户家庭内部分割土地承包经营权，以农村土地承包合同或已领取的土地确权证书所确认的土地面积为限。在承包经营户家庭成员内部进行平均分割，确认各自享有土地经营权的份额。

（2）夫妻双方所享有的土地承包经营权及其相应的收益属于夫妻共同财产。夫妻一方在婚前已经取得的土地经营权或一方与其家庭成员共同承包而享有的经营权，属于夫妻一方婚前个人财产，因为土地承包经营合同的承包方是以家庭为单位，按家庭成员人数确定土地面积，没有成为家庭成员的夫或妻一方，对另一方在婚前取得的土地承包经营权不享有财产权，不能确定为夫妻共同财产；对夫妻关系存续期间取得的土地承包经营权，属于夫妻共同财产，分割时应当根据土地承包的情况，可以分开由双方分别承包，也可以将土地由一方承包，另一方给予适当补偿。[①]

（3）土地分割承包的程序性规定。《实施规定》第五条虽然规定了分户或者离婚情形下的土地分割承包，但对于争议情形下的承包地分割尚未规定。建议增加规定："承包方家庭分户的，由家庭内部自行决定土地承包经营权的分割。家庭内部就土地承包经营权分割达成协议的，发包方应当尊重其协议；达不成协议的，按照承包合同纠纷处理。因离婚产生的分户，双方当事人的土地承包经营权按照离婚协议、农村土地承包仲裁机构的仲裁裁决或者人民法院的判决处理。"[②]

（4）人民法院、司法行政机关、人民调解委员会、婚姻登记机关在受理农村妇女离婚案件时，应对当事人双方的土地承包经营权进行合理分割，将当事人双方（包括归双方抚养的子女）经营的地块、面积四至等内容写进判决书、调解书或协议书，用法律文书固定下来，以确保离婚妇女的合法权益不受侵犯。

（二）建立对村民自治的指导、监督和纠错机制

政府应该是解决农村妇女土地权益纠纷的主导力量，政府的介入，可

[①] 参见2005年《山东省高级人民法院民事审判工作座谈会纪要》。
[②] 参见《海南省实施〈中华人民共和国农村土地承包法〉办法》第十二条。

以直接影响集体经济组织的政策制定，从源头防止侵害妇女土地权益现象的产生。

1. 乡镇政府提前介入土地利益分配过程，指导集体经济组织制定村规民约

在充分尊重村民自治的前提下，乡镇政府对制定涉及土地权益分配的村规民约要给予法律和政策的指导，例如以制作范本的形式，对村规民约制定的原则、范围、内容、执行程序等方面提出具体意见，村庄可以根据自身实际，在范本基础上增删条文，使村规民约在体例、形式上符合法律和政策的要求。在处理具体的土地权益分配事项前，乡镇人民政府应依照有关法律和政策，在征求各村意见后，制定统一意见，把分配主体资格认定的原则、认定的时点、认定的条件、认定的程序固定下来，明确外嫁女、离婚、丧偶妇女、入赘女婿及其子女等是否与其他村民享有同等待遇。①

2. 应建立行之有效的审查和纠正村规民约的机制，及时纠正侵犯农村妇女土地权益的内容

（1）明确对村规民约进行备案、审查和监督的主体。《村民委员会组织法》第二十条规定村规民约须向乡镇人民政府备案，但并没有明确由哪个部门具体负责备案，因此备案往往流于形式或是根本就不报备案。鉴于政府部门的具体职责分工，我们建议由乡镇的司法行政部门具体负责对村规民约的备案审查工作。

（2）完善对村规民约的备案审查程序。乡镇人民政府在对村规民约进行备案时，应对村规民约的制定主体、制定程序和内容等方面进行审查。符合的予以备案，违法的予以退回。对于法律没有明确规定并有争议性的事项，要根据本地经济发展状况和习俗灵活处理。

（3）赋予妇女儿童工作委员会对侵害农村妇女土地权益的村规民约进行

---

① 国内已有成功经验可供借鉴。例如，2008年6月，广东省佛山市南海区委、区政府出台了《关于推进农村两确权，落实农村"出嫁女"及其子女合法权益的意见》，提出要贯彻男女平等原则，按照"五同"原则进行股权配置。所谓"两确权"，就是农村集体资产产权确认和农村经济组织成员身份确认。按照文件要求，在"两确权"的过程中，要全面检查和清理农村股份章程，剔除违法违规条款。所谓"五同"，即"同籍、同权、同龄、同股、同利"，户籍性质相同的同一农村集体经济组织的成员具有相同的股东权利和义务，年龄相同的股东享有同等数目股数和股份分红。截至2009年8月14日，南海区超过96%的村组完成了政策落实，近2万名"出嫁女"及其子女的合法权益得到了保障。徐林：《广东南海出台"两确权"保障"出嫁女"权益》，《南方日报》2009年9月2日。

监督的权力，监督程序适用《实施办法》第三十七条的规定。根据该条规定，如果县及以上妇女儿童工作委员会发现村规民约存在侵害妇女土地权益的情形，可以向司法行政部门发出督促处理建议书，司法行政部门应当及时研究，采纳的应当落实；不予采纳或者暂时无法采纳的，应当在30日内作出说明。妇女儿童工作委员会认为理由不当的，司法行政部门应当在10日内答复。逾期不处理也不答复的，妇女儿童工作委员会可以建议其主管机关责令改正；主管机关可以对直接负责的主管人员和其他直接责任人员给予处分。

（4）由司法行政部门定期对现行村规民约进行检查和清理，确保其合法性。

（5）对坚持违法的村规民约，给村民造成人身、财产及其他损害或损害社会公共利益的有关人员，应依法追究法律责任。对某些利用村规民约作为保护伞，大肆进行违法犯罪活动的有关人员，应依法移交行政机关或司法机关追究行政责任和刑事责任。

3. 为违法的村民自治提供自我纠正的渠道

对于违反法律规定的村民自治章程、村规民约和村民会议决定，不一定都要通过行政机关或者法院依照法定程序予以纠正，也可以由村民自己通过内部协商修改或者废除这些规定，必要的时候由乡镇司法行政部门对如何纠正提出建议。

（三）保障妇女参与村级事务管理和决策

1. 应继续提高妇女进村"两委"的比例

首先，设置更为具体的指标要求。我国《村民委员会组织法》《妇女权益保障法》中都明确规定："村民委员会中妇女应有适当的名额。"《福建省实施〈中华人民共和国村民委员会组织法〉办法》第七条也规定："村民委员会成员中，妇女应当有适当的名额。"从字面上看，"应当"一词表达了一种建议性的语气，法律效力不强；在措辞上，"适当名额"又留下了许多需要进一步阐释的空间，因此该法条的规定因缺乏强制性而很难落实。建议根据全省经济社会发展状况，对农村妇女进入村"两委会"设定目标：村党支部和村委会中至少要有1名女性成员；各县（市、区）的村委会中女主任数不少于3人，经济发达、人口较多的县（市、区）不少于5人；村民代表选举中，女性代表不少于30%。其次，在村委会选举工作部署中强调妇女当选，提供制度化支持。在选举工作的每个步骤强调女性参与和入选的重要性，在对选举过程的督察和考核中，将是否选出女性村委会成员作为一项重要内容和指标。在候选人提名中，分职务提名的要在提名票中为妇女留一个委员候选人名额；不分职务提名的至少提名1名女性候选人；介绍候选人和竞选演讲时，可以为女性候选人组织专场情况介绍和演讲；正式选举中，分职务的专门预留女委员职位，不分职务的在选票上注明"至少选1名女性"；如果选举没有女性成员，应空一个委员职位，进行另行选举，在得票最多的前两名妇女中产生。①

2. 培养妇女自身的主体意识、竞争意识和参政意识

保障妇女参与村级事务管理和决策不应仅停留在数字层面，还须提高妇女参与基层民主的意识和能力，切实保障妇女参与到土地利益分配的实际过程。为了促进妇女参与村民自治，应当针对各地妇女的不同情况和需求，对女性村干部开展政治与法律能力培训，使她们尽快掌握村务管理、村务决策等方面的方法和技能，以适应农村工作的需要，增强她们的任职能力和参政议政能力。

（四）完善对农村妇女土地权益的行政救济机制

农村妇女土地权益频频遭受侵害，很大原因是基层政府对村民自治缺乏有效管理，还未建立有效的机制来纠正与法律相抵触的村规民约，法院对损害妇女土地权益的案件也缺乏有力的措施，所以，必须注重用行政力量和司法力量相结合的办法维护农村妇女土地权益。鉴于目前通过司法途径解决此类问题面临的困难一时难以解决，因此应更多发挥行政救济途径的作用。② 妇女土地权益保障实践表明，政府的事前监督和事后救济应当有效地结合起来。对于农村土地权益纠纷，县区级政府或乡镇一级政府所作出的决定，有时甚至比国家的法律有更明确的指导意义。应当将化解纠纷，引导民众观念转变的重要责任落实到最基层的政府组织，把纠纷消除在萌芽状态，从根本上改变利益争端中农村妇女的弱势地位。③

---

① 董江爱、李利宏：《公共政策、性别意识与农村妇女参政——以提高农村妇女当选村委会成员比例为例》，《山西大学学报》（哲学社会科学版）2010年第1期。
② 参见福建省高级人民法院《关于我省法院保障妇女权益有关情况的报告》，该报告提出："从审判实践看，民事审判难以妥善处理农村妇女土地权益纠纷。相比较而言，政府部门在解决外嫁女合法权益方面比法院更有优势。"
③ 王永钦：《解决妇女土地问题政府重视是关键》，《中国妇女报》2009年5月16日。

表 4 妇女土地权益保障工作应该由哪些部门负责

选项	人数（人）	占样本总人数的百分比（%）
妇联	1202	70.8
村委会	925	54.5
法院	655	38.6
政府信访部门	390	23.0
民政部门	374	22.0
人民代表大会	329	19.4
公安机关	217	12.8
检察院	121	7.1
其他	22	1.3
合　计	4235	249.4

在行政救济方面，应明确规定具体由政府的哪个部门来处理农村妇女土地权益纠纷。前面本课题组建议赋予司法行政部门审查和纠正村规民约以及村民决议的权力，因此，由司法行政部门处理农村妇女土地权益纠纷可以做到权责的统一。土地权益遭受侵害的妇女可以通过司法行政部门寻求救济，司法行政部门在处理该类纠纷时，应借鉴行政调解的经验，尽量通过调解来解决纠纷。当事人不愿调解或调解不成功的，可以申请行政复议，对行政复议不服的，再通过行政诉讼来解决。对具有群体性、影响大、涉及面广的农村土地承包经营纠纷，县级以上政府要及时介入，综合运用信访、政府调解等手段，帮助化解当事人之间的纠纷。对重大案件要制定预案，防止出现群体性甚至恶性事件，维护社会稳定。对于法院暂时无法受理的纠纷，建立由政府牵头、各个相关部门参与联动的调处机制，尽可能协调解决此类纠纷，或者协调时机成熟时，再将此类纠纷引入正常的诉讼程序，从而推动问题的解决。为了避免干预村民自治，政府部门对村委会和集体经济组织进行法律上的宣传和指导后，应通过召开村民会议的形式对土地利益分配的方案重新予以确定。

（五）发挥土地承包纠纷仲裁的作用

农村土地承包经营纠纷解决机制的多元化是我国农村经济社会发展背景下的一种必然趋势，在这个多元化的机制当中，仲裁因其自身的优势而占有重要的地位。① 妇女土地权益纠纷案件反映的是农村带有普遍性的问题，单一的司法手段不能解决问题，土地承包纠纷仲裁具有准行政性和准司法性相结合的特点，与诉讼相比，成本低、时间短，应成为有效解决土地承包纠纷、保障农村妇女土地权益的重要机制。首先，由于福建省土地承包纠纷仲裁制度仍处于初创阶段，司法行政部门、农业、林业行政主管部门应当对农村土地承包经营纠纷仲裁机构的组建和运行提供支持和帮助。其次，要淡化农村土地承包经营纠纷仲裁机构的行政色彩，确保机构的独立和公正。再次，仲裁委员会要与法院建立沟通工作机制，完善仲裁中的财产保全、证据保全、先行裁定等制度，达成共识，确保仲裁案件的审理和判决的规范、准确、有效。最后，为了保证生效裁决能够得到执行，仲裁委员会、乡镇和村民委员会应发挥掌握情况、了解被申请人的财产状况的优势，协助基层法院开展执行工作，提高执行效率，维护当事人的合法权益。②

（六）完善农村妇女土地权益的司法救济机制

司法是正义的最后一道防线，唯有司法才能最终有力地保障妇女的土地权益得以实现。建议由福建省高级人民法院制定农村土地权益纠纷的审理意见，明确司法裁判的统一标准，加强对下级人民法院审判工作的监督和指导，防止"同案不同判"。③

1. 明确土地权益纠纷的受案范围

农村集体经济组织与其成员之间的农村土地承包经营权、集体经济组织收益分配权、土地征收或者征用补偿费使用权以及宅基地使用权纠纷，法院应予受理。依据《物权法》第三章、《农村土地承包经营纠纷调解仲裁法》第二条和最高人民法院《关于审理涉及农村土地承包纠纷案件适用法律问题的解释》第一条，将以下纠纷列入法院受案范围：①因确认农村土地承包经营权发生的纠纷；②因订立、履行、变更、解除和终止农村土地承包合同发生的纠纷；③因侵害农村土地承包经营权发生的纠纷；④因农

---

① 梁宏辉、何文燕：《我国农村土地承包经营纠纷仲裁制度的行政化之检讨》，《华南农业大学学报》（社会科学版）2010 年第 3 期。
② 王良仟等：《关于浙江省农村土地承包纠纷调解仲裁情况的调查》，http://nytzj.gov.cn/html/main/zjModernAgriView/119529.html，2010 年 9 月 16 日访问。
③ 目前，陕西、北京、安徽、江苏、广东、重庆等地高院已出台类似的意见或讨论会纪要。

村土地承包经营权转包、出租、互换、转让、入股等流转发生的纠纷；⑤因收回、调整承包地发生的纠纷；⑥承包地征收征用补偿费用分配纠纷；⑦因集体经济组织收益分配发生的纠纷；⑧因宅基地分配、使用发生的纠纷。

农村土地承包经营户家庭内部就农村土地承包经营权、宅基地使用权产生的纠纷，法院应予受理。如果在析产分割、离婚等案件中已进行处理则不必单独处理；如在析产分割、离婚等案件中未处理或没有产生诉讼，则应由法院立案受理。①

2. 对村民自治决议进行司法审查

2008年最高人民法院《关于为推进农村改革发展提供司法保障和法律服务的若干意见》明确指出："在审理涉及村民自治决议的案件中，只要不违反法律、行政法规的强制性规定，就应当尊重和维护村民自治决议的效力。村民自治决议违反法律、行政法规，侵害农民合法权益的，要依法予以撤销。"因此，对于涉及土地利益分配的村规民约以及村民会议或者村民代表讨论决定的事项，当事人提出异议的，法院应审查其效力。但为了避免出现对村民自治权的侵害，法院审理涉及村民自治决议的案件不能只注重宪法、法律所保障的个体权利，还应考虑到村庄的复杂历史背景、社会过程和共同体价值观。②

在形式方面，法院应审查村规民约或村民议决事项的形成是否符合民主议定程序。《村民委员会组织法》对村民会议、村民代表讨论决定事项的程序作了明确规定。对于村规民约或村民议决事项未经民主议定，或者民主议定的程序和内容不符合《村民委员会组织法》、《农村土地承包法》以及《物权法》的规定，损害集体经济组织成员合法权益的，应确认其无效，不作为土地利益分配的依据。

在实质方面，法院应审查土地利益分配方案的内容是否与宪法、法律、法规和国家政策相抵触。根据《村民委员会组织法》第二十条的规定，在审查分配方案内容时，应以宪法、法律、法规及国家政策为依据，对违反法律、政策性规定的，或侵犯人身、财产权益的，应确认其无效。但集体

---

① 参见2005年北京市高级人民法院《关于审理农村土地承包纠纷案件若干问题的指导意见（试行）》第五条。
② 侯猛：《村规民约的司法适用》，《法律适用》2010年第6期。

经济组织根据成员对该集体财产形成的贡献大小等因素进行适当的差别分配，其分配方案经民主议定且没有显失公平，当事人请求变更或者撤销的，人民法院不予支持。农村集体经济组织作出的分配方案被确认不作为分配依据的，法院可以直接判决集体经济组织按村民标准向权益受侵害的妇女给付相应份额。[①]

3. 统一裁判意见[②]

人民法院应当考虑对下列五方面问题采取统一立场。

（1）农村妇女起诉集体经济组织要求确认其享有土地承包权的，法院按照确认之诉受理，仅对该妇女是否具备承包权进行审理。妇女结婚、离婚、丧偶后，迁入新居住地生活，新居住地村集体未依法向妇女发包土地的，妇女起诉要求保护其土地承包权的，法院应确认其享有土地承包经营权。妇女结婚、离婚、丧偶后仍在原居住地生活，或者虽然迁到新居住地生活，但新居住地村集体未解决其土地承包之前，村集体收回妇女承包土地，妇女起诉村集体要求返还的，人民法院应当支持。

（2）对于发包方违法收回或调整妇女承包地所产生的纠纷，法院审理时，如发包方尚未将收回、调整承包地另行发包给第三人，权益受侵害的妇女请求返还承包地并赔偿损失的，法院应予已支持。如果发包方将收回、调整承包地另行发包给第三方，妇女可以以发包方与第三人为共同被告，请求确认发包方与第三人订立的承包合同无效、返还承包地的，法院应予以支持；若第三方在承包地有合理投入，请求承包方或发包方赔偿损失的，法院应予以支持。

（3）对于征地补偿款的分配纠纷，如果集体经济组织已经领取土地补偿费、安置补助费，并经民主议定程序决定将此两项费用分配给全体村民的，具有集体经济组织成员资格却未获得分配的妇女请求分配相应份额的，

---

① 参见 2004 年安徽省高级人民法院《关于处理农村土地纠纷案件的指导意见》、2006 年陕西省高级人民法院《关于审理农村集体经济组织收益分配纠纷案件讨论会纪要》第九条、2009 年重庆市高级人民法院《关于审理农村集体经济组织收益分配纠纷案件的会议纪要》第十七条和第十八条。

② 参见 2004 年江西省高级人民法院《全省法院民事审判工作座谈会纪要》、2005 年北京市高级人民法院《关于审理农村土地承包纠纷案件若干问题的指导意见（试行）》、2005 年山东省高级人民法院《全省民事审判工作座谈会纪要》、2006 年陕西省高级人民法院《关于审理农村集体经济组织收益分配纠纷案件讨论会纪要》、2009 年重庆市高级人民法院《关于审理农村集体经济组织收益分配纠纷案件的会议纪要》。

法院应予以支持。集体经济组织通过民主议定方式形成分配决议，并无截留、扣缴、挪用或分配不公情形的，应裁定驳回妇女的起诉。

（4）对于集体经济组织收益分配纠纷，具有农村集体经济组织成员资格的妇女要求集体经济组织给予本集体经济组织成员同等收益分配权，请求分得相应份额的，法院应予以支持。

（5）入赘女婿、丧偶的入赘女婿涉及与村集体之间的土地权益纠纷，参照上述规定处理。

湖北省农村妇女土地权益保障状况调研报告[*]

湖北省政研室　湖北省妇联

随着城市化、工业化的推进和农村土地流转、规模经营的发展，妇女土地权益受损日益成为一个比较突出的社会问题，部分地方表现得尤为尖锐、激烈，直接影响了农村社会稳定。最近一段时间，省委政研室、省妇联组成联合调查组，采取走访农户、开座谈会、解剖信访案例等多种形式对此进行了调查研究。调查组深入襄阳、襄城、曾都、洪山、东湖高新区等地实地考察，同市、区、乡三级党政领导，农办、信访、妇联、法院等部门负责人和村干部、女农民（市民）代表等多方面进行了座谈，解剖信访案例上百例。与此同时，省妇联委托国家统计局湖北调查总队，在江夏、阳新、襄阳、保康、松滋、监利、当阳、枝江、房县、云梦、钟祥、罗田、黄梅、赤壁、广水、恩施、潜江、天门等18个县（市、区）的180个行政村1800个农户中，以入户面访的形式进行了随机抽样调查。现将调查情况报告如下。

一　当前湖北省妇女土地权益保障的基本状况

妇女土地权益为法律所赋予，受法律保护。《中华人民共和国农村土地承包法》第六条规定："农村土地承包，妇女与男子享有平等的权利。承包中应当保护妇女的合法权益，任何组织和个人不得剥夺、侵害妇女应当享

---

[*]　本报告完成于2010年3月。

有的土地承包经营权。"第三十条规定:"承包期内,妇女结婚,在新居住地未取得承包地的,发包方不得收回其原承包地;妇女离婚或丧偶,仍在原居住地生活或者不在原居住地生活但在新居住地未取得承包地的,发包方不得收回其原承包地。"《中华人民共和国妇女权益保障法》第三十二条规定:"妇女在农村土地承包经营、集体经济组织收益分配、土地征收或者征用补偿费使用以及宅基地使用等方面,享有与男子平等的权利。"第三十三条规定:"任何组织和个人不得以妇女未婚、结婚、离婚、丧偶等为由,侵害妇女在农村集体经济组织中的各项权益。因结婚男方到女方住所落户的,男方和子女享有与所在地农村集体经济组织成员平等的权益。"

妇女土地权益保护既是一个法律问题,也是一个与政治、经济、文化、社会方方面面相关联的错综复杂的社会问题。省委、省政府和各级地方党政领导一直非常重视这个问题,无论是在1982年的农村土地承包、1996年的第二轮土地延包、2004年的完善第二轮土地延包三个阶段的工作中,还是在现阶段引导和推进新时期农村土地流转过程中,无论是在落实城市、工业和交通等征地补偿过程中,还是在组织指导城中村、城郊村、园中村"三村"改造过程中,都很注重从政策制定到实际操作再到信访处理多个层面落实和保护妇女的平等土地权益。各级妇联组织、人民法院、信访、农经等部门尤其是处在最基层的乡村干部做了大量艰苦细致的调解工作。总体来看,湖北省妇女土地权益保障措施有力,情况较好。

但是,妇女土地权益受损问题与土地承包犹如一对孪生兄弟,二者共生共长,且在不同时期有着不同的反映,呈现不同的特点。现阶段,情况更复杂、问题更突出、矛盾更尖锐、处理更艰难。经调查分析,我们认为,当前妇女土地权益受损情况具有以下几个特点。

1. 普遍性

此类问题全省普遍存在。2006~2008年,全省妇联系统共受理妇女土地权益受到损害的投诉316件次,省妇联接访室受理此类投诉34件次,来信来访涉及武汉市洪山区、沌口经济开发区、江夏区、黄陂区和湖北省随州、襄樊、仙桃、天门、恩施、宜昌等地方。问卷调查显示,湖北省11%的农村妇女曾因土地权益受损找村里理论或到上级政府上访,这个比例是很大的。而且我们认为,信访和问卷所反映的问题只是冰山一角。访谈中我们发现,很多妇女并没有土地权益意识,即使部分妇女有这个意识也习惯于忍气吞声。

2. 区域性

此类问题部分区域严重。从信访情况来看，城市多于农村，大中城市多于小城镇，城郊多于乡村。调查中，有的地方少有这方面的问题反映，如襄城区；有的地方问题集中，如襄阳区、曾都区；有的地方前几年发生较多而现在较少甚至没有，如洪山区、东湖高新区；有的地方此类信访案件一直居高不下。武汉市前两年的"三村"改造中，这类问题比较集中，洪山区、东湖高新区的干部反映，过去这类问题一个接一个，上访妇女一批接一批，一直闹到省里和中央。近三年来，襄阳区农村经管系统共接待涉及农村妇女土地权益问题的信访案件54件，涉及107人，占信访总量的14.0%；区妇联共受理"出嫁女"土地权益问题信访案件37件。襄阳区张湾镇有多个村集中发生此类信访案件。

3. 严重性

此类问题已经成为比较突出的社会问题，并呈蔓延态势。一是对妇女和家庭造成严重影响。调查中听到不少妇女为土地权益发生纠纷的事情。荆州女农民邹某，一段时间在外打工，承包地抛荒没管，被邻居耕种。她回村后索要承包地，邻居不给，两家为此大闹，邹某一气之下喝了农药，所幸抢救及时，没闹出人命。二是对政府和社会造成严重影响。襄阳区张湾镇云湾村、老西湾村、潘台村有50多名"出嫁女"，年长的五六十岁，年轻的二十来岁，村里既不给她们承包地，也不给她们宅基地，这群妇女多次有组织地到区、市和省里上访，并选派代表赴北京上访。该镇张湾村六组11名"出嫁女"到省信访局上访达一周之久，省信访局会同省公安、民政、国土部门共同研究答复，但上访人员对答复意见不满意，不听规劝，严重干扰了省委、省政府的正常办公秩序，最后不得不出动警力将上访人员带回，并对违法人员依法处置。三是随着城镇化、工业化和农村土地流转、规模经营的发展，此类问题会越来越严重。当前所出现的问题，大多是因为工业化征地、城市化改造所带来的。湖北省正处于工业化、城镇化加快发展的时期，如果不引起高度重视，不采取得力措施，妇女土地权益受损问题必定会更加严重。

4. 复杂性

一是产生此类问题的原因十分复杂。一部分是多年前遗留下来的老问题，一部分是近年城市征地和城中村改造引发的新问题，还有一部分是新老交错的问题。同一个问题中，有乡村干部侵权，有村规民约违法，有男尊女卑的文化歧视，也有农村宗族势力的影响。一个人的问题牵涉到一批人，这次的问题关联系着之前的问题，如此等等。听被访者说清楚一个问题需要个把小时，看明白一个上访材料要花小半天时间。二是解决此类问题更是艰难。妇女土地权益保护问题是法律问题，但法院不受理；指望仲裁，但现阶段农村土地纠纷仲裁机构尚未完全建立；指望信访，信访解决问题的力量有限。有些不合法但合理合情的问题，解决起来更困难；有些"经大多数村民举手同意"而产生的侵权问题，无论是哪一级领导去解决，老百姓都不同意；或者解决了个别妇女信访问题，又会引发更多更大的群体上访。如曾都区文峰五组案例。41名"出嫁女"认为分配不公而不断上访，市、区、乡三级妇联会同有关部门前往解决，先后召开10多次群众代表大会、户主会，商量给"出嫁女"补发补助方案，但都是无果而终。"出嫁女"拿着申请书挨家挨户去找人签字，激起群众愤怒，结果"组内群众掀起申请签字热潮"，一周时间出现了要求各种利益分配群体的申请报告14份之多，涉及资金300多万元，一波接一波的上访导致社区党委无法正常工作，最后全体户主投票表决，到会78户，弃权1户，不同意45户，同意32户，"出嫁女"的要求没有通过。类似这样"曲折艰难"的处理过程和"最后否决"的处理结果，还有不少。

二 妇女土地权益受损的主要表现

调查中我们发现，当前妇女土地权益受损主要表现为如下几类情况。

1. 土地承包权（宅基地使用权）在婚姻中普遍流失

一是"出嫁女"土地权益受损情况较为普遍。我国农村土地政策"三十年不变，并且长期不变"，"增人不增地、减人不减地"，那么新嫁入的媳妇（包括新出生的孩子）就没有机会获得土地。虽然有"大稳定小调整"的政策，但没有调整的"余地"。因为政策规定村集体机动地不得超过村集体土地的5.0%，实际情况是，湖北省村集体基本上没有机动地，尤其是江汉平原寸土寸金的地方，早就"分干包净"了。也很少有新开垦的"四荒地"和农民申请退出的承包地。这样，一批批的"出嫁女"就因为"娘家土地带不走，婆家没有土地分"而失去了土地承包权。表面上看来，"出嫁女"娘家土地带不走也跑不掉，权益好像还"保留"在那儿，但那份权益"出嫁女"一般不能享受，因为她们不可能去耕种和收获，包括宅基地也不可能去使用，有人把这种现象称作"权益隐消"。也有娘家土地"权益明消"的，问卷调查显示，全省 43.8% 的农村已婚妇女在娘家分配的承包地被娘家所在村收回。

二是离婚妇女的土地权益受损情况普遍存在。农村妇女离婚时，按照习惯，一般不会继续留在婆家生活，属于自己的那份承包地，包括宅基地也因无法分割出来而不能带走，也就无法继续行使应有权利。离婚妇女一般不可能再在娘家或再嫁地（农村）分到承包地和宅基地，土地权益明显地失去了。另一方面，农村妇女在离婚时，"分钱分物分人（孩子）"，很少有人提出要分承包地和宅基地。多数离婚妇女暂时还没有提出把承包地、宅基地作为个人财产进行离婚分割的法律意识。如襄阳区张湾村妇女庄某反映，她 1983 年外嫁，离婚后带着 4 个孩子回村，10 多年来村委会一直未分配耕地，艰难度日。

2. 土地补偿分配权在征地中被强行剥夺

省妇联接待的 34 件次来信来访中，反映此类问题的有 21 件次，占 62.0%。出于城市化的推进和工业、交通用地的需要，农村土地尤其是城郊土地被大量征用，农民的土地承包权变成了征地补偿分配权，经济利益驱动导致村民极力控制享受村民待遇的人数，农村妇女特别是"出嫁女"、离婚女、入赘男首先成了被排挤对象。如襄阳区云湾社区在"云湾国际新城"开发房屋还建中规定，一个男孩还建面积 198 平方米，两个女孩只给一个男孩的面积。该村十组张某某家两个男孩分到两套 198 平方米的公寓房，而九组陈志云家两个女孩只能享受一套 198 平方米的公寓房。这种情况在随州市曾都区也较为普遍。

3. 土地股份权在"三村"改造中遭到挤占

"三村"（城中村、城郊村、园中村）改造中，老百姓最关心的是集体资产股权化。经过集体资产股份制改造后，过去农民的土地权益变成了现在居民享受的股份待遇，如果妇女在此改造中不能享受平等的配股权，就不能得到后来平等的分红权，其土地权益就受到了永久性的侵害。在集体资产股份制改造的实际操作过程中，一部分"出嫁女"、丧偶女和上门女婿在"村民代表大会"制度下，应得的权益被挤占、被削减。"三村"妇女相对来说比广大农村妇女的法律意识、民主意识和维权意识强，而"三村"改造带给人们的利益更丰厚、更长远，所以，此类信访问题成为当前妇女土地权益受损问题中最尖锐、最集中的问题。如武汉东湖高新区某村的

"农村集体经济股份合作制改造方案"中规定,以股权代表土地承包权,股份由三种成分组成,即以农村户口为依据的人头股、以劳动年龄为基数的劳龄股和在岗人员享受的劳力股。户口在本村的"出嫁女"享受人头股的70.0%,享受劳龄股的时间从18岁计算到领取结婚证止;户口在本村的上门女婿享受人头股的60.0%,享受劳龄股的时间按领取结婚证到改制年以80.0%计算;户口在本村的年满18周岁的男性公民及其配偶、子女享受100.0%的人头股。这样的方案显失公平。这类问题在洪山区洪山街、经济技术开发区沌口街等地也有不少反映。本次调查中,洪山和东湖高新区的有关领导都表示类似问题已经得到了及时解决,现在没人上访了。我们认为,只要"三村"改造在推进,妇女土地权益就有可能受损,像洪山区年均征地8000亩、失地农民1万人,妇女土地权益保障任重道远。

4. 土地收益权在流转中打了折扣

目前湖北省通过土地流转形成的规模经营面积约200万亩,占总耕地面积的4%。随着经济社会的发展,越来越多的农村劳动力外出打工,外出务工人数达1000万人左右,占乡村从业人员的一半。这些外出务工人员中有接近一半是妇女。妇女外出打工最早是未婚女青年,后来发展到已婚妇女,现在大多数中年妇女包括少数老年妇女也加入了务工行列。她们的土地权益受损主要是两个方面。一是前些年农民负担过重,土地成为包袱的时候,很多农民弃田抛荒远走他乡,乡村集体想方设法请人代耕,后来农村政策好转,农民回乡要田,矛盾因此产生。一些农户的土地承包权特别是流转权和收益权得不到保障,其中处于弱势地位的妇女,土地权益受到侵害相对更严重些。二是有些地方把"打工妹"当作"村外人"来对待,认为未婚的迟早要嫁,已婚的嫁到别处,在土地二轮延包和完善二轮延包的过程中,村集体没有把她们"打上单子",或收回承包地,或不给流转收入,甚至取消她们应有的村民待遇。

三 妇女土地权益受损的原因分析

妇女土地权益受损是多年以来多种原因综合导致的结果。通过调查我们认为主要表现在以下几个方面。

1. 根在封建文化歧视

重男轻女、男尊女卑的封建文化,是妇女权益受损的历史根源。因为很多农民包括年长的女农民也认为"嫁出去的女泼出去的水",所以村民代表大会就可以举手通过"出嫁女不能回头享受娘家土地补偿分配"这样显失公平的条款;因为很多农民认为"女孩子早晚是人家的人",所以有些未婚女青年分不到应有的承包地,得不到应有的土地补偿款和股权红利;因为很多农民认为"妇女不是撑门面的人",所以千家万户的土地承包经营权证上的户主只能是男人,几乎没有女人,那么为土地做主的也就是男人了;又因为在有些人眼里上门女婿低人一等,所以规定,两个或几个上门女婿中只允许一个享受相关待遇;还因为"在家从父、出嫁从夫、夫死从子"的"三从意识"至今"阴魂未散",大凡有利益之争的时候,妇女总是处在从属地位。问卷调查显示,10.33%的被调查者认为"离婚妇女不应该享有土地承包经营权、集体经济分红和征地补偿分配权"。

2. 因在经济利益调整

自古以来土地就是农民的命根子,今天的土地仍然是农民生产生活的基础,可以说,土地是农民的全部利益承载和根本利益所在。大多数农民目前还离不开土地,相较于男人,农村妇女对土地的依赖性更强。当大批青壮男劳力外出打工的时候,留守在农村土地上的主力部队就是妇女,所以有"386199"部队之说,其实"6199"部队全靠"38"部队来领导。从这点上来看,土地权益更是农村妇女至关重要的权利。20世纪八九十年代,农民负担重,纷纷离乡打工,土地没人要,农村到处是抛荒地。免除农业税后,土地由包袱变成了财富,国家发"粮食直补""粮种补贴""综合补贴"等多项补贴,土地的价值提高了,一亩地即使自己不种,流转给别人种,也能收到少则一两百元多则上千元的流转收入。正是土地的价值发生了"从债权到物权"的重大变化,诱发了新时期农村妇女为土地权益受到损害而上访的一波高潮。另一个比这更大的利益诱因是政府征地和"三村"改造。城市发展征地、工业发展征地及以高速公路为主的交通发展征地,虽说所征土地的价值远没有充分地补给农民(据统计分析,农民只得到了征地成本价的5.0%~10.0%),但对农民来说,一亩地几千元甚至上万元的补偿是极具吸引力的。而"三村"改造惠及农民的利益更大更久,地权变股权,农民变市民,一生都可以坐分红利,平分蛋糕的多少取决于参与平分人头的多少,股份分红的总量是一定的,在总量不变的情况下,要增加每一股份的"含金量",势必要尽量减少总的持股数量,所以就有了侵害权益和保护权益的激烈之争。

3. 源在法律、政策缺失

我国的法律、法规特别是《宪法》、《婚姻法》、《继承法》和《妇女权益保障法》等重要法律坚持了男女平等的原则，但对体现男女平等原则的具体办法并未作出明确规定。同时，很多法规政策缺少社会性别视角，表面上看是中性的，但是没有充分考虑中国现实的社会性别利益关系，在实施过程中往往会给女性带来不利。比如现在的土地法律、法规，虽然保障了以户为单位的土地承包经营权，但忽视了由于婚姻关系而流动的农村妇女的权益，造成对"出嫁女"、离婚女土地权益以及相关权益的保护力度不够。主要表现在以下两个方面。

第一，法律、法规对妇女土地权益保护不明确，不符合实际情况，不具有可操作性。最突出的就是"村集体组织成员"这个法律概念，"什么叫村民、哪些人够资格称得上村民"这个问题没有搞清楚。这个问题不明确，按人分征地补偿款、按人分股分红的问题就进行不下去。也正是因为这个界定不明确，让一部分村干部和村干部主持下的父老乡亲参与制定的村规民约侵害妇女土地权益"有机可乘"。一些基层干部认为，土地的财产性质不明确，以个人为单位的土地权益属性不明确。在城市化、工业化强力推进、快速发展的今天，当诸多利益尤其是重大经济利益扑面而来时，以户为单位的家庭土地承包权掩盖了个人尤其是妇女的应有权益，个人作为土地权利主体的诉求越来越强烈，但个人在家庭中的土地权益却不明晰，而这种不明晰是建立在法律政策层面上的，这就给权益保护带来了重大隐患：一方面个人获取土地权益没有足够的法律依据；另一方面当这种权益明显受损时又没有足够的法律凭证去维护。

第二，司法救济途径的堵塞。《妇女权益保障法》第五十五条明确规定："违反本法规定，以妇女未婚、结婚、离婚、丧偶等为由，侵害妇女在农村集体经济组织中的各项权益的，或者因结婚男方到女方住所落户，侵害男方和子女享有与所在地农村集体经济组织成员平等权益的，由乡镇人民政府依法调解；受害人可以依法向农村土地承包仲裁机构申请仲裁，或者向人民法院起诉，人民法院应当依法受理。"而2005年最高人民法院通过的《关于审理涉及农村土地承包纠纷案件适用法律问题的解释》第一条在明确规定承包地征收补偿费用分配纠纷属于受理范围的同时，又规定"就用于分配的土地补偿费提起民事讼诉的，不予受理"。有此"尚方宝剑"，地方法院便以无法适用司法程序为由，对此类纠纷拒绝受理，老百姓

"告状无门"。如武汉市黄陂区滠口开发区叶店村杨家楼子湾杨某以"出嫁女自办酒席嫁出之日起不参加征地补偿费分配侵犯她的合法权益"为由上告法院，市区法院两次下达民事裁决书不予受理，2008年4月省检察院提出民事抗诉书，要求依法再审，2008年10月，省高院下达终审裁定依然是维持二审法院的民事裁定。

4. 病在村规民约违法

从调查的案例看，绝大多数妇女土地权益受损都指向同一个出处，那就是村民大会或村民代表大会多数人举手通过的决定，即村规民约。村规民约是村民自治的重要民主管理制度，是村民就本村事务制定的自我约束、自我管理、自我监督的共同行为规范。农村制定村规民约的目的是维护农村的发展与稳定，提高村民的法律意识，使人们在一定的规则中有秩序地生活。《农村土地承包法》规定，承包方案或在承包期内调整承包地，须经集体经济组织成员的村民会议2/3以上成员或者2/3以上村民代表的同意。《村民委员会组织法》规定，村规民约由村民民主讨论决定，报乡镇人民政府备案；村集体经济所得收益的使用、村民的承包经营方案、宅基地使用方案须提请村民会议讨论决定，所作决定应当经法定到会人员的过半数通过。这些法律规定，确实保障了村民的民主权益，推进了村民自治，收到了多方面成效。但是，我们也要看到，这种民主实践是建立在多数农民尚未完全摆脱封建思想束缚、文化素质和法律意识有待提高这样一个较低层面上的，是建立在引导、监督、问题纠正、违法查处等综合机制不健全不完善的基础上的。所以，现实生活中，村规民约违法已经不是个别现象，已经成为政府管理农村的一个障碍。在调查中，基层干部和群众都有同样的困惑，那就是政府对村民自治到底有没有制约的权力，怎么行使制约权，如果没有制约权，村民自治如何规范。这是一个重要的法律问题，更是一个紧迫的现实问题。

村规民约违法的原因比较复杂，主要有两个方面。

第一，村规民约受多方面因素的影响和制约。受传统文化影响，大多数农民重男轻女的思想仍然存在，他们会"自觉地"对"出嫁妇"、离婚女的土地权益投出反对票，不存在有意"欺负哪个"。受经济利益驱使，多数人想获得更大的利益，多一个人参与平分就少了一点利益，那么"出嫁女"、离婚女这批少数妇女的土地权益受损便在所难免。受各种权力制约，虽然也开村民大会或村民代表大会，或者不开会通过上门签字等形式产生，但是，面对征地和改制带来的"重大和永久性经济利益"时，干部权力、旺族势力、大户能力、恶人武力等都在参与博弈，而"出嫁女"、离婚女可能没有资格参加会议，也可能参加了会议却因"势单力薄"而不起作用。如果还是沿用"村民或组民大会半数通过"的办法，妇女土地权益的维护肯定会失败。即使在多种因素影响下这次问题得到解决了，下次仍会出现同样的问题。

第二，对村规民约违法处理规定不明确，干部群众因此不在乎。虽然《村民委员会组织法》规定村规民约或村民代表会议讨论决定的事项不得违反《宪法》、法律和国家政策，但这只是原则性规定，至于违反了该怎样处理、应当承担什么法律责任、如何监督纠正等，没有规定或规定不明确。基层干部和老百姓认为，法不责众，即使村规民约违了法、犯了规，也犯不到哪里去，再说，犯点法，又能处理到哪去？正是有这样的心理垫底，便出现了一些"与法律法规相抵触、相违背"的村规民约条款，包括违法侵害妇女土地权益的规定。

5. 弱在自身素质偏低

改革开放以来农村妇女的素质有了大幅提高，但在整个社会人群中其素质水平还较低。一是文化水平低。老一代农村妇女文盲多，中一代农村妇女小学生多，新一代农村女青年初中生多。我们经常在农村调查，女高中生少有，女大学生几乎没有（偶有女大学生村官）。二是法律知识少。除了极少数有过信访经历的妇女认真地读过这方面的法律书籍外，多数妇女对土地权益受损处于不知情状态，甚至认为是正常现象。问卷调查显示，还有12.0%的农民不知道国家有妇女在土地权益上与男子享有同等权利的法律规定和政策。在这些"不知道"的人中，女性占被调查女性的13.6%，男性占被调查男性的5.1%，女性的比重比男性高出了8.5个百分点。三是维权意识弱。知道自己土地权益受损的不多，知道后敢于起来争取权益的更少；能在本村本组的会上会下争取自己应有权益的不多，敢到乡镇、县市和省里寻求信访渠道解决问题的更少，敢找法院解决问题的更是少之又少。调查显示，对"您和家人是否因自家妇女的土地权益问题找过村里理论或上访过"的提问，只有9.0%的农户表示找村里理论过，2.0%的农户表示上访过，更大比例的农村妇女选择了"逆来顺受，忍气吞声"。对"如果您在土地承包经营、集体经济分红和征地补偿分配方面的权益受到伤害，您会怎样做"的问题，有12.4%的妇女表示"又不是对我一个人这样，认了算了"。

6. 软在社会维权乏力

妇女维权不仅是妇女和妇联组织的事情，而且也是全社会的责任。在第一轮的土地承包、第二轮的土地延包、第三轮的土地延包完善中，妇女土地权益问题都没能得到较为彻底的解决。一些地方没有土地纠纷仲裁机构，一些地方虽然有但形同虚设，使得妇女土地权益无从维护。对这方面的宣传培训不够，问题查处打击更不力。调查显示，33.0%的土地权益受损的妇女虽然找村里理论和上访过，但问题"仍然没有解决"。44.0%的被调查者认为是"村里不解决"，10.0%的被调查者认为是"上级不重视"。还有一个重要原因，即农村女性参政比例偏低。妇女进入村"两委"等农村权力机构的很少，导致在农村重大事务的决定包括涉及利益分配的规则制定过程中，妇女的利益要求不能得到充分的表达。调查显示，多数地方妇女在村民代表中所占比例都在15.0%以下，只有15.0%的地方妇女占村民代表的比例超过了30.0%；有10.0%的地方村委会成员没有女性，14.0%的地方妇女主任不是村委会成员。同时，妇联本身的维权也因条件、手段的缺乏而显得力量不足、效果不佳。

四 加大妇女土地权益保障力度的对策建议

党的十七届三中全会要求"必须切实保障农民权益，始终把实现好、维护好、发展好广大农民根本利益作为农村一切工作的出发点和落脚点"。党的十七届四中全会要求"健全党和政府主导的维护群众权益机制，认真解决群众反映强烈的教育医疗、环境保护、安全生产、食品药品安全、企业改制、征地拆迁、涉农利益、涉法涉诉等方面的突出问题"。妇女土地权益是妇女的根本权益之一，妇女土地权益受损是妇女反映最强烈的问题之一，我们综合广大农村妇女和基层干部及专家学者的意见建议，参考外省的经验做法，对解决这一突出社会问题提出以下对策建议。

1. 把妇女土地权益保障问题放在全省经济社会发展和新农村建设中统筹谋划

妇女土地权益受损问题是一个涉及政治经济文化、法律政策习俗尤其是社会稳定的综合性问题，既是"发展是第一要务"中的问题，更是"稳定是第一责任"中的工作，各级党委、政府要加强领导，把维护妇女土地权益作为推进农村改革发展、构建社会主义和谐社会的重要内容，真正纳入"硬任务"中去，切实抓紧抓好。建议把解决妇女土地权益受到损害问题放到全省正在实施的武汉城市圈两型社会建设、鄂西生态文化旅游圈建设、长江经济带开放开发等重大战略中一同谋划、统筹实施，特别是放到"仙洪新农村建设试验区"、全省新农村建设乡镇试点、全省脱贫奔小康试点、鄂州城乡一体化试点等农村改革试验中一同谋划、统筹实施。只有这样，才能抓住解决问题的主动权，才能发挥"同船出海""乘风而起"的效应，也才能更好地解决问题。

2. 针对突出问题制定专项政策

鉴于妇女土地权益受损问题的普遍存在，部分地区比较严重，已经成为影响农村社会稳定的一个突出问题，并且正处在蔓延发展的现状，建议省委、省政府组织有关部门在进一步深入调研的基础上，针对妇女婚姻中的土地权益受损和征地补偿、"三村"改造中的妇女土地权益受损等突出问题，以省委办公厅、省政府办公厅名义，专门出台一个保护妇女土地权益的文件。文件应坚持男女平等、依法依政策处理问题、尊重村民自治、实事求是、原则性和灵活性相结合等原则，并突出重点，解决以下五个方面的问题。

一是解决妇女与男子平等获得土地权益的问题。文件应要求，村集体经济组织成员中的妇女，在土地承包经营、集体收益分配、土地征收或者征用补偿费使用以及宅基地使用等方面，享有与男子平等的权利，任何组织和个人不得以任何形式剥夺其合法权益。

二是解决"出嫁女"土地权益问题。文件应明确，村集体经济组织成员中的妇女，因结婚户口未迁出原居住村且已尽村民义务的，仍是户口所在地集体经济组织成员，其本人和按政策生育的子女享有与男子平等的权益；因结婚户口迁出，在原居住地已享有承包地或集体收益分配等权益的，在新居住地不重复享有；因结婚户口迁出，在新居住地未取得承包地或集体收益分配等权益的，原居住地不得收回其享有的合法权益。

三是解决离婚、丧偶妇女及上门落户女婿的土地权益问题。文件应规定，村集体经济组织成员中的妇女，因离婚、丧偶，户口仍在夫家所在地并尽了义务的，享有与所在地男子平等的权益；因结婚男方到女方住所落户的，男方及其按政策生育的子女，享有与所在地农村集体经济组织成员平等的权益。

四是解决"三村"改造中的妇女土地权益问题。文件应强调，对已实行"三村"改造的地方，各级党委、政府要指导和帮助村（居）委会，切实解决好妇女土地权益受损的遗留问题；对正在改造的地方，要依法完善改革的方案，使妇女尤其是符合村集体经济组织成员或股东资格的"出嫁女"等享有平等权利；对将要改造的地方，要把保障妇女尤其是"出嫁女"权益的内容纳入改革方案。已经通过信访途径妥善处理了的妇女土地权益受损问题，从稳定出发，可不再变更。

五是解决土地流转、规模经营中的妇女土地权益问题。文件应强调，不得收回外出务工女青年的承包土地，不得剥夺外出务工妇女的土地流转权益和流转收入，对已损害的土地权益要予以返还和补偿。

3. 抓住机遇健全机构制订细则

已于2009年6月27日通过并于2010年1月1日起施行的《农村土地承包经营纠纷调解仲裁法》是一部重要的土地法律，也是解决包括妇女土地权益受到侵害在内的土地纠纷的一次重大机遇。对此，一要积极主动搞好法律的宣传。二要建立健全土地纠纷调解和仲裁机构。乡村两级要建立纠纷调解委员会，县、市、区要建立土地纠纷仲裁委员会，要真正挂牌办公，真心实意为老百姓办事和处理问题，争取办成和处理好几件有影响的事情。三要提请有关部门着手考虑制订湖北省包括妇女土地权益保障在内的相关法律实施细则。妇联积极参与其中，配合做好工作。

4. 加强对妇女土地权益保障的宣传和培训工作

要制订近期和中长期宣传培训规划，加大对《农村土地承包法》《村民委员会组织法》《妇女权益保障法》等法律的宣传培训工作。加大男女平等基本国策的宣传力度，提高基层干部群众的法制意识，教育和引导群众依法履行村民自治权，自觉维护妇女合法权益。要利用多种形式开展这方面的培训、宣传工作，包括在各级党校设置相关课程、在普法教育中作为重要内容纳入、在多项农民培训工程中作必要安排、在新闻媒体和网络上加强宣传。要创新培训宣传的形式、内容、方法、途径，让广大干部群众喜闻乐见，愿意接受。

5. 提高农村妇女参政议政地位

畅通农村妇女参政议政渠道，确保妇女在农村重大事项中尤其是在重大经济活动中的知情权、参与权、监督权、决策权和管理权。进一步落实村民委员会、农村集体经济组织、村民代表大会中妇女应占30.0%的比例。

进一步加大农村青年女干部的培养，加大发展农村女青年加入党组织的力度，加大农村妇女参加地方人大、政协的比例，更加注重发挥女代表、女干部、女能人在维护妇女权益上的作用。

6. 建立对村规民约的指导规范机制

县乡两级人大和政府对村民大会、村民代表会议以及所产生的村规民约进行一次普遍的指导性行动，并着手建立这种指导规范的长效机制。地方人大、政府、司法机关等对村民大会、村民代表会议及其产生的村规民约应担负起加强引导、提前指导、中途监督、事后完善、确保合法的责任。一要源头把关。应加强对村规民约备案前的指导检查，提前把关，即在村规民约草案的制订阶段，政府相关部门应对草案内容把关，对违反法律法规、国家政策的内容不允许提交村民大会表决，从源头上来解决村规民约违法问题。二要过程监督。在村规民约的执行过程中，政府发现有侵犯村民的人身权利、民主权利和合法财产权利内容的，有权责令纠正，从行政权的角度对村规民约进行监督。三要规范引导。加强对优秀村规民约的宣传和推广，严格废止有悖男女平等原则的内容。同时，也要避免政府干预依法属于村民自治范围内的事项，保障村民自治的实现，应设置村民自治的司法救济程序。村民对政府责令纠正的行政决定不服的，有权向人民法院提起诉讼。法院必须对政府的行政处理决定进行审查，依法保障村民自治的合法权益。在此基础上，再通过人大予以进一步保障，防止司法权、行政权对村民自治的侵害。这样，通过政府对村民自治的监督、法院对政府的监督、人大对政府和法院的监督，共同维护村规民约的合法性。

7. 畅通政府调解和司法救济途径

要重视解决妇女土地权益受损问题。对因土地承包或集体收益分配而引发的农村妇女群体性事件，要认真负责地做好疏导工作，妥善化解矛盾；对产生的争议，应依照相关法律、法规和政策及时处理；对基层政府处理决定不服的，可以提请行政复议；对行政复议结果不服或政府不予处理的行为，提起行政诉讼的，法院应当依法受理。法院要在这方面积极探索，有所作为。

8. 建立健全妇女维权体系

各级妇联组织要加强对妇女土地权益问题的调查研究，及时掌握新情况、发现新问题、提出新对策。要进一步建立健全妇女维权工作体系。建立政府主导、社会相关部门参与的工作机制；建立健全村乡两级土地承包纠纷调解委员会、县市区土地承包仲裁委员会等机构；建立健全妇女干部特邀陪审员制度，建立妇女权益保护联席会议制度。要对恶意侵害妇女土地权益的单位和个人进行必要的教育和处罚，抓几个典型案例，开展宣传，造成影响，起到教育和震慑作用。

湖南省农村妇女土地权益状况调研报告[*]

湖南省妇联

农业兴则百业兴，农民富则天下富，农村稳则天下稳，农村、农民、农业，是党和政府高度重视的"三农"问题。当前，随着经济的发展，男性劳动力比女性更多地从农业转移到非农产业，从农村流动到城镇，导致农业女性化趋势增强，妇女逐渐成为农业生产的主力军。据统计，我国9亿农村人口中，妇女占到一半；而农业的劳动力中，妇女已经超过了一半。与此同时，农村妇女土地权利流失的情况却在不断扩大，因此引发的各类纠纷、上访和上诉案件日益攀升。虽然我国的《妇女权益保障法》《婚姻法》《村民委员会自治法》等相关法律法规，对于农村妇女的土地权益及衍生的相关财产权益进行了明确规定，但是现实中，农村妇女土地权益，特别是土地征收中土地补偿费分配权益被侵害和剥夺的情况始终存在，得不到有效解决，已经成为妇女权益保障领域的重点、难点问题。

为全面了解湖南省农村妇女土地权益状况，特别是农村在土地征收补偿分配中歧视"出嫁女"及其子女的情况，湖南省妇联在北京大学法学院妇女法律研究与服务中心的支持下，于2008年5月到7月间，由长沙市芙蓉区、宁乡县妇联协助，分别在两县区各开展了400名农村妇女和100名基层干部共计1000人的问卷调查。召开两县区相关部门座谈会，同时，还与部分农村妇女进行了面对面访谈，并结合全省其他市、州的相关典型信访个案，对农村妇女土地权益特别是土地补偿费分配纠纷问题进行了较为全

---

[*] 此报告于2008年8月完成。

面、深入的分析和研究，探索解决此类问题的有效途径，以期更好地维护妇女的合法权益。

一 调查的基本情况

（一）农村妇女

1. 被调查的农村妇女的基本情况

表1 被调查妇女的年龄情况

单位：人，%

年龄段	20~30岁	30~40岁	40~50岁	50~80岁	合计
芙蓉区	74	160	133	33	400
宁乡县	75	160	119	46	400
百分比	18.63	40.00	31.50	9.88	100.00

表2 被调查妇女出嫁前的户口情况

单位：人，%

户口所在地	本村	外村	其他地方	合计
芙蓉区	216	153	31	400
宁乡县	167	205	28	400
百分比	47.88	44.75	7.38	100.00

表3 被调查妇女出嫁后的户口情况

单位：人，%

户口所在地	本地	娘家	合计
芙蓉区	368	32	400
宁乡县	364	36	400
百分比	91.50	8.50	100.00

表 4　被调查妇女的文化程度

单位：人，%

文化程度	文盲	小学	初中	初中以上	合计
芙蓉区	5	37	125	233	400
宁乡县	8	74	186	132	400
百分比	1.63	13.88	38.88	45.63	100.00

表 5　被调查妇女配偶的文化程度

单位：人，%

文化程度	文盲	小学	初中	初中以上	合计
芙蓉区	0	46	174	180	400
宁乡县	1	68	184	147	400
百分比	0.13	14.25	44.75	40.88	100.00

表 6　被调查妇女家庭经济主要收入来源

单位：人，%

经济来源	种地卖粮	外出打工	家庭副业	其他	合计
芙蓉区	38	116	65	181	400
宁乡县	87	165	85	63	400
百分比	9.50	29.00	16.25	45.25	100.00

表 7　被调查妇女的子女情况

单位：人，%

子女情况	有	无	合计	随母落户在当地	随母落户在外地	随父落户当地	随父落户外地	合计
芙蓉区	387	13	400	120	21	251	8	400
宁乡县	382	18	400	92	12	290	6	400
百分比	96.13	3.88	100.00	26.50	4.13	67.63	1.75	100.00

由于调查选取的这两个县区均在长沙市，经济比较发达，户口所带来的可期待价值高，因此，被调查的 800 名妇女，户口在出嫁前只有 47.88% 在本村，出嫁后，户口在本村的被调查妇女增至 91.50%。嫁出去的妇女没

有迁走户口,嫁入的妇女将户口迁入当地,她们的子女中94.13%的人也将户口落在了当地。由此可见,现有的城市开发政策,确实在一定程度上冲击了传统的"男娶进、女嫁出"的传统户口流动模式,导致城乡接合部的农村出现人口激增的情况。而且,通过调查发现,由于城镇化进程的加快,这两个县区的农民,都不再以传统农业或家庭副业维持生计,家庭的主要经济收入来源中,种地卖粮占9.50%,外出打工占29.00%,家庭副业占16.25%,45.25%为其他来源。可以看出,外出打工或者在当地另谋职业已经成为农村家庭的主要生活来源。

2. 土地权益的分配情况

表8 对"妇女与男子享有平等土地权益"的知晓情况

单位:人,%

知晓率	不知道	听说过,但不太清楚	比较了解	合计
芙蓉区	36	130	234	400
宁乡县	47	168	185	400
百分比	10.38	37.25	52.38	100.00

表9 对村上分配过程的了解情况

单位:人,%

方式	很清楚	有点了解	不清楚	无所谓	合计
芙蓉区	115	221	55	9	400
宁乡县	44	215	132	9	400
百分比	19.88	54.50	23.38	2.25	100.00

表10 村组分配田地和土地补偿费采用的方式

单位:人,%

方式	召开村民大会	制定村规民约	村组长讨论决定	其他	合计
芙蓉区	246	52	66	36	400
宁乡县	202	80	96	22	400
百分比	56.00	16.50	20.25	7.25	100.00

表11　村组分配方案中对妇女的规定

单位：人，%

规定	出嫁女及子女不参与分配	入赘男及子女不参与分配	子女不参与分配	其他	合计
芙蓉区	41	10	44	305	400
宁乡县	242	38	50	70	400
百分比	35.38	6.00	11.75	46.88	100.00

表12　被调查妇女对不公平"村规民约"的意见

单位：人，%

意见	公平	无所谓	不公平	合计
芙蓉区	290	69	41	400
宁乡县	189	77	134	400
百分比	59.88	18.25	21.88	100.00

表13　被调查妇女认为不分或少分的原因

单位：人，%

原因	一直以来的传统	村民不同意分	村组长和村民的封建意识太浓	我和村组长关系不好	其他原因	合计
芙蓉区	24	8	13	26	19	90
宁乡县	154	26	29	7	35	251
百分比	52.20	9.97	12.32	9.68	15.84	100.00

可以看出，被调查者中对"农村土地承包和补偿费分配，妇女与男子享有平等权利"的知晓情况，"不知道"的占10.38%，"听说过，但不太清楚"的占37.25%，"比较了解"的占52.38%。但是，对于村上分配土地及相关权益的过程，有23.38%的妇女"不清楚"，有54.50%的妇女"有点了解"，只有19.88%的妇女"很清楚"。可见，虽然将近90%的妇女对于"农村土地承包和补偿费分配中应该男女平等"的法律规定，有一定了解，但是，她们大多数人并没有参与到分配的过程中去，只有不到20%的妇女对村组分配过程完全了解。与此相对应的是，72.5%的当地村组是采用召开村民大会或制定村规民约的方式来分配相关利益，可见在农村，类似于村民大会之类的会议，农村妇女真正参加的很少，大部分农村妇女参与基层民主决策的程度相对较

低。与此同时，我们也发现，尽管有超过50%的农村妇女反映，当地在分配时剥夺"出嫁女""入赘男"及其子女的分配权，但78.13%的被调查者对现有的分配方案并无异议，而且有62.17%的妇女认为这是一直以来的传统以及村民的共同决定。由此可见，尽管"出嫁女"对于村组的不公平待遇表示极端不满，但是大多数在乡村利益格局中未受到影响的嫁入妇女，对于"出嫁女"的这种情况既不关心，也不支持她们的维权行动。

3. 纠纷解决情况

可以看出，在调查中，有95名（11.88%）妇女表示，她们分到的宅基地比当地村民少，有169名（21.13%）妇女在实际征收过程中没有分到补偿款，而分到补偿款的妇女中，有105人（21.04%）反映她们分到的补偿款与当地村民不一样。而且，农村妇女在权益受到侵害后，从选择主动维权，到获得相关支持，到最终得到实实在在的保护，其中的数量关系是逐级递减的，368名妇女的权益或多或少受到侵害，得到有关部门介入的为190人，最终获得补偿的为151人。而且从调查中可以发现，现实中，妇女维权的意愿比较高，关于"如何维权"的选择中，85.58%的被调查妇女选择主动维权，只有14.42%的被调查妇女选择的是"无所谓，反正也告不赢"。但是，主动维权的妇女获得的村、乡镇、县、法院各级部门的介入次数，累加只有190次。虽然作出维权选择的被调查妇女不一定都会采取实际行动，但妇女强烈的维权意愿与政府部门的介入程度相比，依旧有明显的差距。

表14 受调查妇女在娘家是否分到土地

单位：人,%

分地情况	分到了	没有分	合计
芙蓉区	170	230	400
宁乡县	138	262	400
百分比	38.50	61.50	100.00

表15 受调查妇女在婆家是否分到土地

单位：人,%

分地情况	分到了	没有分	合计
芙蓉区	235	165	400

续表

分地情况	分到了	没有分	合计
宁乡县	242	158	400
百分比	59.63	40.38	100.00

表16 受调查妇女所分到的土地是否公平

单位：人，%

分地多少	一样多	比别人少	没有分	合计
芙蓉区	214	50	136	400
宁乡县	315	45	40	400
百分比	66.13	11.88	22.00	100.00

表17 补偿款是否与其他村民一样

单位：人，%

分地多少	一样	不一样	合计
芙蓉区	231	41	272
宁乡县	163	64	227
百分比	78.96	21.04	100.00

表18 妇女权益受到侵害后如何维护自己的权益

单位：人，%

办法	无所谓	找村组长	到政府上访	向法院起诉	其他	合计
芙蓉区	32	44	89	113	19	297
宁乡县	74	124	102	130	8	438
百分比	14.42	22.86	25.99	33.06	3.67	100.00

表19 妇联维权的结果如何

单位：人，%

结果	村里出面调解	乡镇出面调解	县级有关部门出面解决	法院判决给予支持	有关部门置之不理	县级法院不予受理	合计
芙蓉区	33	10	9	8	2	2	64

续表

结果	村里出面调解	乡镇出面调解	县级有关部门出面解决	法院判决给予支持	有关部门置之不理	县级法院不予受理	合计
宁乡县	56	38	3	33	20	4	154
百分比	40.83	22.02	5.50	18.81	10.09	2.75	100.00

表20 获得了哪些补偿

单位：人,%

补偿内容	分到责任田	分到宅基地	分到补偿款	没有解决	合计
芙蓉区	20	21	34	23	98
宁乡县	36	6	34	23	99
百分比	28.43	13.71	34.52	23.35	100.00

（二）基层干部

1. 被调查干部的基本情况

可以看出，95.50%的被调查者学习过《农村土地承包法》《婚姻法》《妇女权益保障法》，有84.00%的被调查者知道"农村土地承包和补偿费分配中，妇女应当享有与男子平等的权利"，但是对于这一规定，只有65.50%的人认为"正确，应该执行"，有32.00%的人认为现实中无法执行，还有2.50%的人认为"不符合中国国情"；有80.00%的基层干部认为"出嫁女"应该将户口迁到男方，37.00%的人认为"出嫁女"不应该参与娘家的田地和补偿分配。由此可见，虽然基层干部都学习过相关法律法规，也明白相关的政策规定，但在现实中，他们深受传统习俗的影响，依然认为妇女应该遵循传统的婚嫁模式，进入夫家生活，对于法律规定在现实中的贯彻，态度较为消极和悲观。

表21 被调查基层干部的基本情况

单位：人,%

年龄性别文化	20~30岁	30~40岁	40~50岁	50~80岁	男	女	初中文化	初中以上文化
芙蓉区	20	57	18	5	13	87	5	95

续表

年龄性别文化	20~30岁	30~40岁	40~50岁	50~80岁	男	女	初中文化	初中以上文化
宁乡县	12	41	36	11	63	37	6	94
百分比	16.00	49.00	27.00	8.00	38.00	62.00	5.50	94.50

由此看出，被调查的基层干部整体年龄较轻，其中女性占多数（这可能与调研是由当地妇联组织，会倾向于与女干部联系有关），文化程度远高于受调查的农村妇女群体。

2. 被调查干部对农村妇女土地权益问题的认识情况

表22 被调查干部对相关法律法规的知晓情况

单位：人,%

知晓状况	是否学习过相关法律法规		是否知道相关规定			认为规定是否正确		
	知道	不知道	知道	听说过，不太清楚	比较了解	正确，应该执行	正确，但现实中无法执行	不符合中国国情
芙蓉区	94	6	2	11	87	91	5	4
宁乡县	97	3	2	17	81	40	59	1
百分比	95.50	4.50	2.00	14.00	84.00	65.50	32.00	2.50

表23 被调查干部对"出嫁女"问题的看法

单位：人,%

看法	"出嫁女"是否应将户口迁到男方			"出嫁女"应否参加娘家田地、补偿分配	
	应该	不应该	其他	应该	不应该
芙蓉区	79	11	0	85	15
宁乡县	81	14	5	41	59
百分比	80.00	12.50	2.50	63.00	37.00

表24 被调查干部认为"出嫁女"应该参与当地分配的原因

单位：人,%

原因	国家法律有规定	男女平等	妇女是弱势群体，应该帮助	其他	合计
芙蓉区	70	12	1	2	85

续表

原因	国家法律有规定	男女平等	妇女是弱势群体,应该帮助	其他	合计
宁乡县	44	45	3	8	100
百分比	61.62	30.81	2.16	5.41	100.00

表25 被调查干部认为"出嫁女"不应该参与分配的原因

单位:人,%

原因	出嫁后应该由夫家养	村里只出不进,会人口爆炸	嫁进来的媳妇分了,就是平等	其他	合计
芙蓉区	5	4	5	1	15
宁乡县	28	28	29	22	107
百分比	27.05	26.23	27.87	18.85	100.00

3. 被调查干部参与相关纠纷处理的情况

关于当地由谁来决定承包地和土地征收款的分配方案,30.00%的被调查干部表示是由"村民代表大会"来决定的,另有52.50%的被调查干部表示由"村民小组"决定。其中,82.00%的村组制订了分配方案和村规民约,77.00%的村组在分配方案中对"出嫁女"作出了明确规定。当问及有哪些土地及补偿费分配规定时,有34.00%的人选择了"'出嫁女'及其子女不参与分配",4.00%的人选择了"'入赘男'及其子女不参与分配",10.00%的人选择了"子女不参与分配"。在被调查的基层干部中,有45.00%的人处理过此类纠纷,他们主要采取的形式包括:"进行劝阻,帮助妇女认识当前困难,不再上访"(占13.50%),"进行调解,让村组与妇女达成一致意见"(占29.50%),"修改原方案,让妇女与当地村民同等待遇"(占46.00%),"鼓励妇女向法院起诉"(占11.00%)。他们中72.00%的人认为,此类纠纷应该由"人民法院"诉讼解决,11.50%的人认为应该通过"村委会"解决,10.00%的人认为应该通过"乡镇政府"调解,认为应该通过向妇联、农办或经管局投诉予以解决的合计占6.50%。当问到"对于这个问题,您有什么更好的建议"时,33.50%的人建议加大宣传力度,33.50%的人建议制定更加明确的政策规定,30.00%的人认为法院应该加大执法力度,3.00%的人认为妇女应该自谋出路,不能依赖集体。

这些数据反映出，基层干部对于农村相关权益的分配过程和具体情况比较了解，近一半的基层干部处理过此类纠纷，并且多数采用的是调解说服的方式。调解说服、政府干预以及法院执法相结合，是基层干部解决纠纷最为普遍和有效的方式。

表26 土地及补偿费分配情况

单位：人，%

分配情况	由谁决定分配方案				有没有制订分配方案或村规民约		是否对"出嫁女"进行专门规定	
	乡镇政府	村委会	村民代表大会	村民小组	有	没有	有	没有
芙蓉区	3	7	30	40	97	3	97	3
宁乡县	2		3	30	65	67	33	57	43
百分比	2.50	5.00	30.00	52.50	82.00	18.00	77.00	23.00

表27 对土地及补偿费分配的规定

单位：人，%

规定	"出嫁女"及其子女不参与分配	"入赘男"及其子女不参与分配	子女不参与分配	其他
芙蓉区	9	1	6	84
宁乡县	59	7	14	20
百分比	34.00	4.00	10.00	52.00

表28 处理土地及补偿费分配纠纷的情况

单位：人，%

处理情况	是否处理过		如何处理			
	处理过	没有处理过	进行劝阻，帮助妇女认识当前困难，不再上访	进行调解，让村组与妇女达成一致意见	修改原方案，让妇女与当地村民同等待遇	鼓励妇女向法院起诉
芙蓉区	14	86	13	17	67	3
宁乡县	76	24	14	42	25	19
百分比	45.00	55.00	13.50	29.50	46.00	11.00

表29　此类纠纷应通过哪里解决

单位：人，%

部门	村委会	乡镇政府	人民法院	县区妇联	农办或经管局
芙蓉区	11	7	76	4	2
宁乡县	12	13	68	3	4
百分比	11.50	10.00	72.00	3.50	3.00

表30　解决此类纠纷的建议

单位：人，%

建议	加大宣传力度，改变传统观念	上级作出明确规定，便于基层执行	法院加大执法力度	妇女应该自谋生路
芙蓉区	35	39	22	4
宁乡县	32	28	38	2
百分比	33.50	33.50	30.00	3.00

二　存在的问题及成因

通过问卷调查、座谈、访谈以及当前湖南省其他市州通过信访等窗口反映上来的典型案例，我们认为，尽管近几年有关法律法规和政策再三重申要保障农村妇女的土地权益及相关衍生的财产权益，但是实践中，仍有许多农村妇女的合法权益受到不同程度的侵害，具体有以下六个方面的问题。

（一）婚姻状况的变化，引发农村妇女土地权益矛盾

在农村，妇女的婚姻状况直接影响到她的土地权益，婚姻状况的转变对妇女在当地村组的地位和身份有着很大的影响，农村的相关利益分配基本以婚嫁为参照点。结婚妇女可能失去娘家村的耕地承包权，嫁入婆家村的新媳妇可能得不到婆家村的承包耕地，而离婚或丧偶的妇女，更有可能被剥夺原本享有的承包地。例如，宁乡县白马桥乡仁福村歪坝组"出嫁女"王湘宁、王湘平，1998年外嫁给本县非农户口男青年，户口一直在娘家未迁出，但2008年3月村民小组重新调整责任田分配方案时，却将她们排除

在外。

这一问题的主要成因是陈旧的性别观念。虽然在农村,妇女已经成为农业生产的主力军,但大多数家庭仍以男性为当然户主,妇女结婚后应该到男家落户和居住,男娶"进"、女嫁"出"被认为是正常和合法的。"从夫居"的妇女离开父母的同时,往往要离开生育养育她的村庄,而这种"从夫居"的婚嫁制度,也使得妇女更为牢固地依附于夫家,难以获得独立的村民地位。

(二) 城镇化进程的加快,使农村妇女土地权益受到侵害的问题突出

我们发现,由于城郊地区土地资源更为稀缺,土地的商用开发价值逐年攀升,土地利益关系更为复杂,因此,城郊地区妇女的土地权益问题表现得更为明显。在省妇联接待的土地权益上访案件中,很大一部分都是土地补偿费和宅基地分配不公的问题。宁乡县妇联所做的统计也显示,近几年来,该县此类案件上访者大多数来自县城及其周边的白马桥、城郊、夏铎铺、历经铺、金洲等乡镇和煤炭坝、回龙铺等城建开发步伐较快的中部乡镇。其中2005~2008年,玉潭镇21件、城郊乡24件、白马桥乡28件。特别是碧桂园等项目在夏铎铺、金洲两乡镇落户后,大量土地被征用,涉及妇女土地权益的上访案件数量直线上升。

引发此类问题的深层原因在于农村土地流转中的利益驱动。目前,在农村土地资源日益稀缺、耕地价值急剧上升的大背景下,承包土地的使用权内涵不断拓展,由初期的单纯耕作权拓展到承包农户拥有占有、使用、收益分配和部分处分权,这使得人们对平均占有和使用集体土地的欲望被空前调动起来,从自身利益出发,一般村民会尽可能排斥"出嫁女"等弱势群体拥有土地,参与分配。换句话说,村民完全清楚"男女平等"基本国策,也完全明白"出嫁女及其子女应当与当地村民享受同等待遇",但是在面临实实在在的利益分配时,他们依旧会以对自己更为有利的传统习俗为理由,排斥"出嫁女"及其子女,尽可能减少共享资源的"分母",以实现个人或家庭利益的最大化。这也可以解释为什么在很多村庄,不仅其他妇女不支持"出嫁女",而且"出嫁女"的父母和兄弟也会坚决反对将"出嫁女"纳入分配。

（三）村民组织的"高度自治"，成为解决农村妇女土地权益问题的重要阻碍

《村民委员会组织法》赋予了村民代表大会集体决定村中事务的权力，村民代表大会是处理村务的最高机构。在现实中，这种所谓"高度自治"导致基层村组在决定相关利益分配时权力极大，几乎没有相应的监督和制约。当我们走访农村妇女，询问在什么情况下妇女的权益会得到保障时，接受采访的妇女无一例外地回答"关键是看你的家里有没有势力"，"势力"既包括家族中是否人多势众，也包括家庭成员是否人际关系良好、霸道强悍。村组长在面对分配方案"重男轻女"的质疑时，总是再三强调方案的制订遵守了"少数服从多数""必须有 2/3 以上村民同意"等原则，把侵害"出嫁女"合法权益的责任推给全体村民。"法不责众"的思想在这一问题上体现得格外明显。

发生这种情况的主要原因是"村民自治"制度在现实中的执行出现了偏差。在加强基层农村民主建设的背景下，政府鼓励"村民自治"，湖南省大部分农村，农村土地承包、村集体经济利益分配、土地征用补偿费分配等事务，完全被作为村民自治内部事务，由各村或者分解到各村民小组进行管理。但是，这一制度忽略了农村妇女的参政能力和参政水平，忽略了在基层"户主"主要由家庭中的男性担任，女性很少参与村级事务管理的现状，村级民主实际上是"男性的民主"。"出嫁女"作为弱势群体，很难在基层寻求到 2/3 以上的支持者，她们的权利往往被当地村组以"民主"和"自治"的名义公然剥夺。

（四）基层法院的执法不力，导致农村妇女土地权益纠纷案件久拖不决

由于诉讼有相对明确的制度和程序保障，一直是解决农村妇女土地权益问题最常用的维权手段，但基层法院和办案法官对于这类案件有着十分复杂的心态。在与法官的交谈中，我们感觉到，法官从公平正义以及法律精神出发，都认为农村妇女的土地权益应该得到平等的保障，但是，判决胜诉的案件，在现实中往往得不到执行，令法院深受困扰。曾经有执行庭的法官回忆，当他们前往农村执行类似案件时，村组长坦言："你的判决我都拥护，但是现在田也分到人了，钱也分到人了，如果你们要执行，你们就到一户户农民家里去收好了。"最后此案执行只能不了了之，而这种"判

决白条"的现象，在基层法院十分普遍。我们也了解到更为极端的案例，永州冷水滩区 30 余名妇女在土地征收费分配纠纷案件中集体胜诉，涉案金额 70 余万元，由于钱已经分到村民手中，法院无法执行，最后只得由当地政府从财政经费中拿出钱来付给胜诉的妇女。正因为考虑到"执行难"的现实困境，也因为顾忌一起胜诉的案件可能引发类似案件的大量涌现，从而加重法院负担，影响社会稳定，基层法院往往会采取各种方式来减少此类诉讼的发生。据了解，永州市冷水滩区法院目前已不再受理此类案件；长沙市中级人民法院在内部指导意见中提出"村民待遇案件中，只审理应不应该分，而不审理分的是多还是少"这一原则；长沙市宁乡县法院对一起"责任田分配纠纷案"以诉讼主体不明确为由拒绝立案；长沙市望城县法院在一起"出嫁女"土地征收费分配纠纷案中，主审法官简单地以女方已在县城买房为由，认定其不具有村民资格，驳回其要求与当地村民同等待遇的诉讼请求；等等。

基层法院之所以在此类案件上表现出如此消极的态度，有其现实的原因。虽然《婚姻法》和《妇女权益保障法》对妇女的土地权利作出了明确的规定，但是《农村土地承包法》中没有与之相衔接的规定，许多具体的问题，如农村集体经济组织成员资格的认定、妇女在婚姻流转中土地份额、村规民约的合法性审查等没有明确规定，这些都给法官审理案件带来了难度。而且，执行中的现实困难导致生效判决难以兑现。不论是要求分配责任田还是土地补偿费的诉讼，一旦启动执行程序，执行法官所要面对的都是当地村民，这使得法院执行的阻力太大，司法成本太高，而且容易引起当地村民的不满，造成不良社会影响。同时，难以执行的土地权益案件也有可能影响到法院的案件执结率和到位率等考核指标，为避免执行庭承担过大的压力，法院往往规定更为严格的程序和证据，将诉讼风险转嫁到当事人头上。

（五）基层政府的消极态度，导致农村妇女土地权益问题得不到及时解决

与村组公然以各种方式剥夺"出嫁女"及其子女土地权益的现象形成鲜明对比的是，基层政府特别是乡镇一级政府及村委会，在这一问题上的态度历来比较模糊和摇摆不定。宁乡县信访局副局长在座谈会上谈道："我们非常重视此类上访，经常会同乡镇对妇女农村土地权益上访案件进行调解，并要求乡镇和村组按照法律规定，给予妇女同等待遇，但工作效果不太理想。"我们从其他妇联也了解到，虽然当地妇联在解决农村土地权益问题时，都希望寻求基层政府尤其是乡镇政府的配合，但乡镇政府一般会以"村民自治"为由表示无法干预。

经过调查分析，我们认为，乡镇政府之所以不愿意主动解决纠纷，主要原因在于基层干部对这一问题的认识不清晰，"维稳高于一切"的思想也影响到工作的力度。尽管基层干部口头上都承认，农村妇女应当享有与村民同等的待遇，但他们大多数人在内心深处依旧认同传统的"从夫居"婚姻制度，认为妇女应该根据婚姻嫁娶进行有规律的流动，以确保当地人口保持基本平衡。加之维护社会治安和稳定，防止群体事件发生，是当前基层政府的头等大事，这使得基层政府倾向于维护现有的利益分配格局，不进行大的调整，以免引起多数群众的不满。因此，面对农村妇女的投诉，他们经常采用拖延、推诿的态度，或者象征性地进行调解，而不会主动干涉或改变村民现有的利益格局。

以上所列出的五方面问题，导致农村妇女土地权益纠纷案件层出不穷，这些纠纷得不到及时有效的解决，在当地引起一系列不良的连锁反应。因为维权成本太高，风险太大，越来越多的妇女在权益受到侵犯时，权衡再三后会选择放弃。同时，这种违法的村规民约不断地实施与复制，强化了农村中"重男轻女"的传统封建思想，降低农村妇女在集体经济中的地位。一位宁乡妇女曾经坦言："早知道是这样，我就算超生也要多生两个伢子（男孩），多生一个伢子就可以多分三个人的钱，如果生妹子，什么钱都分不到。"这正是各级妇联组织最为忧虑的现状。

三 对策与建议

《中共中央关于构建社会主义和谐社会若干重大问题的决定》指出："任何社会都不可能没有矛盾，人类社会总是在矛盾运动中发展进步的。构建社会主义和谐社会是一个不断化解社会矛盾的持续过程。我们要始终保持清醒头脑，居安思危，深刻认识我国发展的阶段性特征，科学分析影响社会和谐的矛盾和问题及其产生的原因，更加积极主动地正视矛盾、化解矛盾，最大限度地增加和谐因素，最大限度地减少不和谐因素，不断促进社会和谐。"农村妇女土地权益问题尽管有许多复杂的原因，存在许多阻碍,但并非不可解决,我们应该针对问题产生的根本原因,找出化解纠纷和矛盾的对策与办法,构建更为科学合理的纠纷解决机制。

我们认为,基于中国的现实国情,解决农村妇女土地权益问题,重在事前预防而非事后解决,必须构建多元化纠纷解决机制,最终实现以政府为主导、以社会为依托、以司法为支撑的合理协调的纠纷解决体系。

(一)确立政府在解决农村妇女土地权益问题中的主导地位

对于有着几千年行政本位传统的中国社会,国家结构系统中行政机关对社会的影响力和控制力最大,公共政策所具有的导向性和示范性作用尤为突出,而且所谓"县官不如现管"这种影响力和示范性,往往随着政府层级由上至下作呈逐级上升之势。也就是说,县区级政府或乡镇一级政府所作出的决定,有时甚至比国家的法律有更明确的指导意义。芙蓉区的经验说明了这一点。因此,应当将化解纠纷、引导民众观念转变的重要责任落实到最基层的政府组织,把纠纷消除在萌芽状态,从根本上改变利益争端中农村妇女的弱势地位。

作为长沙中心城区的芙蓉区,虽然城镇化进程发展迅速,经济总量不断提升,但是当地的集体经济组织在对收益进行分配时,却能做到不论年龄大小和性别差异,只要是在册户籍常住人口,都能平等地享受各种村民待遇,基本实现了男女平等对待,这令调查组十分惊讶。仔细考察后,我们发现,芙蓉区各级政府、各部门都具有较高的社会性别意识,政府领导人曾经多次专门就农村妇女土地权益问题作出明确要求,一定要确保男女平等。芙蓉区政府、国土部门和乡镇政府在制定房屋拆迁补偿标准、过渡安置、劳动力补助、重建地安置指标分配等方案时,都严格执行了"在册户籍常住人口"的标准,不论男女,一律以户口为准。上级政府的做法,无形中为村组制订承任田及土地补偿费分配方案提供了参考依据。因此,在芙蓉区,村组的分配方案基本与乡镇的分配方案保持高度一致,完全按照户籍来进行分配,"出嫁女"权益保护的问题迎刃而解。由此可以看出,解决农村妇女土地权益问题,关键还在政府。

因此,基于芙蓉区的成功经验,我们认为,政府应该是解决农村妇女土地权益纠纷的主导力量,政府的介入可以影响到村组的政策制定,直接减少此类纠纷的产生。为此,提出三点设想。一是政府提前介入相关利益分配过程。中国的任何土地流转都离不开政府的力量,因此,政府完全有能力，也有责任，在土地流转发生之前就在相关方案中确立"男女平等"的基本原则，为接下来的一系列具体工作提供依据。例如，长沙市政府在2008年4月1日开始施行的《长沙市征地补偿实施办法》中明确规定"区、县（市）人民政府负责本辖区内征地补偿工作的实施"，这一规定比较合理，由此我们建议，由县区或乡镇政府牵头，按照相关法律法规，结合本地实际情况，制订本行政区域内有关责任田分配、征地补偿安置等指导性方案，并要求村组参照执行，为村组制订村规民约提供官方的权威参考，防止违法"村规民约"的产生。二是强化政府对村组土地权益分配方案的审查职能。由于"村民自治"存在过多的随意性，必须要进行一定的指导和监督，乡镇政府对于"村规民约"的制定和实施负有不可推卸的监管责任。《村民委员会组织法》第二十七条规定："村民会议可以制定和修改村民自治章程、村规民约，并报乡、民族乡、镇的人民政府备案。"乡镇一级人民政府有权对村规民约行使审查备案职能，及时纠正其中违反法律规定的内容。对于未履行该项审查和纠正职能的人民政府，被侵权妇女有权以"行政不作为"提起行政诉讼，要求乡镇人民政府承担因为"行政不作为"给被侵权妇女带来的损失。三是在乡镇政府设立专门的土地权益纠纷调解委员会。调解，应该是解决农村妇女土地权益问题的事后补救方式，可以化解村组与出嫁女之间的矛盾，并可能纠正今后的分配方案，而不至于使矛盾过于激化。由于农村土地权益纠纷具有较强的地域性和家族性，设在当地的调解委员会是最贴近纠纷当事人的调解机构，他们往往比较熟悉当地的社情，了解纠纷发生的背景，与当事人也比较亲近，主持调解时不仅会运用法律，也会考虑到当地的实际情况，以说服、教育和疏导的方法，帮助当事人平等协商，达成协议，更好地消除矛盾，防止纠纷升级，节约诉讼成本，维护社会稳定。建议在调解委员会中，吸纳国土资源部门、妇联等相关部门的人员参加，将调解作为提起诉讼的前置程序，只有调解不成的纠纷，才向法院起诉。

（二）增强法院在审理农村妇女土地权益案件中的执法力度

现代社会中，诉讼对纠纷的解决不具有垄断性，但其解决方式具有排他性和终局性，当司法介入纠纷时，其他调解纠纷的方式应当终止，因此，诉讼是解决土地纠纷的多元化纠纷解决机制中最权威、最规范的一种方式。它应该是当事人在穷尽其他救济途径的情况下选择的最终解决途径。我们不主张把诉讼作为解决农村妇女土地权益纠纷的唯一方式，但是，我们寄希望于这一解决方式能够最终实现公平与正义。

因此，我们认为，增强法律的可操作性应是当务之急。一是应明确并细化土地承包经营权的物权化规定。明确土地承包经营权为家庭共有财产，由家庭成员共同共有，土地权益的转让必须是共有人共同同意。在法律形式上，应当对土地承包经营权进行确权登记，明确规定妇女有权处理自己的土地承包经营权。二是应确定农村集体经济组织成员资格认定中的"户籍规则"。明确规定将"户籍"作为认定村民资格的最主要依据，避免"出嫁女"因居住地与户籍地不一致而导致土地权益被剥夺的情况。三是应制订法院受理此类案件的程序规则。明确受案范围、主体资格、举证责任划分、执行手段和措施等，避免某些法院为减轻诉讼压力而将权利受侵害的妇女拒之门外。

（三）持续不断地开展男女平等和社会性别主流化的宣传教育活动

社会的进步，不仅表现在社会人行为的进步，还深刻地表现为社会人意识的进步。妇女的解放，不仅表现为妇女享有了与男子平等的权益，还深刻地表现为整个社会对男女平等和社会性别主流化的认同。因此，加强普法宣传，提高全社会的性别意识，消除性别偏见和性别歧视，才有可能最终解决农村妇女土地权益纠纷问题。

一是提高妇女的维权意识和法律观念。加大普法宣传力度，运用多种形式，向她们宣传国家的法律、法规和政策，鼓励她们敢于站出来向传统观念和宗族势力挑战，维护自身的合法权益。二是提高基层执政者的社会性别敏感度。针对基层干部开展多层次的培训，将进步的性别意识传递到基层政府官员那里，促使他们扭转错误的性别观念，用更主动的态度和更先进的理念来开展工作，保护农村妇女的合法权益。三是加大男女平等的宣传力度。要宣传进步文明的婚嫁观念，打破传统习俗对人们的约束，帮助普通群众接受和认同"出嫁女"的村民身份，从根本上改变农村社会陈旧的性别观念，营造促进妇女进步与发展的良好社会氛围。

新中国成立以来中国妇女地位所发生的深刻变化已经证明，任何陈旧的性别观念和性别制度都是可以被改造的。因此，尽管农村妇女土地权益问题复杂多变，但我们坚信，只要立足中国实际，着力于完善制度建设，消除国家法律政策中的盲区，提高全社会的性别意识，这一问题一定能得到妥善解决，农村妇女的合法权益一定会得到全面的保护，男女平等发展的社会主义和谐社会必将实现！

广西壮族自治区"出嫁女"问题调查报告[*]

广西壮族自治区妇联

"出嫁女"问题主要是指那些出嫁但户口未迁或因故迁回本村的妇女，因土地承包、土地征用、集体经济收益等权益受到侵害，不断上访党委政府、诉诸法律而引发社会矛盾纠纷、影响社会稳定和谐的一种特定的社会问题。近年来，随着我区经济加快发展，农村集体土地被大量征用，"出嫁女"问题范围不断扩大，矛盾逐渐加深，在个别地方已成为社会矛盾激化的导火线，在一定程度上影响了广西尤其是农村的社会稳定。为深入学习实践科学发展观，贯彻落实党和国家关于维护农村妇女权益相关法律法规和政策精神，全面深入了解广西"出嫁女"权益受侵害的情况，切实维护农村妇女土地承包及相关财产权益，为广西经济社会营造良好发展环境，以自治区原政协副主席蒋培兰为组长，自治区党委政策研究室、自治区妇联组成的专题调研组，围绕"出嫁女"权益保障情况，前往南宁市、桂林市、柳州市、百色市进行专题调研，形成调研报告如下。

一 当前广西"出嫁女"问题的主要表现形式

多年来，自治区党委、政府从维护社会稳定，构建和谐社会的高度，始终高度重视"出嫁女"问题。自治区历任党政主要领导曾多次作出批示，要求有关部门处理好"出嫁女"问题。但"出嫁女"问题形成的原因极为

---

[*] 此报告完成于2009年12月。

复杂，涉及历史、社会经济、法律法规、人口管理、体制政策等诸多方面，加上没有解决的工作协调机制，彻底解决难度很大，往往是旧问题尚未解决，新问题又陆续出现，新旧问题互相交织，尚无系统解决的办法。

一是"出嫁女"上访现象频发，影响社会和谐稳定。根据自治区妇联的统计，除玉林外，自治区13个市均涉及"出嫁女"信访投诉问题。2007年与2006年相比，自治区"出嫁女"信访投诉数量总体上升了33.0%；2009年与2008年相比，上升了22.0%。妇联系统2006～2009年共接待和处理涉及"出嫁女"问题的案件达1840件。调研中发现，仅南宁市，投诉权益受到侵害的"出嫁女"（含其子女）就达10162人，百色市有487起"出嫁女"土地承包及经济利益受侵害案件尚未得到有效解决。由于"出嫁女"不断地上访，极大地影响了自治区农村经济发展和社会和谐稳定。

二是群访重访现象突出，呈组织化、结盟化的趋势。由于"出嫁女"问题长期得不到解决，她们反复奔走于党委、政府、信访部门、妇联、法院之间上访投诉，仅自治区妇联，2006～2009年就接待"出嫁女"群体来访96批1662人，一些"出嫁女"为了维护自己的权益，经常上访、长期上访。据统计，全区"出嫁女"信访重访率达80.0%以上。部分"出嫁女"不仅到妇联上访投诉，还到党委、政府、信访局等部门上访，有的还进京上访。据南宁市维稳办统计，2007年南宁市有"出嫁女"47人次进京非正常上访，占全市进京非正常上访总人次的31.2%；而2008年6～7月，该市就有"出嫁女"40人次进京上访。个别"出嫁女"甚至采取了极端手段，"缠访闹访"。目前，自治区"出嫁女"上访呈现组织化、结盟化的趋势。一些骨干人员、重点上访对象有计划有目的地组织"出嫁女"进行上访活动，一些"出嫁女"中的老上访户有组织地结盟上访，或以本家姐妹为盟，或以本村组的"出嫁女"为盟，集体上访。

三是村民对立加剧，社会负面影响较大。为维护社会稳定，一些地方政府对频繁上访的"出嫁女"采取稳控措施，派出人员进行监控，不但难度大，而且影响也不好，甚至发生监管人员与"出嫁女"的冲突事件，社会负面影响比较大。"出嫁女"的频频上访，使基层政府、党委部门、妇联及村干部疲于应付，既影响了基层党政部门的正常工作，也影响了农村经济发展。一些地方"出嫁女"与村民的权益纠纷，造成"出嫁女"与村干部、村民相互对立，成为当前农村的主要矛盾之一，也是农村不稳定因素之一。

二 广西"出嫁女"权益受侵害的表现及原因分析

(一)"出嫁女"权益受侵害的表现

当前,广西"出嫁女"权益受到侵害突出表现在以下几个方面。

1. 土地承包权受到侵害

一些村民小组在土地调整中,对"出嫁女"实行有别于男子的歧视性土地承包政策,其中比较典型的是农村集体经济组织违反法律规定,限制或剥夺本集体经济组织中部分女成员特别是"出嫁女"承包集体土地,或者违反法律规定,剥夺出嫁、离婚、丧偶妇女的土地承包经营权,强行收回承包地。桂林市和永福县的少数村组按照村规民约,在土地的发包和延包过程中,每隔3~5年就对承包地进行一次"小调整",不管是否在新居住地分到承包地,就收回"出嫁女"的承包地;南宁市江南区一些村的部分"出嫁女",在20世纪90年代中期的土地小调整和第二轮的土地延包中,不但分不到新的土地,而且第一轮分到的土地也被强行收回,变成"黑户";百色市右江区龙景街道那毕二组的几名"出嫁女",自1989年结婚至今其户口一直在那毕二组,1996年那毕二组进行田地小调整,村组以她们外出打工为由不分给她们田地,后经有关部门协调,2006年村组分给她们应享受的水田,但旱地一直未分,该纠纷至今未能解决。

2. 征地补偿分配权受到侵害

如今对土地的非农建设性需求不断增大,征地补偿费作为征地部门对包括"出嫁女"在内的被征地农民土地承包权益损失的一种价值补偿。然而一些地方,村民小组在发放征地补偿款中,歧视、剥夺"出嫁女"及其子女的村民待遇,不分或少分土地征用补偿金。田林县百乐乡百乐村龙滩水电站淹没区的69名"出嫁女"长期得不到土地补偿费及搬迁补发搭棚过渡费;梧州市长洲区龙华村、平浪村、龙新村、藤县藤城镇胜西村等以"出嫁女"户口无法明确为由,不给35名"出嫁女"分发她们应得到的土地征用补偿;灵川县定江镇路西村土地1992年被征用后,全村有17户"出嫁女"未分到或少分了土地补偿费。

3. 集体收益权和福利保障权受到侵害

自治区部分地方在实行集体土地经营方式改革中,村委会以村民自治和大多数村民的意见为由，取消或限制"出嫁女"的分红权。部分村以出嫁为由，拒绝"出嫁女"享受与其他村民同等的集体福利保障等待遇。百色市田阳县田州镇东江村"出嫁女"只能享受一半的村民待遇；南宁市兴宁区降桥村大乌坡二组的"出嫁女"及其子女，长期不得参加村集体经济收益分配；柳州市融安县泗顶镇泗顶村二屯在分配转让农场收益款时，按村规民约规定，嫁入本屯而户口未迁入的妇女及户口未迁出本屯的"出嫁女"，均不得享受收益分配权，使30多名"出嫁女"分文未得。

4. 库区移民待遇权益受到侵害

一些大型水电站库区淹没区地方政府以补偿政策条件不符为由，不分或少分"出嫁女"库区移民或水利建设后期扶持款。如百色市境内共有大中小型水库196座，全市水库影响及搬迁移民共13万人，其中有相当一部分是库区移民"出嫁女"，她们有权与原所在村组村民一样平等享受移民待遇，有权享受国家对库区移民的扶持政策，通过"出嫁女"的不断呼吁和有关部门的努力，虽然目前已有668名符合政策的出嫁女的权益得到了解决，但仍有很大一部分"出嫁女"的合法权益还没有得到有效保障。河池市天峨县400多名"出嫁女"因水库移民搬迁补偿问题没有获得相应补偿，根据《自治区水库移民工作管理局关于龙滩水电站库区天峨县外嫁女有关问题处理意见的批复》（桂移函〔2008〕142号）相关补偿规定，落实了391名"出嫁女"的相应补偿，但仍有20多名"出嫁女"因为"条件不符"，至今未获补偿。

5. 民主选举权受到侵害

以户口归属地不明等理由，剥夺部分"出嫁女"的选举权。在传统观念较为根深蒂固的农村，妇女的地位本来就不高，其经济权益也相对容易被忽视。少数"出嫁女"民主选举权被侵害，其合理诉求更是无法通过村委会选举等正常渠道反映，造成了"出嫁女"与村民的隔阂和对立，也给问题的复杂化埋下隐患。南宁市西乡塘区秀厢村6位"出嫁女"的承包地被村委会收回并出租给他人，收益得不到享受，在2008年"两委"换届选举时，她们及其子女又被剥夺选举资格。

（二）造成"出嫁女"问题的原因分析

造成"出嫁女"问题的原因涉及多方面，归纳起来主要有以下几个原因。

1. 利益驱动加剧了矛盾冲突

利益冲突是造成"出嫁女"问题最直接的原因。随着城市扩容，农村小城镇建设加快，大量土地被征用，农民获得的土地征用费和集体经济收益非常可观，在一些较富裕的城郊乡村，甚至出现了"非转农"现象，"出嫁女"一般都不愿随嫁迁出，而选择将户口留在本村，而嫁入本村的妇女又不断增加，富裕村人口不断膨胀，"增人不增地、减人不减地"的政策导致人地关系日渐紧张，为防止"蛋糕"越分越小，对"出嫁女"采取歧视性政策就成为大多数村民的选择。在迁与不迁、分与不分的问题上，大多数村民和少数"出嫁女"之间的经济利益冲突日益加剧，于是就出现了"出嫁女"为了维护自身利益表示要"上访到老、上访到死"，村民为了少分割利益也坚决不作让步的局面。

2. 对村民自治缺乏监督和管理

按照《村民委员会组织法》的规定，村民依法办理自己的事情，因此，农村集体经济利益分配、土地征用补偿费分配等事务完全被作为村民自治的内部事务，由村民委员会自行处理。加上部分村干部、村民法律意识淡薄，对村民自治缺乏正确认识，村组往往以保护本村集体利益为由，曲解或滥用《村民委员会自治法》中对村民自治的有关规定，以未经村民代表大会或村民代表2/3通过为借口限制和剥夺"出嫁女"的土地权益，不顾决定的事项是否与宪法和法律相抵触，从而出现了不少与法律规定内容相悖却为大多数村民所接受和认可的村规民约。如2000年贺州市临江房地产开发公司征地建灵峰花园时，在给八步镇灵凤村征收田地的补偿费和安置费中包括33名"出嫁女"的份额，但由于有2/3的村民不同意分给"出嫁女"，这33名"出嫁女"至今分文未得。与此同时，一些地方政府对不合理、不合法的村规民约没有进行监督、干预，对侵犯"出嫁女"土地权益的违法行为没有及时制止或处理，甚至一些地方政府制定出台的政策文件也侵犯了"出嫁女"的合法权益。如桂林市灵川镇大面圩村和粑粑厂村30名出嫁妇女的承包地于1992年被征用后，未能享受当地村民的同等待遇，主要原因就是灵川县人民政府《关于桂林市八里街经济技术开发区被征地农民门面安置问题的批复》（〔2003〕149号），把她们划为"外嫁女"或"半边户"而不给予门面安置；田林县人民政府《关于印发〈龙滩水电站田林县库区移民搬迁人口及生产安置人口界定办法〉的通知》（田政办〔2006〕59号）中则规定已出嫁但尚未迁出户口的"外嫁女"不得享受各种搬迁补偿。

3. 缺乏有效的救济手段

权益受侵害的"出嫁女"投诉无门，得不到有效救济是造成"出嫁女"问题难以解决的重要因素。

一是缺乏物质救济。许多集体经济组织在制订土地承包和相关利益分配方案时，没有充分考虑到传统婚嫁习俗造成的人口流动与土地的不可流动性之间的矛盾，在发包土地、分配土地征用补偿费或土地股份时，没有预留机动份额，而是全部发放到村民手中，导致发生纠纷后无法重新进行分配，很难对权益受侵害的妇女进行物质补偿。

二是缺乏行政救济。通过仲裁解决"出嫁女"土地等权益纠纷是一条重要而行之有效的救济途径，自治区农业部门在部分县（市、区）建立了仲裁机构，但覆盖面较小，"出嫁女"权益纠纷案件难以进入仲裁程序，行政救济渠道不畅通，问题始终难以解决。近年来，随着机构改革，调整精简机构，自治区部分城区不设农业经营管理站，造成农村集体经济管理、农民经济利益纠纷相关确认权等没有相应部门管理的现象。如柳州市鱼峰区因无农业经管站，影响了处理"出嫁女"权益纠纷和农业发展等问题。

三是缺乏司法救济。体现在法院不受理或受理后执行难。我国《妇女权益保障法》和《农村土地承包法》都明确规定，当村民、妇女的承包经营权、宅基地使用权等财产权益受到剥夺、侵害时，受害人可向人民法院提起诉讼。但法院认定村民委员会具有社会管理职能，作为民事案件，法院认为村委会与村民之间不是平等的主体关系，不予受理；作为行政案件，法院认为村委会是自治组织，没有行政主体资格，也不予受理。由于现行法律法规对农村集体经济组织成员资格的确定缺乏详尽的规定，以致法院在受理、判决"出嫁女"被侵权案件中，缺乏认定"出嫁女"是否符合主体资格的依据，成为不受理"出嫁女"被侵权案件的主要原因。尽管少数法院有选择性地受理了一些案件，即使判决"出嫁女"胜诉，但由于承包地已被村集体分给他人，或征地补偿费、安置费已分配完毕，判决的事项也无法执行。百色市德保县人民法院自2005年起共受理"出嫁女"土地承包侵权案9件，受理征地补偿费分配纠纷案32件，一审均判决"出嫁女"胜诉，但通过执行得到维权的案件寥寥无几。2003～2009年德保县法院共受理农村土地承包合同执行案16件，其中恢复承包经营权5件，均未执结；土地补偿费纠纷案11件，执结4件，有7件部分履行或根本不履行，执结率远低于其他类型案件。"出嫁女"问题突出的南宁市，大部分法院不受理她们的诉讼，致使村民认为"出嫁女"的诉求不受法律保护，成为解决"出嫁女"问题的"瓶颈"，地方党委政府和"出嫁女"对此反映强烈。

4. 集体经济组织成员资格难界定，户口和"出嫁女"身份复杂，给解决"出嫁女"问题带来了困难

在调查中，各地普遍反映，农村"出嫁女"问题十分复杂，涉及农村集体经济成员资格界定、户籍管理制度等棘手问题。多年来的农村制度使村民、农民、集体经济组织成员三种身份合一，并习惯以户口为确认依据。近年来，由于户籍制度进行了改革，放宽了农民进城落户的条件，农村有的地方就以"人户一致"为由，强制要求"出嫁女"迁出户口，从而否定其村民和集体经济组织成员的资格，取消其享有的相关经济权益。但是，现行的户籍管理制度又没有结婚后户口必须迁入男方所在地的规定，因此，一些经济效益比较好的村，出嫁的妇女不肯迁出户口，利益冲突日益明显。于是造成"出嫁女"自身情况非常复杂，有的婚后户口、居住地和承包地都在本村，有的婚后户口挂在娘家，但本人在本村居住，有的户口和居住地均在本村，但没有承包地，究竟哪些"出嫁女"才有权利享受村集体经济收益，如何界定，在实践中难以把握。当前"出嫁女"纠纷形成的一个主要因素就是其身份和户籍不确定，有的地方以户口作为衡量集体经济组织成员的唯一标准；有的地方则结合户口、土地和劳动义务等多项指标来确定成员资格及相关待遇。在"出嫁女"纠纷中，村民大会通常以其出嫁为由将其排除在外，而"出嫁女"则以户籍在村要求享有村民同等待遇，两者的对立成为"出嫁女"问题的焦点和难点。

5. 法律条款的不完善和不协调导致适用法律有困难

维护"出嫁女"合法权益的法律依据主要有《宪法》《妇女权益保障法》《农村土地承包法》《婚姻法》，以及中共中央办公厅、国务院办公厅《关于切实维护农村妇女土地承包权益的通知》和《广西壮族自治区实施〈中华人民共和国妇女权益保障法〉办法》等。从这些法律规定来看，只要户口仍在原村的"出嫁女"就有权参与村集体利益的分配。而根据《村民委员会组织法》的有关规定，村是一个自治组织，其集体经济收益分配由村民会议表决，也就是说，"出嫁女"能否参与村集体经济利益分配由村民会议表决。无形中，《村民委员会组织法》与《妇女权益保障法》的有关法律条款存在冲突、不协调之处，于是出现了村规民约大于法的怪现象。此外,由于《村民委员会组织法》中没有规定对村规民约的审查、监督机制,导致政府在处理违法的村规民约时手段不多、力度不够。许多土地权益受侵害的"出嫁女"找村干部,村干部担心得罪村民丢失选票,以村规民约是经村民代表大会通过为由,过分强调"村民自治",对不合法的村规民约不予以纠正、废止。找镇政府或街道,则认为土地是村里的,如果村民想不通,强制执行,则会造成干群对立,影响其他工作的顺利开展。

6. 历史遗留问题给解决"出嫁女"纠纷增加了难度

据自治区妇联信访投诉统计,"出嫁女"问题初访率为20.0%,重访率为80.0%。这个数据表明,大部分"出嫁女"反映的问题时间久远,处理难度较大,而且时间拖得越长,处理越被动。有的村组已将承包地调整分配完毕,无法再拿出土地补偿给"出嫁女";有的村组已将征地补偿费分发给村民,无法再让村民退出来补偿给"出嫁女"。由于牵涉众多村民利益,维护了"出嫁女"的权益,必然会引起更大群体的不满和对抗,一些地方政府对历史遗留的老问题感到特别头疼,处理起来相当棘手。各市普遍存在老纠纷尚未解决、新的纠纷又发生的情况,而且纠纷的发生具有反复性。

7. 男尊女卑的封建传统观念给解决"出嫁女"问题造成了最大的思想障碍

"男尊女卑"的传统观念根深蒂固。思想障碍导致解决"出嫁女"问题的道路漫长而艰难。多数村民认为"嫁出去的女,泼出去的水","出嫁女"不能与村民争土地争饭吃,其所生的子女更没有理由分配村集体的土地和经济利益,这是诸多损害"出嫁女"权益的村规民约得以通过的思想基础。最为明显的表现是,在农村几乎户主都是男性,女孩往往被看成是家庭的暂时成员,早晚是"人家"的人,一旦结婚,在娘家就不再享有权利,包括土地权益,只能依靠丈夫在夫家取得财产和继承权,这使得农村妇女事实上处于依附地位、弱势地位,由于没有话语权,合法权益被损害的情形屡禁不绝。虽然各级部门加强了男女平等的国策教育,但破除传统观念不可能一蹴而就,需要长期不懈的宣传引导。传统习俗和观念不根除,侵害"出嫁女"权益的现象就很难在短时间内消失。如钦州市钦南区尖山镇排榜村委沙井村集体滩涂被征用,土地补偿款分配方案经全村140多户代表(均为"出嫁女"的父亲、叔伯、兄弟等男性村民)投票,把43名"出嫁女"排除在外,不能参与分配。

三 解决"出嫁女"问题的对策建议

目前,广西农村土地承包关系总体上是稳定的,但近年来随着工业化、城镇化的推进,以及现代农业规模经营的发展,农村土地流转加快,纠纷增多。特别是在城镇化进程中"出嫁女"土地被征收、占用,其合理利益诉求得不到保障,纠纷和矛盾日益凸显,且范围不断扩大,处理趋于复杂。

从目前形势看,"出嫁女"问题已经不单纯是妇女权益问题,它涉及土地承包、农村稳定、农村改革等一系列深层次问题。党的十七届三中全会强调指出,没有农村繁荣稳定,就没有全国繁荣稳定;没有农民全面小康,就没有全国人民全面小康。"出嫁女"问题能否解决好,事关农村稳定,事关社会主义新农村建设,事关小康目标的全面实现。根据对广西"出嫁女"成因的分析,我们认为,由于"出嫁女"问题成因较为复杂,受到体制、政策、观念以及历史遗留问题的制约,"出嫁女"问题很难在短期内得到全面有效的解决,很难有一揽子解决问题的办法,只能根据不同的成因拿出针对性的解决方案。同时,借鉴发达省市解决"出嫁女"问题的成功经验和做法,形成党委政府牵头、各部门通力合作、各种救助渠道畅通的工作协调机制,才能形成解决"出嫁女"问题的合力。为此,我们提出以下对策建议。

(一)提高认识,进一步增强做好农村"出嫁女"权益保障工作的责任感和紧迫感

各级党委和政府及有关部门应提高对"出嫁女"问题引发不稳定因素的严重性的认识,要认识到"出嫁女"问题已经成为当前广西人民内部矛盾的突出问题之一,也是影响农村社会稳定的重要因素之一。各级党委和政府要从事关改革发展稳定大局、事关人民群众根本利益的角度,自觉增强做好农村"出嫁女"权益保障工作的紧迫感和责任感,把维护"出嫁女"权益作为践行科学发展观的重要工作摆上议事日程,纳入正常工作层面,采取有效措施,不断推动"出嫁女"问题的解决。

（二）加大法制宣传力度，增强农村干部和群众的法律意识和男女平等意识

强化对农村的法制宣传是解决"出嫁女"问题一项至关重要的基础性工作。各级政府和有关部门要结合农村普法教育工作，将维护"出嫁女"权益作为普法宣传的一项重要工作来抓。各级党委、政府要有针对性地开展法制宣传教育，采取各种手段，通过报纸、广播、墙报和文艺进村巡演、法律讲座、法律咨询等群众喜闻乐见的形式，重点向农村基层干部、村民广泛宣传《村民委员会组织法》《妇女权益保障法》《农村土地承包法》，以及其他相关法律法规，要把相关法律条文讲透，提高农村干部和农民群众的法律意识和男女平等意识，提高农村基层干部依法自治的自觉性，在农村形成尊重妇女、保护妇女的共识和良好风尚。加强对村（居）支部书记、村（居）委会主任等村干部的专题培训，增强村干部做好"出嫁女"工作的主动性。要充分发挥基层党支部的作用，发挥党员、团员的先锋示范作用，带头维护妇女的合法权益。

（三）落实责任，建立解决"出嫁女"问题的工作机制

"出嫁女"问题成因比较复杂，涉及不同利益群体、传统观念、经济、文化、习俗等方方面面，任何一个部门都无法单独解决。建议自治区由党委、政府牵头，成立解决"出嫁女"问题工作领导小组及办公室，农业、国土、移民、法院、司法、法制办、民政、劳动保障、公安、信访、妇联等相关部门参与，整合执法、司法、行政管理、社会保障、民政救助等手段，落实机构、人员、经费，加强对解决农村"出嫁女"问题的领导，各市、县（区）也按照自治区的做法，相应成立解决"出嫁女"问题工作领导小组和办公室，建立从自治区到县解决"出嫁女"问题的三级工作机制，在全区形成上下协调、齐抓共管的工作格局，并集中力量调查摸底，对"出嫁女"问题的成因进行归纳分类，按照"一案一策"解决"出嫁女"突出问题，使"出嫁女"问题的解决取得突破性进展。

（四）强化监督管理，清理村规民约，促进依法自治

目前，在广西农村还存在违反《农村土地承包法》《妇女权益保障法》等法律的一些村规民约。各市、县人大和人民政府应研究制订有效的管理

措施，加强对制订村规民约的指导和监督，对有关违反法律规定的村规民约中的条款及时纠正。建立村规民约的备案和审查制度，对基层制订村规民约、村民自治章程给予法律政策指导，确保村规民约在法律和国家政策下运行。如在村规民约的制订阶段，由政府相关部门对内容进行把关，对违反法律法规、国家政策的内容不允许提交村民大会进行表决，从源头上解决村规民约的违法问题。同时，对村委主任、副主任及村民小组组长，要加强管理，明确管理制度，违反制度或法律法规的要追究责任。各级党委、政府要进一步加强基层民主建设，进一步明确规定村民委员会、农村集体经济组织、村民代表大会中妇女应占有一定的比例，保证农村妇女在农村重大事项决策中的参与权，进一步疏通妇女利益诉求的渠道。建议由自治区人大牵头，相关部门参加，在全区开展《农村土地承包法》《妇女权益保障法》的执法检查，以村为单位对村民自治章程、村规民约、农村集体经济组织分配制度进行一次全面检查和清理，按照"小法符合大法"的原则，对于与法规政策相抵触、违反男女平等国策的自治章程和村规民约要及时予以清理和废止；对以"村规民约"有规定为由，公然歧视农村妇女、侵害农村妇女土地承包权益的现象要及时予以纠正，杜绝村委会、村民小组制定的土政策大于法律的现象，保证土地承包和集体收益分配的公平公正，切实保护农村妇女的合法权益。

（五）完善法律法规，为保护"出嫁女"权益提供依据

由于立法的相对滞后和受现行有关法律规定的限制，制约和影响了对"出嫁女"合法权益的保护，因此制定和完善地方性法规政策，补充完善法律规定十分必要。一是以新修改的《妇女权益保障法》为依据，结合广西新时期保护妇女权益的实际需要，将保障"出嫁女"权益的内容纳入正在修改审议的《广西壮族自治区实施〈中华人民共和国妇女权益保障法〉办法》中，并尽快颁布实施新修改的《广西壮族自治区实施〈中华人民共和国妇女权益保障法〉办法》，以适应新形势下妇女权益保障的需要。二是根据《农村土地承包法》《妇女权益保障法》《村民委员会组织法》的精神，结合广西实际，制定《广西"出嫁女"权益保障办法》或《关于切实保障农村妇女土地承包权及相关经济权益的实施意见》，对"出嫁女"权益进行细化，把保障"出嫁女"权益问题作为重点，强调农村集体经济组织成员中的妇女，在土地承包、集体收益、土地征收和征用补偿费使用等方面，

享有与男子平等的权利。重点对解决"出嫁女"及其子女、离婚丧偶妇女权益问题作出具体规定,对侵害"出嫁女"权益应承担的法律责任、监督纠正、司法救济途径等作出具体明确的规定,配套出台一批政策性文件,从法规政策上完善对"出嫁女"的保护措施。三是在法律法规尚未出台的情况下,建议由自治区人民政府根据广西集体经济组织的特点,出台有关政府规定,制定《广西壮族自治区农村集体经济组织管理办法》,重点对集体经济组织成员资格进行界定,为法院的判决提供依据。同时,加大政府的监管力度,加强对农村集体经济管理,帮助农村集体经济组织依法建立健全各项制度,定期组织审计机关和社会审计中介服务机构对农村财务进行审计。

(六)建立协调机制,畅通救济渠道

在解决"出嫁女"土地权益的问题上,要建立协调机制,整合社会各方资源,把行政力量解决和司法力量介入相结合,畅通多种救济渠道。

一是重视通过行政力量解决问题。党委、政府及农业等有关部门应把解决"出嫁女"土地权益问题作为平安建设、维护社会稳定的重要内容,作为落实党的农村政策,化解农村基层矛盾,保护农民利益的重要工作,克服无可奈何、无关紧要、无所作为的思想,积极采取措施,切实落实责任,加强经常性的指导。对侵害"出嫁女"合法权益引发的各种矛盾要高度重视,正视问题,明确态度,及时调处和化解。一些地方政府结合实际制定出台了政策性意见,较好地解决了"出嫁女"权益保障问题。如桂林市七星区出台了《关于维护我区农村出嫁女有关合法权益意见的通知》,基本解决了原有"出嫁女"及其子女700多人的权益保障问题;叠彩区出台了《关于对出嫁女及其子女在农村集体土地征用补偿费分配中享受有差别待遇问题的处理意见的通知》等,也较好地解决了辖区内"出嫁女"问题。

二是运用司法手段加以解决。广西大多数法院暂不受理"出嫁女"被侵权案件,除了考虑法律适用难、执行难等因素外,主要是依据自治区高级人民法院《关于当前暂不受理几类案件的通知》精神。法院将"出嫁女"案件拒之门外,使合法权益已经受到侵害的农村妇女再次面临被剥夺诉讼权的命运,只能使社会矛盾更加激化。因此,建议自治区高院撤销"暂不受理"的规定(《广西区高级人民法院关于当前暂不受理几类案件的通知》,桂高法〔2003〕180号文件),统一各级法院的做法,根据最高人民法院

《关于审理涉及农村土地承包纠纷案件适用法律问题的解释》，对农村妇女土地承包经营权纠纷、承包地征收补偿费用分配纠纷、集体经济收益分配侵权纠纷等案件，按照行政案件予以受理，加强调查研究，能动执法，积极进行调解，作出合理判决，切实保护农村"出嫁女"土地权益及相关的经济利益不受侵犯。如桂林市七星区、叠彩区、灵川县法院近年来依法审理了一批"出嫁女"纠纷案件，并结合实际，明确"出嫁女"享受村民同等待遇应具备的条件，通过判决支持了"出嫁女"的合法权益，使辖区内"出嫁女"问题基本得到解决。

三是通过仲裁解决。农村土地承包仲裁机构是受理和解决农村土地承包权益纠纷的主要途径。通过仲裁解决"出嫁女"问题，可以大大减轻法院的压力，效果也比较好。各市县农业行政部门要进一步建立健全土地承包仲裁机构，根据《仲裁法》，妥善解决农村妇女与村委会之间的土地权益纠纷。

四是设立物质救助渠道。鉴于目前"出嫁女"的问题比较复杂，各地方政府应从以人为本、改善民生的角度出发，制订解决"出嫁女"及其子女生活困难的临时救助办法，缓解"出嫁女"与政府的对立情绪。各级乡镇政府要加强对集体经济组织工作的指导，特别是在村和村民小组制订土地承包和相关利益分配方案时，引导和帮助集体经济组织制订机动份额预留分配方案，为以后发生纠纷对权益受侵害的妇女进行物质补偿。

（七）推行股份合作制，探索解决"出嫁女"问题的新途径

随着市场经济的发展和国家经济体制改革的深化，股份合作制已经成为经济结构的主要形式，实行股份合作制是今后城郊农村经济发展的趋势，也是解决"出嫁女"问题的一个有效途径。

推行农村股份合作制，首先要进行"两确权"，即对农村集体资产产权的确认和农村经济组织成员身份的确认。在"两确权"的过程中，要全面检查和清理农村股份章程，剔除违法违规条款。在此基础上，按照"五同"，即"同籍、同权、同龄、同股、同利"的股权配置原则，将原属于农村集体所有的资金、土地和其他财产以股份制方式量化为内部成员所有，以股份制方式进行改革，对具备农村集体经济组织成员资格的农村"出嫁女"及其子女给予股东资格，使其拥有股份，"生不增，死不减，可继承，可转让"，其股权与其他村民一样，长期固化，从而落实农村"出嫁女"及其子女的合法权益。

近年来，广东等发达省份在推行股份合作制解决"出嫁女"问题上探索了一套行之有效的解决办法。广西一些地方也在解决"出嫁女"问题上积累了成功的经验。如南宁市青秀区、梧州市长洲区实行股份制，改革农村现行经济分配方式的做法，较好地解决了"出嫁女"问题。建议通过创建股份合作制试点的方式，逐步在全区农村试行股份合作制。自治区可选择经济基础比较好、"出嫁女"也比较集中的南宁市为试点，各市也可选择有一定经济基础的县（市区）作为试点，推行农村股份合作制，改革农村集体经济分配方式，以点带面，不断总结经验，推动"出嫁女"问题从根本上得到解决。

陕西省关于农村妇女土地承包及其相关经济权益调查报告[*]

陕西省委政研室　省农业厅　省妇联联合调查组

近几年来，随着社会经济发展和城镇建设步伐的加快，农村土地被征用以及用于商业开发的越来越多，在分配补偿款的过程中，一些地方拒绝分配给"嫁城妇女"、离异丧偶等妇女，致使已缓和的农村妇女土地经济权益矛盾再度凸显。

为了落实《农村土承包法》，保障农村妇女的经济权益，2003年11月～2004年5月，省妇联、省委政策研究室、省农业厅联合，采取问卷调查、走访部分地区、与有关人员座谈等形式，在全省范围内开展了"农村妇女土地承包及其相关经济权益维护情况调查"。问卷调查涉及11个市的26个区（县）62个乡镇368个行政村。另外，调查组还到宝鸡市，安康市汉滨区、榆林市榆阳区、神木县、西安市长安区等地，与当地农业部门、政策研究部门、法院、乡镇干部、村干部等人员座谈，共同探讨问题的难点和解决措施。

一　存在的问题

农村实行家庭承包经营以来，一些农村妇女不能享受同等村民待遇的问题始终存在着。近年来随着经济发展和城镇建设的突起，这类问题越来越突出，主要表现在以下几方面。

---

[*] 此报告完成于2004年6月。

1. 剥夺农村妇女经济权益和政治权益的问题有增无减

前些年主要是不给"出嫁女"、离异妇女及其子女划分承包地，而近年来既存在不给"嫁城"等农村妇女划分承包地的问题，又存在集体土地被征用后，不分配给这些妇女土地补偿款的问题，尤以不分配土地补偿款和其他经济收入为主要矛盾。由剥夺经济权益发展为剥夺政治权利，有的村为限制这部分妇女的经济分配，竟然取消了她们的选民资格，剥夺了这些妇女的选举权和被选举权。

2. 权利受到侵害的对象扩大

过去是"嫁城妇女"因所在村不予分配或限制分配土地权益引起上访。现在由于人口流动，很多本地农村姑娘与外地农村人口结婚后不愿出村，对于这一人群，所在村一般取消其村民资格，不再分配经济收益，由此引发的上访越来越多。

3. 侵害妇女权益的问题具有普遍性且形式多样化

从调查看，一些"嫁城妇女"和离异妇女不能享受村民待遇的问题在全省各地都不同程度地存在，尤其是城郊地区，条件越好的郊区农村这类问题越突出。在分配中，有的村给"嫁城妇女"本人分配，给其子女按本村村民的一定比例分配；有的村只给"嫁城妇女"本人分配，不给其子女分配；有的村规定"嫁城妇女"及其子女如果要享受同村村民待遇必须向所在村交纳一定的生产基金，多则数万元，少则数千元（也叫落户费）；有的既不给"嫁城妇女"分配也不给其子女分配。其中有不少是已拥有土地承包经营权的"嫁城妇女"的土地被征用后，所在村却不给她们分配或限制性分配征地款。一些农村对男方离异再婚的，采取"出一进一"的政策，村里仍按一个妻子分配，这样就往往使离异未出村的妇女享受不到村民待遇。

4. 农村妇女维权难度较大

为了保护农村妇女应享有的土地承包权及其经济权益，1992年以来，国家先后出台了《妇女权益保障法》《农村土地承包法》，中共中央办公厅、国务院办公厅还下发了《关于切实维护农村妇女土地承包权益的通知》，这些法律法规都明确规定妇女与男子享有平等的权利。但有法不依的现象使妇女维权的难度加大。长安区申店乡妇女崔某某20多年前招了个外地女婿上门，婚后一直未出村，村里给她也划分了承包地。三年前丈夫去世，1997年以后她的承包地被国家征用，征地费由村里统一分配，然而该村在分配征地款时却不给她母子三人分配。1997～2003年,她先后4次向法院起诉,通过法律讨回了她应得的征地款。2004年2月,村里开始第5次分配征地款,仍然将她及子女排除在外,她又将面临第5次诉讼。目前相当一些地方的法院并不受理此类案件,致使许多妇女权益被侵害后投诉无门。

这些现象严重侵犯了妇女的经济、政治权益,也引发了一系列社会问题。部分农村妇女及其子女因缺乏生活保障,影响正常生产生活和接受教育;部分村民之间积怨较深,引发上访闹事。在榆林市曾有妇女到村干部家堵门、打骂村干部,有些常年到当地政府甚至省委、省政府上访,影响有关部门正常办公的现象。神木县神木镇近几年搞开发,有21个村在规划之中,涉及"嫁城妇女"及其子女1000多人。分配征地款过程中,有13个村的"嫁城妇女"或与外地人口结婚的妇女不能参加村里的分配。这些妇女不断到县、市和省上有关部门反映,有的甚至进京上访。镇政府面对上级压、群众顶,想了许多办法,但效果不理想,至今还有8个村的问题没有解决。镇政府工作人员说:"镇政府的工作重心本应是抓经济建设,然而近年来80%的工作重心都在解决'嫁城妇女'的征地款分配上。真是话没少说,力没少使,钱没少花,但效果不好。"有些妇女多次上访后,在行政干预难以解决、法院又不受理的情况下,对社会产生不满,对生活失去信心,甚至采取自杀等极端行为,以引起社会关注。2004年3月安康市汉滨区3名"嫁城妇女"因征地款分配问题在法院服毒自杀。

二 原因分析

1. 传统的婚嫁习俗观念影响

千百年来,我国的传统习俗是男婚女嫁,尽管《婚姻法》规定男女双方结婚后,女方可以成为男方家的成员,男方也可以成为女方家的成员,但"从夫居"的传统思想根深蒂固,群众普遍认为妇女结婚后应该迁出户口,不应再参与娘家村的分配。因此,已婚妇女尤其是嫁给对方也是农村户口的妇女若不迁走户口,或者多子女再招婿上门的往往遭到当地村民的排挤,有些受政策限制难以迁出户口的"嫁城妇女"也不能享受同村村民待遇。

2. 村民自治权力无限扩大

我国《村民委员会组织法》规定,凡涉及村民利益的事项,村民委员会必须提请村民会议讨论决定。村民委员会决定的问题,采取少数服从多数的原则。但同时又规定,"村民自治章程、村规民约以及村民会议或者村民代表讨论决定的事项不得与宪法、法律、法规和国家的政策相抵触,不得有侵犯村民的人身权利、民主权利和合法财产权利的内容"。但在相当多的一些地区村干部和群众片面理解,往往只强调村民自治、少数服从多数,以村民大会决议或者村规民约的形式限制和剥夺了在人数上处于少数的已婚妇女的经济权益。也有些村干部担心得罪了村民失去选票或被罢免,明知决议违法,也不敢纠正。

3. 立法方面的欠缺

为保障农村妇女土地承包权和其他经济权益,我国《妇女权益保障法》《村民委员会组织法》《农村土地承包法》等都作了明确规定,但多数只有原则性规定,没有具体的实施细则。对发展中出现的问题,也存在法律政策相对滞后、政府指导不力、法律保障不健全等问题。一是在行政干预方面可操作性不强。我国《村民委员会组织法》规定:"乡、民族乡、镇的人民政府对村民委员会的工作给予指导、支持和帮助,但是不得干预依法属于村民自治范围内的事项。"《农村土地承包法》规定:"因土地承包经营发生纠纷的,双方当事人可以通过协商解决,也可以请求村民委员会、乡(镇)人民政府等协调解决。"但在实践中乡镇政府对违背法律规定的村民大会决议或乡规民约难以纠正,多数乡政府只是将村民大会的决议备案,有的乡镇干部也不愿介入此类纠纷,避免得罪村干部,遇到问题就让当事人找法院。二是法院受理也有难度。一些"嫁城妇女"起诉后,法院往往以"不属受理范围"为由驳回起诉。三是法院就是受理也不能一案判到底。因为农村分配是年年都进行的,而法院只能就当年的分配进行审理。在现实中,不少妇女为了争得权利,年年诉讼,但都是无果而终。另外,很多村的土地被征完,土地补偿款被分完,法院就是判决妇女胜诉也难执行。因此,有的法院起先对妇女的投诉积极受理,但判决后因执行不下去,当事人到法院闹事,有些法院办案人员气愤地说,"法院受理这类案件叫插进去烫手,拿出来冻手",法院就不再受理此类案件了。四是法律本身对有些问题的界定不明。例如,如何认定集体经济组织成员、集体经济收益如何分配等不明确。

4. 以户口为依据分配存在弊端

在现阶段农村,主要是以户口登记在册的人口为分配依据。前些年,农村以土地承包经营为主要生产活动时,农村妇女婚后户口不愿迁转出村的矛盾还不明显,因为多数是由于户籍制度所限不能迁出户口。近几年,农村土地大量被征用,征地后的补偿费数额越来越大,户口不愿迁出的矛盾日益突出,主要表现为五种情况。一是与城镇职工居民结婚的农村妇女及其子女不愿意"农转非"。近年来我国户籍政策放宽,与城镇居民结婚后所生子女可以随父也可以随母,特别是有的村土地被征用后,政府分配一定的"农转非"指标,然而无人愿意接受,不愿意把户口转为居民户口,也不愿意其子女随父落户。二是户口混乱。调查中也发现,有为数不少的人持有两个户口,他们本已转为城镇居民户口,与本村脱离关系,但又利用关系保留其农村户口,城镇招工时他们是居民户口,村里分配经济利益时他们又是农村户口。三是有些"嫁城妇女",过去村里在划分承包地时,觉得耕种土地不划算,拒绝接受,但是当村里土地被征用后分配补偿款以及其他经济收益时,她们又以户口在本村为由,要求分配。甚至有一些多年前就已经"农转非"的,也要求将户口迁回原村参加分配。四是一些"嫁农妇女"婚后不愿迁转户口的也越来越多。五是一些村为了限制所在地人口,强行将"农转非"指标分配给"嫁城妇女"及其子女,让她们转户等等。

5. 不断增长的人口数量与不断减少的土地资源之间的矛盾越来越突出

这种矛盾在城郊接合部较为富裕的地区表现得尤为突出。一方面,随着城市建设的加快,大量土地被征用,农村土地资源越来越少;另一方面,受传统户籍制度的影响,长期以来"嫁城妇女"及其子女的户口无法迁入城镇,客观上造成种种矛盾。西安市碑林、雁塔、莲湖、未央等城区,当地姑娘婚后不出村的占到所在村姑娘总数的95.0%以上,"嫁城妇女"及其子女的人数占所在村人口总数的10.0%还要多。榆林市榆阳区东村共有820人,其中婚后不出村的"嫁城妇女"及其子女占村总人口的12.5%,占本村姑娘结婚人数的90.0%以上。2002年村里用1000多万元征地款建商业用房,年租金160万元,还未到分配时间,"嫁城妇女"就开始上访了。大部分村民受经济利益驱使,不同意给"嫁城妇女"分配。有的"嫁城妇女"的父母、兄弟也强烈反对给她们分配,造成亲人之间反目成仇。另外,近年来国家征用土地后,土地补偿款数额越来越大,许多村民为了参加村里的分配,千方百计将户口留在村里,"出嫁女"不愿迁出户口,娶来的媳妇的户口又必须迁入,只进不出,导致农村土地资源和经济利益增长速度的有限性同人口增长速度急剧性的矛盾比较突出,使经济发达地区的利益分配压力逐年增长。

6. 法制宣传教育工作薄弱

有些地方担心妇女知道法律规定后"灵醒了",不向群众积极宣传《农村土地承包法》《妇女权益保障法》。

三 建议

随着我国法制建设进程加快,广大农村妇女的法律意识和权利意识的增强,加上土地增值后可观的利益趋动,过去一些隐性的侵犯妇女土地承包权益的问题也逐渐暴露出来。为彻底解决这一长期存在的问题,真正使妇女的权益落到实处,特提出以下建议。

1. 广泛、深入宣传有关法律、法规

各级党委政府要从促进农业发展、保障妇女权益、维护农村稳定的高度出发,重视农村妇女土地承包和征地款以及其他经济收益的分配问题,广泛深入宣传《妇女权益保障法》《农村土地承包法》和男女平等基本国策,教育广大基层干部和群众自觉贯彻有关法律、法规,依法维护妇女合法权益,使男女平等基本国策真正落到实处。

2. 总结行之有效的做法和经验

多年来,陕西省为保障广大农村妇女的经济权益做了大量工作,创造了不少好的做法和经验。20世纪90年代中期,西安市莲湖区五一村的土地就基本被征用了,村里将征地款用于开发二、三产业,村里的"嫁城妇女"基本都安排在集体企业上班。1996年对全村所有资产进行科学量化,按村民权利、贡献大小划分股份到人,男女平等,并遵循"增不加,死不减,还可以继承"的原则。安康市汉滨区红胜村在征地款的分配上规定,对有土地承包经营权、有依法在所在村登记的户口、有人(指在村里尽了义务)三种情况各占一定的股份,这既贯彻了土地承包经营权30年不变的政策,又保障了没有土地经营权的或新增加人口的权利以及村里的公益事业的发展,多年来没有村民特别是妇女上访。从陕西省一些地区的实践看,将农村资产以依法取得土地承包经营权为基点,科学量化,按贡献大小一次引入股份的机制是解决这类问题最有效的措施。

3. 明确农村集体经济组织成员的范围及其权利义务

多年来,有些地区农村户口管理混乱,有不少是采取不正常关系迁入的。建议凡在所在村建立了土地承包关系,依法取得所居住村户籍并形成了一定权利义务关系的村民为农村集体经济组织成员,他们有权参加本村涉及村民利益事项的讨论和经济收益的分配。同时明确将农村土地承包经营权界定为按份共有财产,以保证已婚、离婚妇女分割和流转原家庭土地承包权中自己那份土地权利以及由此产生的其他收益。农村经济组织成员一方与城镇职工居民结婚的,其所生子女符合计划生育法律法规、户口登记在该村组的,应保证其至少享有本村村民同等收益分配的一半。外来要求落户的按所在村原资产评估后每个在册村民持股份额交纳股金入股后,可享受同村村民待遇。

4. 在保障妇女合法权益方面,乡镇政府要积极作为

乡镇政府应充分履行行政管理职权,加强对村民自治工作的指导,对村委会违背国家法律法规的决定和村规民约,乡镇政府有权责令纠正。如果村委会拒绝乡镇政府的合法指导,乡镇政府可启动司法介入程序,建议由司法部门强行纠正。乡级政府要加强农村户口管理,尽快清理多头户口。特别是注意新的婚姻登记办法出台后,因"婚迁"引起的户口问题上的混乱。

5. 制定和完善有关政策

农村土地承包问题及收益分配问题错综复杂,仅仅靠行政手段纠错效果肯定不明显。一些基层干部对在发展开发中出现的问题和矛盾缺乏明确的应对办法,迫切希望国家或省政府能针对目前农村存在的各种问题制定出一个既符合法律、法规、政策,适合农村生产力发展水平,又比较好操作的实施办法。建议最高人民法院对目前农村出现的村民合法权益遭到侵害的问题尽快作出统一规定,敞开司法救助之门。

上海市部分农村妇女土地权益保障状况

上海市妇联

近年来,随着上海农村城市化建设的进一步推进,农村土地被租用、征用或流转的情况逐渐增多。围绕土地补偿款的分配,部分郊区农村的矛盾和纠纷主要体现在家庭成员之间,而在纯农村的崇明县,更多地反映在征地款、土地补偿款的分配过程中,一些农村"出嫁女"的土地权益被乡镇、村等有关组织侵害,她们为此不断信访。为解决农村"出嫁女"在土地补偿款分配过程中权益遭侵害的问题,依法保护妇女合法权益,上海市、县两级妇联对崇明县农村"出嫁女"的土地补偿款问题进行了相关调研,并积极与相关部门沟通协调,发挥妇联组织的桥梁作用,最终使"出嫁女"的权益得到了保障。

一 基本情况

在崇明县16个乡镇中,因"出嫁女"土地补偿款分配引发矛盾和纠纷的有13个乡镇,49个行政村,分别占全县乡镇数、村总数的81.25%和18%。崇明县农村23万户家庭中,涉及此类问题的有2260户,占总户数的0.98%,其中,从外地、外乡镇或者外村嫁入的妇女未能分配到土地的有7681人,已经分配到土地的有1845人。"出嫁女"中,户口未迁至夫家,即户口、土地都在娘家的有6688人;户口已迁至夫家,但男方无土地再分配的,即户口在夫家,土地在娘家的有5626人。在两轮土地延包中,自愿放弃土地的妇女有881人。在土地被租用、征用或流转后,一些"出嫁女"因未分配或少分配到土地补偿款而多次走访妇联、法院及政府相关部门,部分妇女提起诉讼，影响了农村社会秩序的和谐稳定。

二 存在的问题及主要原因

（一）存在的主要问题

1. 各乡镇对"出嫁女"土地补偿款分配不一致

县政府对土地补偿款分配没有统一的规范性指导意见，各乡镇、村在具体分配过程中标准不一。有的乡镇在"出嫁女"土地补偿款分配中，按照户口执行，户口在哪儿，土地补偿款在哪儿享受；有的按土地一半、户口一半执行。有的乡镇注重人性化操作，"出嫁女"只要不影响当地农户土地权益分配，可以将户口迁回娘家，享受娘家拆迁户待遇和小城镇保险等。

在土地补偿款分配过程中，有些乡镇是按照村规民约进行的，村规民约由村民集体讨论形成。有些乡镇的村民小组在近几年的土地补偿款分配中，将户口、承包田均在本村民小组的"出嫁女"排除在外，不让其享受补偿款，导致部分"出嫁女"多次信访、诉讼。

2. 同样性质的案件，法院审理结果完全不同

例如，崇明县中兴镇大公村出嫁女张丽，2005年10月就土地补偿款向法院提起诉讼，法院根据相关法律规定，判决支持张丽诉讼请求。而情况相似的港西镇北双村出嫁女黄惠琴在向法院提起诉讼后，法院以村集体经济组织成员资格难以界定为由不予受理。以上两案，性质一样，但同一法院的处理结果截然相反。

（二）原因分析

1. 集体经济成员资格的认定法律、法规没有明确的界定

在村民小组对"出嫁女"的土地补偿款分配中，首要条件是是否为该集体经济组织的成员。而该资格的认定，则按照各村的情况而定，有的是以户口为准，有的既要有户口又要有承包田，还有的按村规民约。由于目前法律、法规对村集体经济成员资格的界定尚无明确的规定，因而各乡镇之间操作不一致。

2. 土地二轮承包引发的问题

（1）崇明县未享受土地权益的人比较多。第一次土地承包是1984年，实行以户为单位的家庭联产承包责任制；第二次土地延包是1999年，采取的是大稳定、小调整，动账不动田的办法，就是要求2/3村民同意才可以决定是否重新调整土地，或者不重新丈量土地，只在账面上调拨。因此，全县大部分生产队的土地1984年以后没有作过调整，因为时间跨度长，以下对象都涉及类似问题：一是出嫁女、入赘婿结婚后，户口迁入夫（妻）家，因生产队没有机动土地，部分人至今没有分到承包田。二是部分外来媳，因户口一时不能迁入本地，故没有承包田。三是1999年2月~2002年出生的农村户籍孩子（2002年以后出生的孩子统一为居民户口），生活在农村，但没有土地。

（2）受中央出台的一系列惠农政策的影响，目前要土地的农民比较多。20世纪八九十年代，农民承包土地要支付一定的费用，当时很多农民表示不要土地，经口头或书面约定自愿放弃土地。随着政策的调整，国家按照标准给予耕种土地的农民补贴，因此，原先不想要耕地的也要土地了，很多生产队因没有机动田满足不了这部分人的要求。

三　主要做法

1. 市妇联高度重视，加大督办力度

针对崇明县黄惠琴等人反映土地权益被侵害的情况，市妇联派员深入港西镇了解情况，责成崇明县妇联对本县"出嫁女"土地权益问题进行调研。在掌握第一手资料的基础上，市妇联向崇明县人民政府发出《关于要求纠正崇明县港西镇北双村三生产队违法村规民约，保障妇女权益的函》，要求政府责令生产队撤销违法的村规民约，落实"出嫁女"应得的土地收益补偿的合法权益，并对本县相关村规民约进行清理，纠正违法规定，保护妇女的合法权益。

2. 县妇联积极协调，推动问题尽快解决

崇明县妇联多次深入港西镇进行调查，了解并核实情况后，向港西镇党委、政府详细反映了黄惠琴等人的实际情况，并积极深入村、队宣传男女平等基本国策和妇女权益保护相关法律法规。此外，县妇联还会同县法院、县信访办等部门召开专题调研会，听取各方意见，商讨解决方案。最终，在市、县两级妇联的努力及法院的调解下，黄惠琴等人与生产队达成协议。

3. 推动出台《实施意见》，规范补偿款分配方案

当有关问题悬而不决，进展缓慢时，市妇联分管领导亲自与镇政府领

导沟通，希望镇政府及时出台指导性意见。县妇联同时将情况汇报县委分管领导，在县委领导的督促下，镇政府通过党代表会议和村民代表会议形成指导性《实施意见》。明确今后在分配土地租金、出让金的过程中，有关分配方案需事先报村、镇两级备案，经过村、镇两级审核同意后方可分配，生产队不合法的村规民约自行废止。《实施意见》的出台，限制了在分配土地补偿款过程中村规民约的随意性，避免了该镇类似黄惠琴等人的侵权事件再次发生，也为其他乡镇提供了很好的借鉴。

四　对策和建议

1. 通过立法完善法律对乡规民约的规范和制约

"出嫁女"土地权益被侵害，主要还是因为保护妇女权益相关法律法规的缺乏，要彻底解决这一问题，必须通过立法来规范和完善乡规民约。由于目前有关法律、法规和政策对集体经济组织成员资格的认定标准尚无统一明确的规定，因而在实践中容易使人产生认识上的分歧。按照村规民约来认定，过分强调"民意性"，而忽视了"合法性"，最后可能会导致公民的权益被侵害。因此，在立法的时候，不仅仅规定乡规民约不得同国家法律、政策相背离，而且要明确当出现这种情况时该如何处理以及处理的责任主体，只有这样，才能确保国家法律突破传统陋习得以全面实施。

2. 构建完善多元纠纷解决机制，畅通农村"出嫁女"维权通道

要充实基层调解力量。一方面，调解简化了纠纷解决的程序，间接起到了降低农村"出嫁女"维权成本的作用。诉讼的专业性、高成本，使得法律知识有限的农村"出嫁女"维权难度加大。而人民调解则显现出经济、省时、简便等优势，比较符合农村"出嫁女"实际的纠纷解决能力。另一方面，调解也有利于农村"出嫁女"权益的真正实现。执行难是农村"出嫁女"权益保护的"软肋"，即使从书面上肯定了其权益，也难以在现实中获得权益，村集体经济组织本身对判决的抵制是一个重要原因。但如果由基层调解组织予以调解的话，就能巧妙地回避这一问题，因为在调解过程中，各方已经进行了充分的利益博弈，包括村集体在内的消极抵制情绪也能够通过调解予以一定程度的消化。而且，更为重要的是，设身处地的考虑，有利于"出嫁女"同村集体其他成员今后的和睦相处，实现法律效果和社会效果的统一。

经验篇

黑龙江省妇联的经验和做法

村规民约是村民在长期生产生活中形成的自治的行为准则。受传统观念和习俗的影响，一些村规民约存在着性别不平等甚至性别歧视条款，直接导致了维护妇女权益的相关法律规定在部分农村得不到落实，以村规民约为由侵犯妇女权益尤其是土地权益的现象时有发生。为了从源头上、从最基层有效地维护妇女权益，我们抓住新一轮村级组织换届的有利契机，与省民政厅联合在全省开展了以维护妇女权益为重点的村规民约修订工作，走出了一条解决妇女权益问题的治本之路。截至2012年4月底，全省已有8577个村启动了村规民约修订工作，占全省总村数的94.7%；完成修订的村为7592个，占全省总村数的83.3%。

一 主要做法

（一）加强领导，纳入重要议事日程

省妇联高度重视村规民约修订工作，"一把手"亲自挂帅督办，每月听取工作汇报，并率队深入基层调研，提出具体推进意见，同时责成分管领导全力以赴，集中时间重点推进。分管领导率专家和民政部门、妇联工作人员对各市（地）逐一进行动员部署和专题培训。

为提高村规民约修订工作的科学性和实效性，我们与省政协联合开展了村规民约及维护妇女权益状况的调研。调研中我们发现，有40%的村规民约中没有任何维护妇女权益的内容，有的村规民约存在侵犯妇女权益的

条款。如女孩嫁到外村的,户口必须迁出本村,并收回已发包的承包地;土地征用收益分配男女份额不平等;建房使用地的申请者,必须是户主或者年满20周岁的男性青年;有的村集体经济组织的收入,妇女没有平等的分配权。针对调研中发现的问题,与省民政厅联合下发了《关于在全省开展以维护妇女权益为重点的村规民约修订工作的通知》,明确强调村规民约的修订要符合国家相关法律法规和政策规定,体现大多数村民的意志;要重点修订完善男女平等、婚丧嫁娶、婚嫁落户、宅基地分配、土地承包权、拆迁补偿、村集体经济收益分配等涉及妇女权益的条款,对带有性别歧视性的条款予以清除,对缺失的内容进行增补。

《关于在全省开展以维护妇女权益为重点的村规民约修订工作的通知》下发后,各市(地)、县(市、区)以党委名义出台文件,召开会议,成立由党政领导任组长,妇联、民政、组织、计生、卫生、司法、公安、文化广电等部门负责人为成员的组织机构,各乡镇、村也成立了工作小组,全省形成了五级联动机制,为推进工作提供了强有力的组织保证。

(二) 先行试点,研究探索村规民约修订工作模式

2010年,在牡丹江宁安市进行了村规民约修订试点工作。

一是开展基线调查,为村规民约修订工作提供科学依据。采取"解剖麻雀"的工作方式,在牡丹江宁安市渤海镇渤海村、东珠村等10个村,深入开展调研,下发调查问卷500份,入户访谈20余人次,充分听取村民和妇女群众的呼声,并组织驻乡(村)的市级女人大代表、政协女委员及村屯女党员、妇女企业家为村规民约修订工作提建议,广开言路,集思广益。

二是强化宣传培训,为村规民约修订工作奠定思想基础。先后四次举办培训班,宣传男女平等基本国策、维护妇女权益法律法规,增强村民性别平等意识,提高农村妇女参与村民自治的主动性和积极性。

三是总结试点经验,为村规民约修订工作提供工作模式。我们将在宁安市开展的村规民约修订试点工作,进行理性思考,总结为"两议、两公开、两确保、八步工作法"(村两委提议、村民大会决议;过程公开、结果公开;确保2/3以上农户的代表参与修订大会、确保到会的女性代表人数达到35%以上;宣传发动、组织班子、草拟初稿、讨论修改、审核把关、表决通过、乡镇备案、公布实施八个步骤)工作模式,通过省妇联执委会、妇工简报、黑龙江妇女网等载体,在全省全面推广,形成明显的示范效应。

(三) 强化举措，保证村规民约修订工作落到实处

一是确保宣传发动到位。把宣传发动作为村规民约修订的重要基础，通过在主流媒体开设专题专栏、印发宣传单、悬挂标语等，广泛宣传，扩大影响，营造氛围；通过张贴《告全体村民书》、走村入户讲解、编演文艺节目等生动形式，打动民心，激发共鸣，调动村民参与村规民约修订的热情，为修订工作奠定了良好思想基础。

二是确保教育培训到位。把教育培训作为村规民约修订的重要环节，省妇联、省民政厅在全省13个市（地）分别召开推进会，邀请专家进行专题讲座，直接培训市、县、乡三级党政领导、妇联、民政等相关部门干部及村党支部书记、村委会主任、妇代会主任等2060人，并将专家讲座录制成光盘，作为层层培训的教材。据不完全统计，全省培训骨干130余万人，其中妇女占35.2%。

三是确保服务指导到位。把服务指导作为村规民约修订的重要措施，编印《村规民约修订指导手册》1万份，做到每村1册；设立村规民约修订工作服务站，开通咨询服务热线，组成指导组，帮助解决困难和问题；通过简报、网络、报纸等，刊发各级党政领导及相关部门负责人讲话要点，推广有特色、有实效的经验和做法，有效推动了村规民约的修订。

四是确保协调配合到位。把部门配合联动作为村规民约修订的重要保证，妇联组织充分发挥牵头作用，主动作为，积极协调推动。民政部门把村规民约修订工作列为加强农村基层政权建设的重要内容，组织部门把村规民约修订工作纳入基层党建责任制范畴，司法部门对村规民约草案严格审查把关，形成了多部门合力推进的良好工作局面。

二 工作成效

据统计，全省修改村规民约的村，参与表决的妇女代表比例达到或超过了35%，妇女意愿得以充分表达，妇女的维权意识明显增强，法律素质有了提高。有86.93%新修订的村规民约到乡镇备案，100%作出了促进男女平等的规定，新增维护妇女权益条款5696条，清除性别歧视条款544条，保护妇女土地权益成为村规民约的重要组成内容，农村妇女的人身权、财产权、婚姻权等权利在农村基层有了制度支持和保障。如有的规定"男到

女家、女到男家均可，同等享受本村村民待遇"，"婚出妇女因离婚或丧偶，可以将户口迁回本村，并享受本村村民待遇"，"婚出男女新居住地没有分地，村里继续给予分地"。清除了在宅基地方面的不平等条款。依据新修订的村规民约，哈尔滨市王岗镇卫星村25户"姑爷户"解决了困扰他们多年的土地问题。

三 当前妇女土地权益存在的主要问题

（一）户口在娘家的"出嫁女"难以享受到土地承包权益

户口在娘家的出嫁妇女，分到的土地被娘家兄弟和父母耕种，种粮补贴、粮食收益均被娘家人无偿占有，这些妇女只是名义上获得了土地，实际上已经失去了土地的使用权和收益权。

（二）离婚、丧偶妇女土地承包权难以保障

按照"从夫居"习俗，离婚后，多数男方强行将女方户口迁出并占有女方土地，而女方娘家又没有土地可分，导致这类妇女失去土地。还有的妇女受家庭财产由男性继承习俗的影响，法律意识淡漠，离婚后不依法主张自己的权利，放弃了属于自己的土地。

（三）相关法律法规政策缺乏可操作性

《农村土地承包法》明确规定不能侵犯集体经济组织成员的合法权益，但是对"出嫁女"是否具有村民资格以及村民资格如何认定并没有明确规定。由于我国目前土地承包仲裁机构和制度还不健全，法院受理相关权益纠纷及集体经济组织收益纠纷案件缺乏统一审判标准。同时，"增人不增地，减人不减地"以及"三十年不变"的土地政策也使妇女的土地权益实现存在很大困难。

四 对策建议

——建议最高人民法院加强对涉及农村妇女土地承包权益纠纷案件审判工作的指导，及时确定法院受理农村妇女相关权益纠纷案件的统一审判

标准。

——加大《农村土地承包经营纠纷调解仲裁法》的实施力度，建立健全农村土地承包纠纷仲裁体系，完善相关程序，及时受理和调处涉及农村妇女土地承包权益的纠纷。

——做好土地承包证的确权登记，家庭土地承包经营合同由妻子和丈夫作为承包人共同签订，可以实行夫妻双名制，各持一份，有同等的权利和义务，在转让、租赁等土地流转过程中，需双方出具各自持有的土地承包合同，并由双方签名才能生效，这样能够保障妇女在分居、离婚和丧偶情况下享有土地承包权益。

——建议国家尽快对村民资格和集体经济组织成员资格依法作出界定，明确"出嫁女"在哪种情况下可以、哪种情况下不可以分享集体利益，防止农村"出嫁女"享受双重利益或者同时丧失利益，进而引发纠纷。

浙江省妇联的经验和做法

随着农村经济社会的不断发展，城市化进程的不断推进，利益格局的不断调整，农村妇女土地承包经营权及衍生的相关经济权益受侵情况日益突出。浙江省妇联一直十分重视农村妇女的土地权益保障问题，多年来积极反映、呼吁，努力在源头保障上切实作为，尽心在事实维权上协调推进，取得了一定的成效，为"平安浙江"建设作出了积极贡献。

一 基本情况

从浙江省县级以上妇联系统的信访统计看，2009年有关农村妇女土地权益的信访案件为904件，占财产权益类信访案件的69.9%；2010年为692件，占该类案件的67.98%；2011年为593件，占该类案件的66.4%。此类信访案件主要反映土地经营权得不到实现、征地补偿款和集体经济组织收益分配权得不到保障、宅基地权益难以落实和"三分三改"中股份权益被剥夺等问题。此类信访案件集体上访多，老上访户多，已经成为农村基层的突出矛盾和热点问题之一，严重影响了社会的和谐稳定。

二 主要做法和经验

为切实维护农村妇女的土地权益，近年来，浙江省妇联把农村妇女的土地权益问题作为妇联维权工作的重中之重来抓，全省上下共同努力，以引起各级党委、政府和各有关部门的重视为重点，以推动法律、法规和相关政策等的制定和出台为关键，以推动实际问题的解决为根本，有效地推进了农村妇女土地权益问题的解决进程。

（一）积极呼吁，多渠道反映农村妇女土地权益诉求

涉及农村妇女土地权益问题的信访是各级妇联信访中碰到的重点难点问题，省妇联从关乎农村妇女的生存权和发展权高度，充分认识农村妇女土地权益问题的重要性，积极通过多种途径反映农村妇女的土地权益诉求，争取党委、政府和各相关部门的重视，推动农村妇女土地权益问题的解决。

一是通过人大建议、政协提案反映。近年来，省妇联分别在省人大、省政协会议上提交了《关于要求重视解决"农嫁女"权益问题的建议》，省妇联厉月姿主席作为全国人大代表，把有关农村妇女土地权益的建议提交全国人大。各市县妇联也通过人大代表、政协委员以建议、提案的方式呼吁重视农村妇女的土地权益问题。省政协还就有关农村妇女土地权益的提案做了专题答复。

二是抓住重点信访案件反映。2002年，省妇联抓住金华与丽水部分"农嫁非"人员计划到京上访案件，专题向省委、省政府上报了《对处理农嫁女土地权益问题的实践和思考——浙江省处理农嫁女土地权益问题的情况汇报》。时任浙江省委书记张德江、省长吕祖善都十分重视，专门作出批示，要求妥善解决。2012年初，省妇联抓住副省长郑继伟把武义县的项桂芬等4位农嫁女微博信访转给省妇联的时机，认真调研，形成了《关于项桂芬等农嫁女土地权益受损情况的汇报》，专题报送郑继伟副省长，引起了省政府的高度重视，省委常委、副省长葛慧君，副省长郑继伟、陈加元分别作出批示，要求省农办牵头研究解决。省妇联还就农村妇女土地权益问题的部分重点信访案件与省信访局、省农办、省农业厅、省高院等部门沟通，呼吁相关部门给予重视解决。

三是通过调研反映。省妇联推动把农村妇女的土地权益问题纳入2009年省人大开展的《浙江省实施〈中华人民共和国妇女权益保障法〉办法》执法调研的重点内容，通过执法调研，督促地方政府执行相关法律、法规和政策，切实解决农村妇女土地权益问题。省妇联推动省高院就农村妇女土地权益问题开展专题调研，形成了《对当前"农嫁女"涉法纠纷问题的调查和思考》的报告并上报最高人民法院。省妇联于2004年组织开展了全省"农嫁女"土地权益问题调研，形成了《农嫁女土地权益问题的探索和

思考》报告，并报省委、省政府。2012年，省妇联将再次开展全省农村妇女土地权益问题专题调研，现已完成"村规民约中男女平等情况调查问卷"的设计印制和预调查工作。通过调研，推动省政府出台解决农村妇女土地权益问题的指导意见。省妇联还专门就农村妇女的土地权益问题在全省维稳工作理论研讨会、省实施"两纲"情况座谈会等会上作专门交流，推动政府各部门重视农村妇女土地权益问题的解决。

（二）努力争取，多层次推动保障农村妇女土地权益的法规政策出台

在全省各级妇联的共同努力下，浙江省修订和出台了一系列保障农村妇女土地权益的法规、政策和措施。

一是积极推动将农村妇女土地权益保障纳入相关的法规中。在省妇联的积极争取和不懈努力下，2007年新修订的《浙江省实施〈中华人民共和国妇女权益保障法〉办法》第二十六条、第二十七条、第二十八条明确规定了农村妇女享有与男子平等的土地相关权益，新修订的《浙江省实施〈中华人民共和国农村土地承包法〉办法》《浙江省村经济合作社组织条例》都明确规定了农村妇女的土地权益和社员资格。

二是积极推动将农村妇女土地权益纳入新出台的相关政策意见中。省妇联高度关注省委、省政府及相关部门制定出台涉及妇女权益的政策措施，提前介入，通过调研积极提出意见建议。如省委、省政府在制定《关于全省农村经济合作社股份合作制改革的意见》时，吸取了省妇联提出的"所有户籍关系在本村的村集体经济组织成员及其子女（包括户籍在本村的农嫁女）均可享受量化股份"的建议，这为保障全省"农嫁女"的相关经济利益又跨出了一步。省妇联还积极关注省政府制定《关于进一步稳定完善农村土地承包关系的意见》，保证了文件对"农嫁女"的土地承包经营权的保护。同时，全省各级妇联也主动介入地方政策制定，确保农村妇女土地相关权益在政策制定中得到保障。如杭州市西湖区妇联推动区委出台了《关于进一步落实农村婚嫁妇女土地承包权及相关经济权益的意见》，有效地保障了农村妇女的土地权益。温州市妇联抓住2012年全市"三分三改"的契机，向市委、市政府提交了《关于要求在"三分三改"中切实解决农村妇女合法权益的建议》的报告，得到了市委书记的大力支持。在温州市各级妇联的争取下，温州市各县区的"三分三改"指导意见和参考意见全部体现了对农村妇女股份权益的保障。

三是制定妇联推动农村妇女土地权益问题解决的指导意见。省妇联为更好推进农村妇女土地权益问题的解决，2004年制定下发了《关于贯彻落实土地承包法，进一步推动解决农村妇女土地权益问题的意见》，指导基层妇联尽早介入，切实保障农村妇女土地权益。

（三）主动介入，多途径维护农村妇女土地权益

充分发挥妇联的组织优势，多手段、多途径帮助农村妇女维护土地相关权益。

一是注重个案维权。省妇联受理农村妇女土地权益信访案件后，都会对案件认真进行分析，并及时与案件所在地妇联联系，做好指导督促工作。对部分集体访、重复访案件，省妇联组织法律顾问共同参与接访，并将有关情况通报相关部门。省妇联还重视农村妇女土地权益信访案件的领导接访和下访工作，2009年，省妇联副主席陈美云专门带队就绍兴市越城区"农嫁女"集体访案件开展下访工作，引起当地党委、政府的重视，解决了部分"农嫁女"土地权益问题，2012年，省妇联副主席陈美云又专门针对乐清市"农嫁女"包月雪的土地相关权益信访案件开展下访工作。

二是注重发挥仲裁、司法机关的作用。到2010年底，全省已全面建立农村土地承包经营纠纷调解仲裁机构，2011年共受理涉及妇女的案件228件。省妇联积极推动省高院落实基层法院受理农村妇女土地权益相关案件，目前，舟山、丽水、绍兴、湖州等地区的一些法院已顺利受理和解决了一批"农嫁女"土地补偿费分配纠纷案件。

三是注重工作经验的交流和推广。省妇联十分重视总结推广各地解决农村妇女土地权益问题的好做法、好经验，多次组织到杭州市西湖区开展调研，并通过省妇联维权工作研讨会交流西湖区妇联推进农村妇女土地权益问题解决的工作经验。省妇联还通过编印《浙江省妇联系统优秀维权模式》和《浙江省妇联系统优秀维权案例》等书，大力推广余姚市梨洲街道妇联的"整村拆迁安置中妇女权益受侵害案维权"等一批妇联系统维护农村妇女土地权益的优秀维权模式和维权案例，在全省起到了很好的学习借鉴作用。

安徽省妇联的经验和做法

安徽省是农业大省和农民工输出大省，历来重视保护农村妇女的土地权益。因此，虽然农村妇女人数较多，但是遭遇土地侵权的情况与全国其他省份基本相同，主要有以下几种类型：一是出嫁女因"从夫居"的传统习俗导致的失地问题；二是妇女离婚后，无法实际获得其在婆家的土地及相关权益；三是丧偶妇女因失去了家庭的"顶梁柱"，其自身及子女的土地权利容易受到村集体歧视。随着城镇化建设的加快，农村土地被大量征用，围绕征地补偿分配引发的妇女土地问题有所增加。针对以上问题，安徽省采取了一系列措施，切实维护农村妇女的土地权益，减少矛盾纠纷。现将安徽省维护农村妇女土地工作情况汇报如下。

一 安徽省维护农村妇女土地权益的主要做法

1. 制定完善相关法规、政策，保护农村妇女平等享有土地权益

2001年，省政府以皖政办〔2001〕79号转发了省农委《关于进一步稳定农村土地承包关系，完善农业承包合同管理的若干意见》，其中第五条"切实维护妇女的土地承包合法权益"中规定："出嫁妇女在婆家未分得承包地之前，或嫁入地已完成二轮土地承包工作，原居住地（娘家）所在村不得强行收回其承包地。不论采取什么办法，都要确保农村出嫁妇女有一份承包土地。要处理好离婚或丧偶妇女土地承包问题。妇女离婚或丧偶后仍在原居住地生活的，原居住地应保证其有一份承包地；离婚或丧偶后不在原居住地生活，其新居住地尚没有为其解决承包土地的，原居住地所在村应保留其土地承包权。"2003年，安徽省制定出台《安徽省实施〈中华人民共和国农村土地承包法〉办法》，再次强调保护出嫁女、离婚、丧偶妇女的土地承包权，确保她们能够拥有一份土地。2004年，省政府办公厅《关于妥善解决农村土地承包纠纷若干问题的通知》（皖政办明电〔2004〕79号），明确要求妥善解决农村中因妇女结婚、丧偶导致的承包权被侵犯问题。2007年，在全省开展的农村土地突出问题专项治理活动中，省政府办公厅又印发了《关于开展农村土地突出问题专项治理紧急通知》（皖明电〔2007〕52号），再次强调"对出嫁妇女、入赘女婿在新居住地未取得承包地的，发包方不得收回或调整其原承包地，已经收回或调整的要依法予以纠正"。同年，新修订的《安徽省实施〈中华人民共和国妇女权益保障法〉办法》正式颁布实施，将上述内容纳入"财产权益"一章，并分成三条进行了细化。这些政策法规的出台，为维护农村妇女尤其是离异、丧偶妇女的土地承包权益提供了有力的法律保障。

2. 依法认真处理妇女土地纠纷案件，切实维护妇女合法权益

安徽省高度重视侵害妇女土地承包权益的信访案件，在24个县（区）（2007、2008年各选取12个试点县区）开展了农村土地承包纠纷仲裁试点，累计调解、开庭仲裁农村土地承包纠纷案件近千件，接待农村妇女来信来访9批次。截至2010年，全省农业部门受理农村妇女因土地纠纷上访60件，基本做到件件有着落、事事有回音。省高院出台了《关于处理农村土地纠纷案件的指导意见》，对外嫁女、离婚、丧偶妇女等几类特殊人员的集体组织成员资格认定、土地补偿、安置费用支付及分配纠纷等问题进行了规范，为全省法院系统处理农村土地纠纷案件统一了标准。各级法院在坚持依法公平审理农村妇女土地侵权案件的基础上，针对此类案件涉及面广、处理难度大的情况，开展了大量的协调和疏导工作，有的地方还建立诉前多元化调解机制，并把此类纠纷纳入综治目标进行考核。

3. 建立健全妇女维权服务机构，畅通妇女维权投诉渠道

全省妇联系统建立了五级信访工作网络，省、市、县（区）妇联开通了"12338"妇女公益维权热线，制定了矛盾纠纷定期排查、重大信访案件跟踪督察等工作制度，努力为包括农村土地侵权妇女在内的来访妇女排忧解难；成立了妇女维权法律服务中心和分中心，并在律师事务所建立工作站，依托律师志愿者为妇女提供专业的法律服务；联合综治部门，在乡镇、社区（村）建立妇女维权服务站，大力开展维权服务、信访接待、矛盾纠纷排查调处、预防和制止家庭暴力、法律宣传等工作，并将以上工作纳入当地综治工作总体部署，做到来信来访联接、矛盾纠纷联排、维权服务联动，切实维护妇女儿童合法权益。对土地权益受到侵害的妇女来说，"横向到边，纵向到底"的维权服务机构，尽可能发挥基层维权机构人熟、地熟、情况熟的优势，及时、就地为妇女提供相关政策咨询和法律服务。

二 维护农村妇女土地权益中存在的问题

1. 集体经济组织成员资格缺乏明确的法律界定

我国现行的法律对什么是"农村集体经济组织"未作出明确定义，因此"农村集体经济组织"的成员也不易确认。而是否为农村集体经济组织成员，直接关系到农村妇女是否能够享有土地及其相关利益。在审判实践中，集体经济组织成员资格通常有三类标准：户籍、长期生产生活、是否形成事实上的权利义务关系或管理关系。但是，一方面各地执行的标准各不相同，无法体现司法的公平公正；另一方面，无论按照哪种标准，都无法完全切合农村生活实际，保证各类人群都能平等享受土地及其相关权益。目前，实践中对以下人员的成员资格认定存在明显争议：出嫁女、入赘婿，户籍在农村却在城市居住生活的农民工，户籍在城市但仍在农村居住生活的非农户，以及因读书而迁出户口，但毕业后尚无固定职业的人员和现役军人。

2. 矛盾焦点突出，审理、执行难度大

土地侵权案件不仅表现为被侵权妇女与村民小组、村民委员会及其负责人之间的矛盾，还表现为村民之间的矛盾。由于在同一集体经济组织内部相同的情况不止一例，因此对此类个案的审理裁判，不只关系到当事人的利益，更涉及其他集体经济成员的利益，可谓牵一发而动全身。另外，农村土地承包流转行为不规范，很多案件没有书面承包合同，一些村民、村委会或出于亲情，或出于其他原因，对法院的调查取证不予配合或出具的证据带有明显倾向性，缺乏真实性、客观性，证明力不足，导致法律对相关案件事实难以查明认定。即使法院予以判决，由于村中没有多余土地或者土地补偿款已经全额分配，导致很多案件判决后难以执行。

3. 村规民约缺乏监管，容易造成"多数人的暴政"

村民自治是推进我国农村民主政治建设、实现农民当家做主的重要举措。但是，由于我国民主制度和民主观念尤其在广大农村地区不发达，这村民自治权在现实中却有被滥用的风险和倾向，容易造成"多数人的暴政"问题，即多数村民利用形式上的民主程序侵害少数人的合法权益。以村民大会或村民代表大会决议、村委会决定或村规民约等形式侵害甚至剥夺农村妇女的土地权益的现象屡见不鲜，甚至出现了村规民约与法律法规相抵触的现象。而现行法律没有明确规定由何部门来审查村规民约的合法性，村规民约如果有违反法律法规政策的内容，应承担怎样的法律责任以及受侵害者的救济途径。

三 意见和建议

1. 进一步完善立法

应对涉及农村妇女权益的全国性法律进行法律冲突和立法协调的研究，减少和避免法律法规相互矛盾和不协调的内容。要进一步明确集体经济组织成员资格的认定标准、集体经济组织的权力范围、村民民主议定具体程序等法律问题。

2. 清理、规范、监督村规民约

要对现有的村规民约进行清理，按照《村民委员会组织法》"村民自治章程、村规民约以及村民会议或者村民代表讨论决定的事项不得与宪法、法律、法规和国家的政策相抵触，不得有侵犯村民的人身权利、民主权利和合法财产权利的内容"的规定，对村规民约中侵权、违法的条款予以清除，并借此机会，解决好土地征收收益分配中出现的侵害妇女合法权益的案件。乡镇政府应当行使对村民委员会的行政管理权，对村规民约的内容进行合法性审查，使村规民约符合现行法律的规定，不侵犯任何村民的合法权益。

3. 规范农村土地承包及其相关利益分配制度

在相关案件的审理中，执行难是一个很大的问题，其中一个重要的原因在于没有多余的土地或者补偿款可以分配。首先，建议建立征地补偿款等利益分配事前公示制度，使分配结果透明化、公开化，防止利益分配不均的情况发生，达到事前预防的效果。其次，建议建立土地和补偿款预留制度，在出现出嫁、入赘等增添人口的情况时，可以适当予以调整，保证一定程度上的公平。

4. 大力开展法制宣传教育

封建残余思想的影响和法制观念的薄弱，也是导致农村妇女土地侵权案件时有发生的重要原因之一。要继续大力开展相关法律、法规的宣传教育，增强基层组织和群众男女平等的意识，提高农村妇女依法维护自身权益的能力和水平。

福建省妇联的经验和做法

在农村，土地目前仍是广大农民最基本的生产资料，为他们的经济收入和物质生活提供有力保障。我国颁布的多项法规中均明文规定，男女享有平等的土地承包经营权，任何组织和个人不得侵害妇女尤其是离婚妇女应享有的土地权益。但长期以来，农村妇女土地承包权益受侵害的现象不仅客观存在，而且具有一定普遍性。近年来，福建省妇联着力从法律和政策层面切实保护农村妇女的土地权益，取得一定成效。

一 农村妇女土地权益维护基本现状

2005～2009年全省妇联系统共受理涉及农村妇女土地权益的信访案件931件，占财产权益类信访案件的41%。2010年受理村民待遇案件199件，占财产权益类案件（351件）的56.70%。2011年，全省妇联共受理财产权益类信访299件，涉及村民待遇及住房拆迁补偿186件，占财产权益类信访量的62.21%。村民待遇案件（147件）占财产权益类案件（299件）的49.16%。据2012年3月发布的第三期福建妇女地位调查（样本为全省9个设区市的41个县区的205个村、居委会的3075户家庭），全省农村妇女对于土地资源的享有情况良好，农村妇女中自己享有土地使用权的达62.2%，相应的土地补偿或收益的获得率达96.7%，相应的土地收益获得率达89.5%。在没有土地使用权的农村妇女中，42.2%的人从未分过土地，因婚姻和土地征用/流转/入股等原因而失地者分别占23.8%和31.6%，这是农村妇女失地的两大重要原因。

二 福建省维护农村妇女土地权益的实践与成效

（一）注重调研和执法检查，强化源头维权

长期以来，省妇联始终把维护农村妇女土地权益作为维权工作的重中之重。2010年，先后联合省人大开展《中华人民共和国妇女权益保障法》执法检查活动；联合厦门大学开展"福建省妇女土地权益保护研究"项目研究。执法检查发现的问题之一，就是农村妇女土地权益受侵害现象较为普遍。一些农村以村规民约或村民代表大会决议的形式规定，对落户在本村的"出嫁女"及其子女作"寄户"处理，不得享受村民待遇或限制他们的村民待遇，使得"出嫁女"在土地承包、征用土地补偿费分配及村民生活补贴费、养老金等方面的权益得不到保护，由此引发了大量的矛盾纠纷、诉讼案件及上访事件。项目课题组采用问卷调查、实地访谈、案例分析、文献分析等方式。问卷调查以福州、厦门、龙岩、泉州、漳州、莆田、宁德、南平、三明9个地级市为调查地点，对象为农村居民，共回收2473份问卷，其中有效问卷为2444份，无效问卷29份；男性726人，女性1718人。实地访谈在福州和南平两地进行，访谈对象包括妇女工作者、村干部和普通村民。调查表明，外嫁女、离婚妇女、丧偶妇女等处于婚姻变动状态的农村妇女是土地权益最容易受到侵害的群体。土地承包、征地补偿利益分配、集体经济组织收益分配、宅基地分配是农村妇女土地权益最易受到侵害的方面。针对以上执法检查和调研结果，2011年省人大内务司法工作委员会、省妇联联合赴南平市开展村规民约侵害农村妇女土地权益调研，指导对剥夺、限制出嫁女合法权益的村规民约进行清理和纠错。2012年，在新修订的《福建省实施〈中华人民共和国村民委员会组织法〉办法》和《福建省村民委员会选举办法》中，明确强调村规民约不能违反法律法规和国家政策。农村妇女土地权益有了法律保障。

（二）注重联合联动，强化司法维权

在省妇联的有力推动下，2008年，全省各级法院均成立了维护妇女儿童合法权益工作领导小组及办公室，率先在全国省辖各级法院全部设立了维护妇女儿童合法权益合议庭。2010年11月，省法院在全国省级法院中首

先制定下发了《福建省人民法院维护妇女儿童合法权益工作机制若干规定（试行）》，明确规定审理农村土地、山林承包经营、集体经济组织收益分配、股权分配、土地征收或者征用补偿费使用以及宅基地使用等案件中，注重保护妇女享有与男子平等的权利。如关于2008年武夷山市天心村10户农村妇女及子女起诉天心村村民委员会关于农村妇女集体收益分配一案，武夷山市法院一审判决为，外嫁女享受100%，其夫和子女的户口在本村的享受50%，不享受每人集体经济收益款2724元的分配。她们不服一审判决上诉到南平市中级人民法院，南平市及武夷山市妇联领导多次与法院沟通了解案情，市中级法院把这一案件设为观摩庭，组织人大代表、政协委员和妇联执委、公检法司干警、延平区乡镇（街道）妇联主席等30多人参加观摩。二审判决为，外嫁女享受100%，其夫和子女的户口在本村的享受100%。上诉人都获得了集体经济收益款。此后，南平10个县（市、区）法院以此案为标杆，均对农村妇女集体财产权益予以维护。2011年，全省法院依法审结涉及妇女土地权益案件3603件，并加大执行力度，使侵犯妇女权益问题有法可依、执法必严、违法必究。

（三）注重以人为本，强化实事维权

福建省各级妇联积极畅通妇女利益诉求表达渠道，深入开展"下基层、访妇情、办实事"活动，健全五级妇联信访网络、五级妇女调解网络、县级以上妇女法律援助中心（站）和"12338"妇女维权公益服务热线建设，试点实施妇女信访代理/协理制，借助"两会"提案、议案，推动解决农村妇女土地权益受损问题。如2011年底长乐市航城镇龙门村8人集体来访，反映该村151名"出嫁女"土地权益受侵害问题。龙门村因政府征收土地，拍卖村里98亩土地，得到土地拍卖款5亿多元作为土地补偿金及失地农民生活保障金，但村委会及村民代表大会通过村民决议剥夺了外嫁女、离婚妇女等人的收益分配权，严重侵害了该村外嫁女、离婚妇女的土地权益。省妇联立即与福州、长乐妇联联系，要求协调当地镇政府纠正村规民约。

三 维护农村妇女土地权益的难点与障碍

（一）外嫁女在土地承包时容易遭遇"两头落空"

据2012年第3期《中国妇女社会地位调查福建省主要数据报告》，农

村妇女中自己享有土地使用权的达62.2%。在2010年,农村妇女由于土地征用/流转/入股等原因失地者占28%,因婚姻失地者占23.8%。据2010年调研,在第二轮土地承包的初始分配中,不存在明显的性别差异。93.1%的人认为,本村待嫁女在土地初次分配中享有与男性平等的权利。但在土地初次分配以后,女性由于婚嫁而出现的人口流动远较男性频繁,即使最初与男子一样能分得土地,婚迁也可能使她们重新失去土地,表现在外嫁女的承包地被村里收回或由娘家继续承包,在夫家又无地可分。

(二) 妇女因婚姻状况变动而分割承包地的要求难以实现

对于离婚或丧偶后再婚的妇女,只有47.7%的人认为妇女可以从前夫家分出属于自己的一份土地;对于"农嫁农"的外嫁女,只有17.1%的人认为妇女可以把土地分割出来,自己继续承包;对于"农嫁非"的外嫁女,仅有10.1%的人认为妇女可以分割承包。

(三) 妇女在征地补偿利益分配中遭受严重歧视

在实际征地补偿工作中,地方政府或村庄自行确定的补偿主体范围、补偿标准往往实行男女差别对待,外嫁女、离婚妇女、丧偶妇女等群体被剥夺或限制享有征地补偿利益的权利。

(四) 农村集体经济组织成员资格尚无统一认定标准

农村地区大都实行"三十年不变"和"增人不增地,减人不减地"的长期土地承包政策,缺乏性别敏感性,忽略了"从夫居"的婚嫁习俗。代表大多数村民利益的集体经济组织往往尽可能将外嫁女、离婚妇女边缘化,排除出利益分配的主体范围。

四 维护农村妇女土地权益的对策建议

(一) 全面开展村规民约纠错

建立对村民自治的指导、监督和纠错机制。省妇联将以2012年省人大通过新修订的《福建省实施〈中华人民共和国村民委员会组织法〉办法》为契机,继续联合省人大常委会内务司法工作委员会、省民政厅开展村规民约侵害妇女权益情况调研,依法指导村规民约的修改和完善,从源头上维护农村妇女的土地权益。

(二)大力推进女性进"两委"

2012年是村级组织换届年。省人大高度重视女性进村"两委"工作,在新修订的《福建省实施〈中华人民共和国村民委员会组织法〉办法》和《福建省村民委员会选举办法》中,明确规定村民委员会中"至少要有一名妇女成员","妇女成员候选人单独提名产生","妇女村民代表应当占村民代表会议组成人员的三分之一以上"等,对女性参与基层民主管理给予法律上的保证。省民政厅在福州市马尾长柄村试点"村委会女成员专职专选",成效显著。省妇联将以此为契机,推进农村妇女参与村民自治,力争完成女性进村"两委""二个确保、二个提高"的任务,即确保村委会成员中有妇女委员,确保妇代会主任进村两委,提高村妇女代表当选率,提高女村支书和村主任当选率。同时全面实施妇女议事制,提高农村妇女参与基层管理的意识和能力,在实践过程中切实保障妇女土地承包经营权。

(三)完善对农村妇女土地权益的行政救济机制

注重用行政力量和司法力量相结合的办法维护农村妇女土地权益,特别应更多发挥行政救济途径的作用。妇女土地权益保障实践表明,政府的事前监督和事后救济应当有效地结合起来。对于农村土地权益纠纷,县区级政府或乡镇一级政府所作出的决定,有时甚至比国家的法律有更明确的指导意义。应当将化解纠纷,引导民众观念转变的重要责任落实到最基层的政府组织,把纠纷消除在萌芽状态,从根本上改变利益争端中农村妇女的弱势地位。省妇联将全面实施妇女信访代理/协理制的落实,认真做好矛盾纠纷排查,参与构建大调解工作体系,探索诉前调解与诉讼衔接机制,推动农村妇女土地权益的落实。

湖北省妇联的经验和做法

一 基本情况

2006~2011年底，全省妇联系统共受理妇女土地权益受到损害投诉702件次，大多数为反映土地征收征用补偿费分配不公问题，部分涉及宅基地、土地承包权益受侵害问题。反映问题的地区有武汉市江夏区、黄陂区、洪山区、沌口经济开发区、东湖风景区、化工新区以及襄阳市、鄂州市、随州市、恩施土家族苗族自治州等地。

（一）湖北省妇女土地权益受损的主要类型

1. 土地承包权（宅基地使用权）在婚姻中流失

出嫁女和离婚妇女土地权益受损。湖北省村集体基本上没有机动地，一批批的出嫁女因"娘家土地带不走，婆家没有土地分"而失去土地承包权。农村妇女离婚后，按照习惯一般不留在婆家生活，属于自己的承包地因无法分割带走而无法继续行使权利。

2. 土地补偿分配权在征地中被强行剥夺

随着城市化的推进，农村尤其是城郊土地被大量征用，农民的土地承包权变成了征地补偿分配权，经济利益驱动导致村民极力控制享受村民待遇的人数，出嫁女、离婚女、入赘男便成了被排挤对象。

3. 土地权益在股份制改造中遭到挤占

在村集体资产股份制改造过程中，农民土地权益变成了居民股份待遇。若妇女在此改造中不能享受平等配股权，就不能得到平等分红权，其土地权益就受到了永久性的侵害。一部分出嫁女、丧偶妇女和上门女婿在"村民代表大会"的制度下，应得的权益被挤占、被削减。

4. 土地收益权在流转中打了折扣

湖北省外出务工人员中接近一半是妇女。前些年很多农民弃田抛荒远走他乡，后农村政策好转，农民回乡要田，矛盾因此产生。有些地方把"打工妹"当作"村外人"来对待，在土地二轮延包和完善的过程中，或收回承包地，或不给流转收入，甚至取消其村民待遇。

（二）妇女土地权益受损的原因分析

1. 根在封建文化歧视

重男轻女、男尊女卑的封建文化，是妇女权益受损的历史根源。很多农民认为"嫁出去的女儿，泼出去的水"，导致村民代表大会举手通过"出嫁女不能回头享受娘家土地补偿分配"这样有失公平的条款。

2. 因在经济利益调整

征地补偿费、村集体经济收益和股权分配等在总量不变的情况下，村民们为争取自身利益最大化，而集体排斥出嫁女来"争蛋糕"。另外，随着土地的价值提高，诱发了返乡农村妇女争取土地权益的新问题。

3. 源在法规、政策缺失

现行法规对妇女土地权益保护不具有可操作性，尤其是"村集体组织成员"这个法律概念不明确。同时，现行法规忽视了因婚姻关系而流动的农村妇女的权益，以户为单位的土地承包经营权掩盖了个人尤其是妇女的应有权益。

4. 病在村规民约违法

村规民约是村民自治的重要表现形式，但现实生活中，村规民约违法已经成为政府管理农村的一个障碍。

5. 弱在自身素质偏低

多数农村妇女对土地权益受损处于不知情状态，甚至认为是正常现象。只有城郊接合部的妇女有较强的维权意识和能力，但往往缺乏正确的方法。

二 主要做法

湖北省委、省政府和各级地方党政领导一直非常重视农村妇女土地权益保护问题，注重从政策制定、实际操作、信访处理多个层面落实和保护妇女平等土地权益。

1. 源头参与，推动维护妇女土地权益政策法规出台

2002年和2006年，省妇联两次开展专题调研，提出的建议在省委、省政府出台的《依法完善农村土地二轮延包的若干政策》中被采纳，形成了调研报告《农村妇女土地权益值得关注》，并以省委专送参阅件编发，得到时任省委书记俞正声的重要批示。2007年，在《湖北省实施〈中华人民共和国妇女权益保障法〉办法》的修订过程中，我们汇总和提炼了各地经验，使最后通过的实施办法较为全面地列入了维护妇女土地承包经营权的内容。充分发挥"两代表一委员"作用，分别向全国、省提交提案议案，引起有关部门的重视。目前湖北省正在开展《湖北省农村土地承包经营管理条例》立法工作，该条例草案明确要求重点保障妇女的土地承包经营权。

2. 建立机制，探索农村妇女土地权益纠纷解决途径

省妇联协调有关部门，积极探索建立农村妇女土地权益纠纷解决机制。一是探索建立妇女土地纠纷仲裁机制。2010年，省妇联与省农业厅联合举办土地仲裁员培训班，对全省县以上妇联维权干部进行培训，115人获仲裁员资格证，成为湖北省参与农村妇女土地承包经营纠纷调解和仲裁的首席仲裁员，协助县级仲裁委员会办理相关工作。二是探索基层妇女土地纠纷调解机制。省妇联成立了人民调解委员会，各级妇联充分利用社会资源，建立人民调解、三方调解等机构调处社会矛盾。依托全省乡镇（街道）综治维稳中心建立妇女儿童维权服务站，实现资源的综合利用，强化了基层维权手段，提高了维权维稳效能，妇女土地权益纠纷得以在基层有效化解。三是探索妇女土地权益司法救助机制。在全省基层法院建立妇女儿童维权合议庭，与司法行政部门合作推进法律援助工作，推动解决一批涉及妇女土地权益的典型案件。如武汉市黄陂区叶家店村民杨秋娥等反映村集体在征地补偿款分配中剥夺出嫁女的分配权，经过6次诉讼，5次被裁定不予受理。区、市、省三级妇联锲而不舍，协调市、省两级检察院提起抗诉并提供法律援助，最终一审胜诉杨秋娥拿到了31223元补偿费。

3. 协调推进，狠抓维护妇女土地权益政策落实

省农业厅作为省维权领导小组成员单位，积极履行职责，采取多项措施推进解决。一是在稳定完善承包关系中维权。通过组织二轮延包"回头看"和突出问题专项治理等活动，要求所有家庭成员包括妇女儿童都必须作为共有人写入农户土地承包经营权证。二是在规范农村土地流转中维权。搭建土地流转交易平台，在自愿的前提下，鼓励农民流转土地承包经营权，扩大经营规模，为因婚姻而流动的农村妇女提供了解决"土地带不走"问题的一种选择。三是在"三村"（难点村、后进村、薄弱村）改造中维权。结合"三村"集体资产产权制度创新试点，在"清人分类、配置股份"过程中，确保试点村妇女儿童村民待遇，维护其集体经济组织成员的收益分配权。

4. 强基固本，提高农村妇女参政议政地位

在省人大 2011 年修订《湖北省村民委员会选举办法》过程中，省妇联提出的规范程序、放宽资格、保障妇女参与社会事务管理等建议被采纳，及时为湖北省村委会换届选举提供了法制保障。女性村委会成员比例的提高，为确保农村妇女在重大事项中的知情权、参与权和决策权等，促进有利于男女平等的村规民约出台打下了坚实基础。

三 对策建议

我们将继续宣传和推行男女平等基本国策，坚持原则性和灵活性相结合，大胆探索，突出重点，推动解决问题。

1. 以"三村"改造为契机解决出嫁女、离婚、丧偶妇女及上门落户女婿的土地权益问题

推动各级党委和政府指导和帮助村（居）委会完善、细化改革方案，依法使妇女尤其是符合条件的出嫁女享有平等权利，并充分照顾到离婚、丧偶妇女及上门落户女婿的合法权益。同时，建议立法明确"村集体经济组织成员"定义，使各地在具体操作中有统一的法律依据。

2. 在推行土地流转政策中维护流动妇女的土地权益

要密切关注妇女因外出打工而失去土地的问题，通过调解、仲裁等手段，确保外出务工妇女的土地流转权利和流转收入，对已损害的土地权益要予以返还和补偿。

3. 发挥基层组织作用，积极探索村规民约的指导和制约机制

进一步加强妇联基层组织建设，发挥女性村两委委员、女大学生村官等的作用，引导村民通过男女平等的村规民约。推动地方人大、政府等部门用足现有法规、政策，对村规民约担负起引导、监督、完善和确保合法的责任。建议在国家层面加强立法，从根本上解决村民自治与村规民约违法相矛盾的问题。

4. 加强对妇女土地权益保障的宣传和培训工作

加大对《农村土地承包法》等法律的宣传培训，增强基层干部群众的法制意识，教育和引导群众依法履行村民自治权，自觉维护妇女合法权益。充分发挥担任土地仲裁员的妇联干部的作用，积极参与涉及女性的土地纠纷仲裁，将妇女儿童维权工作落到实处。

广东省妇联的经验和做法

广东经济发展较快，农村"出嫁女"问题也较早出现，经济发达的珠江三角洲地区情况尤为突出。近年，广东省妇联联合省委农办、省信访局，认真开展农村"出嫁女"权益情况的调研，积极向省委、省政府反映情况，争取重视和支持。省委、省政府把"出嫁女"保障工作摆上重要议事日程，相关部门、有关地区迅速行动，合力推进，有效促进了广东省"出嫁女"权益保护工作取得阶段性成果，据统计，到2007年底，珠三角及肇庆市共有农村"出嫁女"及其子女41.54万人，其中，全部及部分享受应有权益的有37.52万人，占总人数的90.3%；全部未享受应有权益的有4.02万人，占总人数的9.7%。2008~2011年，又有3万多名"出嫁女"或其子女享受应有权益。广东的主要做法如下。

1. 强化组织领导，专题突破重点地区难点问题

在妇联等单位的积极推动下，各级政府切实加强对"出嫁女"权益保障工作的组织和领导。广东省政府分别于2005年、2007年两次专门召开珠三角地区及肇庆市"出嫁女"专题会议，统一开展专项治理。省委农办、省信访局、省妇联多次组成督导组，加强对各地工作的督促和指导。佛山市近年来出台了一系列政策和措施，在全市强力推进"出嫁女"保护工作，仅2008年3月~2009年3月佛山市南海区就解决"出嫁女"问题19699件，已落实18224件，完成率达92.5%。惠州市把大亚湾作为全市"出嫁女"工作的突破口，市委书记、市人大常委会主任黄业斌同志多次主持召开解决大亚湾区农村"出嫁女"集体经济分配权益问题的座谈会、研讨会，亲自指导和参与系列文件的起草和修改，并亲自抓督促、抓落实。截至

2012年5月底，大亚湾"出嫁女"共有2725人，已完成调处工作的有2460人，占总人数的90.3%。

2. 完善立法和政策，为"出嫁女"权益保护提供制度保障

2007年，省人大适时对《广东省实施〈中华人民共和国妇女权益保障法〉办法》进行了修订，明文规定"出嫁女"及其符合生育规定的子女，有权享受村民同等待遇。省委办公厅、省政府办公厅转发了《省委农办、省信访局、省妇联关于切实维护农村妇女土地承包和集体收益分配权益的意见》，强调农村集体经济组织成员中的妇女，在土地承包、集体收益、土地征收和征用补偿费使用等方面，享有与男子平等的权利，并重点对解决"出嫁女"及其子女、离婚丧偶妇女权益问题作出具体规定。各地结合实际，出台政策，细化工作措施。例如，佛山市南海区出台了《关于推进农村"两确权"，落实农村"出嫁女"及其子女合法权益的意见》，提出做好农村集体资产产权确认和农村集体经济组织成员身份确认"两确权"的基础工作，以及符合农村集体经济组织成员资格的农村"出嫁女"及其子女按同籍、同权、同龄、同股、同利的"五同"原则处理，从制度设计上为落实"出嫁女"权益提供保障。

3. 创新工作方式，在农村股份合作制改革中统筹解决"出嫁女"权益问题

广东省原来的主要做法是固化农村合作股份的股权，明确股东资格条件，规范配股形式，以某个日期为界点，实行"一刀切"，股权"生不增、死不减，迁出迁入不加减"，使"出嫁女"权益问题得到阶段性解决。例如，东莞市通过对村、组拟订的股份改革章程严格审核，到2006年6月，全市已有96.8%的"出嫁女"、92.9%的"出嫁女"子女获得了配股，成效较好。但有关地区股权"硬性"固化的做法，随着时间推移和死者增多、出生和新迁入人口增多，出现了死者和生者抢利益的问题，又引发新的矛盾。佛山市南海区积极探索，实行"固化股权，出资购股，定期调整，合理流动"的股份制模式，对村、组（社）中人口变动引发股权争议的，采取"生增死减，股权赎回"模式予以调整，即由集体经济组织赎回股权或进行内部流动处理，最终实现股权固化。新加入农村集体经济组织的成员原则上通过出资购股获得股权。这种股权"软性"固化的新模式，为农村股份制改革、"出嫁女"权益保护提供了新的思路。

4. 开展村规民约的清理工作，消除保护"出嫁女"权益障碍

对与上位法相抵触、侵犯妇女包括"出嫁女"合法权益的进行纠正，从源头上消除男女不平等因素。例如，肇庆市对全市1409个行政村的村规民约进行摸查清理，按照保护妇女平等权利的原则，有307个行政村对村规民约进行了修改，有167个行政村新建立了村规民约，使明确男女平等的村规民约比例达到99.5%。惠州市对560个村的村规民约进行了审查和清理，指导各村进一步规范村民自治行为，杜绝男女不平等现象。

5. 加强对村干部和村民的引导，提高农村维护"出嫁女"权益的自觉性

在农村，大力开展法制宣传教育，营造依法维护农村"出嫁女"权益的良好氛围。有的市组织干部深入农村，召开党员会议、居民代表会议、股民大会，层层进行教育和引导，消除群众在"出嫁女"问题上的分歧。有的地区把村干部作为重点对象，对村（居）支部书记、村（居）委会主任进行专题培训，纠正其错误看法，增强其做好"出嫁女"工作的主动性。

在党委、政府统一推进和各有关部门的共同努力下，广东省保障"出嫁女"工作取得了长足进步，但还存在着不少的困难和问题，并且在新的历史时期呈现新的特点。一是经济欠发达地区问题严重化。随着经济欠发达地区经济提速发展，越来越多的"出嫁女"要求分享利益，投诉数量和占全省总量比例均呈上升趋势。二是部分已享有权益的"出嫁女"要求享有更多权益，解决难度很大。三是在理解适用法律政策上标准不统一。对于历史遗留的"出嫁女"问题，适用何种条件要求，存在前后规定衔接的困难。在认定"出嫁女"享受村民待遇资格上，出现理解、执行不完全一致的情况。四是保护"出嫁女"权益的群众基础较为薄弱。受传统观念和现实利益之争影响，群众不理解、不支持"出嫁女"权益的现象仍普遍存在。部分农村基层干部缺乏法制观念，在草拟村规民约、集体经济分配方案时，先行把"出嫁女"及其子女排除在外。五是公权保护不全面。个别地方政府，在规范农村集体经济收益分配、农村股份制改造、土地补偿款分配时，忽视"出嫁女"的利益。广东法院对农村"出嫁女"权益纠纷案不作为民事案件进行受理，"出嫁女"仅依赖"行政处理—行政诉讼"的救济途径解决问题，处理程序比较烦琐。

针对存在的问题和困难，提出如下建议。

1. 强化对"出嫁女"权益保护的全局领导

要把保障农村"出嫁女"权益作为各级党委、政府的重要任务，切实摆上重要议事日程。尤其是要统一工作部署、统一解决程序、统一保护标准，尽量减少地区之间的保护差异，最大限度巩固工作成果，防止新的矛盾出现。加强对经济欠发达地区的工作领导、指导和督促，把"出嫁女"权益保护工作做在前面，落实到乡规民约制定、村民决议草拟、土地补偿款方案拟订、农村政策出台等重要环节。

2. 加强适用"出嫁女"相关法律政策的指导

做好新、旧政策规定适用衔接工作，增强相关规定的针对性和可操作性。出台专门文件，界定"出嫁女"享受村民待遇的资格和条件，加强处理"出嫁女"权益问题的程序指引，尤其是对"出嫁女""反悔"要求更多待遇的政策界定和工作指导。

3. 强化行政和司法保护

将性别意识纳入决策主流，增强保障"出嫁女"权益的自觉性和主动性，依法行政、依法办事，坚决制止侵害"出嫁女"权益的违法行为。乡镇人民政府和街道办事处，要履行法律规定的职责，加强对乡规民约、集体经济组织章程、村民决议决定的审查工作，对违反男女平等基本国策、侵害"出嫁女"合法权益的，及时进行纠正。落实行政保护责任主体，强化行政救济，县（区）有关行政部门、镇（街道）人民政府，对集体经济组织违法侵害"出嫁女"合法权益的行为，要积极作为，及时作出行政处理决定。畅通民事诉讼解决"出嫁女"问题的司法途径，依法受理"出嫁女"权益纠纷案件，及时公正地作出裁决。

4. 加强保障"出嫁女"权益的法制教育

贴近群众、贴近实际，举办各种形式的法律宣传教育活动，大力宣传保护农村"出嫁女"权益的法律法规，不断提高农村干部、群众的法律意识。通过以会代训、举办培训班和讲座等形式，重点加强农村党员干部特别是"两委"干部、村小组干部的法律培训工作，强化村干部依法办事的意识。

四川省妇联的经验和做法

四川是农业大省，有农村妇女约 2560 万人。一直以来，四川省各级妇联通过政策推动、宣传普及、督察指导等形式，为维护农村"出嫁女"、离婚女及丧偶妇女等农村妇女的土地权益做出了努力。

一 深入调查研究，全面掌握四川省农村妇女土地权益情况

为了进一步了解掌握全省农村妇女土地权益保护情况，2012 年 1 月，省妇联联合西南财大法学院在全省开展了农村妇女土地权益保护问题的调研，主要采取问卷调查、座谈、访谈等形式，对全省 18 个市（不含 3 个民族自治州）73 个乡镇 206 个行政村的农村妇女开展了土地权益保护问题专项调查。在调研过程中，发放问卷 10000 份（回收近 6000 份），召开座谈会 10 次，访谈了 100 名农村妇女，初步形成了《四川省农村妇女土地权益保护问题的调查报告》。

目前，四川省农村妇女土地权益保护的情况态势良好，农村妇女的维权意识不断增强，40% 的调查对象通过找村委会进行权益维护，有 32% 的人会寻求妇联的帮助，有 7.2% 的人通过打官司等法律渠道进行维权。同时有 91.4% 的农村妇女有自己的承包地，即使妇女承包地在娘家，绝大多数妇女仍然拥有这份土地的承包权。有 67.8% 的妇女离异时可以从婆家分出属于自己的那一份土地。但农村"出嫁女"、丧偶妇女、再婚妇女的土地权益受到侵害的现象时有发生，同时也存在房屋拆迁过程中妇女不能公平分配补偿款等一些问题，为此，我们在调研报告中进行了分析，也提出了建

议和意见。

二 参与源头维权,切实保护农村妇女的土地权益

从 2006 年开始,省妇联积极参与制定和草拟了《四川省〈中华人民共和国土地管理法〉实施办法》《四川省人民政府办公厅关于进一步加强农村土地管理工作的意见》等文件,提出了农村妇女特别是"出嫁女"、丧偶妇女等应与男性一样平等享受土地权益,从源头上保障农村妇女土地权益。特别是 2008 年"5·12"汶川大地震发生后,地震灾区的农村耕地遭到了严重破坏。当我们了解到地震灾区"出嫁女"的土地权益存在侵害的苗头后,省妇联积极作为,主动参与了《四川省人民政府关于汶川特大地震灾后恢复重建中土地权益保护的指导意见》,对地震灾区包括农村妇女在内的农民土地承包经营权的流转、承包、互换、继承等行为进行了规范,从政策上保护了农村妇女土地权益。2012 年 3 月,四川省召开了全省第七次妇女儿童工作会议。省委副书记、省长蒋巨峰亲自出席会议,并强调要高度重视农村留守流动妇女儿童问题、薄弱地区妇女儿童问题,尤其要重点抓好边远农村、民族地区、革命老区、贫困地区、地震灾区妇女儿童工作,切实保障农村妇女儿童权益。

三 广泛宣传,营造保护农村妇女土地权益的社会氛围

为了营造关爱农村妇女的社会氛围,维护农村妇女的合法权益,四川省各级妇联利用传统节日开展土地权益法的宣传。在每年的"三八"妇女维权周,各级基层妇联通过散发宣传资料、设立咨询服务台等形式,广泛宣传《妇女权益保障法》《关于进一步加强农村土地管理工作的意见》等,部分地区还在乡镇聚居地悬挂"男女平等,土地共享"等宣传标语。2009年、2012 年,省妇联联合省民政厅、省人劳厅等部门深入眉山市、乐山市等乡镇进行农村妇女土地、社会保障权益等方面的咨询、答疑服务活动,搭建农村妇女表达诉求的平台,同时将妇女土地权益保护的法律法规知识融入小品、歌舞等文艺表演之中,达到了寓教于乐的普法效果,受到了群众的欢迎。省妇联在 2012 年"三八"节前夕,制作"六五"普法文化衫5000 件,印发《劳动法》《农村土地承包法》等宣传单 30000 份。近五年

来，据不完全统计，全省各级妇联共开展有关农村妇女土地权益保护的宣传活动1000多场次，免费发放各种法制宣传资料40多万份，为近30万名妇女群众提供了法律宣传、咨询服务。

四 督察指导，对侵害农村妇女土地权益问题进行纠正

2007~2012年，省人大组织妇联、民政、公安、司法等部门对《妇女权益保障法》执行情况进行了3次督察指导，特别对农村妇女土地权益问题进行了检查。对11个乡镇、村在土地流转、承包利益问题上的性别差异给予了纠正。同时省妇联与省民政厅、省公安厅等部门合作，对涉及农村妇女土地权益问题的23个信访案件给予答复和解决，为维护社会的和谐稳定做出了努力。

甘肃省妇联的经验和做法

甘肃是个农业大省，总面积45.4万平方公里，居全国第七位，耕地5232.41万亩，人均耕地2.08亩，居全国第六位。近年来随着城镇化建设的加快，农村土地被大量征用，从土地承包权利衍生的集体经济组织收益分配权、土地征用补偿等利益分配纠葛及矛盾日益突出，加之受村规民约及传统观念的影响，歧视、侵害农村妇女土地权益的现象时有发生。

据全省妇联系统信访统计，2009年，因土地承包权益、宅基地、土地征收征用补偿费使用及集体经济收益分配等方面的问题来访妇女96人次，2010年113人次，2011年144人次。根据对全省农村妇女土地权益情况的调研及来访妇女的反映，目前全省侵犯妇女土地权益问题主要有以下五方面：一是在土地征用过程中，"出嫁女"得不到土地补偿费；二是离婚或丧偶的农村妇女受到歧视；三是"农嫁非"妇女不能享受村民待遇；四是妇女外出务工抛荒导致失地；五是土地流转不规范引发矛盾。

土地是农民的生存之源、发展之本，农村妇女获得稳定的土地收益，是实现其他权利的重要基础。甘肃省各级妇联组织认真贯彻落实《农村土地承包法》《妇女权益保障法》，积极协调、多方联动，在维护妇女土地权益方面做了大量的工作，取得了一定的成效，主要做法如下。

一 广泛宣传法律、法规，提高全社会维护农村妇女土地权益的意识

做好农村妇女土地权益宣传教育工作是有效化解土地矛盾纠纷的重要

渠道，全省各级妇联组织通过利用重大节日、信访平台、维权站点及实施项目等有利时机和工作手段，广泛宣传妇女土地权益相关法律、法规。一是利用重大节日开展宣传。省、市、县三级妇联充分利用"三八"维权周、"12·4"法制宣传日、"三下乡"等活动，积极宣传《妇女权益保障法》《农村土地承包法》。省农牧厅等相关部门每年在3月和12月都开展"承包法律进村入户"活动，重点宣传涉及农村妇女土地承包权益的相关法规、政策，并为妇女提供法律、政策咨询和法律援助等方面的服务。二是利用信访接待平台开展宣传。甘肃省各级妇联组织充分利用信访接待平台，对土地权益受到侵害、情绪较为激动的来访妇女，做耐心细致的思想工作，疏导她们的情绪，并为其讲解国家及省级有关土地承包权益的法规政策，引导她们选择合理合法表达诉求的途径。三是利用妇女维权站点及"留守妇女阳光家园"开展宣传。充分发挥基层妇女维权站点及农村"留守妇女阳光家园"阵地作用，组织农村妇女学习《妇女权益保障法》《农村土地承包法》及省市土地相关政策规定。

二 严格执行法规、政策，及时纠正农村妇女土地权益落实中的偏差

农村因为实行村民自治，村委会和村民代表大会以合法程序通过一些村规民约，而忽略了《农村土地承包法》《妇女权益保障法》等法律关于妇女土地权益保护所作的规定，造成了农村妇女权益被肆意侵犯。针对这一现状，省人大每年带领相关部门深入基层，开展执法检查。省农牧厅、省妇联指导基层政府、村民委员会认真贯彻落实《中共甘肃省委办公厅、甘肃省人民政府办公厅关于进一步稳定和完善农村土地承包关系的通知》《甘肃省人民政府办公厅关于妥善解决当前农村土地承包纠纷问题的紧急通知》等法规政策，对农村妇女土地权益维护中存在的偏差，采取措施加以规范。一是户籍在二轮土地延包前未迁出仍在娘家的，应由娘家所在地分给承包地；二是二轮延包时，因娘家实行小调整而婆家未实行小调整造成出嫁妇女无承包地的，原则上应由户籍所在地解决承包地，无力解决的，可通过候地解决，有条件的地方，可纳入当地失地农民或低保户来解决其生活问题；三是二轮延包后嫁出的，娘家不能收回承包地；四是妇女离婚或丧偶后，仍在原居住地生活的，不能收回承包地；五是离婚或丧偶后不在原居

住地生活，其新居地还未为其解决承包地的，原居住地所在村、社在承包
期内应保留其土地承包权。通过以上政策的规范和落实，使农村妇女土地
权益受侵害问题有所改善。

三 充分发挥妇联优势，妥善化解妇女土地承包矛盾

土地纠纷涉及面广、影响大，直接关系到社会的和谐稳定，全省各级
妇联积极履行职能，发挥自身优势，尽力推动解决农村妇女土地权益问题。

1. 加大妇联信访督办力度，解决问题

甘肃省各级妇联组织按照农民来访无小事的原则，对因土地权益受到
侵害来访的妇女认真接待，想方设法帮她们解决问题。2012年2月来省妇
联上访的张掖市甘州区梁家墩镇梁家墩村村民刘某，1966年与某单位吴某
结婚，但户口未迁出。在1982年土地承包时，因种种原因没有承包村社耕
地，二轮承包时也没有承包到耕地。在随后多年里，她所在的村社的土地
多次被征用，本社农民均享受到征地补偿，但她因在村里没有承包地，未
享受到征地补偿。为此，刘某多次上访，要求在原村社分地并且补偿征地
款，以解决其生活困难。为了切实解决刘某的上访问题，省、市、县三级
妇联多次协调梁家墩镇，为其办理了"低保"和新型合作医疗保险，并每
月发放150元的生活救助，使问题得到了圆满的解决。

2. 积极协调有关部门，解决问题

各级妇联组织充分发挥妇女维权联动机制作用，对侵害妇女土地权益
的案件，及时与法院、司法、农牧等相关部门协调沟通，推动问题的解决。
张某1976年与周岭村公派教师齐某登记结婚，二人系二婚，同年11月张某
将户口迁入周岭村。在第二轮土地承包中，张某作为承包方（户主）与周
岭村王沟畎组签订了土地承包合同，获得了9.2亩的土地承包权。2006年，
政府征用了村里的部分土地，方案规定"离婚妇女在本队居住的和离婚男
子后娶妻子二人按一人的款额分配"。由于齐某的前妻付某离婚后虽与他人
结婚，但仍在王沟畎组居住生活，其户口依然留在该村，所以张某在领取
补偿款时，只能以半个人的名额参与分配。张某数次向村委会、镇、区政
府申诉，但每次回来的时候都是满脸的失望，张某的精神受到了巨大的打
击。后经市区妇联多方协调，并聘请律师、指派干部参与张某的维权诉讼，
此事得到圆满解决。

3. 借助司法救济手段，解决问题

对侵害妇女土地权益的问题，在多方推动、矛盾不可调和、行政调解无果的情况下，我们将通过司法解决作为一个重要的途径。平凉市崆峒区柳湖乡泾滩村一社"出嫁女"罗某等25人，结婚前一直在村里参加劳动，婚后，其配偶在城市工作，她们在1994年各自拥有0.7～0.9亩不等的承包地。1994年，村委会以给罗某等人的子女办理农转非户口为由，强行收回了罗某等人的承包地，同时剥夺了25人应该划给的宅基地。到1998年底，泾滩村委会及泾滩村一社开始不承认罗某等人的菜农身份，不享受村民待遇，并提出25人户籍在农村空挂，同时终止了罗某等25人在村社集体企业里的分成。省、市、县三级妇联组织积极协调，会同司法、农业、县乡两级政府，深入实地调查了解，在多次调解无效的情况下，支持罗某等25人诉诸法律维护自己的权益。平凉市中院两次公开开庭审理，判决补发25名原告1998～2003年支农扶持金每人690元；在下一轮土地调整时，给25名原告划调承包地，同时，将相应的土地承包费发给她们。在各级妇联组织和各部门的共同推动下，这一土地权益案件得到圆满解决。

总之，在全国妇联的科学指导下，在各级党委、政府及相关部门的重视支持下，甘肃省在维护农村妇女土地权益方面探索出了一些行之有效的工作方法。但随着形势的发展对这项工作的要求将会越来越高，今后我们将进一步加大工作力度，采取更加有效的工作措施，推动农村妇女土地权益全面落实。一要加强宣传教育，提高思想认识。通过组织培训、进行村务公开、举办"送法下乡"活动等形式，大力宣传有关农村妇女土地权益的法律法规，努力提高基层干部的依法决策水平，强化农村妇女的维权意识，进而减少侵害妇女土地权益现象的发生。二要完善法律法规，提高保障能力。加强对村规民约的监管，推动相关部门对制定村规民约进行具体指导，使村规民约与国家的法律、法规不抵触；推动农村户籍制度改革，对长期居住在农村并履行村民义务的离婚、丧偶妇女等，不得强迫她们迁出户口。三要加强监督检查，落实政策规定。省市妇联、农业等部门层层开展专项督导，保证《妇女权益保障法》《农村土地承包法》等法律有效实施。四要健全农村土地承包纠纷调处机制。推动建立市县农村土地承包仲裁委员会，及时调解仲裁纠纷，切实保障妇女土地承包权益，维护社会和谐稳定。

宁夏回族自治区妇联的经验和做法

近年来,宁夏认真贯彻落实党的农村政策,高度重视对农村妇女土地权益的保障,加大工作力度,进一步推进土地承包管理规范化、制度化和法制化建设,切实维护了农村妇女土地承包经营权益,取得了实实在在的成效。截至2010年底,全区实行家庭承包经营的农户86.8万户,家庭承包经营耕地面积1130.5万亩,有84.8万户农户与集体经济组织签订了土地家庭承包经营合同,84.5万户农户领取了农村土地承包经营权证书,分别占家庭承包经营农户的97.7%和97.4%。

一 主要做法及成效

宁夏一直把维护农村妇女土地权益作为妇女维权维稳工作的一项重要内容,结合民族地区实际,积极探索,建立机制,形成了党委领导、政府主管、人大监督、各有关部门齐抓共管的工作格局。

(一)抓源头,建机制,奠定保障农村妇女土地权益基础

1. 高度重视,加强督导,注重从源头抓维权,切实维护农村妇女合法权益

2007年宁夏第九届人大常委会第二十八次会议审议通过了《宁夏实施〈中华人民共和国妇女权益保障法〉办法》(后简称《实施办法》)。《实施办法》第二十八条专门就维护妇女在土地承包经营、集体经济组织收益分配、土地征收或征用补偿费使用分配以及宅基地使用等方面的权益作了明

确规定。自治区人大多次对农村妇女土地权益的保障进行了执法检查。特别是 2010 年 4 月，自治区人大常委会副主任张小素亲自带队对宁夏实施《妇女权益保障法》情况进行了执法检查，其中检查的三项重点内容之一就是农村妇女土地权益保障。自治区副主席姚爱兴出席情况通报会，要求政府有关部门针对执法检查组反馈的问题认真查改。2011 年，自治区"两纲"终期评估验收组对各地农村妇女土地权益保障工作进行了检查。

2. 建章立制，规范管理

宁夏各地加强组织领导，强化制度建设，着力规范管理，完善工作规程，不断提高农村土地承包管理工作水平。各县（区）成立了由党政领导负责、有关部门参加的土地承包工作领导小组。健全完善土地承包管理和土地流转机制，建立了土地承包经营登记簿，以县为单位统一规范承包合同内容及文本，建立了承包合同签订、鉴证、立卷、归档、调阅、保存等管理制度，稳定和完善农村土地承包关系；建立健全了征地补偿费专户管理制度，规范了征地补偿费会计核算内容和程序；建立健全了土地征地补偿费使用的民主监管机制，将土地补偿费的使用和管理情况纳入农村财务公开和民主管理的内容；建立健全了土地补偿费专项审计制度，加强对农村征地补偿费的日常监督。从账面上反映，2010 年全区土地征收或征用补偿费为 12.3 亿元，全部按照面积进行补偿，农村妇女依法获得了相应的补偿，权益得到了应有的保护。

（二）知民情，解民忧，维护农村妇女土地权益取得实效

1. 调查研究，掌握情况

妇联、农牧等部门积极开展调研，为党委、政府制定政策提供依据，推动农村妇女土地权益热点难点问题的解决。自治区妇联配合自治区人大对全区农村土地承包法律政策贯彻落实情况进行了调研和专项检查，切实纠正了政策执行不到位、损害农村妇女土地权益等问题。2010 年自治区农牧厅就各市、县（区）维护农村妇女土地承包权益情况作了广泛的摸底调查，针对存在的侵害农村妇女合法权益等问题，积极与有关部门协调，妥善解决。

2. 协调配合，形成合力

宁夏各级政府及有关部门按照"减人不减地、增人不增地"的原则，以农民合法户籍为依据分配和调整土地，使农村妇女土地承包权得到了有效保障。法院、司法、信访等部门本着方便生产、方便生活、化解矛盾、照顾妇女的原则，对"出嫁女"、离异或丧偶妇女在农村土地承包经营等权益保障中出现的问题，认真做好调解、仲裁、诉讼、执行工作，妥善解决和处理了一些侵害农村妇女土地权益的纠纷和案件。农牧部门建立了土地承包纠纷逐级定期报告制度、土地纠纷排查制度、土地承包信访分级负责制，加大对侵害农民土地承包经营权案件的查处，使土地承包纠纷得到及时调处。妇联组织积极发挥信访窗口作用，认真受理涉及农村妇女土地权益的信访案件，并通过妇联干部、人民陪审员参与审理有关案件等途径，加大监督力度。2005~2010年，全区共发生农村土地承包纠纷1548件，调处1343件，占纠纷总量的86.8%，其中涉及妇女土地承包纠纷101件，占纠纷总量的6.5%。全区各级法院受理涉及农村妇女土地权益纠纷案件148件，依法保护了农村妇女土地权益。

3. 加大宣传，依法维权

宁夏各级妇联抓住各种有利契机，与农牧、公检法司等部门紧密联系，采取多种有效手段，广泛向广大基层干部和农民群众宣讲相关法律法规知识，一方面提高了乡村基层干部依法行政、依法办事的能力和水平；另一方面提高了农村妇女的法律意识和自我保护能力。自治区妇联举办维护妇女土地权益培训班，对基层妇联、法院、农牧部门的干部进行了专门培训，提高了他们工作的能力和实效性。

二 存在问题及原因

宁夏各级党委、政府高度重视妇女维权工作，妇联组织充分发挥职能作用，全面维护妇女儿童的合法权益，农村妇女的土地承包权益得到了基本保障。但在个别地方还不同程度地存在着侵害农村妇女土地权益的现象。主要表现在三个方面：一是非法剥夺农村出嫁、离异或丧偶妇女的承包地；二是漠视妇女权益，强迫农村妇女流转承包地；三是侵占妇女合法权益，在分配土地征用补偿费及其他收益分配时，剥夺出嫁、离异或丧偶妇女参与分配的权利。

产生这些问题的因素是多方面的。一是相关法律政策的执行与现实问题存在矛盾。现行土地法律法规虽然在很大程度上保障了以户为单位的土地承包经营权，但忽视了由于婚姻关系而流动的农村妇女的权益，造成对

"出嫁女"、离异或丧偶妇女土地权益以及相关权益的保护力度不够，可操作性不强。二是利益驱动引发分配矛盾。在集体经济组织收益分配和土地征用补偿方面，经济条件较好的村的"出嫁女"不愿意把户口迁到其他村。在集体经济组织收益分配和土地征用补偿时，村民因经济利益排斥"出嫁女"、离异或丧偶妇女等人群。三是受传统观念的影响。男女不平等封建残余思想的影响依然存在，特别是在一些经济发展比较落后的地方还根深蒂固。个别地方歧视妇女、漠视妇女权利，通过村民代表大会或村规民约的形式，剥夺妇女土地承包经营权和收益分配权。

三 今后对策及建议

由于农村妇女土地承包经营权问题涉及面广，情况比较复杂，在现有的社会保障以及集体经济发展水平之下，维护农村妇女的土地承包经营权益，特别需要政策法律的制度性保护、各级行政部门的积极介入和有力的司法监督。

1. 完善有关保障农村妇女土地承包权利的法律、法规

建议全国人大对《农村土地承包法》《村民委员会组织法》进行修改完善，加大对侵害农村妇女土地承包经营权行为的制裁力度，实行可行的补偿措施，明确政府有关部门对村规民约的审查、指导职责，确保农村妇女土地权益的落实。建议增强《妇女权益保障法》有关规定的可操作性，加大惩处侵犯妇女权益的力度，明确违法责任追究。

2. 加强对农村妇女权益法律、政策的宣传工作

进一步加大相关法律法规政策的宣传力度，提高广大基层干部的法律水平和维护妇女合法权益的意识，严格按法律规定解决土地承包纠纷。自治区、市、县（区）、乡镇（街道）层层举办"家和万事兴"妇女普法大讲堂，提高广大农村妇女的综合素质、依法维护自身合法权益的意识和能力。充分发挥农村基层调解组织在妇女维权中的作用，共同关注农村妇女的维权问题，建立良好的农村妇女维权法治环境。

3. 加强对农村妇女土地权益的执法督导力度

严格执法是保证农村妇女的合法权益得以实现的关键，公安、检察、法院、司法、土地、农牧、妇联等部门要积极协调配合，加大对侵害农村妇女土地权益违法行为的查处力度；不断完善农村妇女人身权、财产权和婚姻家庭权的保障机制。加快建立农村土地承包经营纠纷调解仲裁机构，通过协商、调解、仲裁等多种方式解决矛盾纠纷，切实维护农村妇女合法权益。

新疆维吾尔自治区妇联的经验和做法

保障农村妇女土地权益不受侵害，是维护妇女权益的核心内容之一。

一 新疆农村妇女土地承包经营权益保障现状

1. 妇女群众对土地承包政策的贯彻落实较为满意

从调查的情况来看，全疆农村干部、群众对土地承包政策的贯彻落实比较满意，对我国《农村土地承包法》和《妇女权益保障法》中有关"妇女在土地权益方面享有与男子同等的权利"政策的知晓率达90%以上，认可度较高，对政策的落实比较满意。同时农村妇女争取土地权益、维护土地合法权益的能力和意识也得到大大提升，从一定程度上说明妇女的维权意识也在不断增强。

2. 程序规范，土地矛盾纠纷少

新疆大部分乡镇、村，严格按照上级政府的统一部署，依法规、按政策办事，较好地坚持了民主协商、公开公平公正和男女平等的原则。各地本着"大稳定、小调整"的工作方针，按照农村土地承包三十年不变的政策，对于人地矛盾突出的地方，按照2/3以上农户的意愿，在民主参与、民主协商的基础上，因村制宜地进行了微调，有效地化解了人地矛盾，在一定程度上保障了婚嫁妇女的土地承包权。

3. 农村妇女土地权益得到有效保护

新疆各地将贯彻落实《农村土地承包法》与《妇女权益保障法》中涉及农村妇女权益保护的内容相结合，将农村妇女土地权益情况纳入"农村土地承包经营及管理情况"专项统计指标,经常性地开展农村妇女土地权益检查,加大对侵害农村妇女土地权益案件的调处力度。

二 存在的主要问题

一方面,随着社会发展,妇女受教育程度逐步提高,维权意识和能力大大增强;另一方面,国家取消农业税和对粮食种植进行补贴以来,农民对土地重视程度越来越高;同时,随着农村城镇化进程的加快,城区周边土地被大量征用,从土地承包权利中衍生的财产权益矛盾日益突出,在这种利益格局的调整中,存在歧视、侵害妇女土地承包经营权益的现象。目前,新疆耕地面积达7685万亩,基本农田面积稳定在5330万亩,新疆总人口为2158.63万,人均耕地面积为3.56亩。总体而言,新疆农村妇女土地权益受侵害的问题并不突出,只是偶有发生,具体表现如下。

1. 因婚姻变化而丧失土地承包经营权益

如乌鲁木齐市乌鲁木齐县妇女金某2011年3月反映,她1990年嫁到阜康市,户口未从乌鲁木齐县迁出,自己承包的土地被村里收回并承包出去了。

2. 因人口流动而丧失土地承包经营权益

随着经济的发展,越来越多的农村剩余劳动力外出务工。税改前,种地需缴纳农业税,对于外出打工者的土地,或抛荒或由村集体收回后转给他人耕种。在土地流转过程中,由于农户法律意识不强,没有签订合同或协议,一旦发生纠纷,土地承包者尤其是女性的土地权益很难得到保障。

三 主要做法

妇女正在成为新疆农业生产的主要从事者和社会主义新农村建设的主力军。保护好她们的土地权益,不仅可以调动她们投入农村小康建设的积极性,而且有利于促进社会和谐。新疆各级妇联组织在农村妇女土地权益保障上的主要做法如下。

1. 推动出台相关法律、法规,从源头上保障农村妇女的土地权益

推动自治区人大和相关部门把保障妇女儿童权益立法和执法监督纳入制度化轨道,2006年在全国率先出台了《新疆维吾尔自治区实施〈中华人民共和国妇女权益保障法〉办法》，该实施办法第二十二条明确规定，"承包期内，妇女结婚，在新居住地未取得承包地的，发包方不得收回其原承包地；妇女离婚或者丧偶，仍在原居住地生活或者不在原居住地生活但在新居住地未取得承包地的，发包方不得收回原承包地"。

2. 大力实施"强基固本"工程，为妇女土地权益维护提供制度保障

坚持组织创新、机制创新和工作创新，不断完善组织妇女、引导妇女、服务妇女、维护妇女合法权益的职能。出台了党建带妇建工作实施方案，建立了相应的工作目标责任制，保证了村妇代会主任的政治地位和工资待遇，全新疆村妇代会主任全部进入村两委班子，保障了妇女参政议政、维护土地合法权益的权利。

3. 广泛开展普法宣传活动，提高各族干部群众的法律素质

妇联与土地、宣传、司法等部门密切配合，通过"送法进村（家）"、广播电视专题讲座、普法培训班、文艺演出等多种形式，在全新疆广泛深入地开展以《农村土地承包法》《妇女权益保障法》为主要内容的普法宣传活动，增强各族干部群众的法律意识和男女平等意识，逐渐改变"重男轻女""男尊女卑"等传统思想观念，改变以村规民约代替法律、法规的现象，同时也进一步提升了广大妇女依法维护自身权益的意识和能力。

4. 加强和完善协调机制，妥善解决农村妇女土地承包纠纷

通过加强与司法、公安、法院的沟通协调，共同解决好侵害妇女土地承包权益纠纷，形成了各部门联动作战的工作机制。一是与司法部门联合成立"妇女权益法律援助站"，及时分流案件，免除费用，保证了妇女合法权益及时得到维护。二是各级妇联组织与法院联合建立了"妇女儿童维权合议庭"，对涉及侵害妇女儿童合法权益的各类案件采取"三优先"，即优先立案、优先审理、优先执行，及时处理涉及妇女土地承包权益纠纷案件，依法保障了妇女合法权益。同时，利用"人民陪审员"制度，通过从妇女干部中选调聘用人民陪审员，参与到具体案件当中，保障了农村妇女的土地权益。三是依托各乡镇调解委员会、村级调解委员会、村警务室，通过充分利用各乡镇派出所的执法权，在法律允许的范围内，使他们积极参与到矛盾纠纷调处工作当中来，共同调解涉及妇女土地权益的案件，形成了妇联主持、司法所参与的调解工作模式。如和田地区成立了矛盾纠纷排查调处中心，由政法委牵头，农经、司法、民政、土地、信访、林业、妇联等相关组织和部门共同参与，紧密配合，不断加大对侵害妇女土地权益问题的解决力度。和田地区洛浦镇塔盘村妇女图某，嫁到洛浦县杭桂乡皮恰克其村1组，离婚后她离开杭桂乡，但其承包的土地仍在杭桂乡。最后，矛盾纠纷排查调处中心鉴于图某来杭桂乡种地不太方便，在多部门努力下，图某和前夫达成协议，由图某前夫每年按1亩200元给予图某补偿。

农村妇女土地权益问题，已经不单纯是妇女权益问题，它涉及农村户籍制度、集体经济组织成员资格、农民内部的利益分配等一系列深层次问题，应建立一套政府主导、社会相关部门积极参与的工作机制。新疆妇联在以后的工作中，将进一步加强男女平等基本国策和普法宣传力度，并不断拓宽妇女维权工作渠道，借助民主参与的渠道，向"两会"提交议案、提案，争取支持，推动政府有关职能部门及女人大代表、女政协委员共同关注并依法解决农村妇女权益保护中的难点、重点问题。

后 记

　　本书编辑过程中得到各地妇联权益部的大力支持，他们积极参与、深入调研，贡献出有价值的报告。全国妇联权益部郭晔、李丽华、苏芸等同志也参与了部分报告的编写和地方调研报告的收集整理。在此，对所有参与报告撰写和编辑的同志表示感谢。特别感谢中国妇女杂志社、华坤女性生活调查中心为开展全国性抽样调查以及出版本书所提供的有力支持。

　　因时间有限，本书难免有疏漏之处，请大家谅解并不吝批评指正。

全国妇联权益部

图书在版编目(CIP)数据

维护农村妇女土地权益报告/全国妇联权益部主编.
—北京：社会科学文献出版社，2013.10
ISBN 978-7-5097-5011-7

Ⅰ.①维… Ⅱ.①全… Ⅲ.①农村-妇女-土地使用权-权益保护-研究报告-中国 Ⅳ.①D922.324

中国版本图书馆CIP数据核字（2013）第201493号

维护农村妇女土地权益报告

主　　编 / 全国妇联权益部

出 版 人 / 谢寿光
出 版 者 / 社会科学文献出版社
地　　址 / 北京市西城区北三环中路甲29号院3号楼华龙大厦
邮政编码 / 100029

责任部门 / 社会政法分社 (010) 59367156　　责任编辑 / 孙燕生
电子信箱 / shekebu@ssap.cn　　　　　　　　责任校对 / 岳书云
项目统筹 / 王　绯　　　　　　　　　　　　　责任印制 / 岳　阳
经　　销 / 社会科学文献出版社市场营销中心 (010) 59367081　59367089
读者服务 / 读者服务中心 (010) 59367028

印　　装 / 北京鹏润伟业印刷有限公司
开　　本 / 787mm×1092mm　1/16　　印　张 / 25.25
版　　次 / 2013年10月第1版　　　　字　数 / 421千字
印　　次 / 2013年10月第1次印刷
书　　号 / ISBN 978-7-5097-5011-7
定　　价 / 98.00元

本书如有破损、缺页、装订错误，请与本社读者服务中心联系更换
△ 版权所有　翻印必究